中国金融前沿问题研究
（2017）

主　编　杨立杰

副主编　赵以邗

编　委　邓亚平　　童展鹏　　刘克珍

李　征　　吕鹤年　　陈　波

高文丽　　王露璐　　曾　妮

刘奎宁

中国金融出版社

责任编辑：丁 芊 黄 羽
责任校对：刘 明
责任印制：张也男

图书在版编目（CIP）数据

中国金融前沿问题研究. 2017（Zhongguo Jinrong Qianyan Wenti Yanjiu.
2017）／杨立杰主编. —北京：中国金融出版社，2017. 11
　ISBN 978 - 7 - 5049 - 9236 - 9

　Ⅰ. ①中… Ⅱ. ①杨… Ⅲ. ①金融—研究—中国 Ⅳ. ①F832

　中国版本图书馆 CIP 数据核字（2017）第 279418 号

出版
发行　中国金融出版社

社址　北京市丰台区益泽路 2 号
市场开发部　（010）63266347，63805472，63439533（传真）
网 上 书 店　http：//www. chinafph. com
　　　　　　　（010）63286832，63365686（传真）
读者服务部　（010）66070833，62568380
邮编　100071
经销　新华书店
印刷　北京市松源印刷有限公司
尺寸　160 毫米×230 毫米
印张　27.5
字数　540 千
版次　2017 年 11 月第 1 版
印次　2017 年 11 月第 1 次印刷
定价　68.00 元
ISBN 978 - 7 - 5049 - 9236 - 9
如出现印装错误本社负责调换　联系电话(010)63263947

前　　言

2016 年世界各主要经济体经济发展面临诸多挑战：一方面，世界经济仍未走出全球金融海啸引发的经济低迷。中国作为世界经济的重要组成部分，无法独善其身，随着经济增速放缓，原先高速增长阶段被掩盖的国内经济金融问题逐渐暴露，成为危及经济金融平稳运行的不利因素；另一方面，政治、经济领域"黑天鹅"事件频发，英国脱欧、特朗普当选美国总统等事件增加了全球经济金融的不确定性。

目前，中国宏观经济面临着产能过剩、杠杆率高、库存严重，特别是企业的成本高、利润低，企业的发展能力不足等问题。因此完成去产能、去库存、去杠杆、降成本、补短板这五大任务面临较大挑战，这五大任务能否顺利完成对我国经济金融发展影响深远。这一系列新情况给金融管理和货币政策带来了巨大的挑战，新的一年中国人民银行加强了系列货币政策定向调控手段的使用，操作更加精准。有鉴于复杂的经济金融环境，围绕重点、难点，并结合自身研究特色和辖区工作实际，中国人民银行武汉分行在"金融支持实体经济增长"、"农村与县域金融瓶颈"和"区域金融发展"等特色领域开展了深入研究，从今年开始专门致力于湖北省内经济金融问题的探讨，既保证了辖区研究工作的渗透性，又增强了研究的针对性和实用性。本书此次汇编的 37 篇论文是从 2016 年度中国人民银行武汉分行重点课题成果中精选出来的代表之作，展示了湖北省人民银行干部职工金融研究的总体水平。这批研究成果紧跟经济金融运行前沿，既有学术理论上的探索，也有对实际工作的调查和提炼，具有较强的理论价值和政策参考作用，其内容主要涵盖以下几个方面。

第一，宏观经济金融问题研究。金融混业越发明显的今天，金融风险也呈现"牵一发而动全身"之态。推进"三去一降一补"的过程中，金融业既不能用力过猛，也不能去势过快。《政府工作报告》警示四大金融风险："当前系统性风险总体可控，但对不良资产、债券违约、影子银行、互联网金融等累积风险要高度警惕。"当前，金融增长体现在"四高"，即"金融总量高、非实体性金融占比高、杠杆率高、金融业收益高"。本年度的研究主要集中在"三去一降一补"和金融风险的研究，如僵尸企业对我国信贷投放效率的影响研究、房地产价格与宏观经济波动关系研究、经济去杠杆与衰退风险研究等都是当前的重点和热点。

第二，农村金融问题研究。"三农"既是中国经济发展的短板，也是未来增长的源泉所在。如何增强金融支农功效，拓宽资金投入渠道，带动农村经济的产业化、组织化和规模化发展，并撬动农村消费市场是助推我国经济发展模式从外向型向内源型转变的重要一环。本书中的相关论文主要是从农村精准扶贫、农村金融体系构建、农村"两权"抵押问题三个方面对农村金融的发展进行探讨，努力寻找金融支农的新方式、新方法。

第三，区域经济金融问题研究。长江经济带经济崛起在即，湖北作为"长江之腰"，经济实力的增强离不开区域金融的支持和发展。拓展域内金融职能，完善金融服务是实现长江经济带经济腾飞的基础和保障。本书中的相关论文从湖北省内各县（市）金融工作实践出发，深度研究全省"长板"科技金融、金融去杠杆和企业产能转换等方面，力争从多个维度提供智力支持。

第四，银行实务和央行金融管理问题研究。随着货币政策在我国宏观经济调节中的运用日益频繁，中央银行职能的重要性与日俱增。本书今年更多地着重推荐与中央银行建设和实务相关的研究文章，主要集中在以往很少涉及的投贷联动、金融消费者保护和反洗钱方面的研究，对于提升人民银行的实务工作效率和增强公众对人民银行工作的认知大有裨益。

调查研究工作是中国人民银行分支行的重要职责，是新时期创造性开展工作的关键。这批研究成果的结集出版，旨在更好地推广中国人民银行武汉分行辖区的金融研究成果，进一步激发经济和金融工作者的研究参与热情，提高整体金融研究水平。希望此书的出版能为我国金融研究工作作出一点贡献，为我国金融业的发展起到一定的推动作用。

中国人民银行武汉分行行长
2017 年 6 月

目　录

宏观经济金融问题研究

农村金融问题研究

区域经济金融问题研究

银行实务和央行金融管理问题研究

宏观经济金融
问题研究

僵尸企业对中国信贷投放边际效应下降影响的研究

——基于中国上市工业企业数据

中国人民银行武汉分行金融研究处课题组

一、引言

2008 年以来（见图 1），新增人民币贷款一直保持高位运行，且在 2015 年持续温和增加，经济增长率却持续走低。虽然经济下行压力加大和"新常态"

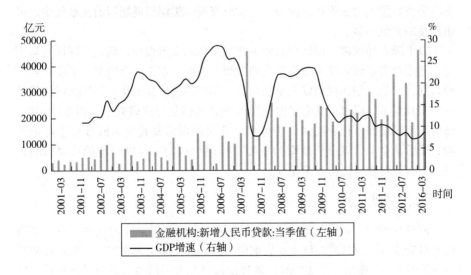

注：（1）金融机构新增人民币贷款当季值，根据央行统计季报公布，各项贷款按可比口径计算，包含了 2001—2006 年剥离出的不良贷款数字；（2）GDP 增速由 GDP 现价当季值，经季调后计算得到。

数据来源：Wind。

图 1　金融机构新增贷款与 GDP 增速对比图

经济转型主动作为是主要原因，但是从中国经济自身来看，经济转型中淘汰落后产能和僵尸企业清理不畅，致使信贷资金使用效率下降也是导致经济增速下降的原因之一。

2015 年中央经济工作会议和国务院常务会议接连提出"三去一降一补"和"加快推动'僵尸企业'重组整合或退出市场"，我国经济结构转型进入不破不立的新阶段。信贷投放本意是为满足经济实体投融资资金需求，以此促进经济增长。僵尸企业的存在打破了上述逻辑，僵尸企业挤占了本应投入并带来产出的信贷资金，对经济增长产生负面影响。因此，合理有序清理僵尸企业已经成为我国未来经济换挡升级、经济结构调整成败的关键，摸清僵尸企业的分布情况和特征，研究僵尸企业与信贷资金使用效率之间的关联关系，掌握其在经济运行中的作用机制，将为合理有序清理僵尸企业提供重要现实依据。

当前研究僵尸企业对中国新增信贷投放边际效应的影响，存在三大障碍。一是数据获取难。由于涉及僵尸企业的认定，需要微观企业数据，既要兼顾数据的全貌性，要求微观数据能够全面反映企业经营状况，还要要求数据的时效性，如此所得的分析才能指导僵尸企业清理的政策实践。二是分析中的内生性问题，也就是解释变量和被解释变量之间存在双向因果关系，这一点在分析僵尸企业对新增信贷投放边际效应下降的影响时表现尤其明显。三是揭示僵尸企业成为资金黑洞的原因比较困难。目前研究资金黑洞形成原因的文献较少，可供借鉴的文献不多。

以上障碍导致以中国僵尸企业为研究对象的文献很少，研究严谨性略显不足，理论及实证研究拖了政策实践的后腿。为此，本文以全国上市工业企业面板数据为基础，创新性地以上市公司下一年份的负债数据作为当年新增信贷投放的工具变量，通过工具变量的使用解决新增信贷投放研究中的内生性问题，然后从地区层面、行业层面剖析僵尸企业对新增信贷投放边际效应下降的影响，最后从企业微观投资效率的角度剖析僵尸信贷对我国经济的重要影响机理，并有针对性地提出政策建议。

二、文献综述

何林（1992）研究了 1989 年出现的贷款产出效率下降的现象，引起了理论界对贷款效率及其对经济增长影响的关注，然而结论无法统一。周立和胡鞍钢（2002）、卢峰和姚洋（2004）发现银行对私人部门的信贷与经济增长之间是负向关系，但是并不显著。Liang（2006）发现只有沿海省份才存在信贷与经济增长正向关系。张军、金煜（2005）和张军（2006）提出地方政府的财政支出比银行贷款更显著，有利于生产率提高，并且持续提高的投资与 GDP 比率不利于提高经济增长效率，政府干预下的银行贷款有可能在不断高涨的投资中越投越多，对经济增长的贡献则越来越小。

僵尸企业及其信贷现象最早由日本 Hoshi（2000）在分析日本 20 世纪 90 年代经济萧条中广泛存在的银行借贷错配问题时提出。按照其定义，僵尸企业就是那些不具有偿付能力，理应退出市场，但却一直由信贷支撑而保持存活的企业，而僵尸信贷就是当借款企业处于无偿债能力时，银行出于避免贷款损失的动机，寄希望于无偿债能力企业盈利状况改善，而持续给无偿债能力企业借贷。

关于僵尸企业和僵尸信贷的国外文献主要分为两大类。一类是识别僵尸企业和僵尸信贷的典型化特征。比如，Kim（2004）采用日本大量的公司财务数据，借助企业层面的全要素生产率（TFP）方法，发现僵尸企业存在严重生产力浪费。Hoshi（2000，2005）识别了日本的僵尸企业，认定僵尸企业典型特征就是利润少、负债多，依赖其主银行生产的企业，且僵尸企业比非僵尸企业雇员要多。Caballero 等（2008）运用企业层面数据认定日本僵尸企业在投资、就业和生产效率方面的拙劣表现，是日本经济持续萧条的罪魁祸首。Fukuda 和 Nakamura（2011）通过对日本上市公司财务数据分析发现，裁员和出售企业资产是僵尸企业复活的有效方法。Kwon 等（2015）通过加总生产率增长（Aggregate Productivity Growth）分析日本生产企业微观数据发现，日本 20 世纪 90 年代萧条前后僵尸信贷的存在降低了生产投入，包括劳动力。Imai（2016）利用日本小型和中等企业面板财务数据，估计僵尸企业借贷函数发现，僵尸企业的投资不具有生产性，是无利可图的。

另一类文献是通过建模剖析僵尸信贷中的微观传导机制。Fukuda 等（2006）通过对日本财务受损银行给中小规模企业的贷款数据分析发现，资本充足率恶化会使得银行收缩贷款，而非营运贷款（Non – Performing Loans，NPLs）恶化却增加了僵尸企业贷款。Barseghyan（2010）分析了日本银行对企业的 NPLs 与日本经济萧条的关联机制，发现持续存在的 NPLs 以及对僵尸企业和僵尸信贷的延缓处置，迫使经济活动持续减速，从而诱发产出下滑、全要素生产率下降。Hoshi 和 Kashyap（2010）以日本持续萧条阶段银行重组的经验和教训来分析美国次贷危机之后银行重组前景，认为要在详细尽职调查的基础上来处置不良信贷资产，而不能"撒胡椒面式"地均匀分配。Bruche 和 Llobet（2013）分析银行通过给僵尸企业续贷博取僵尸企业重组或再生机会的做法助长了僵尸信贷。银行监管机构应当建立不良信贷赎买计划，再根据赎买的资产性质决定是清盘还是重组调整，而对不同信贷资产采取适当的价格歧视政策有助于消除信息不对称引发的寻租。Jaskowski（2015）另辟蹊径建立了一个简化模型发现抵押品价值和银行的策略性选择有极大的关联，僵尸信贷可能是银行为了防止事后出现贷款损失而减值出售资产，加大了事前的借贷金额，相应的处理对策不应该是给银行注资，而是要购买市场中的贷款抵押品来防范僵尸企业。

中国学术界对僵尸企业和僵尸信贷问题的研究始于 2015 年末的中央经济工作会议之后，如汪伟、吴剑、仇高攀（2016），何帆、朱鹤（2016），聂辉华等（2016），熊兵（2016），艾勒·奇温斯基，吴思（2016），Tan，Huang 和 Woo（2016）等发表的相关文章。其中，Tan 等（2016）最为规范和深入，利用国家统计局年度工业调查 500 万元以上企业财务数据，分析了僵尸企业对非僵尸企业在投资上的挤出效应。

三、模型设定及数据介绍

（一）模型设定

1. 一般检验方程设定

参照 Caballero、Hoshi 和 Kashyap（2008）的基础设定，并借鉴 Tan、Huang 和 Woo（2016）做法对模型进行修改，设定检验方程为

$$Activity_{i,t} = \beta_0 + \beta_1 Dummy_{i,t} + \beta_2 Credit_{i,(t-1)} + \beta_3 Zombie_{i,t}$$
$$+ \beta_4 Credit_{i,(t-1)} \times Zombie_{i,t} + \beta_5 Activity_{i,(t-1)} + \varepsilon_{i,t} \qquad (1)$$

$Activity_{i,t}$ 为检验中的被解释变量，在地区、行业和企业投资三层检验中各自为地区工业经济增长率、行业工业经济增长率和企业单位资产投资；$Dummy_{i,t}$ 为在三个不同检验中的虚拟变量；$Credit_{i,(t-1)}$ 为新增信贷投放量估计量；$Zombie_{i,t}$ 是利用四种方法估计出来的僵尸企业数量占比或者资产占比；$Credit_{i,(t-1)} \times Zombie_{i,t}$ 是新增信贷投放量估计量与僵尸企业占比的交叉项，用于分析由于僵尸企业的存在所造成的新增信贷投放对 $Activity_{i,t}$ 边际效应下降的影响；$Activity_{i,(t-1)}$ 是被解释变量的滞后项，用于控制计量方程稳定；$\varepsilon_{i,t}$ 是随机扰动项。

2. 地区层面检验模型设定

在地区层面的检验中，计量方程设定为

$$GVA_{r_{i,t}} = \beta_0 + \beta_1 Credit_{i,(t-1)} + \beta_2 GVA\_r_{i,(t-1)} + \varepsilon_{i,t} \qquad (2)$$

$$GVA_{r_{i,t}} = \beta_0 + \beta_1 Credit_{i,(t-1)} + \beta_2 Zombie_{i,t} + \beta_3 Credit_{i,(t-1)} \times Zombie_{i,t}$$
$$+ \beta_4 GVA_{r_{i,(t-1)}} + \beta_5 Province_{i,t} + \varepsilon_{i,t} \qquad (3)$$

其中，GVA_{r_i} 为地区工业增加值增长率，$Credit_{i,(t-1)}$ 表示 i 地区在 $t-1$ 年的新增信贷投放量估计量，$Zombie_{i,t}$ 为按照四种方法定义的 i 地区僵尸企业在 t 年总数目或者总资产的占比，$Province_{i,t}$ 为省份虚拟变量。如果僵尸企业的存在削弱了新增信贷投放对经济增长的促进作用，则回归方程中的系数 β_3 应该为负。式（2）中 β_1 表明新增信贷投放对地区工业增加值增长的影响，式（3）中 β_3 衡量了僵尸企业对 β_1 的影响。

3. 行业层面检验模型设定

$$GVA_{r_{i,t}} = \beta_0 + \beta_1 Credit_{i,(t-1)} + \beta_2 GVA_{r_{i,(t-1)}} + \varepsilon_{i,t} \qquad (4)$$

$$GVA_{r_{i,t}} = \beta_0 + \beta_1 Credit_{i,(t-1)} + \beta_2 Zombie_{i,t} + \beta_3 Credit_{i,(t-1)} \times Zombie_{i,t}$$
$$+ \beta_4 GVA_{r_{i,(t-1)}} + \beta_5 Industry_{i,t} + \varepsilon_{i,t} \tag{5}$$

其中，$GVA_{r_{i,t}}$ 为行业工业增加值增长率，$Credit_{i,(t-1)}$ 表示制造业 i 在 $t-1$ 年的新增信贷投放量估计量，$Industry_{i,t}$ 为行业虚拟变量。根据模型的设定，式（4）中 β_1 检验新增信贷投放对行业工业增加值的影响方向，式（5）中 β_3 则检验了僵尸企业是否对新增信贷投放对工业行业增加值的影响产生显著作用。

4. 企业层面检验模型设定

参照 Chen 等（2011）和 Biddle 等（2009）的做法，分别使用上市公司"购建固定资产、无形资产和其他长期资产支付的现金"与该公司上年"总资产"之比来衡量公司的投资，使用上市公司"销售商品、提供劳务收到的现金"的增长率来衡量增长机会①。在企业投资的检验中，计量方程设定为

$$Inv_{i,t} = \beta_0 + \beta_1 Growth_{i,(t-1)} + \beta_2 Ln(TotalAsset_{i,(t-1)}) + \beta_3 Lev_{i,(t-1)}$$
$$+ \beta_4 Ln(CFO_{i,(t-1)}) + \beta_5 Age_{i,(t-1)} + \gamma Year_{i,t} + \varepsilon_{i,t} \tag{6}$$

其中，$Inv_{i,t}$ 为经过上年总资产调整过的上市公司 i 在 t 年的单位固定资产的投资，即企业投资除以总资产；$Growth_{i,(t-1)}$ 公司 i 在 $t-1$ 年的增长机会，具体为其"销售商品、提供劳务收到的现金"的增长率；$TotalAsset_{i,(t-1)}$，$Lev_{i,(t-1)}$ 及 $Age_{i,(t-1)}$ 分别为公司 i 在 $t-1$ 年的总资产、资产负债率、上市年龄；$CFO_{i,(t-1)}$ 为依 Jensen（1986）所定义的企业经营活动产生的，在支付必要支出后可用于投资支出的内生现金流，是投资资金的内部来源。基于此，进一步建立如下计量模型。

$$Inv_{i,t} = \beta_0 + \beta_1 Growth_{i,(t-1)} + \beta_2 Zombie_{i,t} + \beta_3 Growth_{i,(t-1)} \times Zombie_{i,t}$$
$$+ \beta_4 Ln(TotalAsset_{i,(t-1)}) + \beta_5 Lev_{i,(t-1)} + \beta_6 Ln(CFO_{i,(t-1)})$$
$$+ \beta_7 Age_{i,(t-1)} + \gamma Year_{i,t} + \varepsilon_{i,t} \tag{7}$$

其中，$Inv_{i,t}$，$Growth_{i,(t-1)}$，$TotalAsset_{i,(t-1)}$，$Lev_{i,(t-1)}$，$CFO_{i,(t-1)}$ 及 $Age_{i,(t-1)}$ 定义同上。$Zombie_{i,t}$ 为根据四种定义的僵尸企业虚拟变量，当上市公司 i 在 t 年为僵尸企业时等于1，其他情况为0。如果 β_3 为负，则表明僵尸的存在削弱了企业投资增长。

（二）数据介绍

1. 数据来源和处理

本文数据来源于万德数据库，分省样本包含全国 31 个省（自治区、直辖

---

① 经典公司金融理论中也会使用 market to book value 来衡量投资机会。然而由于投资者对企业本身融资能力及获取信贷存在一定预期，该预期会反映到市值当中，从而对研究造成一定的内生性影响，故本文类似 Biddle 等（2009），直接使用销售商品或服务所得现金的增长率来衡量投资机会。

市）1991—2015 年的数据；分行业样本包含按国家统计局给出的 31 个制造业分类 2006—2015 年的数据。其中，工业增加值累计同比增长率（GVA_t），人民币基准贷款利率，分地区人民币信贷年度投放量、上市公司数据包括总资产、总负债、净利润数据等变量通过 CPI 调整到 2000 年的物价水平。行业分类明细采用同花顺数据终端提供的"同花顺行业'行业级别'全部明细"。

模型中的 Credit 变量，在地区层面上，使用分地区上市公司下一年份新增负债值作为该省当年信贷投放量的工具变量。在行业层面上，使用行业内上市公司下一年份新增负债值作为该省当年信贷投放量的工具变量。之所以这样选择变量，一是由于在分析信贷投放边际效应时，该指标设定是企业加总层面较好的代理变量；二是由于上市工业企业作为国民经济重要组成部分，总体市值及总体公司数目不断增长，对整体经济的代表性越来越强；三是由于信贷的投放往往直接影响接受信贷的对象，能较好地反映信贷投放的总量。

为验证地区层面上市公司下一年总新增负债能够为各省当年信贷投放提供较好估计，即式（1）至式（3），本文检验了 $Credit_{i,t} = \beta_0 + \beta_1 Debts_{i,(t+1)} + \beta_2 Assets_{i,t} + \gamma Year_{i,t} + \varepsilon_{i,t}$，其中 $Credit_{i,t}$ 为 i 省在 t 年的新增信贷投放量，β_i 为 i 省的固定效应，$Debts_{i,(t+1)}$ 为 i 省在（$t+1$）年上市公司总体的新增负债，$Assets_{i,t}$ 为 i 省在 t 年上市公司总资产，$Year$ 为年份虚拟变量。随着债券市场的发展，上市公司总体数量以及在国民经济中的比重也在发生变化，因此对该省上市公司总资产以及时间的固定效应加以修正。从结果来看，下一年上市公司的新增负债和当年度的新增信贷有着强烈的正向关系。因此，上市公司下一年份新增负债值作为该省当年信贷投放值的工具变量具有合理性。式（4）至式（5）中的 Credit 变量也采用了相似的处理方法。在企业微观投资检验中，式（6）至式（7），为平滑上市公司的异常值，企业数据进行单边缩尾处理，即将大于变量分布的 99% 分位数的值使用 99% 分位数代替①。

2. 测度僵尸企业

为了得到较好的测量，同时检验本文实证结论的稳健性，本文借鉴何帆与朱鹤（2016）关于僵尸企业的系列研究，采用四种方法测度僵尸企业，即传统方法、银行补贴法、过度借贷法、应付利息法②。由于这四种方法对僵尸企业的认定上存在标准差异，因此各自测算出来的僵尸企业数量不尽相同，运用四种测量方法如果得到的结论基本一致，就论证了本文结论的稳健性。

---

① 在稳健性检验中，本文也使用通过直接删去大于变量分布的 99% 分位数的观测点的方法，重复相同的回归来检验本文结果的稳健性。

② 这四种方法篇幅较长，感兴趣的读者可以参考何帆与朱鹤（2016）的详细介绍。

3. 数据统计特征

表1 变量的统计特征

	Obs	Mean	Std. Dev	Min	Max
Panel A：地区数据					
Credit by Debts	706	0.676	0.803	0.104	6.748
GVA_r（%）	714	8.237	1.217	4.117	10.847
Panel B：产业数据					
Credit by Debts	255	1.260	0.532	0.453	2.527
GVA_r（%）	287	12.135	5.668	−1.518	30.345
Panel C：企业数据					
Investment/TotalAssets（%）	1203	7.884	8.495	−16.979	54.177
Ln（TotalAssets）	1203	21.707	1.235	10.842	28.509
Ln（TotalDebts）	1203	20.959	1.504	14.020	27.715
Leverage（%）	1203	46.832	24.384	0.752	307.615
Ln（CFO）	1203	18.450	1.664	10.139	26.287
Age	1203	8.319	5.050	1	24
Growth	1203	0.839	2.282	−0.997	9.034

注：其中，在 Panel A 和 Panel B 中 Credit 及 Credit by Debt 的单位为亿元人民币；Panel C 中上市公司数据单位为元人民币。

（三）僵尸企业相关情况

根据 Wind 数据库的数据，僵尸企业数目及资产占比在 2005 年左右达到高点，然后有一定的回落，但是从 2012 年左右又开始进一步增加，持续较高水平。僵尸企业信贷占比与速降占比的相关系数为 0.26，而僵尸企业信贷占比与资产占比的相关系数为 0.78，表明虽然金融信贷部门可能已经注意到僵尸企业问题并开始从中脱身，但是僵尸企业历史沉淀的信贷资产较高，需要逐步清理。

从地区层面上来看，僵尸信贷占比与资产占比的相关性普遍较高，只有北京、山东和重庆较低，反映出与总体样本中相一致的情形。分地区的平均每家僵尸企业的资产（将分地区的僵尸企业资产占比除以分地区的僵尸企业数量）占比随着时间逐步上升的，说明僵尸企业资产集中度是在不断上升的。结合僵尸信贷占比与资产占比的高相关性来看，银行把信贷更多地放在了大企业上。

僵尸信贷占比与数量占比的相关性差异较大，存在东、中、西区域性差异。东部地区僵尸信贷退出僵尸企业情况较好，从而福建、广东、江苏、山东、上海、浙江、北京等地数量相关性较低。中西部地区僵尸信贷退出情况较差，从而云南、西藏、湖北、安徽、辽宁、山西、河南、吉林、宁夏和青海等地相关性较高。但是在部分地区呈现出不同的情形，比如河北、陕西和黑龙江等地比预想的低，天津比预想的要高很多，表明僵尸企业退出情况存在呈现东中西部区域效应的同时也有个体差异。

从分行业层面上来看，僵尸信贷占比与资产占比的相关性，除通信设备、计算机等电子设备制造业较低外，其他和分地区样本情形一样，银行信贷在僵尸企业形成中的资产沉淀较多，一时难以完全清理。在僵尸信贷占比与数量占比的相关性方面，落后产能集中的行业，相关性相应较高，反映出银行信贷陷入了僵尸企业的泥沼；在通信设备、计算机等电子设备制造业等行业相关系数较低。需要说明的是，由于上市公司数目较少，在仪器仪表等制造业，由于基数小的僵尸企业数量及占比变化较大，并不能据此对该行业中僵尸企业总体变化作出准确的解释。

在分行业层面上，僵尸信贷与资产占比相关系数较高，与之前总体情况、分地区和分行业的情形相吻合，其中分行业的平均每家僵尸企业资产占比的变动趋势与分地区情形类似。僵尸信贷占比与数量占比相关系数也普遍较高，除了提供公共产品的公众企业和外资企业外，其他性质企业在这一项相关系数上都较高，其中以集体企业和央企最高，民营企业和地方国企紧随其后。

四、计量结果及其分析

1. 地区层面计量结果

表 2 的（1）、（2）和（3）栏是基于计量式（2）的检验，采取逐步增加控制变量的方式，这样做的好处是可以顺便考察相关变量影响的稳健性。

表 2　　　　　　　　　地区新增贷款投放与工业经济增长率

Dependent Variable GVA_r	(1)	(2)	(3)
LaggedCredit	0.89 ***	0.87 ***	0.01 ***
	(16.19)	(37.32)	(−2.64)
Lagged GVA_r			1.01 ***
			(245.47)
Constant	7.73 ***	7.75 ***	0.05
	(148.78)	(354.31)	(1.43)
Province	—	Yes	Yes
Observations	683	683	683
R – squared	0.28	0.68	1.00

注：其中，括号中为 t 统计量，***、**、* 分别对应 $p < 0.01$，$p < 0.05$，$p < 0.1$ 的置信水平，下同省略。

从表 2 可以发现，（1）和（2）栏 LaggedCredit 的系数显著为正，表明新增信贷投放能够提高工业增加值增长率，但是在控制被解释变量的滞后项之后，（3）栏 LaggedCredit 的系数变小，说明新增贷款投放对工业增加值增长率的促进作用减弱。

表 3 以及表 4 分别用僵尸企业在各地区上市公司总数量占比和资产占比来度量 Zombie，对验证假设 2 作出了检验，即式（3）中的计量结果报告见表 3、表 4。

从回归结果来看，表 3 和表 4 各自（3）、（6）、（9）、（12）栏可以看到，LaggedCred 和 Zombie 交叉项系数显著为负数，该结果无论是以僵尸企业数量占比还是资产占比，无论是以四种中的哪一种僵尸企业度量方法，结果均保持一致性，说明在僵尸企业问题越严重的地区，新增信贷投放对工业经济增速的提振作用越小[①]。

2. 行业层面计量结果

表 5 给出了分行业验证假设 1 在行业层面的计量结果，即式（4）。虽然表 5 中（1）和（2）栏，新增贷款对工业增加值增长率的效应为负不显著，但是加入被解释变量的滞后项（3）栏对内生性进行控制以后，LaggedCredit 的系数显著为正，表明新增信贷投放对工业经济增加值增长率具有促进作用。

表 6、表 7 中给出模型（5）的检验结果。其中，表 10 和表 11 中，分别用僵尸企业在各行业上市公司中的总数量占比和总资产占比来衡量该省僵尸企业问题的严重程度。从表 6 和表 7 中的（3）、（6）、（9）栏可以看到，无论僵尸企业如何认定以及其严重程度如何衡量，LaggedCredit 和 Zombie 交叉项系数都显著为负数，表明僵尸企业削弱了各行业新增信贷投放对行业工业增加值增长率的正向作用，该回归结果具有较强的稳健性，表明在僵尸企业问题严重的行业，新增信贷投放对工业经济增速的促进作用变弱。

3. 企业微观层面检验

表 8 是式（6）和式（7）中的检验结果。（1）栏基于式（6）进行的检验。与经典文献结论一致，增长机会（Growth）系数显著为正，内生现金流（CFO）系数显著为正，说明现金流充足的公司会从事更多投资，资产负债率系数显著为负，表明负债率高的公司投资较少。

表 8 中（2）~（5）栏和（6）~（9）栏分别采用四种方法定义 Zombie 变量。（2）~（5）栏是将僵尸企业与非僵尸企业进行对比，检测是否僵尸企业的投资效率更差。（6）~（9）栏是按照所属性质细分以考察是否因企业属

---

① 表 5 行 1 中虽然该交叉项系数为正，但是并不显著，故不违反上述结论。

表 3　分地区新增贷款投放与工业经济增长率，僵尸企业（数量占比）的影响

Dependent Variable	Zombie = Num1_r			Zombie = Num2_r			Zombie = Num3_r			Zombie = Num4_r		
GVA_r	(1)	(2)	(3)	(4)	(5)	(6)	(7)	(8)	(9)	(10)	(11)	(12)
LaggedCredit	1.20***	0.89***	0.01	1.20***	0.87***	-0.01**	0.98***	0.88***	0.00	1.42***	0.98***	0.02**
	(14.64)	(30.22)	(1.59)	(15.37)	(27.75)	(-2.40)	(14.31)	(32.51)	(0.48)	(12.34)	(25.82)	(2.18)
Zombie	1.95***	5.25***	0.25***	3.95***	7.16***	-0.20***	8.62***	10.12***	0.54***	5.77***	6.16***	0.39***
	(2.61)	(20.38)	(5.97)	(3.08)	(14.90)	(-2.96)	(3.86)	(11.70)	(5.09)	(7.34)	(24.12)	(8.37)
LaggedCred × Zombie	-3.38***	-2.45***	-0.15***	-4.89***	-4.10***	0.07	-6.93***	-5.08***	-0.47***	-6.43***	-3.55***	-0.18***
	(-4.87)	(-10.22)	(-4.45)	(-5.07)	(-11.41)	(1.53)	(-3.45)	(-6.53)	(-5.25)	(-6.75)	(-11.48)	(-3.86)
Lagged GVA_r			0.99***			1.02***			1.00***			0.98***
			(194.04)			(212.91)			(224.19)			(185.87)
Constant	7.64***	7.53***	0.17***	7.66***	7.68***	-0.01	7.65***	7.65***	0.10***	7.47***	7.50***	0.26***
	(125.73)	(371.13)	(4.60)	(144.31)	(389.08)	(-0.39)	(135.66)	(355.87)	(2.91)	(122.35)	(388.86)	(6.77)
Province	—	Yes	Yes	—	Yes	Yes	—	Yes	Yes	—	Yes	Yes
Observations	683	683	683	683	683	683	683	683	683	683	683	683
R – squared	0.30	0.81	1.00	0.31	0.76	1.00	0.29	0.74	1.00	0.34	0.84	1.00

注：Num1_r、Num2_r、Num3_r、Num4_r 分别为四种用僵尸企业技术方法得到的数量占比。

表4　分地区新增信贷投放与工业增加值增长率，僵尸企业（资产占比）的影响

Dependent Variable	Zombie = Asset1_r			Zombie = Asset2_r			Zombie = Asset3_r			Zombie = Asset4_r		
GVA_r	(1)	(2)	(3)	(4)	(5)	(6)	(7)	(8)	(9)	(10)	(11)	(12)
LaggedCredit	0.88***	0.85***	0.00	0.95***	0.88***	−0.01*	0.85***	0.86***	−0.01	1.17***	1.01***	0.01*
	(13.56)	(32.32)	(0.01)	(14.86)	(35.13)	(−1.75)	(13.86)	(33.89)	(−1.18)	(11.59)	(29.73)	(1.74)
Zombie	−0.60	3.61***	0.21***	13.32***	19.17***	−0.20	0.14	2.71***	0.13***	2.27***	2.86***	0.14***
	(−0.54)	(7.94)	(4.12)	(3.11)	(11.66)	(−0.97)	(0.15)	(6.77)	(2.98)	(5.93)	(21.86)	(6.07)
LaggedCred × Zombie	0.46	−1.34***	−0.31***	−9.17***	−11.67***	−0.05	0.66	−1.21***	−0.16***	−1.96***	−1.80***	−0.08***
	(0.46)	(−3.35)	(−7.46)	(−3.13)	(−10.44)	(−0.36)	(0.75)	(−3.26)	(−4.11)	(−5.21)	(−14.48)	(−4.45)
Lagged GVA_r			1.01***			1.01***			1.01***			0.99***
			(241.25)			(226.82)			(237.31)			(190.50)
Constant	7.75***	7.68***	0.04	7.70***	7.70***	−0.00	7.73***	7.71***	0.05	7.55***	7.54***	0.19***
	(138.43)	(346.34)	(1.11)	(144.82)	(379.93)	(−0.00)	(144.27)	(355.70)	(1.62)	(127.12)	(387.42)	(4.87)
Observations	683	683	683	683	683	683	683	683	683	683	683	683
Province	—	Yes	Yes	—	Yes	Yes	—	Yes	Yes	—	Yes	Yes
R – squared	0.28	0.72	1.00	0.29	0.74	1.00	0.28	0.71	1.00	0.32	0.82	1.00

注：Asset1_r，Asset2_r，Asset3_r，Asset4_r 分别为四种僵尸企业计算方法得到的资产占比。

表5　　　　　　　　分行业新增贷款投放与工业经济增长率

Dependent Variable GVA_r	（1）	（2）	（3）
LaggedCredit	−0.66	−0.42	1.96 ***
	（−1.03）	（−0.70）	（2.67）
Lagged GVA_r			0.43 ***
			（5.11）
Constant	12.57 ***	12.26 ***	3.73 **
	（14.30）	（15.01）	（2.03）
Observations	255	255	255
Industry	—	Yes	Yes
R − squared	0.00	0.00	0.11

性不同而结论有异。其中，企业按所属性质分类为民营企业、公众企业、集体企业、外资企业、地方国有企业以及中央国有企业①。（2）和（3）栏中 Zombie 与 Growth 的交叉项系数显著为负，表明僵尸企业的投资效率要显著下降。当用方法三和四定义僵尸企业时（4）和（5）栏系数为正不显著（表8中（4）、（5）栏的 Zombie × Growth 项），这可能是由于对僵尸企业认定的严格程度差异造成的。（6）~（9）栏中，控制组为民营企业。回归中的其他企业包含了公众企业，集体企业及外资企业三类。回归结果表明，僵尸企业中国有企业相较于民营企业而言，投资效率的降低并没有更加严重。相反，根据（6）和（7）栏中三项交叉的系数，国有僵尸企业投资效率要比民营僵尸企业高，此结果对中央国企尤为强烈和显著。之所以出现这一结果，可能由于国家对于国企特别是中央国企拥有更强的掌控力。当企业沦为僵尸企业之后，国家能够采取果断有效的措施（如剥离优质资产、重组等方式），使得其投资效率得以改善和提高。

　　4. 稳健性检验

　　本文计量分析具有较强的稳健性，原因有三个：第一，本文采用四种方法

———————

　　①　之所以采用这种企业性质分类，是由于 Wind 数据库对上市公司的数据标签是如此设定的。此外，在原始数据中，对于属性不明的企业，数据标记为"其他企业"。由于该类企业数目不多，同时考虑到因此类企业属性不明，不易按其性质归属到其他属性种类中，故在回归中被从整体样本中除去。

表6　行业新增信贷投放与工业增加值增长率、僵尸企业（数量占比）的影响

Dependent Variable GVA_r	Zombie = Num1_r			Zombie = Num2_r			Zombie = Num3_r			Zombie = Num4_r		
	(1)	(2)	(3)	(4)	(5)	(6)	(7)	(8)	(9)	(10)	(11)	(12)
LaggedCredit	0.76	1.13	3.27***	-0.38	0.15	2.48***	0.10	0.29	2.52***	-1.18	-1.33	1.15
	(0.86)	(1.32)	(3.54)	(-0.44)	(0.17)	(2.71)	(0.13)	(0.39)	(3.06)	(-1.19)	(-1.41)	(1.11)
Zombie	20.61***	16.87**	14.78**	2.82	-0.34	-1.52	28.35	24.02	19.90	-3.18	-1.53	-2.16
	(2.66)	(2.26)	(2.08)	(0.36)	(-0.05)	(-0.21)	(1.55)	(1.37)	(1.20)	(-0.43)	(-0.21)	(-0.32)
LaggedCred × Zombie	-14.89**	-16.28**	-14.37**	-3.27	-5.25	-4.44	-25.59*	-24.43*	-20.53	4.24	8.05	6.39
	(-2.32)	(-2.49)	(-2.31)	(-0.49)	(-0.78)	(-0.69)	(-1.74)	(-1.71)	(-1.51)	(0.69)	(1.32)	(1.10)
Lagged GVA_r			0.42***			0.43***			0.42***			0.42***
			(5.00)			(5.14)			(5.02)			(4.89)
Constant	10.60***	10.64***	2.55	12.33***	12.13***	3.65*	11.72***	11.58***	3.32*	12.96***	12.38***	4.26**
	(9.26)	(9.89)	(1.33)	(11.61)	(12.21)	(1.92)	(11.23)	(11.86)	(1.76)	(10.12)	(10.19)	(2.10)
Observations	255	255	255	255	255	255	255	255	255	255	255	255
Industry	—	Yes	Yes	—	Yes	Yes	—	Yes	Yes	—	Yes	Yes
R – squared	0.03	0.03	0.13	0.01	0.01	0.12	0.02	0.02	0.12	0.01	0.02	0.12

注：Num1_r、Num2_r、Num3_r、Num4_r分别为四种僵尸企业技术方法得到的数量占比。

表7

行业新增信贷投放与工业增加值增长率、僵尸企业（资产占比）的影响

Dependent Variable GVA_r	Zombie = Asset1_r			Zombie = Asset2_r			Zombie = Asset3_r			Zombie = Asset4_r		
	(1)	(2)	(3)	(4)	(5)	(6)	(7)	(8)	(9)	(10)	(11)	(12)
LaggedCredit	0.49	0.98	2.82***	0.17	0.59	2.63***	-0.43	0.15	2.30***	-1.35	-0.68	1.81*
	(0.68)	(1.45)	(3.68)	(0.24)	(0.85)	(3.35)	(-0.58)	(0.22)	(2.92)	(-1.39)	(-0.73)	(1.79)
Zombie	26.49***	27.09***	22.18**	17.61*	17.58*	13.05	4.03	14.39	11.82	-4.22	-0.53	-0.87
	(2.89)	(3.05)	(2.59)	(1.84)	(1.86)	(1.44)	(0.32)	(1.21)	(1.04)	(-0.94)	(-0.12)	(-0.21)
LaggedCred × Zombie	-26.43***	-31.69***	-25.66***	-21.59**	-25.20***	-19.75**	-6.95	-17.88*	-13.12	3.29	1.27	0.74
	(-3.28)	(-3.90)	(-3.25)	(-2.35)	(-2.66)	(-2.17)	(-0.66)	(-1.71)	(-1.31)	(0.95)	(0.37)	(0.22)
Lagged GVA_r			0.38***			0.41***			0.42***			0.43***
			(4.54)			(4.83)			(4.88)			(5.06)
Constant	11.49***	11.17***	3.82**	11.94***	11.61***	3.71**	12.46***	11.87***	3.69*	13.43***	12.35***	3.92*
	(12.19)	(12.86)	(2.10)	(12.88)	(13.46)	(2.03)	(12.78)	(13.14)	(1.96)	(10.56)	(10.14)	(1.93)
Observations	255	255	255	255	255	255	255	255	255	255	255	255
Industry	—	Yes	Yes	—	Yes	Yes	—	Yes	Yes	—	Yes	Yes
R-squared	0.05	0.07	0.15	0.03	0.04	0.13	0.01	0.02	0.11	0.01	0.00	0.11

注：Asset1_r、Asset2_r、Asset3_r、Asset4_r 分别为四种僵尸企业计算方法得到的资产占比。

表8　　僵尸企业对企业投资效率的影响

Dependent Variable Investment	(1)	(2)	(3)	(4)	(5)	(6)	(7)	(8)	(9)
Growth	0.148***	0.154***	0.157***	0.144***	0.136***	0.140***	0.136***	0.129***	0.137***
	(3.777)	(4.037)	(4.058)	(3.660)	(3.585)	(3.036)	(2.938)	(2.686)	(2.841)
Zombie		-2.802***	-2.603***	-0.710	2.538***	-3.097***	-3.750***	-0.942	2.906***
		(-5.768)	(-4.648)	(-1.484)	(7.894)	(-3.564)	(-3.952)	(-0.993)	(4.442)
Zombie×Growth		-0.977***	-1.455***	0.457	0.353	-1.300***	-2.398***	-0.412	0.130
		(-2.667)	(-2.714)	(1.341)	(1.593)	(-3.065)	(-7.702)	(-0.830)	(0.331)
地方国有×Zombie						0.710	2.393*	-0.235	-0.706
						(0.643)	(1.911)	(-0.195)	(-0.862)
中央国有×Zombie						0.183	0.771	1.748	0.051
						(0.161)	(0.558)	(1.429)	(0.052)
其他企业×Zombie						0.972	0.679	-0.575	-0.846
						(0.639)	(0.360)	(-0.410)	(-0.956)
地方国有×Growth						0.027	0.033	0.029	0.012
						(0.281)	(0.347)	(0.301)	(0.118)
中央国有×Growth						0.067	0.084	0.063	0.063
						(0.632)	(0.799)	(0.590)	(0.574)
其他企业×Growth						-0.198*	-0.187*	-0.176	-0.183
						(-1.741)	(-1.667)	(-1.566)	(-1.557)

续表

Dependent Variable Investment	(1)	(2)	(3)	(4)	(5)	(6)	(7)	(8)	(9)
地方国有×Zombie×Growth						0.386	2.886***	3.837*	0.091
						(0.521)	(3.615)	(1.859)	(0.180)
中央国有×Zombie×Growth						2.621***	4.624***	1.256**	0.156
						(2.792)	(6.673)	(2.209)	(0.343)
其他企业×Zombie×Growth						1.495***	3.128	-4.826	-0.116
						(3.146)	(1.182)	(-1.168)	(-0.254)
Ln (Total Assets)	-2.860***	-3.031***	-3.055***	-2.858***	-3.106***	-3.155***	-3.232***	-2.982***	-3.206***
	(-9.141)	(-9.921)	(-9.685)	(-9.139)	(-10.201)	(-10.915)	(-10.959)	(-10.367)	(-11.075)
Leverage	-0.037***	-0.028***	-0.032***	-0.037***	-0.042***	-0.028***	-0.032***	-0.037***	-0.042***
	(-4.341)	(-3.225)	(-3.776)	(-4.304)	(-4.795)	(-3.205)	(-3.654)	(-4.234)	(-4.705)
CFO	0.295***	0.275***	0.280***	0.292***	0.308***	0.274***	0.268***	0.287***	0.306***
	(3.960)	(3.769)	(3.781)	(3.914)	(4.154)	(3.686)	(3.547)	(3.793)	(4.058)
Age	-0.139	-0.107	-0.098	-0.143	-0.067	-0.121	-0.118	-0.158	-0.091
	(-0.589)	(-0.452)	(-0.413)	(-0.603)	(-0.282)	(-0.509)	(-0.498)	(-0.664)	(-0.382)
Observations	11971	11971	11971	11971	11971	11787	11787	11787	11787
FirmFEs	Yes	Yes	Yes	Yes	Yes	Yes	Yes	Yes	Yes

衡量僵尸企业，采取不同的僵尸企业占比指标进行实证分析，但是得到的回归结果高度一致，从而证明了结论的稳健性。第二，实证检验中本文运用多种技术方法保证了结论的稳健。首先是分时间段进行验证，由于本文微观数据中所使用新增信贷投放为真实信贷投放量的估计值，但 2000 年之前上市公司作为整体国民经济的比重相对较小，从而使得 2000 年之前的信贷投放估计量存在一定误差。为此，选取 2000 年之后的信贷投放估计值对三个检验部分进行了重新估计。表 9 是 2000 年之后的新增信贷投放估计值后的地区层面检验结果，虽然数据量减少但是回归系数整体显著性不高，并且 LaggedCred × Zombie 的系数基本与表 3 和表 4 的结果相吻合。其次本文数据处理方法也保证了结论的稳健。企业层面检验部分，不再对上市公司数据进行单边缩尾，而是直接去除溢出值的处理，即直接将大于变量分布 99% 分位数的数据点删去，重复表 8 中的回归，结果见表 10。从中可以发现，原有的结论依然成立，僵尸企业投资效率显著低于非僵尸企业，而且国有僵尸企业比民营僵尸企业的效率更高。第三，内生性问题得到了较好的控制。本文研究中内生性问题的影响基本可以容忍。内生性问题是指解释变量和被解释变量之间存在双向因果关系，譬如信贷投入越多，增长率越快，而增长率越快，也就越容易获得贷款。本文主要解释变量采取滞后一期的方式（Wooldridge，2002），在检验上较大程度地避免了内生性问题的不利影响。

五、结论分析及政策建议

本文以上市工业企业面板数据实证分析僵尸企业对信贷资金使用效率的影响，研究发现：僵尸企业数量和资产都呈上升趋势，导致较高的僵尸信贷资产沉淀。不同地区的银行对僵尸企业问题关注程度不同，在落后产能集中的行业，银行信贷退出迹象不明显，僵尸信贷有向大企业集中的趋势。在地区和行业层面上，新增贷款显著促进工业经济增长，然而僵尸企业的存在拉低了新增贷款对工业经济的促进作用。从效率上讲，国有僵尸企业比民营僵尸企业效率要高。

本文建议在考虑区域差异的前提下，要进一步完善僵尸企业认定标准，严格执行僵尸企业强制退出时间安排，坚持分类化解原则，区别对待，疏导结合。同时取消商业银行贷款责任终身追究制，推出相关信贷政策以确保资金能够溢出到非僵尸企业并加快僵尸企业处置。

表9 稳健性检验 I

Dependent Variable GVA_r	(1)	(2)	(3)	(4)	(5)	(6)	(7)	(8)
LaggedCredit	0.01*	0.02***	0.01***	0.01	0.01***	0.01***	0.01***	0.02***
	(1.78)	(4.00)	(3.88)	(1.08)	(4.21)	(4.62)	(3.93)	(3.41)
Zombie	-0.10**	0.10**	0.04	0.10*	-0.10***	0.09	-0.03	0.03*
	(-2.19)	(2.41)	(0.46)	(1.89)	(-2.72)	(1.27)	(-1.01)	(1.89)
LaggedCred × Zombie	0.06	-0.05	-0.04	0.06	-0.02	-0.14**	-0.01	-0.02
	(1.61)	(-1.41)	(-0.50)	(1.14)	(-0.54)	(-2.42)	(-0.21)	(-1.12)
Lagged GVA_r	0.91***	0.90***	0.91***	0.90***	0.91***	0.91***	0.91***	0.91***
	(147.01)	(119.51)	(140.14)	(145.14)	(139.26)	(130.91)	(146.16)	(144.06)
Constant	0.92***	0.99***	0.90***	0.95***	0.87***	0.88***	0.89***	0.92***
	(17.45)	(15.73)	(16.49)	(18.21)	(15.49)	(14.88)	(16.87)	(17.60)
Observations	323	323	323	323	323	323	323	323
Province	Yes	Yes	Yes	Yes	Yes	Yes	Yes	Yes
R - squared	0.99	0.99	0.99	0.99	0.99	0.99	0.99	0.99

表10　稳健性检测 II

Dependent Variable Investment	(1)	(2)	(3)	(4)	(5)	(6)	(7)	(8)	(9)
Growth	0.016 (0.198)	0.032 (0.424)	0.045 (0.586)	0.037 (0.481)	0.050 (0.624)	0.097 (0.757)	0.119 (0.891)	0.100 (0.767)	0.136 (0.999)
Zombie		-5.104*** (-4.070)	-4.782*** (-3.639)	-1.164 (-1.524)	3.592*** (4.725)	-7.348** (-2.404)	-7.116*** (-2.641)	-3.363 (-1.340)	5.994** (2.514)
Zombie × Growth		-0.319** (-2.485)	-0.400*** (-3.729)	-2.507*** (-3.243)	-0.444 (-1.200)	-0.391** (-2.185)	-0.514*** (-3.418)	-2.745*** (-4.172)	-1.133** (-2.118)
地方国有 × Zombie						3.273 (1.089)	4.068 (1.617)	1.998 (0.767)	-3.654 (-1.520)
中央国有 × Zombie						3.679 (1.183)	3.024 (1.118)	3.088 (1.112)	-2.728 (-1.089)
其他企业 × Zombie						4.608 (1.411)	3.031 (0.989)	1.688 (0.606)	-3.710 (-1.510)
地方国有 × Growth						-0.156 (-0.990)	-0.168 (-1.061)	-0.159 (-1.023)	-0.236 (-1.496)
中央国有 × Growth						-0.074 (-0.498)	-0.088 (-0.578)	-0.067 (-0.448)	-0.095 (-0.648)
其他企业 × Growth						-0.240 (-1.204)	-0.237 (-1.191)	-0.216 (-1.133)	-0.247 (-1.261)

续表

Dependent Variable Investment	(1)	(2)	(3)	(4)	(5)	(6)	(7)	(8)	(9)
地方国有 × Zombie × Growth						0.269 (0.909)	1.947** (2.508)	6.051** (2.419)	1.508*** (2.593)
中央国有 × Zombie × Growth						2.604*** (3.011)	3.788*** (3.982)	7.865*** (2.855)	1.436* (1.686)
其他企业 × Zombie × Growth						1.457 (0.703)	1.253 (0.458)	-2.697 (-0.604)	0.573 (0.406)
Ln（Total Assets）	-4.526*** (-6.611)	-4.790*** (-6.617)	-4.865*** (-6.528)	-4.460*** (-6.665)	-4.776*** (-6.689)	-4.835*** (-6.553)	-4.947*** (-6.492)	-4.497*** (-6.760)	-4.785*** (-6.751)
Leverage	-0.022* (-1.945)	-0.016* (-1.686)	-0.019* (-1.869)	-0.022* (-1.932)	-0.024** (-2.027)	-0.014 (-1.602)	-0.018* (-1.826)	-0.020* (-1.887)	-0.023** (-1.984)
CFO	0.280*** (2.989)	0.232** (2.417)	0.245*** (2.581)	0.280*** (2.934)	0.312*** (3.362)	0.234** (2.381)	0.241** (2.497)	0.286*** (2.981)	0.311*** (3.244)
Age	0.157 (0.528)	0.198 (0.667)	0.212 (0.707)	0.154 (0.514)	0.227 (0.761)	0.176 (0.590)	0.174 (0.582)	0.133 (0.440)	0.169 (0.566)
Observations	11069	11069	11069	11069	11069	10894	10894	10894	10894
Firm 虚拟变量	Yes	Yes	Yes	Yes	Yes	Yes	Yes	Yes	Yes

参考文献

［1］艾勒·奇温斯基，吴思．产能过剩：扭曲和僵尸［J］．中国经济报告，2016（8）．

［2］卢峰，姚洋．金融压抑下的法制、金融发展和经济增长［J］．中国社会科学，2004（1）：42－55．

［3］何林．对贷款边际产出率下降的思考［J］．数量经济技术经济研究，1992（4）：7－10．

［4］何帆，朱鹤．僵尸企业的识别与应对［J］．中国金融，2016（5）．

［5］何帆，朱鹤．僵尸企业的处置策略［J］．中国金融，2016（13）．

［6］何帆，朱鹤．应对僵尸企业的国际经验（一）——以美国周期性行业为例［J］．金融博览：财富，2016（16）．

［7］何帆，朱鹤．中国究竟有多少僵尸企业？［EB/OL］．（2016－02－03）．http://news.chfol.com．

［8］聂辉华，江艇，张雨潇，方明月．我国僵尸企业的现状、原因与对策［J］．宏观经济管理，2016（9）．

［9］郭剑花、杜兴强．政治联系、预算软约束与政府补助的配置效率——基于中国民营上市公司的经验研究［J］．金融研究，2011（2）．

［10］汪伟，吴剑，仇高攀．清理"僵尸企业"商业银行的影响和应对［J］．中国银行业，2016（3）．

［11］熊兵．"僵尸企业"治理的他国经验［J］．改革，2016（3）．

［12］张军．中国的信贷增长为什么对经济增长影响不显著［J］．学术月刊，2016（7）．

［13］周立，胡鞍钢．中国金融发展的地区差距状况分析（1978—2000）［J］．金融研究，2002（10）：1－13．

［14］张军，金煜．中国的金融深化和生产率关系的再检验：1978—2001［J］．经济研究，2005（11）：34－45．

［15］BARSEGHYAN, L. Non－performing Loans, Prospective Bailouts, and Japan's Slowdown［J］．Journal of Monetary Economics, 2010, 57（7）：873－890．

［16］BRUCHE, M. and LLOBET, G. Preventing Zombie Lending［J］．The Review of Financial Studies, 2014, 27（3）：923－956．

［17］CABALLERO, R. J., HOSHI, T. and KASHYAP, A. K. Zombie Lending and Depressed Restructuring in Japan［J］．The American Economic Review, 2008, 98（5）：1943－1977．

［18］FUKUDA, S. and NAKAMURA, J. Why Did "Zombie" Firms Recover in Japan?［J］．The World Economy, 2011, 34（7）：1124－1137．

［19］FUKUDA, S., KASUYA, M. and NAKAJIMA, J. Deteriorating Bank Health and Lending in Japan ［J］. Journal of the Asia Pacific Economy, 2006, 11 (4): 482 – 501.

［20］BIDDLE, G. S., HILARY, G. and VERDI, R. S. How Does Financial Reporting Quality Relate to Investment Efficiency? ［J］. Journal of Accounting and Economics, 2009, 45 (2 – 3): 112 – 131.

［21］HOSHI, T. and KASHYAP, A. K. Will the U. S. Bank Recapitalization Succeed? ［J］. Journal of Financial Economics, 2010, 97 (3): 398 – 417.

［22］IMAI, K. A Panel Study of Zombie SMEs in Japan: Identification, Borrowing and Investment Behavior ［J］. Journal of the Japanese and International Economics, 2016, 39 (13): 91 – 107.

［23］JASKOWSKI, M. Should Zombie Lending Always be Prevented? ［J］. International Review of Economic and Finance, 2015, 40 (5): 191 – 203.

［24］KIM, S. J. Macro Effects of Corporate Restructuring in Japan ［J］. IMF Staff Paper, 2004, 51 (3): 457 – 492.

［25］KWON, H. U., NARITA, F. and NARITA, M. Resource Reallocation and Zombie Lending in Japan in the 1990s ［J］. Review of Economic Dynamics, 2015, 18 (4): 709 – 732.

［26］HOSHI, T. Economics of the Living Dead ［J］. The Japanese Economic Review, 2006, 57 (1): 30 – 49.

［27］LIANG, Z. Financial Development, Growth and Regional Disparity in Post – Reform China ［J］. UNU – WIDER Reserarch Paper, 2006, No. 2006/90.

［28］PEEK, J. and ROSENGREN, E. S. Unnatural Selection: Perverse Incentives and the Misallocation of Credit in Japan ［J］. The American Economic Review, 2005, 95 (4): 1144 – 1166.

［29］TAN, Y., HUANG, Y. and WOO, W. T. Zombie Firms and the Crowding – Out of Private Investment in China ［J］. Asia Economic Papers, 2016, 15 (3): 32 – 55.

［30］WOLDRIDGE, J. M. Econometric Analysis of Cross Section and Panel Data, the MIT Press, 2002.

［31］YOSHIDA, K. A Theory of Zombie Lending and Its Macroeconomic Impact ［D］. Duke University Dissertations Paper. 2006, UMI Number: No. 3260257.

课题组组长：杨立杰

课题组成员：赵以邗　邓亚平　童展鹏　刘克珍

李　征　陈　波　曾　妮　刘奎宁

债务、去杠杆与经济衰退风险

中国人民银行武汉分行金融稳定处课题组

一、引言

如果将经济主体分为家庭、企业、政府三个部分，那么在正常的经济环境下，家庭进行储蓄，企业进行投资，银行作为中介将家庭的储蓄转化为企业投资，政府制定执行法律维护市场秩序并且不过多干预市场。当经济出现波动时政府可以运用财政政策或货币政策进行宏观调控，由于财政政策对私人投资的"挤出效应"，政府应更多地运用价格型货币政策调控市场，让企业对利率变动作出理性投资决策调整。当经济出现危机时，政府可以推出大规模的财政刺激短时间内维持经济增长，避免出现经济崩溃的极端状况，但会造成资源错配、市场扭曲等长期难以解决的问题，所以更应使用量化宽松的货币政策提供充足流动性、改变预期和预防通缩，以极低的利率刺激企业投资，并在渡过危机后及时退出量化宽松政策。

以上分析既是主流宏观经济学长期以来形成的共识，危机政策应对方面也是自 1929 年"大萧条"至 2008 年国际金融危机期间，宏观经济学界对经济危机持续争论中占据上风的研究结论，并在世界各国应对此次国际金融危机的政策中得到广泛应用，但效果却不如预期的理想。至今美国仍不敢贸然退出量化宽松政策、欧盟多国深陷债务危机、日本经济萧条不见起色，这些都表明现有的危机解释及应对策略仍然存在某种缺陷，危机产生的原因并未被充分揭露，应对危机的策略也可能出现偏差。

事实上，2008 年国际金融危机爆发后，国际宏观经济学界也意识到既有危机理论存在缺陷，并开始重新探索新的理论解释和应对危机。在众多危机理论探索中，有一种观点受到越来越多的重视：所有类型的经济金融危机都与过度举债有关，然而债务问题却被长期忽视了。Carmen M. Reinhart 和 Kenneth Rogoff（2012）通过对跨越 800 年历史，包含亚洲、非洲、欧洲、拉丁美洲、北美洲和大洋洲 66 个国家和地区的经济金融危机的研究，以坚实的数据基础证明了债务问题与经济危机统计上的相关关系。Richard C. Koo（2008）则建立了"债务去杠杆"（资产负债调整）理论来解释债务问题如何带来长期经济萧条，指出历史上最大的两次危机"大萧条"和"日本长期衰退"都是由于企业陷入"债务最小化"偏好后集体"去杠杆"引起的，并将"去杠杆"理论与传统宏观经济理论结合起来弥补了传统理论的缺陷，重新强调在应对"去杠杆"过程中财政政策的作用。Gauti B. Eggertsson 和 Paul Krugman（2013）在 Richard C. Koo（2008）思想的启发下，在新凯恩斯框架内探讨了去杠杆的后果，发现即便在新凯恩斯的框架内，"去杠杆"同样能带来严重经济问题：自然利率下降到零以下、通货紧缩和政策失效等。

历史数据和最新理论都证明经济危机或长期衰退可能与债务问题相关，表明当前同样需要从债务视角来观察和解释国际普遍面临的危机以及国内的经济衰退形势。本文第二部分介绍八百年历史跨度数据的主要发现，并结合当前中国总体债务状况以及与世界其他国家债务状况的对比，分析中国当前面临的主要经济问题；第三部分从理论上解释债务如何造成长期经济衰退，以及债务去杠杆会带来怎样的宏观经济结果；第四部分通过国内数据进一步验证中国是否符合"去杠杆"理论的预测；最后运用"债务去杠杆"理论来解释当前中国经济面临的问题与困难，并提出政策建议。

二、债务问题为什么重要——兼述中国的债务水平与比较

（一）金融危机大数据的统计和计量结果

世界各国 800 年金融危机史的统计结果充分证明了债务周期与经济危机的相关性（见图 1），具体而言包括：一是主权债务危机发生前夕公共债务一般都呈快速增长趋势；二是银行危机发生前私人债务表现出非线性增长的特征；三是银行危机和债务危机经常同时发生。也就是说债务指标可以作为提示危机发生的关键性早期预警指标，公共债务指标可以预警主权债务危机，私人债务指标可以预警银行危机，总体债务指标可以预警经济危机。

上述内容通过翔实数据和严密计量论证的结果看似不言自明，但事实上历史上每次债务快速增长的繁荣阶段，人们都更倾向沉浸于乐观情绪，认为现在拥有更稳健的经济基础、更高的监管技术、更多的政策工具，经济学家已经从过去发生的危机中学到了足够的应对策略，危机不会再发生。这一现象被 Carmen M. Reinhart 和 Kenneth Rogoff（2012）总结为"这次不一样"症状，其结果就是债务问题被政府、企业甚至经济学家持续忽视，经济危机在历史上不断发生。因此，金融危机史数据的研究结论对我们最大的启示就是要重新认识债务问题的重要性，并从债务的视角来解释和研究经济危机，对于中国当前面临的经济问题同样需要从债务的角度审视和应对。

（二）中国的总体债务水平与国际比较

现有研究普遍使用"债务/GDP"指标衡量一个国家或地区的总体债务杠杆率，其中"GDP"指标一般由各国统计部门发布官方数据，而"债务"指

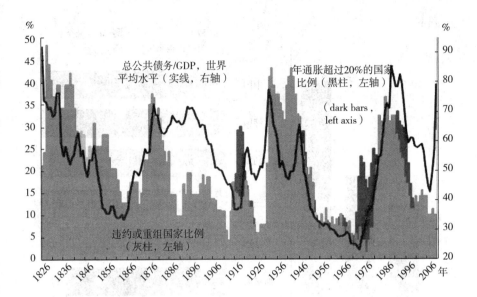

资料来源：Carmen M. Reinhart, and Kenneth Rogoff（2012）. 2011. "From Financial Crash to Debt Crisis". American Economic Review 101（August 2011）: 1676—1706.

图1　主权债务违约、总公共债务和通货膨胀危机

标在世界各国尚无统一的官方发布要求，很多国家甚至没有进行连续专项统计。各研究机构一般自行测算国家"总体债务"这一指标，由于测算的方法方式各有不同，不同研究机构的测算结果也有所差别，以中国 2014 年总体债务水平为例：人民银行总行测算结果为 237%、国际清算银行测算结果为 249%、麦肯锡全球研究院测算结果为 217%[①]。为了横向观察中国债务水平的时间演变趋势、纵向比较中国总体债务水平在世界上所处的位置，我们使用麦肯锡全球研究院的测算结果，该研究从 2007 年开始测算世界主要发达国家和发展中国家的总体债务水平并持续进行更新，使用单一的研究数据避免了债务数据测算方法的差异性，便于进行纵向、横向比较。

1. 中国总体债务水平的变动趋势

图 2 是 2000 年至 2014 年中国总体债务水平的变化趋势图，此时间段内中国总体债务呈快速上升趋势，"债务/GDP"指标从 121% 上升到 282%，增长了 2 倍多，而且这一增长趋势从 2007 年之后表现得更为明显，2001 年至 2007 年中国的"债务/GDP"仅增长了 37%，但 2007 年至 2014 年却急剧增长了 124%。如果按照 Carmen M. Reinhart 和 Kenneth Rogoff（2012）的统计结论，中国总体债务的非线性增长趋势已经预警中国经济爆发危机的可能性大大增加。

[①]　该数据为不包含"金融机构"债务的数据，包含"金融机构"的数据结果为 282%。

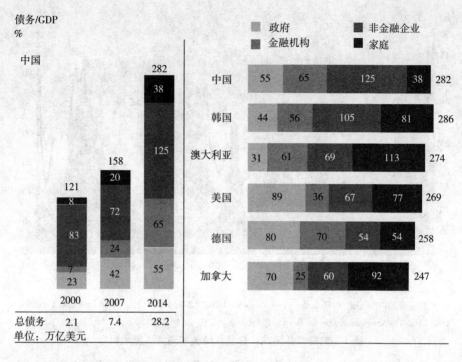

资料来源：McKinsey Global Institute（MGI），2015. Debt and（not much）deleveraging, February 2015.

图2 中国总体债务杠杆率变动趋势：2000—2014年

从中国的债务结构（图2右半部分）看，政府、非金融企业、金融机构、家庭四个部门中，家庭的债务杠杆率最低，2014年杠杆率仅为38%，15年间仅增长了30%[1]；非金融企业杠杆率最高，已经达到125%，2007—2014年非金融企业和金融机构债务杠杆率均呈现出快速上涨趋势；政府部门杠杆率增长趋势较为温和，2007—2014年仅增长了13%，其原因是将地方融资平台等隐性负债纳入非金融企业部分。

2. 中国总体债务的国际比较

表1列出了世界主要国家2014年的杠杆率以及从2007年至2014年的变化情况，我们主要关注中国的债务杠杆率在世界范围所处的位置。表1包含47个国家，其中发达国家22个（深色背景），发展中国家25个（浅色背景），中国的债务杠杆率（217%）在47个国家中排名第22位，处于中间位置。这表明从世界范围看，中国的总体债务杠杆率并不算高，与杠杆率最高的日本（400%）存在明显的距离。但是如果从发展中国家看，中国债务杠杆率在25

---

[1] 从这个角度也能更好理解中国人民银行周小川行长支持中国家庭加杠杆的言论。

个发展中国家中居第 3 位，仅次于匈牙利和马来西亚。更为重要的是从 2007 至 2014 年杠杆率的变化看，大部分国家的总体债务杠杆率仍然在上涨，而且中国杠杆率（不包含金融部门）上涨了 83%，在 45 个国家中居第 5 位，仅次于爱尔兰、新加坡、葡萄牙和希腊，也就是说即便从世界范围看，中国的总体杠杆率近年来的增长速度仍然表现较为突出。

表 1　　　　世界主要国家杠杆率（债务/GDP）比较及变化　　　单位：%

排名	国家	债务/GDP①	杠杆率变化：2007—2014 年				
			总体	政府	非金融企业	家庭	金融机构
1	日本	400	64	63	2	− 1	6
2	爱尔兰	390	172	93	90	− 11	− 25
3	新加坡	382	129	22	92	15	23
4	葡萄牙	358	100	83	19	− 2	38
5	比利时	327	61	34	15	11	4
6	荷兰	325	62	38	17	7	38
7	希腊	317	103	70	13	20	1
8	西班牙	313	72	92	− 14	− 6	− 2
9	丹麦	302	37	22	7	8	37
10	瑞典	290	50	1	31	18	37
11	法国	280	66	38	19	10	15
12	意大利	259	55	47	3	5	14
13	英格兰	252	30	50	− 12	− 8	2
14	挪威	244	13	− 16	16	13	16
15	芬兰	238	62	29	17	15	24
16	美国	233	16	35	− 2	− 18	− 24
17	韩国	231	45	15	19	12	2
18	匈牙利	225	35	15	21	− 1	10
19	奥地利	225	29	23	6	0	− 21
20	马来西亚	222	49	17	16	16	6
21	加拿大	221	39	18	6	15	− 6
22	中国	217	83	13	52	18	41
23	澳大利亚	213	33	23	− 1	10	− 8

---

① 此列不包含"金融部门"债务数据。

排名	国家	债务/GDP	杠杆率变化：2007—2014 年				
			总体	政府	非金融企业	家庭	金融机构
24	德国	188	8	17	−2	−6	−16
25	泰国	187	43	11	6	26	21
26	以色列	178	−22	−4	−21	3	−2
27	斯洛文尼亚	151	51	28	8	14	−5
28	越南	146	13	10	−1	5	2
29	摩洛哥	136	20	8	7	5	3
30	智利	136	35	6	20	9	9
31	波兰	134	36	14	9	13	9
32	南非	133	19	18	2	−2	−3
33	捷克	128	37	19	9	9	4
34	巴西	128	27	3	15	9	13
35	印度	120	0	−5	6	−1	5
36	菲律宾	116	4	−3	9	−2	−5
37	埃及	106	−9	9	−18	0	−8
38	土耳其	104	28	−4	22	10	11
39	罗马尼亚	104	−7	26	−35	1	−4
40	印度尼西亚	88	17	−5	17	6	−2
41	哥伦比亚	76	14	1	8	5	3
42	墨西哥	73	30	19	10	1	−1
43	俄罗斯	65	19	3	9	7	−4
44	秘鲁	62	5	−10	11	5	2
45	沙特阿拉伯	59	−14	−15	2	−1	−8
46	尼日利亚	46	10	7	1	2	−1
47	阿根廷	33	−11	−14	1	2	−5

资料来源：McKinsey Global Institute（MGI），2015. Debt and（not much）deleveraging, February 2015.

3. 数据研究的启示

金融危机 800 年的历史数据表明债务的非线性增长意味着发生经济危机或经济衰退的可能性增大，而中国总体债务杠杆率尽管相对安全，但快速增长的趋势已经发出了预警信号。因此债务快速增长为何会导致经济危机，以及可能会造成何种后果迫切需要进一步从理论上进行研究和解释。

三、债务去杠杆与经济衰退：理论解释

（一）"资产负债调整"理论：经济衰退的最新解释

1. "资产负债调整"理论

"资产负债调整"（去杠杆）理论由日本经济学家 Richard C. Koo（2008）首次提出。Richard C. Koo（2008）通过观察日本长期经济衰退的数据、对比各种解释衰退的原因、评估应对衰退的政策效果并将日本的衰退与"大萧条"进行比较，发现以往所有的理论都没有正确解释衰退和危机成因，关键性的债务因素被忽略了，这与上述金融危机史的统计发现不谋而合，因此在近年来世界经济普遍不景气的背景下"资产负债调整"理论受到越来越多的重视。其核心观点是：债务的非线性增长不可持续，一旦企业开始调整"资产负债表"（去杠杆），企业将不得不偿还债务、减少融资需求，其经营原则将从"利润最大化"转变为"债务最小化"，因此即便在极低的利率下，企业仍然不进行投资，造成经济的持续低迷，并进一步影响了货币政策的有效性。

"资产负债调整"（去杠杆）理论的具体发展阶段如下：

（1）经济繁荣阶段，经济各部门债务持续积累并在某些领域形成泡沫，最终泡沫被逆向调节的货币政策或其他因素刺破。泡沫破灭给经济各部门带来沉重的债务负担，企业不再奉行"利润最大化"原则，转而努力实现"债务最小化"，经济进入"资产负债调整"阶段。

（2）企业偿还债务进而减少融资需求降低了货币政策的效力，政府应更依赖财政政策刺激需求。

（3）最终企业清偿债务，"资产负债调整"结束，但企业对投资依然谨慎，储蓄无法转化为投资，利率继续保持低水平。

（4）企业投资意愿逐渐增强，融资需求开始增加。

（5）企业投资需求复苏，货币政策开始恢复调控效力，财政政策由于挤出效应开始显现负面效应。

（6）企业重新追求"利润最大化"，货币政策逐渐取代财政政策成为主要宏观调控工具。

（7）经济恢复健康水平，企业重拾信心。

（8）经济进入繁荣，开始下一个泡沫周期。

2. "资产负债调整"理论的重要启示

（1）经济长期衰退的根源在于债务问题。"资产负债调整"理论实际上解释了为什么债务的非线性增长会带来经济危机，问题的重点不在于债务绝对水平的高低，而在于债务持续增长的趋势不可持续，一旦由于某种紧缩政策或外

部原因刺破繁荣泡沫，企业被迫开始调整其资产负债进入去杠杆阶段，那么企业经营的理性动机就由"利润最大化"变为"债务最小化"，这种情况下无论利率如何降低都难以刺激企业进行投资，经济进而陷入衰退。"大萧条"和日本的长期衰退都是由债务去杠杆引起的。

（2）企业的行为原则会发生重大改变。企业追求"利润最大化"是传统经济理论的基本假设之一，对企业经营决策的所有分析都建立在该假设之上，且宏观经济调控的有效性取决于微观经济主体对于政策的反应。如果企业行为的基本准则发生改变，那么建立在该准则之上的所有分析和政策应对都要重新建立。

"资产负债调整"理论强调去杠杆过程中企业会以"债务最小化"作为目标，完全颠覆了经典经济理论的基础，本质上把经济状况分为了两种情况：一种是正常情况下企业以"利润最大化"为目标，这种情况下传统的经济理论和政策分析能够正确应用；另一种情况是去杠杆阶段企业以"债务最小化"为目标，这种情况下所有的分析和政策都应重新建立。

（3）去杠杆将是长期过程。依据"资产负债调整"（去杠杆）理论的发展阶段，去杠杆过程将横跨从（2）到（5）四个阶段，这个过程的时间长度取决于企业修复"资产负债表"的速度、企业对负债谨慎情绪的克服程度以及企业投资信心的恢复程度。从历史经验看，这个过程可能相当漫长，"大萧条"期间美国用了 30 年时间（1929—1959 年）才使其利率恢复到 1920 年的水平；日本的经济衰退持续了近二十年。

（4）宏观政策调控的效力受"资产负债调整"的阶段影响。在经济繁荣阶段，企业以"利润最大化"为目标，投资意愿较强，此时积极的财政政策会产生"挤出效应"，压缩企业投资空间，而货币政策的微调通过影响企业投资成本达到宏观调控效果；然而在"去杠杆"阶段，企业以"债务最小化"为目标，货币政策将逐渐失去效力，因为无论货币政策如何放松，在企业目标不变的情况下，货币政策都无法刺激投资，但财政政策却可以发挥最大效力，由于企业投资意愿不强，积极财政政策的负面"挤出效应"不复存在，因此此阶段应主要应用财政政策刺激经济。

（二）去杠杆与经济衰退：新凯恩斯框架下的解释

新凯恩斯框架与传统凯恩斯理论的最大不同在于它更注重宏观理论的微观基础，强调价格和工资黏性在分析中的重要作用，主要利用动态优化方法分析微观主体的最优化选择带来的宏观结果，Gauti B. Eggertsson 和 Paul Krugman（2013）第一次在新凯恩斯框架中引入去杠杆思想，发现大规模的去杠杆过程会使自然利率突破"零下限"、通货紧缩以及发生多种经济悖论。

1. 新凯恩斯框架下的去杠杆结果

自然利率是新凯恩斯分析框架的核心，它取决于经济系统中一系列基础因素,并且影响其他主要宏观经济指标,与货币政策操作密切相关,是指导货币政策调整的重要参考,因此所有分析以自然利率的决定因素作为起点。

在最简单的经济中,自然利率取决于债权人对资金的时间偏好(折现率):

$$r = \frac{1 - \beta}{\beta} \tag{1}$$

式中,r 是自然利率,β 是折现率,β 越大,债权人越偏向于未来,借钱越容易,利率越低;β 越小,债权人越偏向于现在,借钱越难,利率越高。式(1)也是微观主体最优选择的结果。

加入去杠杆的因素后,微观主体动态最优的选择结果使得自然利率的决定因素改变为

$$1 + r = \frac{\frac{1}{2}Y + D^{low}}{\beta \frac{1}{2}Y + \beta D^{high}} \tag{2}$$

式中,D^{high} 是去杠杆之前的债务水平,D^{low} 是去杠杆之后的债务水平,式(2)表明自然利率不仅取决于贴现率 β,而且取决于去杠杆的程度,即 D^{low} 低于 D^{high} 的程度。更为重要的是,如果 $\beta D^{high} - D^{low}$ 足够高,或者说如果债务积累得足够高,去杠杆的程度足够强,那么式(2)的右侧可能低于 1,即自然利率可能下降到零以下。

进一步引入价格因素,那么价格的动态方程为

$$\frac{P^S}{P^*} = \frac{\frac{1}{2}Y + D^{low}}{\beta \frac{1}{2}Y + \beta D^{high}} < 1 \tag{3}$$

式中,P^S 是去杠杆过程中的价格,P^* 是去杠杆后的长期价格,式(3)表明价格同样取决于去杠杆的程度,如果去杠杆造成自然利率下降至零以下,那么去杠杆过程中的短期价格水平必须下降。

自然利率的决定因素变为

$$1 + r = \frac{\frac{1}{2}Y + D^{low}}{\beta \frac{1}{2}Y + \beta \frac{B^{high}}{P}} \tag{4}$$

式中,B^{high} 是名义水平的债务,式(4)建立起自然利率和价格水平的动态联系:价格下降引起自然利率降低,自然利率降低引起价格进一步下降,形成债务通缩螺旋,这就是著名的费雪债务通缩理论。

进一步引入总需求总供给方程,得到如图 3 所示的经济模型。

图 3 便是去杠杆过程中的总需求总供给模型,出乎意料的是经济去杠杆会得到向上倾斜的总需求曲线。也就是说价格越低需求越低,这严重违背了基本

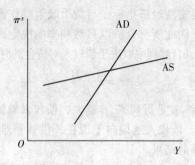

图3 严重去杠杆阶段总需求—总供给模型

的经济规律。但在大幅度地去杠杆过程中确实可能发生，主要原因就在于去杠杆会带来价格下降，增加债务人的实际债务负担，降低债务人的需求；同时由于实际利率无法下降至零以下，也无法进一步刺激储蓄者或债权人的短期需求，通缩和零利率共同造成了向上倾斜的总需求曲线。去杠杆使我们处于完全"颠倒"的经济世界中！

2. 去杠杆过程中的经济悖论

（1）节约悖论。"节约悖论"是指在经济萧条时期，增加储蓄会减少消费和国民收入，使经济更加萧条，而减少储蓄会增加消费和国民收入，使经济步入繁荣，这种矛盾被称为"节约悖论"。"节约悖论"本身在传统凯恩斯主义的国民收入决定理论中已经提出，并作为经济萧条时期，政府应该实施积极财政政策鼓励消费，促进经济复苏的理论依据。

在大幅度地去杠杆过程中，由于真实利率下降至零以下，实际利率即便下降至零也高于真实利率，增加储蓄无法进一步降低名义利率，却降低了消费，因此同样会造成"节约悖论"的出现：增加储蓄、紧缩财政会使经济更加萧条。

（2）辛苦悖论。"辛苦悖论"是指工作意愿越强、越愿意接受更苛刻的工作条件，工作的机会变得越少。在去杠杆过程中，会得到向上倾斜总需求曲线，在这样的情况下，向右移动的总供给曲线（可能来源于工作意愿增强、减税或生产效率提高等）却进一步降低了产出（见图4），而在正常情况下总供给曲线右移毋庸置疑会增加产出。原因在于供给曲线的右移造成价格下降，在大幅度地去杠杆过程中会增加债务负担，即"费雪的债务通缩螺旋"，同时由于利率的持续下降，造成经济的收缩。

（3）弹性悖论。"弹性悖论"中的"弹性"是指工资或价格的"弹性"，主要指经济衰退期工资或价格下降的弹性，如果经济衰退期工资或价格能够下降，则表明工资或价格有弹性，反之则无弹性或称"工资刚性"、"价格黏性"。工资和价格的刚性在近几十年来的宏观经济学模型中占据非常重要的地位，是传统凯恩斯主义在遇到无法解释"滞胀"问题的挑战后，凯恩斯学派

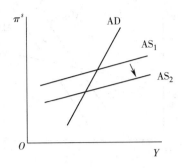

图4　去杠杆阶段下的"辛苦悖论"

改良原有理论引入的主要思想,并且也用来解释"大萧条",认为在货币政策不收缩的情况下,如果价格和工资富有弹性,"大萧条"的幅度和时间都会减轻。

但是去杠杆的过程中情况却恰恰相反,价格弹性的增加会带来更严重的产出下降。原因同样在于,价格的下降并没有带来需求的增长,而是在去杠杆过程中造成了"费雪效应",增加了债务负担,降低了需求(见图5)。

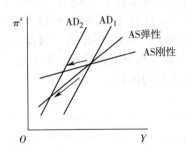

图5　去杠杆过程中的"弹性悖论"

3. 政策应对

基于去杠杆过程中的总需求—总供给模型,如果此时采取刺激总需求的财政政策,需求曲线右移,那么不仅会带来价格上升(见图6),降低真实债务负担,而且可以起到带动总供给增长的作用。因此扩张的财政政策不仅能够有效抵消去杠杆带来的损失,而且可以防止经济进入"债务通缩螺旋"。

货币政策方面最重要的作用是改变通缩趋势,需要央行通过公开市场操作向公众表明央行的通胀目标,建立起市场通胀预期。由于央行以保持价格稳定为主要目标,市场可能并不相信央行设定的通胀目标,为解决这一"动态不一致"问题,可能需要比常规更为宽松的货币政策(见图6)。

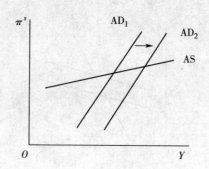

图 6　去杠杆过程中的财政政策效应

四、中国宏观经济是否进入去杠杆阶段——宏观数据的说明

根据上述去杠杆理论的分析，经历去杠杆过程的经济体会面临利率持续下降、通货紧缩、企业贷款减少等问题，以下我们通过中国近年来的经济数据来验证中国是否进入了长期去杠杆阶段，并在此基础上提出宏观经济政策方面的建议。

（一）利率

由于国债利率反映了资本市场无风险资产的利率，一般用它作为衡量利率的标准，图 7 是 2004 年 12 月 31 日至 2015 年 12 月 31 日，3 个月国债利率和 1 年期国债利率的时间趋势图。2013 年以后，两者均呈现出显著的下降趋势，如果除去 2008 年国际金融危机冲击的影响，利率已经接近历史最低值，其他期限利率的趋势也存在类似的现象。

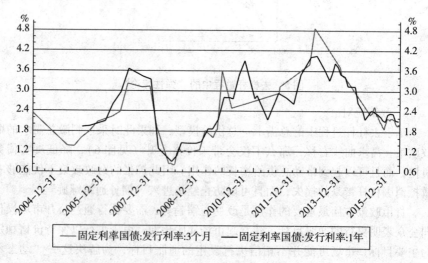

资料来源：Wind 资讯。

图 7　中国 3 个月、1 年期国债利率

（二）价格

我们用工业品出厂价格指数来反映价格变动的时间趋势，数据表明中国的价格水平存在通缩的压力。图8表明，从2012年末开始，PPI定基指数就开始呈现出下降的趋势，一直持续到2015年底。2016年有所上升，但仍低于100的基准值。

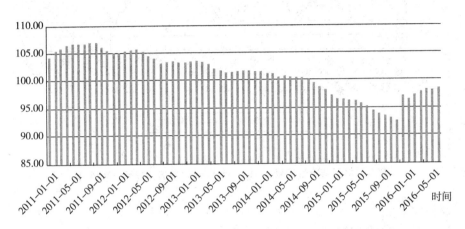

资料来源：Wind宏观数据库。

图8　中国工业品出厂价格指数

（三）企业存款和贷款

企业存款和贷款数量的变化可以间接用 M_1 和 M_2 的变动趋势来说明，因为 M_1 中包含企业活期存款，M_2 是 M_1 与定期存款和储蓄的总和，而大额定期存款一般是由贷款派生出来的。近期中国 M_1 和 M_2 的"剪刀差"（见图9）恰恰说明了企业存贷款数据的异常。

正常情况下，M_1 和 M_2 同比增长率的变动趋势应该大致相同，从1996年至2015年两者同比增长率的变动趋势基本保持一致，但从2016年初开始 M_1 的同比增长率开始超过 M_2，并有逐渐扩大的趋势，呈现出"剪刀差"的形状。其中企业贷款下降、活期存款大幅上升是重要原因之一（盛松成，2016），这与日本经济开始去杠杆阶段时期的货币总量的变化趋势惊人的相似。从1994年开始，日本 M_2 和基础货币的走势逐渐出现分化，同样呈现出"剪刀差"的态势，原因同样是企业贷款大幅下降，无法将基础货币转化为货币供给。

上述三个关键指标的时间趋势均符合去杠杆理论的经济预期，去杠杆理论也能够有效解释上述经济异常情况。结合近期中国宏观经济的种种表现，我们推论中国已经进入宏观层面的去杠杆阶段，在这一阶段，多数经济数据可能呈现出极端异常情况，如负利率、通缩等，传统经济理论也失去解释能力，宏观经济现象应更多使用新的去杠杆理论加以解释，政策应对也应从去杠杆的角度

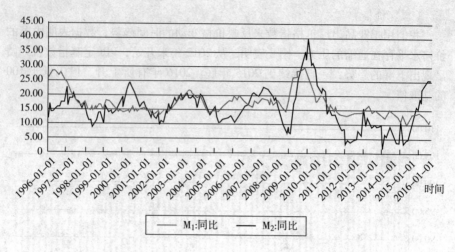

资料来源：Wind 宏观数据库。

图9 中国货币供给量（M₁，M₂）时间趋势：1996—2016 年

重新审视。

五、政策建议

（一）建立总体债务统计监测体系

由于之前总体债务概念没有受到广泛重视，官方统计部门尚未建立总体债务数据的统计体系、发布渠道等，已有的所有中国总体债务数据均来源于研究机构的测算，不同测算方法得到的结果不同，导致关于中国总体债务规模的数据来源混乱、结果不一，这些债务数据难以作为经济决策的参考依据。鉴于总体债务对于当前去杠杆阶段的重要性，建议建立单一的中国总体债务统计、发布体系，公布统计方法，推动相关领域的研究；同时密切关注总体债务水平相关数据，尤其重点关注总体债务杠杆率的长期变动趋势，向下的趋势可能是判断中国进入长期去杠杆阶段的重要信号，未来向上的趋势也是预期中国经济回暖的重要参考指标。

（二）建立经济衰退预警机制

应利用去杠杆理论的重要结论，由于去杠杆理论预期在巨幅去杠杆过程中，自然利率会持续下降甚至降至零以下，价格下降会形成"债务通缩螺旋"，企业贷款意愿下降会造成货币政策失效等现象，这些指标的长期趋势同样可以作为判断经济衰退的重要信号，因此基于去杠杆理论的推论，要建立起相应的经济衰退预警机制，提早预警风险。

（三）坚决实施积极的财政政策，配合适应的货币政策

传统经济理论认为财政政策存在"挤出"效应，不应再采用大规模的财

政刺激政策，但去杠杆理论却认为在去杠杆阶段，由于企业不愿贷款，财政政策的"挤出"效应将大大降低，同时缺乏资金需求方，宽松货币政策有效性也大幅降低；更为甚者，此时货币政策对实体经济的有效性取决于财政政策的力度。综合来看，为抵消企业去杠杆效应，激活宽松货币政策的作用，去杠杆阶段更应采用积极的财政扩张政策。货币政策的另一作用则在于避免经济进入通缩状态，防止因价格因素加重企业债务负担，因此货币政策同样应该维持一个较为宽松的环境，以形成通胀预期，引导价格保持稳定。

（四）树立新的发展理念，尽快实现经济转型

经济去杠杆阶段对金融结构的调整和资本市场的发展提出了非常迫切的现实需求，提高直接融资比重的任务更加紧迫。应大力推进建立多层次资本市场，提高资本市场融资比重，多渠道推动股权融资，发展并规范债券市场，促进直接融资与间接融资协调发展；充分利用资产证券化、公司债、城投债、企业债、中小企业私募债、直接投资、并购基金等业务创新模式和产品。

参考文献

［1］卡门·M. 莱因哈特，肯尼斯·S. 罗格夫. 这次不一样：八百年金融危机史［M］. 北京：机械工业出版社，2012.

［2］CARMEN M. REINHART, KENNETH ROGOFF. From Financial Crash to Debt Crisis［J］. American Economic Review, August 2011, 1676 - 1706.

［3］Debt and（not much）Deleveraging, February 2015［R］. McKinsey Global Institute（MGI）, 2015.

［4］RICHARD C. KOO. The holy Grail of Macroeconomics：Lessons from Japan's Great Recession［M］. John Wiley & Sons Pre. Ltd, 2008.

［5］GAUTI B. EGGERTSSON, PAUL KRUGMAN. Debt, Deleveraging, and the Liquidity Trap：a Fisher-Minsky-Koo Approach［J］. Quarterly Journal of Economics, 2012, 1469 - 1513.

课题组组长：赵以邗

课题组成员：谢崇礼　王邦武　陈　亮

我国票据市场建设与监管研究

中国人民银行武汉分行营业管理部课题组

一、引言及文献综述

经过三十多年的发展，我国票据已经从当初单一的支付属性衍生出了集支付、资金、信贷、资产等多重属性于一体的金融产品，票据市场已经成为我国货币市场中与实体经济联系最为紧密的子市场。但由于我国信用环境尚不健全，银行承兑汇票一直占据主导地位，商业承兑汇票发展缓慢，再加上制度建设的滞后，对融资性票据的合法性一直未予确认，票据的供需信息、查询、交易、管理等总体上还处于割裂状态，交易流动性受阻、风险较高，在全国缺乏统一的交易市场，导致中小企业票据融资困难重重，各类正规金融机构和民间票据交易主体进行监管套利，使得当前票据交易的总体效率偏低，实体经济的融资空间未能有效释放，风险事件频发，严重影响了金融市场的稳定。近年来，部分交易规模和交易水平高于全国平均的地方先后依托区域经济发展战略、科技金融改革创新试点等国家政策，先行先试，建立了地方性有形的区域性票据交易中心，如京津冀票据交易中心、武汉票据交易中心；全国性银行、各类民间票据中介也纷纷成立互联网票据交易平台，力求为银行、企业探索出一条提供包括报价撮合、清算支付、信息发布在内的一站式交易功能的有效渠道。2016年以来，央行大力推动电子商业汇票业务的发展和筹建全国票据交易所，加大银行机构票据业务监管力度，票据市场的交易规模、交易模式和交易主体发生了颠覆性的变革。

国外对票据的研究主要集中在以数理模型测算分析票据交易市场对金融市场及宏观经济的作用，以及对票据市场利率进行定价方面（Jayendu Patel 和 Richard Zeckhauser，1987；Rosalyn，2002；Marcin Kacperczyk 和 Philipp Schnabl，2010）。国内票据市场的研究主要集中在票据的制度建设、票据市场存在的问题、业务发展方向以及统一有形的票据市场等领域，对票据利率的研究也多集中在央行再贴现利率方面（阙方平和王海燕，2005；巴曙松，2005；钟俊，2015；潘功胜，2016；陈鑫和王溪岚，2016）。有一些学者从互联网视角对票据进行研究，肖小和等（2015）认为当前建立票据交易所应建成全国统一"互联网＋票据交易"的综合性金融服务交易所，该交易所以央行为主导，各金融机构广泛参与，涵盖除承兑业务外的票据业务全流程产品，并以整合业务交易及整合信息为最终目的。徐忠、姚前（2016）提出基于区块链技术的票据交易平台可以有效解决票据真实性问题，消除不对称，去中介化，提高票据交易效率，降低监管成本，通过引入数字货币，可以实现实时的 DVP 券款对付，资金流向监控。

2015 年以来票据风险案件频发，票据市场监管趋严，在电票业务大力推行的背景下，票据市场业务模式和规模发生了根本性改变，加之央行牵头筹建的全国票据交易所试运行，京津冀、武汉等区域票据交易中心的运行，学界也开始关注全国统一票据交易市场的建设步骤和具体框架等实务性研究，但相关研究的可操作性还有待深入。一些事关票据市场发展方向、监管架构的设立等问题还有待解答。如，当前票据分设支付性票据与融资性票据分类发展有无可行性？票据的转贴作为银行资金业务，而不是信贷业务进行管控有无可行性？如何实现票据直贴的电子化，实现对企业间票据流转的监控，从而实现对票据市场的全覆盖监管？如何规范票据创新业务发展？框架设计中应特别注意哪些问题？如何培育市场，让票据市场成为新的投资市场、融资市场和央行引导传导货币政策的有效渠道？这些问题迫切需要进一步加强研究和分析。

二、我国票据市场结构、现状及存在的问题

（一）我国票据市场结构及发展现状

近年来，我国票据市场主体不断丰富，业务模式不断创新，票据市场不断发展并成为金融市场的重要组成部分。2015 年末，我国票据承兑余额和承兑发生量分别为 10.4 万亿元和 22.4 万亿元，票据累计贴现量达 102.1 万亿元，占 GDP 总值的 150.88%，相当于 2015 年货币市场总体交易规模（同业拆借＋债券回购＋票据贴现）的 19%，成为货币市场重要的交易产品。

我国票据市场可以分为一级市场、二级市场和三级市场（见表 1）。一级市场即票据的承兑市场，参与者为银行业金融机构（包括财务公司、信用社）、企业；二级市场即票据贴现市场，参与者为银行业金融机构（包括财务公司、信用社）、非银行业金融机构、票据中介；三级市场即票据的再贴现市场，参与者为央行、银行业金融机构（包括财务公司、信用社）。

表 1   票据市场参与主体结构

市场层级	市场属性	市场实质	涉及主体	主要业务
一级市场	承兑市场	信用凭证、支付结算工具	开票行、承兑行、企业	票据签发、承兑

续表

市场层级	市场属性	市场实质	涉及主体	主要业务
二级市场	贴现市场	交易投资工具	流通关系人、投资机构、票据中介	背书转让、贴现、转贴现
三级市场	再贴现市场	货币政策传导工具	中央银行、商业银行	再贴现

（二）我国票据市场监管现状

1. 外部监管

票据市场的外部监管主要是指政府层面对票据业务合规发展而制定的法律法规、实施监管的责任主体及监管对象、监管手段及措施。

（1）监管法律法规。当前我国对票据市场的监管制度主要包括《票据法》、司法解释、行政法规和部门规章三个方面（见表2）。

表2　　　　　　　　我国票据业务的主要监管法律法规

	主要法律法规	主要内容
法律层面	《中华人民共和国票据法》	对票据当事人行为、票据流通规则进行了全面的规定
	《刑法》第二百二十五条	将非法从事资金支付结算业务的定为非法经营罪
司法解释	2000年《最高人民法院关于审理票据纠纷案件若干问题的规定》，《最高人民检察院、公安部关于公安机关管辖的刑事案件立案追诉标准的规定》	对票据纠纷的诉讼受理、非法支付结算业务具体处罚进行了规定
行政法规及部门规章	《贷款通则》（中国人民银行令〔1996〕第2号）	将票据贴现明确为贷款人以购买未到期商业票据方式发放的贷款
	《票据管理实施办法》（中国人民银行令〔1997〕第2号）和《支付结算办法》（银发〔1997〕393号）	票据活动、支付结算合规性管理制度，指明央行为票据市场管理部门
	《商业汇票承兑、贴现与再贴现管理暂行办法》（银发〔1997〕216号）、《商业银行表外业务风险管理指引》、《商业银行中间业务暂行规定》、《关于切实加强商业汇票承兑贴现和再贴现业务管理的通知》（银发〔2001〕236号）	票据业务的风险控制管理制度及业务发展规范性意见

2016年以来，针对频繁的票据风险事件人民银行和银监会密集出台了一系列对票据市场的发展方向、交易方式、市场规模均产生较大影响的文件（见表3）。

表3　　　　　　　　　2016年以来票据业务监管重要文件

文件名称	印发时间	监管机构	文件关键内容
《关于做好票据交易平台接入准备工作的通知》（银办发〔2016〕224号）	11月2日	人民银行	票交所系统（一期）上线安排，纸票电子化
《关于规范和促进电子商业汇票业务发展的通知》（银发〔2016〕224号）	8月27日	人民银行	1. 增加电票交易主体；2. 电票直贴无需提供合同、发票；3. 电票转贴无需线下签订合同；4. 2017年1月1日起，单张金额300万元以下需要通过电票办理，2018年1月1日起，单张金额100万元以上需通过电票办理
《关于近期同业票据业务有关问题的通报》（银监办发〔2016〕122号）	8月1日	银监会	严格落实同业业务专营部门制，同业专营部门开展业务时，不得由分支机构签署合同
《关于加强票据业务监管促进票据市场健康发展的通知》（银发〔2016〕126号）	4月27日	人民银行、银监会	1. 规范同业账户管理，包括核实开户、按月对账等；2. 背书要求，交易对手需背书；3. 交易场所要求，转贴现需在交易一方的营业场所进行，买入返售需封包的，应在买入方营业场所进行
《关于票据业务风险提示的通知》（银监办发〔2015〕203号）	1月4日	银监会	对各项违规行为进行了风险提示，包括：专营治理不到位，利用各种交易模式腾挪规模，利用创新票据代理规避监管，为他行提供消规模"通道"等

（2）监管主体及监管对象。监管主体上，《票据管理实施办法》也明确指明人民银行为票据市场的管理部门，但随着2003年人民银行和银监会分设，修订后的《中国人民银行法》和《商业银行法》规定，支付清算系统的监管权由人民银行行使，支付结算规则的制定由人民银行会同银监会进行，其他有关结算纠纷、结算举报的受理和处置及结算违规行为的查处由银监会承担。因此我国票据实行双监管，人民银行和银监会各负有一定的管理职能，人民银行管"清算"，将票据业务作为支付手段来进行监管，银监会管"结算违规"，

从防风险方面进行监督。在监管对象上，我国对从事票据支付结算业务的金融机构严格限制在银行业金融机构，加之我国当前实行的分业监管体制，使得人民银行和银监会对票据监管对象集中在银行业金融机构。监管权利的限制、对象的狭窄，使得当前票据市场中的票据中介、互联网票据、跨市场票据机构等均处于监管真空地带，也使得票据中介直贴、伪造贸易背景、票据资管、票据证券化、互联网票据理财等票据活动几乎处于"自由状态"。

（3）监管措施及手段。从目前两部门的监管手段及措施来看，主要是以通知的形式对同一监管要求反复重申，对创新业务进行"围追堵截"，如要求票据同业业务实行专营治理、要求真实贸易背景、把票据业务纳入统一授信管理、不得通过创新业务腾挪信贷规模、削减资本占用等。

2. 内部监管

2016年以来，各银行业金融机构加快完善票据业务内部管理机制建设，基本完成权限上收，建立了前、中、后台分离的内部管理体系。目前，各行票据业务基本上实施的是总行统一管理模式，由总行实行集中管理，各分支行（或者票据分中心）在其总行的指导下开展票据业务运营管理。

（三）我国票据市场存在的主要问题

1. 票据制度建设滞后于实体经济对票据市场的要求

《票据法》规定票据必须具有真实的贸易背景，但随着票据市场的发展与不断创新，其结算功能不断弱化，逐渐演化为金融市场的融资工具，特别是小微企业的重要融资手段。但真实贸易背景的要求，导致小微企业办理票据贴现业务不但要获得银行授信，还要提供发票等要件证明贸易背景的真实性。而当前企业在交易时会先预付一定的资金，在完成最终交易前难以取得发票，《票据法》这一要求明显与实际商业发展脱钩，制约了票据融资功能的发挥，成为小微企业贴现难的制度障碍，虽然监管上已经认可预付款情况下可签发银行承兑汇票，但在企业贴现的要求仍按照《商业汇票承兑、贴现与再贴现管理暂行办法》要求提供真实贸易背景。

2. 票据市场的独立性缺失

一方面，商业银行利用票据承兑业务进行过度信用扩张。承兑业务可为银行带来可观的保证金存款，使得部分资本充足率不高的银行，可通过签发承兑汇票的方式维系客户的融资需求，造成银行信用过度膨胀。另一方面，票据成为商业银行调节信贷的工具。近十年来，各商业银行均建立了相对独立的票据营业部门，但在经营和管理体制上，票据成为银行调控信贷规模的工具，虽然从商业银行的经营目标来说有其合理性，但作为银行体系中市场程度最高的金融工具，丧失了其独立性，难以有效发挥其作用。

3. 票据市场的外部环境不完善

一是票据交易市场整体处于割裂状态。虽然2016年人民银行开始试点票据交易所，但从目前试点趋势来看，企业与银行间的票据贴现供需信息、价格、交易、信息查询等仍处于割裂状态，流通范围局限于一定区域内。二是电子商业汇票推广还存在基础性障碍。由于部分中小商业银行在电子银行系统开发建设方面较为滞后，加之少数企业通过系统自主签发商业承兑汇票后，出现到期无法兑付情况，持票人找出票人开户行要求商业银行进行兑付，给商业银行造成了一定的经营风险。三是票据评级市场发展滞后。目前商业银行对票据的评级主要依赖于商业银行内部信贷评级体系，对开票人和持票银行按照传统授信业务进行评级，尚未形成专门的票据评级的理念和体系。

4. 票据的监管机制建设滞后

一是监管职能划分不明确，缺乏监管手段。结算业务和清算业务处于对立分割状态，形成支付结算管理职能不清，削弱了监管的效率。二是票据转贴现监管的定位不合理。根据《商业银行资本管理办法》，需要计提票据业务交易双方的加权风险资产，使得商业银行通过各种创新方法"出表"，"减少"资本占用，这种不合理的定位既浪费了监管资源，也增加了商业银行的经营成本。三是新兴票据主体监管基本处于"真空"。票据市场的主体不断丰富，尤其是各类票据中介、互联网企业、券商、信托等机构纷纷进入到票据业务链条，但《票据法》并未对这类新兴机构制定相应的制度规范，使得票据中介公司、互联网票据理财、券商等处于票据监管真空地带。

5. 票据风险呈现交叉复杂化

一是合规及操作风险频现。民间票据中介加入票据转让链条，以虚构贸易背景申请贴现，资金纠纷频繁发生。据不完全统计，仅 2016 年以来被新闻媒体报道的各类票据事件涉案金额已超过 110 亿元。二是票据利率风险和法律风险显著上升。当前部分产能过剩行业潜在风险会逐渐暴露，牵涉到诉讼、仲裁等司法途径，票据纠纷引发的法律风险将呈多发、突发态势。三是创新业务存在结构性风险。票据业务与货币市场、资本市场的跨市场合作产生创新产品，将资金投向国家限制行业、过剩产能行业，规避宏观调控和金融监管，导致大量信贷资金体外循环和金融脱媒，不受资本金和风险拨备的约束，可能导致金融市场结构性风险。

三、发达国家或地区票据市场发展情况及对我国的启示

（一）发达国家（地区）票据市场的主要模式

从票据市场发展模式来看，大致可以分为放任兼营模式、引导专营模式、强管制模式、做市商模式四种类型。

1. 放任兼营模式

放任兼营模式的典型代表国家是美国。美国的商业票据不需要真实的贸易背景为基础，银行承兑汇票则以国际贸易为基础。商业票据主要有无担保、有

担保以及面向社会投资者发行的资产支持票据（ABS）。目前，ABS 发行者占商业票据市场的份额已经超过 50%，形成了融资性票据和支付性票据并存的局面。投资者广泛分布于各领域，包括货币市场基金，小额投资者信托、非营利性公司，从事短期投资的非金融性公司，寿险公司、养老金和公众个人等。美国的银行承兑汇票是国际贸易结算的金融单据，主要是为进口商提供信用额度支持，一般为货币市场基金和市政机构购买并作为投资对象持有。在监管方面，《证券法》是规范美国票据市场的最高法律文件，美国的票据市场监管机构包括美国证券交易委员会（SEC）和联邦储备银行（FED），SEC 在监管上占据主导地位。2008 年金融危机之前，美联储在票据监管上主要限于对银行控股公司和联储银行成员的监管，对于美国票据发行主要主体的独立性金融公司和非金融性公司等金融机构基本处于监管的真空地带。金融危机后，美联储强化了监管职能，对控股公司层面实施并表监管，对非银行金融机构的功能性监管可以直接对被监管机构采取指令、命令、限制等强制措施，强化了对商业票据主要发行主体的监管。

2. 引导专营模式

该模式以英国为代表。英国的商业票据分为四种：优良商业票据、银行承兑汇票、一般商业票据及其他票据。英国票据市场是以贴现行为中心，由商人银行（票据承兑行，类似美国的投资银行）、票据贴现行、商业银行、证券经纪商和英格兰银行等机构组成。英格兰银行（英国央行）只对贴现所办理再贴现，所以，英格兰银行的再贴现政策效能的发挥，主要是通过贴现所这个窗口得以实现的。票据贴现所的独特地位，使其成为联结贴现市场各类经济主体的桥梁和纽带。英国整个贴现市场形成了一个相互交叉的汇票买卖和资金融通的营业网络，为英格兰银行运用再贴现工具来实施货币政策创造了条件，英格兰银行作为最后贷款人向票据贴现行贷款，通过贴现市场影响短期利率水平和银行储备水平，短期利率的高低直接影响到国内货币供应的松紧度，进而迅速传导到实体经济部门。但英格兰银行只会适时介入并通过规则来引导票据市场运行，较好地处理了市场机制与央行协调之间的关系，具有开放性、统一性和竞争性。

3. 强管制模式

该模式以日本为代表。日本的票据市场以期票和银行承兑汇票为主，期票是以信用好的大企业自身为付款人、银行为收款人的纯融资性的商业票据，银行承兑汇票是从事国际贸易的大型企业签发并由银行承兑，严格要求真实性贸易背景。日本的票据贴现市场是金融机构之间进行票据贴现买卖的市场，属于银行间同业拆借市场的延伸，该市场的参与者主要包括短资公司、城市银行、地方银行、信用金库、信托银行、证券公司、日本银行等，票据的贴现由 6 家经营票据业务的短资公司进行，该公司由大藏省监管，并接受日本银行的业务指导。日本银行的票据操作、大额存款单操作、商业票据操作和短期国库券操作一般都先经过短资公司,由短资公司向市场供给或吸收资金,短资公司充当票据市场"中介人"的角色,票据出售利率和票据购买利率之间的差额为短资公司的收入。由于日本银行在进行票据操作时,要全部通过短资公司这个中介环节,因此短资公司在票据市场这个政策窗口的作用对日本银行来说至关重要。2001年日本银行停止再贴现,引入票据回购市场。目前票据贴现市场成为日本银行进行金融调节的主要场所,票据贴现市场交易额中,日本银行公开市场操作占比较高。

4. 做市商模式

该模式以我国台湾地区为代表。台湾地区票据市场的交易工具主要有国库券、可转让定期存单、商业本票、银行承兑汇票及其他短期融资工具。台湾地区票据市场发行和交易的票据主要是商业本票,占整个市场的70% ~ 80%。台湾地区票据市场是由票据中介机构和票据交换所等构成的有形市场,票据中介机构是典型的专营票据公司形式,即成立专营票据业务的独立法人公司,在票据市场充当专业票据经纪人和票据交易商,票据交换所则提供市场服务平台,服务对象仅限票据。票券金融公司主要从事票据的经纪、自营、承销及保证等业务,资金供求双方通过向票券金融公司买卖票券进行投资或筹资,因此台湾地区的票据市场也是一种典型的做市商规模较大的活跃市场,有利于提高市场效率和交易规模。

(二) 发达国家(地区)票据市场发展特点

一是市场体系完善。发达国家(地区)的票据市场都有健全的市场经济体系、成熟的资本市场、货币市场体系和完善的规则制度,以及丰富的市场参与主体,票据既是制度性工具、也是融资性工具、更是投资工具,使得票据市场能够健康有序地发展,并支持货币政策尤其是票据的再贴现政策充分发挥效应。

二是票据的种类与实体经济发展相互结合。发达国家票据基本上分为纯融资类的商业票据和以真实贸易背景关系为基础的银行承兑汇票等两大类,且相应成为票据市场的两个子市场。

三是中介机构多元化。美国票据市场有专门的第三方商业票据评级和增信机制,英国、日本、我国台湾地区都设立专门的商业票据的承兑、贴现机构,并允许其他机构、投资者入市交易,提高了票据市场的运作效率。

四是票据市场是货币政策传导的重要渠道。央行再贴现对象不只局限于真实贸易为基础的商业汇票,还包括大部分信用等级高的融资类商业票据,一般的商业票据则成为票据抵押贷款的担保品,同时,美国、日本将短期国债纳入票据市场范围(我国纳入银行间债券交易市场),成为发达国家货币政策实施的重要渠道,能够有效地通过票据的利率影响商业银行和企业的融资成本来改变货币供应量。

（三）发达国家（地区）票据市场发展对我国的启示

一是完善的商业信用环境是票据市场发展的基础。主要国家经验表明，待商业票据市场发展到一定程度后，贴现业务才成为中央银行调整储备和货币供应量的重要工具。我国则与其恰恰相反，长期以来主要重视银行信用，商业信用基础薄弱，使得风险过度集中在银行体系。因此，我国应积极培育商业信用，为企业创造一个健康、竞争、有序的市场环境。

二是契合实体经济发展需求是票据市场发展的保障。发达国家（地区）承认融资性票据的合法性，同时严格要求支付性票据的真实贸易背景要求，以满足不同发行主体、融资主体和投资主体的需求。因此，我国商业汇票可以考虑将现有票据分为融资性票据和支付性票据进行分类管理，在期限上进一步丰富融资性票据和支付性票据的匹配，并在担保、结构化、发行方式、交易方式等方面进行探索创新。

三是不断扩大的投融资主体是票据市场活跃的支撑。发达国家（地区）票据市场交易主体包括任何参与交易的个人、企业、各级政府（中央银行与财政）和商业经营性机构。而我国票据市场的参与者相对单一，因此，逐步放开投融资范围，为广大机构及个人投资者提供一种参与到票据市场中的新型投资方式，对于票据市场的发展具有重要意义。

四是专业中介机构是助推票据市场发展的重要力量。发达国家（地区）票据市场中介机构扮演着至关重要的角色，如美国引入的评级机构，英国、日本和中国台湾地区，票据贴现机构均是其票据市场健康运行的核心主体。而我国大陆却相反，票据中介基本处于灰色地带，因此引导民间票据中介"阳光化"，为票据发行主体提供增值服务，建立我国票据评级机构，提高中小商业银行承兑汇票及商业承兑汇票的流通效率，甚至适时把评级结果较高的商业汇票作为央行公开市场操作的标的工具之一。

四、我国票据市场发展的相关建议

（一）加快票据法律法规制度建设进程

一是确立融资性票据法律地位。加快推进《票据法》修订，明确融资性票据的法律地位。可先在上海、京津冀、深圳、武汉等比较发达的区域票据市场进行试点。二是确立电子票据、票据衍生产品、票据中介法律地位，特别是对票据中介等新兴机构制定相应的制度规范。三是修改完善相关规章及规范性文件。整合、统一现有规章、规范性文件内容，避免冲突和重复，如《票据法》与《支付结算办法》之间的票据记载更改无效、挂失支付、票据无效等规定的冲突。

（二）完善票据市场外部环境

一是进一步推进票据市场一体化进程。在全国现有票据交易所的基础上，实现商业银行网银客户端与票据交易所对接，实现在全国统一平台上即时最低利率的票据贴现，提高票据市场交易效率、降低票据融资成本。二是优化改进和持续完善电子商业汇票系统功能。在电票系统覆盖、系统对接等方面提供更有力的平台支持，加快农村商业银行、农村信用社和部分城市商业银行系统接入力度，严格规范中小银行通过大型银行代理接入行为，加强不同银行间网银的功能对接，使各家银行的网银之间没有技术壁垒的限制。三是完善票据市场信用体系建设。积极探索银行信用支撑商业信用的商业承兑汇票发展模式，探索建立票据评级市场，将票据信用评级纳入国家信用环境建设发展规划；建立票据评级体系，针对票据交易产品种类的不同，依照区域、行业、签发主体、承兑主体的迥异，设置差异性评级标准；探索建立票据风险补偿机制，针对科技型小微企业、战略性新兴产业等国家重点支持发展的产业和行业签发的商业承兑汇票和中小银行，以及信用社签发的银行承兑汇票设立风险补偿基金。

（三）健全票据市场监管

一是完善外部监管。明确监管主体和职责，完善商业银行、签发商业承兑汇票的企业、票据中介以及跨市场票据市场主体建立市场准入、退出机制，赋予人民银行对票据支付、结算的全面监管职权。建立大数据技术完善信息共享机制，建立全方位的票据查询和监控体系，进一步防范和控制风险票据。二是实施差别化的监管制度。实施差异化的签发要求、总量控制要求、差异化的监管侧重点以及差别化的承兑费率和贴现利率。三是重定转贴现票据的业务属性。根据《合同法》对《贷款通则》进行修改，明确承兑行、贴现行与转贴现行的贷款属性问题，修改《商业银行资本管理办法》，将票据资产单独列出，根据票据的属性适当降低票据转贴现占用的风险资产权重。

（四）优化再贴现业务管理

一是放宽再贴现要素要求。如出票人与收款人的开户行限制、小微企业及"三农"票据的占比等限制。二是解除再贴现的额度限制。以再贴现率为唯一控制再贴现规模的手段，通过市场资金供求关系来确定再贴现业务的扩大和收缩。三是拓宽再贴现票据范围。积极支持重点核心企业签发，小微企业持有供应链条件下的票据再贴现，引导商业银行进一步运用票据支持实体经济发展。四是进一步完善再贴现利率生成机制。将再贴现率与央行关键政策利率挂钩。考虑在关键政策利率的基础上，加点浮动确定再贴现率。

参考文献

[1] 阙方平，王海燕.中国票据市场制度变迁的实证研究［J］.经济评论，2005（3）.

[2] 巴曙松.票据市场国际经验与中国的路径选择［J］.西部论丛，2005（4）.

［3］钟俊，左志方，李智．现行票据业务监管的制度性缺陷分析［J］．银行家，2015（11）.

［4］徐忠，姚前．数字票据交易平台初步方案［J］．中国金融，2016（17）.

［5］肖小和，李鹰，陈飞．打造"互联网＋票据"平台完善市场体系［J］．上海证券报，2015.

［6］潘功胜．中国票据市场的发展与规范［N］．金融时报，2016.

［7］陈鑫，王溪岚．票据中介存在的合理性分析及规范发展的路径选择［J］．武汉金融，2016（5）.

［8］JAYENDU PATEL, RICHARD ZECKHAUSER. Treasury Bill Futures as Hedges against Inflation Risk［J］. NBER Working Paper, 1987, Vol. 2322.

［9］ROSLYN. Why Foreign Borrowers Love America's Commercial Paper Market［J］. Euromoney, 2002, Vol. 6.

［10］MARCIN KACPERCZYK, PHILIPP SCHNABL. When Safe Proved Risky: Commercial Paper during the Financial Crisis of 2007 – 2009［J］. Journal of Economic Perspectives, 2010, Vol. 24.

课题组组长：李　斌
课题组成员：曾剑峰　王溪岚

利率、汇率与人民币国际化

中国人民银行武汉分行综合业务处课题组

一、引言

全球金融危机暴露了国际货币体系中存在的问题，发达经济体管理危机的量化宽松货币政策对中国经济产生了极大的外溢性影响。相较于改革国际金融体系，人民币国际化是保障中国经济利益和金融稳定的一个更主动、也更容易操作的解决方法（高海红、余永定，2010）。为了应对危机产生的不利影响，人民银行开始大力推动人民币国际化，截至 2015 年末，人民币已成为全球第三大贸易融资货币、第五大支付货币、第五大外汇交易货币（中国人民银行，《2016 年人民币国际化报告》），并于 2016 年 10 月 1 日正式纳入特别提款权（SDR）货币篮子，权重仅次于美元、欧元，高于日元和英镑。

人民币国际化将降低中国企业面临的汇率风险，提高国内金融机构的融资效率，推动跨境贸易发展，向其他国家收取铸币税，以及维持我国外汇储备的价值（高海红、余永定，2010）。国际货币体系源于内在的不稳定而无法避免国际金融危机，人民币国际化使人民币在国际货币体系中发挥更大的作用，对于维持国际货币体系稳定具有重要意义（范小云等，2014）。但实际上，人民币国际化也存在着诸多成本和挑战，其中，如何应对人民币国际化背景下资本跨境异常流动风险，将是人民币国际化进程中所面临的主要挑战。而在资本项目管制逐渐放松的情况下，货币政策与汇率政策将是应对跨境资金流动风险、促进内外均衡的重要政策工具。因此，分析汇率、利率与人民币国际化的关系对于稳步推进人民币国际化具有重要意义。目前，系统研究汇率、利率与人民币国际化关系的文章较少，本文通过实证分析，力求在此方面得出一些有意义的结论。

二、汇率、利率与人民币国际化关系的文献综述

（一）从长期看，汇率、利率的市场化是人民币国际化的先决条件

人民币国际化是我国的长期发展战略之一。《中华人民共和国国民经济和社会发展第十三个五年规划纲要》提出："有序实现人民币资本项目可兑换，

提高可兑换、可自由使用程度，稳步推进人民币国际化，推进人民币资本走出去。"从国际主要货币的发展历史来看，其国际化都经历了漫长的发展历程。人民币国际化也不可能一蹴而就，而是要根据国内外政治经济形势适时调整、稳步推进，必然会经历长期发展过程。

汇率市场化和利率市场化也是我国经济政策的基本主张。2013 年党的十八届三中全会通过的《中共中央关于全面深化改革若干重大问题的决定》中提出："完善人民币汇率市场化形成机制，加快推进利率市场化，健全反映市场供求关系的国债收益率曲线。"目前，汇率、利率市场化稳步推进。

汇率市场化和利率市场化是不断扩大人民币国际化使用的先决条件。徐建国（2012）认为人民币长期稳定的国际化主要依赖于自身币值的稳定，而汇率市场化和利率市场化正是保证货币对内对外价值稳定的基本条件。高海红和余永定（2010）指出，富有弹性的汇率有助于减少货币价格的扭曲。此外，人民币国际使用量的增加使利率调整更加迅速，为了利用好这种优势，在人民币国际化之前应建立一个更加自由的利率形成机制。杨珍增等（2013）也指出国内金融体系改革应遵照先国内金融自由化，后人民币国际化的路径推进。

（二）从短期看，汇率政策、利率政策影响人民币国际化进程

1. 汇率影响货币国际化的传导机制

汇率对货币国际化影响的研究成果较多，其主要传导渠道：一是汇率的基本稳定即货币的对外价值稳定是货币国际化的基础。张志文和白钦先（2013）、马国南等（2014）、白晓燕和邓明明（2016）都指出，汇率波动率对货币国际化有显著的负面影响。二是汇率升值在初期对货币国际化具有促进作用。汇率升值使投资者持有的该货币资产增值，投资者对该货币资产的偏好增强，增加对该货币资产的持有和使用，从而促进了该货币的国际化。白钦先和张志文（2011）指出，日元对美元升值极大地促进了日元的国际化。元惠萍（2011）认为，对于美元和欧元，币值是影响货币国际地位的最重要因素，比惯性作用更大。在人民币国际化方面，李波等（2013）的经验研究表明，离岸人民币升值预期越高，跨境人民币支出贸易占比越高。陈平和王雪（2012）、沙文兵和刘红忠（2014）、周宇（2016）都认为，人民币国际化初期升值预期有利于推动人民币国际化。但是，货币升值促进货币国际化并不意味着它一直都成立。沙文兵和刘红忠（2014）指出由于人民币升值速度加快意味着未来人民币贬值的风险也将加大，因而人民币过快升值反而不利于人民币国际化。余永定（2012）、赵然（2012）、李艳军和华民（2016）都认为货币升值对于提高一国货币的国际地位是不可持续的。

2. 利率影响货币国际化的传导机制

其主要作用机制：一是维持货币对内价值稳定是货币国际化的基础。利率通过控制通货膨胀，维持货币的对内价值稳定。二是通过利率平价理论影响汇

率，进而对货币国际化产生影响。即利差驱动套利资金流入（流出），推动本币升值（或贬值），影响货币国际化。三是通过财富效应，即国内资产价格变动驱动资金流入（流出），从而推动本币升值（或贬值），进而影响货币国际化。总体来看，在货币国际化初期，高利率可以推动本币国际化。McCauley（2006）指出，国内金融市场发展和相对美国较高的利率水平是澳元国际化的重要影响因素。陶士贵和顾晶晶（2016）认为，利率市场化改革通过利率平价理论将人民币利率的变化传递给汇率，增加了汇率弹性，稳步加快了人民币跨境交易的进程；并指出，利率升高或降低通过促使国际短期资本内流或外流进而影响人民币升值或贬值，从而影响跨境贸易人民币结算。庄太量和许愫珊（2011）的实证分析指出，当货币发行国的名义利率相对其他国家上升时，其货币的外汇储备份额也会相应增加。

3. 汇率、利率政策协调对货币国际化的影响

系统地研究汇率、利率对货币国际化影响的文献较少，一般而言，研究认为强货币、高利率有助于货币国际化。Cohen（2005）的实证研究表明，国际债券发行市场上，投资者和发行者都更偏好于以强货币、高利率的货币计价发行的债券。国内相似的研究主要有：李稻葵和刘霖林（2008）、罗忠洲和徐淑堂（2012）、宋芳秀和刘芮睿（2016）的研究。何金旗和张瑞（2016）的研究表明，人民币汇率的贬值或贬值预期会引起境外人民币持有意愿和需求下降，对人民币国际化产生冲击；国内利率上升导致人民币回流和短期国际资本进入，进而导致境外人民币需求增加和人民币币值上升，境外人民币存款规模增加。徐建国（2012）以日元为例，指出1985年"广场协议"后日元大幅升值，为了兼顾国内经济增长，同时实行低利率以刺激经济，结果导致股市和房市出现泡沫，泡沫破灭后经济长期低迷，日元国际化陷入困境。麦金农等（2014）指出人民币升值对贸易差额的总效应是模糊不清的，并且温和向上爬行的人民币汇率，和主要经济体实行接近于零的短期利率导致的利差共同加剧了热钱流入，这外在地限制了中国实现国内金融市场自由化的能力，也限制了人民币国际化。

三、汇率、利率与人民币国际化关系的动态分析

为了对汇率、利率与人民币国际化的动态关系进行了解，本文先构建一个基于汇率、利率和人民币国际化程度的结构向量自回归模型（SVAR），对其互动关系进行初步分析。本文使用 Eviews 8.0 和 Stata 12 进行计量分析。

（一）变量选取和数据来源

1. 人民币国际化程度的衡量指标

在实证分析中，往往按照货币的交易媒介、计价工具和价值储藏三大职能，对货币的国际化程度选取不同的代理变量。如，李稻葵和刘霖林（2008）

用国际货币基金组织（IMF）的国际储备货币构成、有关文献计算的国际贸易结算币种构成、国际清算银行的国际债券币种结构分别衡量国际化货币的价值储藏功能、交易媒介功能和计价工具功能。由于 IMF 公布的《官方外汇储备币种构成报告》和国际清算银行公布的国际债券有关数据，其数据来源可靠、连续，而国际贸易的数据缺乏且不连续，因此研究多选取国际储备币种构成和国际债券币种构成来衡量货币国际化程度。中国还处在货币国际化的初始阶段，人民币还未被纳入上述统计（IMF 于 2016 年 10 月 1 日将人民币纳入官方外汇储备币种构成 2016 年第四季度的统计中，并于 2017 年 3 月对外公布数据）。国内一些文献使用跨境贸易人民币结算量（衡量交易媒介功能，如陶士贵和顾晶晶，2016）、离岸市场人民币存款（衡量私人价值储藏功能，如沙文兵和刘红忠，2014）来度量人民币国际化程度，本文也主要使用这两种指标来度量人民币国际化程度。考虑到数据的可得性，本文用香港金融管理局《金融数据月报》（*Monthly Statistical Bulletin*）中银行部门的人民币存款金额和台湾离岸人民币存款①之和来衡量人民币国际化的私人价值储藏功能。由于 2015 年第二季度才开始统计公布跨境人民币收付金额，因此本文使用跨境贸易人民币结算金额来衡量人民币的国际交易媒介功能。②

2. 人民币汇率指标

目前衡量人民币汇率的最好指标应是中国外汇交易中心编制的中国外汇交易中心系统（CFETS）人民币汇率指数、国际清算银行（BIS）货币篮子人民币汇率指数和 SDR 货币篮子人民币汇率指数三个指标，但是这些指标从 2015 年 12 月才开始公布，因此本文选取中国外汇交易中心公布的人民币对美元月平均汇率数据作为人民币汇率的代理变量。

3. 人民币汇率波动性指标

按照一般文献使用的汇率对数一阶差分的标准离差来衡量人民币汇率波动性。

4. 人民币利率指标

国内市场利率选择全国银行间市场同业拆借月加权平均利率作为代理变量，数据选自人民银行月度《金融统计数据报告》。

本文用 *dp* 表示离岸人民币存款，用 *cbtt_sa* 表示经 *X*12 季节调整后的跨境贸易人民币结算金额，用 *re* 表示人民币对美元名义汇率（直接标价法），用 *vol* 表示人民币汇率波动，用 *ir* 表示人民币市场利率。同时，以上数据均取原始数据的对数。*dp*、*re*、*vol*、*ir* 数据范围为 2009 年 7 月至 2016 年 9 月，*cbtt_sa* 为 2012 年 1 月至 2016 年 9 月的数据。

---

① 资料来源：Wind 资讯。
② 资料来源：人民银行官网公布的各月度《金融统计数据报告》和 Wind 资讯。

（二）基于三变量的结构向量自回归模型

首先，对变量的单位根和协整关系进行检验。结果表明，vol 是平稳序列，dp、ir、re 是一阶单整序列，且滞后期均为 1。由于单整阶数相同的序列之间存在长期稳定关系，因此本文用 dp、ir、re 的一阶差分构建 VAR 模型，其中分别用 ddp、dir、dre 表示 dp、ir、re 的一阶差分序列。Johansen 协整检验表明 VAR 模型存在 2 个协整关系，即变量间存在长期均衡关系。其次，确定 VAR 模型的滞后项并对模型的稳定性进行检验。根据 LR、FPE、AIC 和 SC、HQ 检验法，以及"多数原则"，选取 VAR 模型的最优滞后期数为 4 阶。自相关 LM 检验、White 异方差检验表明模型残差不存在序列自相关和异方差。由于后面分析的脉冲响应函数依赖于变量的排序，为此考察了变量之间的格兰杰因果关系，得出变量次序为 dir、dre、ddp。

本文构建的 SVAR 表达式为：$Ay_t = a^* + A_1 y_{t-1} + A_2 y_{t-2} + A_3 y_{t-3} + A_4 y_{t-4} + u_t$，其中，$y_t = (dirt, dret, ddpt)$ 为（3×1）维内生变量向量，A 为可逆（3×3）维结构系数矩阵，表示各变量间的当期关系，A_i 为（3×3）维反馈系数矩阵，代表变量滞后期与当期之间的关系，y_{t-i} 为 y_t 的 i 期滞后值，u_t 为（3×1）维随机扰动项向量，为白噪声向量。上式中一共有 $3 \times 3 \times 5 = 45$ 个待估系数。从其对应的简约 VAR 表达式中可以估计出 $3 \times 3 \times 4 + 3 \times (3+1)/2 = 42$ 个待估值，为了完全识别结构向量自回归模型，还需要对其施加 3 个约束条件。本文按照伍德因果链（Wold Causal Chain）设置 3 个短期约束条件，即令矩阵 A 为下三角矩阵，从而有 $a_{12} = a_{13} = a_{23} = 0$，即分别假设利率在当期不受汇率、离岸市场人民币存款的影响，以及汇率在当期不受离岸市场人民币存款的影响。施加约束后的矩阵 A 为如下形式：

$$\begin{bmatrix} a_{11} & 0 & 0 \\ a_{21} & a_{22} & 0 \\ a_{31} & a_{32} & a_{33} \end{bmatrix}$$

离岸人民币存款对人民币市场利率、汇率冲击的累积脉冲响应函数表明（见图 1）：本期给人民币市场利率一个结构性标准差正向冲击后，离岸市场人民币存款规模下降，到第 3 期达到最大负响应值逐渐向零趋近，这与高利率促进货币国际化的普遍观点相矛盾。本期给人民币名义汇率一个结构性标准差正向冲击（人民币贬值）后，离岸市场人民币存款规模下降，从第 1 期到第 20 期都有显著的负向脉冲响应，并且在第 8 期达到最大负响应值，此后响应强度逐渐下降。这与前面梳理的汇率对货币国际化的影响相似，说明人民币贬值初期能导致人民币国际化程度有所下降（或人民币升值导致人民币国际化程度上升）。

同样构建跨境贸易人民币结算量一阶差分 $dcbtt\_sa$、dir、dre 的结构向量

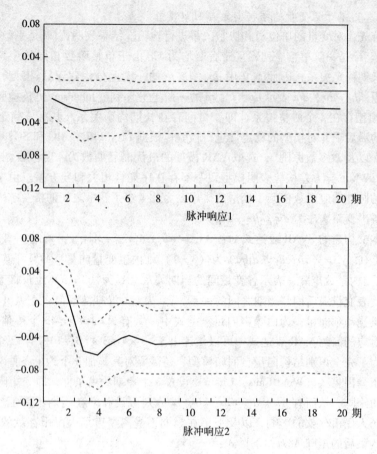

图1　跨境贸易人民币结算金额对利率、汇率冲击的脉冲响应

自回归模型，模型滞后阶数为2阶，表达式为 $Ay_t = a^* + A_1 y_{t-1} + A_2 y_{t-2} + u_t$，其中，$y_t = (dirt, dret, dcbtt\_sat)$。跨境贸易人民币结算金额对人民币市场利率、汇率冲击的累积脉冲响应函数表明：本期给人民币市场利率一个结构性标准差正向冲击后，跨境贸易人民币结算量下降，从第1期到第20期都有显著的负向脉冲响应，到第3期达到最大负响应值，此后响应强度比较稳定。本期给人民币名义汇率一个结构性标准差正向冲击（人民币贬值）后，第1期到第2期是正向响应，这可能是因为人民币贬值促进出口，跨境贸易人民币实收的增加额大于实付的减少额，跨境贸易人民币结算量相应增加。此后贬值促进出口的效应减弱，贬值对跨境贸易人民币结算的影响从第3期开始转为负向并一直保持稳定。

（三）基本结论

可以总结以下几点：一是无论以离岸市场人民币存款还是跨境贸易人民币

结算金额来代表人民币国际化的程度，短期内货币贬值都不利于人民币国际化。二是无论以何种变量来衡量人民币国际化程度，提高利率对人民币国际化都存在负面影响。三是从影响程度来看，汇率冲击对人民币国际化的影响明显大于利率冲击的影响。可以认为，在初期，人民币国际化取得的成绩主要来自人民币升值，而由于利率、汇率之间的传导机制不畅通，利率平价机制不成立，利率提高不能有效促使人民币升值进而推进人民币国际化，反而还可能通过抑制资产价格上涨使得投机性的资金流入下降，从而减少人民币资产持有和使用。

四、汇率、利率与货币国际化关系的国际经验

由于人民币国际化的时间不长，以上只是对有关经验事实进行初步分析，适用于短期情景。从长期来看，还需利用已国际化的货币对货币国际化与汇率、利率的关系做进一步研究，并以此指导人民币国际化的发展。

关于货币国际化影响因素的实证分析，基本上以 Chinn 和 Frankel（2007）的计量分析为基础，即将经济实力、金融市场发展水平、货币稳定、国际化货币的惯性列为基本的解释变量，并在此基础上增加其他拟研究的影响因素。本文也拟在 Chinn 和 Frankel（2007）计量模型的基础上，增加名义利率和汇率等指标，使用面板数据分析利率、汇率等变量对货币国际化的影响。

借鉴文献中的普遍做法，本文的基础模型为

$$Share_{it} = \beta_0 + \beta_1 Share_{it}(-1) + \beta_2 GDP_{it} + \beta_3 Trade_{it}$$
$$+ \beta_4 Fm_{it} + \beta_5 Mil_{it} + \beta_6 Inf_{it} + \beta_7 vol_{it} + \varepsilon_{it} \tag{1}$$

其中，$Share$ 是货币国际化指标。本文用官方外汇储备币种构成作为衡量一国货币国际化程度的代理变量，主要币种是美元、欧元、英镑、日元、瑞士法郎 5 种货币，同时，本文也采取国际债券发行币种结构数据作为货币国际化的代理变量进行分析，同样包括美元、欧元、英镑、日元、瑞士法郎 5 种货币占比数据。$Share$（-1）是 $Share$ 的滞后一阶值，是衡量货币网络外部性的指标，用来表示货币惯性。gdp、$trade$、fm、mil 分别是衡量一国经济实力、贸易实力、金融发展程度和军事实力的指标，分别表示一国国内生产总值占五个经济体（美国、欧元区、英国、日本、瑞士）GDP 之和的比重、一国贸易总值占五个经济体贸易值之和的比重、一国股票交易额占其国内生产总值的比重、一国军事开支占其国内生产总值的比重。Inf 衡量一国货币对内价值稳定性，用通货膨胀指标来表示。vol 衡量一国货币对外价值稳定性，用汇率波动率指标表示。ε 代表其他影响货币国际化的因素。i 表示美国、欧元区、英国、日本、瑞士 5 个不同的经济体，t 代表时间。

考虑数据的可得性和连续性，由于欧元从 1999 年开始启动，上述指标的数据都是从 1999 年至 2015 年的数据。其中，官方外汇储备币种构成来源于国

际货币基金组织公布的官方外汇储备币种构成（COFER）数据库，国际债券发行币种结构数据来源于国际清算银行国际债券统计表 13A 和表 13B，同时，按照 Chinn 和 Frankel（2007）的建议，为了控制模型的非线性程度，对 Share 指标进行了对数转换，即 $ln(Share) = ln(Share/(1 - Share))$。国内生产总值、贸易总值、通货膨胀数据都来源于国际货币基金组织的国际金融统计（IFS）数据库，国内生产总值、贸易总值数据均取对数，通货膨胀数据除欧元区使用生产者价格指数外，其他国家均使用消费者价格指数，2010 年为 100。借鉴庄太量和许愫珊（2011）的做法，本文用股票交易值占国内生产总值的比重作为一国金融市场发展的度量指标，用军事支出占国内生产总值的比重作为衡量一国军事实力的指标，以上指标均来自世界银行的世界发展指数（WDI）数据库，并对其取对数。汇率波动率用各货币相对特别提款权的月度汇率取对数后差值的标准差来衡量，其中，月度汇率由国际货币基金组织公布的 1 单位特别提款权兑换各货币日汇率均值得到。

由于模型（1）属于 n 较小 T 较大的长面板，本文用可行广义最小二乘（FGLS）法对模型进行估计（陈强，2014）。回归结果见表 1 中的（1）部分。回归结果显示，一国货币网络外部性、贸易总值、军事实力、价格指数和汇率波动率均对货币国际化存在显著影响。其中，汇率波动率影响最大，波动率越大，货币国际化程度越低；通货膨胀越高，货币国际化程度也越低，但影响较小，总体来看，首先，币值稳定尤其是货币对外价值稳定是影响一国货币国际化的最主要因素。其次，货币惯性也是影响货币国际化的重要因素，重要性仅次于币值稳定。最后，军事实力和贸易总值都对货币国际化有显著的正向影响，与理论预期相符。国内生产总值和金融市场发展程度对货币国际化的影响不显著。

表 1　　　　　　　　货币国际化影响因素的估计结果

模型（1）		模型（2）	
变量	系数（标准误差）	变量	系数（标准误差）
dshare	0.9354 *** (0.0213)	dshare	0.8906 *** (0.0227)
gdp	0.0782 (0.0782)	gdp	0.4437 *** (0.1225)
trade	0.1172 ** (0.0581)	trade	− 0.0579 (0.0721)
fm	0.0306 (0.0202)	fm	0.041 * (0.0222)

模型（1）		模型（2）	
变量	系数（标准误差）	变量	系数（标准误差）
mil	0.1571 ** （0.0706）	mil	0.2158 *** （0.0636）
inf	− 0.0027 *** （0.0006）	inf	− 0.0031 *** （0.0009）
vol	− 1.2991 ** （0.6458）	vol	− 1.6087 ** （0.6733）
—	—	re	− 0.0015 ** （0.0005）
—	—	ir	0.3657 （0.5227）

注：*表示在10%水平上显著，**表示在5%水平上显著，***表示在1%水平上显著。

为了评估汇率、利率的影响，在基础模型（1）中增加影响因素汇率和利率，即有

$$Share_{it} = \beta_0 + \beta_1 Share_{it}(-1) + \beta_2 GDP_{it} + \beta_3 Trade_{it} + \beta_4 Fm_{it}$$
$$+ \beta_5 Mil_{it} + \beta_6 Inf_{it} + \beta_7 Vol_{it} + \beta_8 ir_{it} + \beta_9 re_{it} + \varepsilon_{it} \qquad (2)$$

其中，ir 为各国货币市场利率，re 为各货币相对特别提款权的汇率，数据都来源于国际货币基金组织的国际金融统计（IFS）数据库。模型的回归结果见表1中的（2）部分。结果显示，加入汇率、利率解释变量后，模型回归结果呈显著的变量增多，影响方向也都与预期相符。其中，汇率波动率的影响仍最大，其次是货币惯性、经济实力、军事实力，金融市场发展、通货膨胀和汇率的影响较小，贸易和利率的影响不显著。由于此处以国际储备币种构成作为货币国际化的代理变量，这说明出于风险考虑，各国央行都把储备资产的保值放在第一位，并在此基础上实现略有增值，而不是把资产盈利放在首位，体现了国际货币的价值储藏职能。这意味着，从长期来看，影响货币国际化的主要因素是汇率波动性、货币惯性，以及经济、军事实力。对我国而言，当前以及今后的汇率改革和汇率政策都应以稳预期，保持汇率的基本稳定为重点，汇率升值可以促进货币国际化，但是影响有限。尽管利率的直接影响并不显著，但是通货膨胀对货币国际化有负影响，说明相对较高的利率通过控制通货膨胀可以推动货币国际化。

为了进一步分析不同的经济形势下汇率、利率对货币国际化的影响，尤其是2009年后量化宽松政策的影响，本文以2009年作为分界点，分别对1999

年至 2008 年、2009 年至 2015 年的面板数据进行估计，回归结果见表 2 中的
（1）、（2）部分。对比 2009 年前后影响因素的变化可知，两阶段的影响因素
差别较大。2009 年之前利率的作用因素很明显，其次是货币惯性和经济实力，
而 2009 年以后汇率波动率的影响更明显。此外，经济实力和军事实力的影响
较大，货币惯性的作用有所下降，汇率的影响较小，利率的影响效果则不显
著。这表明，在经济繁荣时期，风险问题被掩盖，对货币及其资产的选择更看
重其收益，收益越高越有利于国际化，并且由于对经济形势的长期乐观对货币
的选择存在相当的惯性作用。在经济金融风险凸显，社会经济形势动荡的时
期，对货币及其资产的选择更看重其稳定性，尤其是对外价值的稳定，与此同
时，为了保证货币的可兑换，对经济实力和军事实力的要求都有所提高，货币
惯性的作用相对下降，人们的选择更加理性务实。此时，金融市场的作用也越
发明显，货币资产交易的便利性也成为保证资产安全的条件之一。

表 2　　　　　　　2009 年前后货币国际化影响因素的估计结果

1999—2008 年		2009—2015 年	
变量	系数（标准误差）	变量	系数（标准误差）
dshare	0.9192 *** （0.0359）	dshare	0.5361 *** （0.1546）
gdp	0.4233 * （0.2549）	gdp	1.2234 ** （0.4287）
trade	−0.1035 （0.1255）	trade	0.3757 （0.3179）
fm	0.0133 （0.0266）	fm	0.1829 ** （0.0855）
mil	0.1416 （0.0919）	mil	1.1222 ** （0.4106）
inf	−0.0042 ** （0.0019）	inf	−0.0003 （0.0054）
vol	0.9085 （0.7481）	vol	−7.7537 *** （2.3192）
re	−0.0012 （0.0008）	re	−0.003 ** （0.0012）
ir	2.0395 *** （0.6102）	ir	−1.1393 （7.0666）

　　注：* 表示在 10% 水平上显著，** 表示在 5% 水平上显著，*** 表示在 1% 水平上显著。

本文还用国际债券发行的币种结构作为货币国际化的代理变量进行了回归分析，表3给出了相关估计结果。1999年至2015年的回归结果与以国际储备币种结构作为代理变量的结论有较大区别，其中最明显的是利率因素的影响为负，汇率波动性、金融市场发展的重要性增加，货币惯性、经济实力和通货膨胀的影响仍然显著，汇率的影响不显著。这与Cohen（2005）关于高利率有利于国际债券发行的实证结果相反，对此可能的解释是，从国际债券市场的长期发展来看，低利率有助于降低债券发行的成本，而债券的持有和投资者更看重标的货币的币值稳定，综合而言，低利率、稳币值有利于债券发行。在经济繁荣时期（1999年至2008年），货币资产配置的盈利性不存在大的问题，因此对货币的选择较看重货币汇率波动性，并依赖惯性作用，对经济实力和军事实力的要求下降。在金融危机和后危机时期（2009年至2015年），估计结果有较大变化，汇率波动性的影响显著为正，这与白晓燕和邓明明（2013）的估计结果一致，其可能的原因是，在经济金融形势还不明朗的情况下，对外币值越不稳定的货币，就越可以利用其进行融资以规避汇率风险，因而国际债券市场上以其作为标价货币发行国际债券的动机就越强；与此同时，利率有较大的显著正向影响，说明在此期间只有更高的利率才可以抵补潜在风险，吸引各国政府或机构对该种货币资产进行配置、持有。

表3　　　　　　　国际债券发行币种结构影响因素的估计结果

1999—2015 年		1999—2008 年		2009—2015 年	
变量	系数（标准误差）	变量	系数（标准误差）	变量	系数（标准误差）
dshare	0.9669 ***（0.0348）	dshare	0.8867 ***（0.057）	dshare	0.6541 ***（0.0374）
gdp	− 0.3483（0.2756）	gdp	0.3305（0.4089）	gdp	0.2131（0.2614）
trade	0.4268 **（0.175）	trade	0.1739（0.2239）	trade	1.3261 ***（0.1942）
fm	0.0917 **（0.0339）	fm	0.1125 **（0.044）	fm	0.5897 ***（0.0719）
mil	0.0363（0.0603）	mil	− 0.2714 ***（0.0756）	mil	0.0866（0.0599）
inf	− 0.0049 **（0.0017）	inf	− 0.009 ***（0.0023）	inf	− 0.0011（0.0057）
vol	− 1.9506 **（0.7816）	vol	− 1.8146 **（0.7682）	vol	4.4118 **（1.5031）

续表

1999—2015 年		1999—2008 年		2009—2015 年	
变量	系数 （标准误差）	变量	系数 （标准误差）	变量	系数 （标准误差）
re	0.0009 （0.001）	re	−0.0015 （0.0016）	re	−0.0027 * （0.0009）
ir	−2.2537 ** （0.9776）	ir	−1.1386 （1.2489）	ir	15.9822 *** （4.8999）

注：* 表示在 10% 水平上显著，** 表示在 5% 水平上显著，*** 表示在 1% 水平上显著。

五、结论和政策建议

综合前文人民币国际化时间序列分析和主要国际货币的面板数据估计结果，可以将利率、汇率对货币国际化的影响总结如下。

（一）低利率更有利于货币国际化

本文与传统观点相区别的是认为低利率更有利于货币的国际化，这可以从以下几个方面进行解释：一是利率可以通过利率平价机制的作用影响汇率，进而影响本币国际化，一般而言，发达经济体的利率平价机制是成立的，利率提高将促使汇率升值。如，2016 年 12 月 15 日美联储加息 0.25 个百分点，美元汇率迅速上升，非美元货币应声下跌，联动效应十分明显。但是汇率升值在长期内是否有利于货币国际化则还存在疑问，在短期内货币升值无疑可以促进其国际化，但其效果会逐渐衰退，长期内如果货币单边持续升值将积聚今后贬值的风险，反而不利于其国际化，因此一般认为长期内货币保持稳定是货币国际化的最重要影响因素之一。从这方面来看，长期内高利率影响一国货币国际化的传导机制存在问题，相反地，低利率传递金融环境稳定的信号，更可能促进本币的国际化。二是高利率有可能吸引热钱流入，影响国内经济金融稳定，进而影响货币国际化进程。正如麦金农等（2014）指出的，国内温和向上爬行的人民币汇率，和相对于主要经济体的较高利率共同加剧了热钱的流入，限制了人民币国际化。当然低利率有可能刺激国内信贷增加，资产价格上涨，也会产生一定的经济金融风险，如日本在日元国际化期间采取日元升值和低利率政策，结果资产价格上涨，泡沫破灭后经济长期低迷，日元国际化进程也陷于停滞甚至倒退。这就需要在采取强货币、低利率政策的同时，运用好宏观审慎工具，加强对资产价格快速上涨的控制，如此才能既推进货币国际化进程，同时又能有效防范风险。三是本文同时也指出，应根据具体的经济形势，采取不同的利率政策以支持本币国际化，在某些时段，可以采用高利率政策吸引对本币产品的投资和持有。因此，本文并没有一味强调低利率政策的好处，也同时指出需要根据货币国际化不同发展阶段、具体的国际国内经济形势，适时在高、低利率之间进行转换。

（二）不同经济形势下汇率、利率政策的操作应有所不同

从货币的三种职能来看，汇率升值和低利率有助于本币发挥国际交易媒介的职能；低利率和汇率稳定有利于国际货币发挥计价工具职能；汇率基本稳定并略有升值有利于发挥国际货币价值储藏职能，从而可以推进一国货币的国际化。如果将国际货币的三种职能视为货币国际化需经历的三个阶段，则在初期应保持本币升值以增加投资本币的吸引力，同时采取低利率措施，既可以避免热钱流入又可以减少国内资金融资成本从而支持人民币"走出去"；从中长期来看，低利率、汇率基本稳定并略有升值意味着一个稳定的宏观金融环境，因此需要适时深化汇率市场化和利率市场化改革，使价格充分反映市场供求，在长期内保持本币对内对外价值的稳定，从而促进其国际化进程。经济繁荣期间，当货币致力于拓展其国际计价职能时，应实行低利率政策以减少证券发行成本，同时兼顾汇率稳定并发展国内金融市场；当货币着力于实施国际价值储藏手段时，应主要实行高利率政策，以增加货币资产对各国央行和金融机构的吸引力。后金融危机时代，应通过高利率、汇率升值等方式抵补潜在风险，增加货币资产的收益以助推其国际化，同时汇率的适度波动，如汇率升值转为贬值，在一定程度上也将有利于本币的国际化。

总体而言，不能一味固守"高利率、强货币"有利于货币国际化的普遍观点，而是要针对货币国际化不同的阶段，以及现实的经济金融形势，适时对利率、汇率政策作出调整，才能更有效地推动人民币国际化。同时，由于人民币国际化是一个漫长的过程，在具体推进中，利率、汇率政策还需要在经济增长、物价稳定、金融稳定、人民币国际化等诸多政策目标间进行权衡取舍，在某些情况下，汇率、利率政策并不是只围绕人民币国际化服务，而需要服务于更重要的目标，因此，应适时适度地运用各项政策工具以审慎推进人民币的国际化。同时，要充分吸取日元国际化进程中利率、汇率政策失败的经验教训，积极应对可能出现的各种问题，稳妥地推进人民币国际化。

参考文献

［1］白钦先，张志文．外汇储备规模与本币国际化：日元的经验研究［J］．经济研究，2011（10）．

［2］白晓燕，邓明明．货币国际化影响因素与作用机制的实证分析［J］．数量经济技术经济研究，2013（12）．

［3］白晓燕，邓明明．不同阶段货币国际化的影响因素研究［J］．国际金融研究，2016（9）．

［4］陈平，王雪．人民币国际化视角下汇率政策的思考［J］．广东社会

科学，2012（4）.

[5] 陈强. 高级计量经济学及 Stata 应用 [M]. 北京：高等教育出版社，2014.

[6] 丁剑平，楚国乐. 货币国际化的影响因子分析——基于面板平滑转换回归（PSTR）的研究 [J]. 国际金融研究，2014（12）.

[7] 范小云，陈雷，王道平. 人民币国际化与国际货币体系的稳定 [J]. 世界经济，2014（9）.

[8] 高海红，余永定. 人民币国际化的含义与条件 [J]. 国际经济评论，2010（1）.

[9] 何金旗，张瑞. 人民币国际化、汇率波动与货币政策互动关系研究 [J]. 审计与经济研究，2016（3）.

[10] 李波，伍戈，裴诚. 升值预期与跨境贸易人民币结算：结算货币选择视角的经验研究 [J]. 世界经济，2013（1）.

[11] 李稻葵，刘霖林. 人民币国际化：计量研究及政策分析 [J]. 金融研究，2008（11）.

[12] 李艳军，华民. 人民币国际化：继续前行还是暂停推进 [J]. 财经科学，2016（1）.

[13] 罗纳德·麦金农，冈瑟·施纳布尔. 中国汇率、金融抑制与人民币国际化的冲突 [J]. 经济社会体制比较，2014（2）.

[14] 罗忠洲，徐淑堂. 本币升值、出口竞争力和跨境贸易计价货币选择 [J]. 世界经济研究，2012（1）.

[15] 蒙震，李金金，曾圣钧. 国际货币规律探索视角下的人民币国际化研究 [J]. 国际金融研究，2013（10）.

[16] 沙文兵，刘红忠. 人民币国际化、汇率变动与汇率预期 [J]. 国际金融研究，2014（8）.

[17] 宋芳秀，刘芮睿. 人民币境外存量的估算及其影响因素分析 [J]. 世界经济研究，2016（6）.

[18] 陶士贵，顾晶晶. 利率市场化与跨境贸易人民币结算量的关系 [J]. 财经理论与实践，2016（1）.

[19] 徐建国. 币值稳定与人民币国际化 [J]. 上海金融，2012（4）.

[20] 杨珍增，马楠梓. 当前应该推动人民币国际化吗——基于货币国际化制度条件的反思 [J]. 南方经济，2013（7）.

[21] 余永定. 从当前的人民币汇率波动看人民币国际化 [J]. 国际经济评论，2012（1）.

[22] 元惠萍. 国际货币地位的影响因素分析 [J]. 数量经济技术经济研究，2011（2）.

［23］张志文，白钦先．汇率波动性与本币国际化：澳大利亚元的经验研究［J］．国际金融研究，2013（4）．

［24］赵然．汇率波动对货币国际化有显著影响吗？［J］．国际金融研究，2012（11）．

［25］中国人民银行．2016年人民币国际化报告［J］．金融经济月刊，2016（a）．

［26］周宇．论汇率贬值对人民币国际化的影响——基于主要国际货币比较的分析［J］．世界经济研究，2016（4）．

［27］庄太量，许愫珊．人民币国际化与国际货比体系改革［J］．经济理论与经济管理，2011（9）．

［28］COHEN, B. H.. Currency Choice in International Bond Issuance, BIS Quarterly Review, June 2005.

［29］CHINN MENZIE, JEFFERY A. FRANKEL. Will the Euro Eventually Surpass the Dollar as Leading International Reserve Currency? In R. Clarida（ed）, G7 Current Account Imbalances：Sustainability and Adjustment（Chicago：U. Chicago Press）, pp. 283 – 335. 2007.

［30］FRANKEL JEFFREY. Internationalization of the RMB and Historical Precedents［J］. Journal of Economic Integration, Vol. 27, 2012.

［31］GUONAN MA, AGUSTIN VILLAR. Internationalisation of Emerging Market Currencies, BIS Papers No. 78, 2014.

［32］H. CHEN, W. PENG, C. SHU. The Potential of the Renminbi as an International Currency. In W. Peng and C. Shu（ed）, Currency Internationalization：Global Experiences and Implications for the Renminbi（PALGRAVE MACMILLAN）, pp. 115 – 138. 2010.

［33］JONG – WHA LEE. Will the Renminbi Emerge as an International Reserve Currency?［J］. The World Economy, Vol. 37, 2014.

［34］MCCAULEY, R. Internationalising a Currency：the Case of the Australian dollar［J］. BIS Quarterly Review, December 2006.

课题组组长：常　青
课题组成员：夏国栋　李　亮　黄　峰
执　笔　人：李　亮

跨境资本流动管理的国际经验及其启示

中国人民银行武汉分行资本项目管理处

一、引言

近年来，由于美国经济逐步复苏，美元走强，新兴国家经济增长放缓，资本呈现净流出趋势。跨境资本流动规模骤减、流动方向突变对于正在或曾经遭遇资本流入激增的国家而言，成为最大的外部不确定性与决策挑战。为此，各经济体都在积极探索宏观审慎政策管理框架，以管理和控制跨境资本流动的各种潜在风险。本文旨在梳理、总结国际上运用资本流动管理措施和审慎管理工具的国际经验，并对我国的跨境资本流动管理政策框架设计进行探索，并资决策参考。

二、资本流动管理工具的国际实践

根据国际货币基金组织（IMF）（2011）的研究报告①，资本流动管理措施（CFMs）是指除宏观经济政策外，其他旨在管理资本流动的行政性、税收性及部分审慎性监管等措施，主要分为资本管制措施和非资本管制措施两大类。现从资本流入和流出管理两个方向概述各国使用 CFMs 的实践。

（一）资本流入管理

资本流入管理工具包括价格型、数量型、行政型三类共计六种。

1. 价格型工具

（1）利率工具。货币管理当局通常在经济过热和资产价格过高的情况下实行低利率政策，以抑制资本利用境内外利差实现套利。2006 年 1 月至 2007 年 4 月，印度央行提高了逆回购的利率，降低了非居民存款的利率。

（2）税收工具。巴西设立"金融交易税"（IOF），征收对象主要是股票投资和债券投资、私募基金、巴西国债和其他固定收益证券投资以及外汇贷款，其设置目的主要是限制或调节境外资本进入巴西资本市场和金融市场。2009

---

① IMF. Recent Experiences in Managing Capital Inflows—Cross - Cutting Themes and Possible Policy Framework. IMF Working Paper, 2011.

年 10 月起，为了应对资本大量流入国内的局面，巴西政府不断调高 IOF 的税率。2011 年下半年，韩国对银行非存款性的外币资产实施宏观审慎稳定性税收计划，根据该计划，1 年期以内的外币资产税率为 2%，对于 1—3 年期的税率为 1%，长期负债的税率为 0.5%。韩国政府还于 2011 年初对于非居民购买国债和货币稳定债券征收 14% 的预提所得税。秘鲁政府也于 2010 年底对非居民通过秘鲁中介进行的股票投资征收 30% 的资本利得税，通过非秘鲁中介进行的征收 5% 的资本利得税。泰国在 2010 年 10 月恢复对非居民利息收入及新购入的国债资本利得征收 15% 的税收。土耳其于 2010 年末出台规定，境内企业海外发行 1—3 年期债券的所得税税率降至 7%，3—5 年期债券的所得税税率降至 3%，5 年期以上的债券所得税税率降至 0。

2. 数量型工具

（1）无息准备金制度。1991 年 6 月，在经历持续的资本流入后，智利政府决定进行资本流入限制，实施外债无息准备金制度（Unremunerated Required Reserves，URR），要求所有从国外借款的经济主体将部分资金缴存到中央银行的无息账户。从 1991 年到 1995 年，智利政府对于 URR 的要求一直在强化，并持续到 1997 年。1998 年，随着形势的逆转，以及美国政府持续施压，智利政府先是降低 URR 的要求，随后在当年年底彻底取消了 URR。

智利 URR 主要由四部分内容组成。一是规定了缴存范围。1991 年只要求国外借款缴存 URR，1992 年扩大到外汇存款，1995 年再次扩大到二级市场的美国存款凭证（ADR），但贸易信贷一直排除在外。二是规定了缴存比例。1991 年缴存比例为 20%，1992 年提高到 30%。三是明确了缴存时间。1991 年，智利政府规定各种国外借款根据到期日分别缴纳，但不超过其到期日。1992 年，所有的借款不再区分到期日，统一缴存 1 年。四是规定了替代费率。除了将现金缴存到中央银行的无息账户外，借款者也可以选择直接缴纳一笔费用。1991 年该费率为伦敦银行同业拆借利率（Libor），1992 年 8 月提高到 Libor + 2.5%，1992 年 10 月再次提高到 Libor + 4%。

（2）差别准备金制度。差别准备金制度是指货币管理当局按照期限、币种及持有人作为分类标准以确定不同的准备金率，以达致有针对性地调节金融体系中的货币流动性。实行该制度的国家主要有巴西、印度尼西亚、秘鲁和土耳其。2008 年 12 月，为缓解全球信贷市场波动对国内经济的影响，土耳其央行将外汇存款准备金率下调至 9%，2010 年 4 月，随着全球金融危机缓解，土耳其央行将外汇存款准备金率上调至 9.5%。

3. 行政型工具

（1）调整居民境外投资的限制。为鼓励资金流出，南非货币管理当局于 2009—2011 年将个人离岸投资上限由每年 200 万兰特提高到 400 万兰特，单笔限额由 75 万兰特提高到 100 万兰特，取消对南非人移民财产转移征收总额的

10%的税收规定，允许跨国公司总部可以进行离岸资本运作，无需受到汇兑管制。

（2）限制衍生品的交易。韩国央行在2010年出台规定，国内银行的外汇衍生交易不能超过上月末资本的50%，外国银行分行的外汇衍生交易不能超过上月末资本的250%。秘鲁央行于2011年初规定，非交割远期及其他外汇衍生品不得超过银行资产的40%和40亿秘鲁索尔二者之间的高值。

（二）资本流出管理

各国采取的资本流出管理工具包括价格型、数量型、行政型三类共计十一种。

1. 价格型工具

（1）差别汇率制度。货币管理当局通过设定不同的汇率水平来强制调节市场上不同交易类型所使用的汇率。2002年上半年，阿根廷比索贬值了40%。阿根廷采取了一种双汇率制度。即一个汇率用于贸易，一个汇率在除贸易以外的交易项使用。外汇存款在兑换成本币时使用一个特定的汇率，外债转换成本币时使用市场汇率。

（2）税收工具。1999年，马来西亚按国际资本入境逗留时间的长短对其征税，这项措施可以看作是一种准托宾税。具体为入境资金7个月以内流出的征收30%的课税，7—9个月流出的征收20%的课税，9—12个月流出的征收10%的课税，12个月以后流出的则不征税，并对利润汇出予以征收10%的课税。

（3）利率工具。1997年7月，菲律宾央行调整了主要利率，将隔夜借款利率从1997年6月底的15%提高至32%，隔夜贷款利率则从17%升至34%，并于1997年8月20日暂停隔夜贷款利率贷出服务。直至市场环境有所改善之后，菲律宾央行才重新进行隔夜利率贷出服务，并降低了隔夜贷款利率。2008年，拉脱维亚央行降低了政策利率以向金融体系提供流动性。

2. 数量型工具

（1）限制银行外汇贷款的比例。1997年7月31日，菲律宾央行宣布将商业银行隔夜可以借入外汇的比重从其健康资本额的20%降低5%，银行隔夜外汇可贷出的比重从原有的10%增加至20%。此举的目的旨在鼓励银行出售其外汇资产，增加外汇供应量。

（2）降低商业银行场外出售美元的最高限额。1997年，根据菲律宾央行发布的通知，商业银行无需央行证明进行场外合法美元出售的最高限额从10万美元降至1万美元，以减少市场对美元需求。

（3）差别准备金制度。2011年2月，俄罗斯央行对居民和非居民的本币和外币存款实行差别化的法定存款准备金率，其中居民的本外币存款准备金率为3%，非居民的本外币存款准备金率为3.5%。2016年4—11月，俄罗斯央行多次对居民和非居民的本币存款准备金率和外币存款准备金率进行了不对称调整：居民本币存款准备金率由 4.25% 提高至 5%，外币存款准备金率由 4.25% 提高至 6%。非居民本币存款准备金率由 4.25% 提高至 5%，外币存款准备金率由 4.25% 提高至 6%。

（4）修改银行外汇敞口的计算方法。2008 年，乌克兰央行规定在计算银行净外汇敞口的时候去掉了表外项目和针对不良外汇贷款计提的准备金，并且分币种计算。

3. 行政型工具

（1）暂停对外支付。1998 年，马来西亚规定向非居民自由支付额减为 1 万林吉特；超过 1 万林吉特须用外汇支付。2001 年下半年，阿根廷政府实施了"小畜栏"政策，即限制从银行提款，并对外汇交易和外汇贷款实行管制，暂停对外支付。

（2）对汇兑实行限制。2009 年，为避免克朗的急剧贬值，冰岛对居民和非居民外币兑换实施限制。以克朗标价的债券和其他金融工具在到期日前不能兑换成外币。通过管制措施，大约 6 万亿克朗被留在了冰岛境内。2008 年，乌克兰央行规定外国投资者资金由本币兑换成外币时需要 5 天的等待期。

（3）限制银行交易。乌克兰央行规定限制提前支取定期存款，禁止提前偿还外汇贷款，限制境外银行的本币交易，规定了支付命令的执行时间，外汇买卖价差不得超过 5%，禁止外汇远期交易。1998 年，马来西亚央行出台规定，限制离岸互换交易，禁止卖空，离岸的林吉特要汇回国内，对离岸的林吉特交易进行严格监管，非居民要有 12 个月的等待期才能卖出马来西亚的有价证券。

（4）外国投资的管制。2008 年，俄罗斯央行发布规定，冻结短期国债交易，延长国内债务期限，限制境外非居民转移资产，宣布特定的债务可以延期偿付。

三、宏观审慎管理的国际实践

由于投资者会设法"发掘漏洞"、规避监管，资本管制的有效性一般会随时间推移而逐步下降。同时，资本管制通常针对短期投资和外汇形式的借贷较为有效。长期的资本管制难以实现预期目标。因而，IMF、经济合作与发展组织（OECD）等国际组织及各国央行都在研究探索使用宏观审慎管理工具（MPMs）来对跨境资本流动进行管理。各国采取的宏观审慎管理工具包括限制型、价格型、数量型和信贷管理型四类共计十七种。

（一）限制型工具

1. 限制银行的外汇衍生品头寸

具体措施包括：规定银行的外汇衍生品头寸不能超过股本的一定比例。

2010 年 10 月，韩国央行规定本土银行的外汇衍生品头寸不得超过上月末权益资本的 50%，外国银行分行的外汇衍生品头寸不得超过上月末权益资本的 250%。2012 年 12 月，货币远期交易被进一步收紧，韩国央行将本土银行和外国银行分行外汇衍生品头寸的比例上限分别降至 30% 和 150%。

2. 对外汇敞口头寸实施限制

具体措施包括：规定未平仓的外汇头寸不能超过基础资本的一定比例，根据跨境资本流动情况来动态调节外汇敞口的比例。2007 年 6 月，巴西央行规定银行外汇敞口上限由基础资本的 60% 减少至 30%。塞尔维亚央行于 2008 年 7 月规定外汇净敞口头寸的上限由 30% 降低至 20%；2009 年 1 月，该上限进一步降低至 10%；2009 年 6 月，银行需要保持每个营业日终的资产负债率能确保其外汇净敞口头寸（含黄金净敞口头寸）不超过资本的 20%。

3. 非银行机构的管理措施

具体措施包括：对非银行机构的集合投资计划作出限制。亚美尼亚央行对养老金的投资方向和构成就有较严格的规定：2014 年（含 2014 年）后，强制养老金和自愿养老金投资由国家政府或者央行担保的外国证券不能超过总资产的 40%，单一投资组合不能超过 20%。

（二）价格型工具

1. 对非居民购买住房征收更高的印花税

该举措旨在限制或者减缓非居民进入不动产市场的节奏。2011 年 12 月，新加坡政府对购买境内住宅的外国人和企业征收 10% 的印花税，对购买第二套住宅的永久居民及购买第三套住房的新加坡公民征收 3% 的印花税。

2. 对银行外汇负债征税

该举措旨在减缓由于银行外汇负债变动所造成的资本市场大幅震荡，避免由于流动性发生变化时引起经济顺周期波动。2011 年 8 月，韩国开始向银行的外汇非储蓄债务征收银行税。银行税的起始税率为：期限不足 1 年的短期债务，税率为 0.20%；期限在 1—3 年的借款，税率为 0.10%；期限在 3—5 年的借款，税率为 0.05%；期限超过 5 年的借款，税率为 0.02%。在紧急情况下，还允许对最长期限为 6 个月的债务征收 1% 的税，该举措也被称为宏观审慎稳定性税收计划。

3. 对非居民的资本利得征税

具体措施为对非居民购买金融产品或工具所获收益进行征税。2011 年，韩国央行重新对外国投资者购买国债和货币稳定债券征收预提所得税。2010 年 10 月，泰国政府决定对外国投资者新投资于国债的利息收入和资本利得恢复征收 15% 的资本利得税。

4. 对交易环节征税

该举措旨在通过征税提高金融交易的成本，增加摩擦，既可以减少交易规模，又能通过价格手段减缓市场的震荡。巴西央行于 2009 年 10—11 月，开始针对外国投资者投资巴西股票市场或固定收益市场时所汇入的资金征收 2% 的金融交易税，将巴西企业发行的在国外证券市场上交易的存托凭证调整为 1.5%。

（三）数量型工具

1. 与产品种类挂钩的存款准备金制度

具体措施为通过调整国内银行与非居民之间的外汇互换和远期交易等衍生产品需缴纳存款准备金的比率来对国内的外汇投放进行调节。2006 年 2 月，塞尔维亚央行要求租赁公司在借入外币资金时需缴纳 10% 的存款准备金。土耳其央行于 2011 年 9 月实行"准备金选择机制"，允许银行选择外汇及黄金替代里拉作为准备金。

2. 与期限挂钩的存款准备金制度

具体措施为根据期限的不同，央行对银行不同到期日的外汇存款采取不同的存款准备金率规定。塞尔维亚央行于 2012 年 4 月规定，到期日在 2 年内的外汇存款准备金的 20% 可使用本币缴纳，到期日在 2 年以上的外汇存款准备金的 15% 可使用本币缴纳。

3. 调节外汇贷款的风险权重

该举措旨在通过提高企业获取外汇贷款的成本来减少外汇敞口，抑制外汇贷款的过度增长，较高的风险权重能为汇率风险提供缓冲。2006 年 6 月，克罗地亚央行规定，非政府部门无对冲借款人借入的外汇贷款风险权重由 50% 提高到 75%，与外汇挂钩的贷款风险权重由 100% 提高到 125%。波兰央行于 2007 年 4—12 月将外汇贷款的风险权重提高至 75%。格鲁吉亚央行于 2014 年将无对冲贷款人借入的外汇贷款的风险权重，由 2008—2010 年的 50% 提高到 2014 年的 75%。

4. 规定外汇贷款价值比（Loan To Value，LTV）

贷款价值比是贷款额与抵押品价值的比值，该比值越高意味着银行面临的风险越大，多用于房地产贷款的风险控制中。罗马尼亚央行规定，2011 年，房地产贷款的 LTV 上限按照币种和贷款类型来区分：对于有对冲的借款人，外汇贷款的 LTV 上限为 80%，欧元贷款的 LTV 上限为 75%，无对冲借款人其他币种贷款的 LTV 上限为 60%。

5. 规定外汇贷款的债务收入比（DTI）

债务收入比是贷款额与收入的比值，该比值越高，意味着贷款人的债务负担越重。2010 年 1 月，匈牙利央行规定，银行要基于个人客户的月收入来确定贷款额度的上限，欧元贷款上限为收入的 80%，其他币种的贷款上限不得超过本币贷款额度的 60%。

6. 规定非居民存款的流动性覆盖比率

流动性覆盖比率旨在确保商业银行在设定的严重流动性压力情景下，能够保持充足的、无变现障碍的优质流动性资产。格鲁吉亚央行要求商业银行的最低流动性覆盖比率不低于30%。自2014年起，如果非居民存款的比例超过存款总额的10%，那么格鲁吉亚央行就会要求商业银行提高流动性。

（四）信贷管理型工具

1. 限定外汇贷款的借款人资格

如1998年，马来西亚政府对外债的借债主体有限制，有外汇收入的进出口企业才被允许借外债。非金融部门借入金额在100万林吉特到500万林吉特之间的外债需向中央银行报备，金额在500万林吉特以上的外债必须由中央银行批准。

2. 限定企业借入外汇贷款的用途

2010年7月，韩国央行禁止向国内企业发放外汇贷款在国内使用，即使该贷款用于厂房设备投资。2011年7月，韩国央行禁止金融机构购买由国内企业为筹集资金在国内使用而发行的外币债券。

3. 对外汇贷款的风险管理标准做规定

2005年9月，罗马尼亚央行规定信贷机构向无对冲借款人发放外汇时，要求银行提高对外汇贷款的风险管理标准，敞口上限为自身资本的300%。

4. 期限错配的限制

克罗地亚央行规定，2003年2月，外汇流动性比率（FCLR）由53%减少到35%，但是长期外币负债被纳入FCLR的分母计算中。2005年2月，FCLR进一步降低至32%。2008年5月，FCLR降低至28.5%；2009年2月，先后降至25%、20%。2011年3月，FCLR降低至17%。

四、跨境资本流动管理的国际实践特征

（一）跨境资本流动爆发期宜实施CFMs

在美国次贷危机发生之前，IMF一直对使用CFMs持否定态度，认为CFMs是与其一直推动的货币自由兑换理念相背离的。但各国的实践证明，CFMs有特定的优势，它具有极强的针对性和灵活性，并且包含着行政管制手段，在面对复杂多变的跨境资本流动形势时，作用链条较短，能迅速对资本流动产生一定的抑制作用，为宏观政策的调整及MPMs的使用争取时间和空间。各国在遇到跨境资本流动剧烈变动时，都倾向于采用CFMs。如马来西亚、菲律宾等国在1998年亚洲金融危机期间和冰岛、乌克兰在2008年全球金融危机时都使用了若干临时管制措施，以遏制本币汇率急剧下跌，外汇大量流出。

（二）跨境资本流动管理工具的实施效果与一国的政策调整空间密切相关

虽然IMF、OECD等国际组织已提出了若干管理资本流动的工具箱，各国在管理资本流出时，并没有一概而论地都使用资本管制措施，而是将本国的宏

观经济状况、金融体系结构和引起资本流动的原因进行综合考虑后，再确定使用何种管理措施。而且在决定使用跨境资本流动管理工具时，各国会首先考虑本国已有的宏观经济政策是否有调整的空间，待使用宏观经济政策调整后无法对跨境资本流动产生影响时，才会选择对应的工具来进一步加强对资本流动的管理。如马来西亚政府在抵御 1997 年的亚洲金融危机时，首先通过收紧货币政策来阻止资本外逃。高企的利率使得资本外流明显减缓，接下来政府才运用了资本管制措施来隔离离岸市场和在岸市场。2008 年 8 月至 2009 年，卢布大幅贬值，俄罗斯央行对汇率进行大规模干预，向银行提供流动性，避免了全面的银行危机发生。经过干预后，2011 年，俄罗斯重新对居民和非居民的本币和外币存款实行差别化的法定存款准备金率。

（三）跨境资本流动管理是个动态调整的过程

金融监管体制必须与其经济金融的发展与开放的阶段相适应，不管监管体制如何选择，必须做到风险的全面覆盖。面对层出不穷的金融创新，各国的跨境资本流动管理监管机构意识到过分依赖具体的规则约束已经无法应对复杂的资本流动形势，有效的应对举措必须因时制宜、因势制宜，采取更具灵活性的监管模式。在运用 CFMs 和 MPMs 管理跨境资本流动时，如果影响跨境资本流动管理的外部因素发生变化，或者内部条件得到改善，那么各国也会对管理工具的类型和强度做调整。

（四）运用 CFMs 和 MPMs 来分别实现不同目标

从各国实践来看，CFMs 和 MPMs 的具体手段有一定的重叠之处。比如，在防止金融机构进一步遭受汇率风险冲击时限制银行的外汇风险敞口，为收紧流动性而对不同期限的银行外币债务采取差别准备金制度。但它们的目标有本质的区别，CFMs 的目标是寻求直接、快速有效地抑制跨境资本的流动；而 MPMs 从整个金融体系着眼，运用一系列组合政策，通过更为间接的方式来控制系统性金融风险，维护金融体系稳定性。

（五）CFMs 和 MPMs 有机结合才能有效预防危机

当一国的跨境资本流动发生大幅改变，并引起金融体系和经济环境的不确定性时，如果该国的宏观经济政策调整空间有限，宏观经济政策的调整需要时间抑或是政策调整后需要时间来发挥作用。同时使用 CFMs 和 MPMs 将有助于宏观经济调整，维护金融体系的稳定性。资本流出管理主要依赖于宏观经济政策和金融部门政策。虽然 CFMs 在危机高峰期时有效缓解了本币贬值的压力，但随着时间的推移，若央行需要进行大幅度政策干预的压力仍得到缓解，可能会加速资产负债表危机的产生。为了消除资本流入逆转可能带来的影响，采取结构性政策和 MPMs 作为危机预防措施和善后措施，能增强企业和家庭应对资本流出的弹性，提高金融体系的稳健性。

五、对中国构建跨境资本流动管理体系的启示

我国的跨境收支数据、账户收支数据和银行结售汇数据均被纳入跨境资本流动监管的数据采集体系，为宏观审慎管理奠定了日臻完善的数据基础。在此背景下，我国可借鉴国际经验，构建切合实际的跨境资本流动管理体系。

（一）跨境资本流动管理应设立专职的审慎监管部门

从国际经验来看，采用单一机构行使宏观审慎职能的模式后，如英国及欧盟部分国家的金融体系稳健性得到了增强，格鲁吉亚有效遏制了本币贬值的趋势，一定程度上阻止了资本的大量外流。由此可见，由一家机构来管理跨境资本流动，环节少，政策执行时间短，比协调众多机构更为简单。

随着我国资本项目可兑换程度的逐步提高、人民币国际化进程的稳步推进，参与全球金融活动的程度日渐加深，跨境资本流动形势愈加多变，监管机构面临的环境较之以往更为复杂严峻。截至 2016 年底，我国的跨境资本流动管理职能分散在人民银行、外汇局、银监会等多家监管机构中，尚无专司宏观审慎监管的部门，在信息沟通和监管协调方面仍存在一定的障碍。为了应对避免重复监管和监管真空现象的出现，我国可以考虑由央行成立一个管理跨境资本流动的宏观审慎监管部门，以减少部门利益和权责划分对宏观审慎政策的干预。

（二）跨境资本流动管理的非常时期可以采取必要的资本管制措施

已有的理论和实践表明，对跨境资本流动施加必要的管理能有助于金融体系的稳定，减少危机发生的可能性。2008 年席卷全球的金融危机余温尚存，从各国实践来看，包括 IMF 等国际组织及世界各国由对于采取合理手段管理跨境资本流动已经普遍达成了共识，而且各国对于投机套利资金流动并未采取放任自由的态度，基本上都采取了一定的监管措施，只是根据不同情况决定需要管制到何种程度。在经济金融全球化的进程中，我国所处的外部环境复杂，由资本大量流入流出带来的通胀/通缩压力、本币币值变动压力需要通过特定的资本管制措施，如在特定时期内对境外投资、对外债权债务实行特定管理措施，来化解压力。这对于资本项目的可兑换进程并没有实质影响，反而能为资本项目可兑换创造更优良的环境。

（三）跨境资本流动管理体系应涵盖事前、事中及事后三个流程

MPMs 的整个框架设计应包含四部分。一是识别与分析主要风险。实施宏观审慎管理的部门应与其他相关部门协作，获得较为准确的数据与信息，用于识别和监控不同性质资本流动的不同风险。二是选择政策工具并对应有/或有影响进行评估。宏观审慎管理部门应运用适当的工具和方法来评估目前政策的定位的合理性及进一步调整的必要性，对新的政策方案展开事前、事后评估，同时还需评估影响跨境资本流动的潜在因素以及 MPMs 效果。可以利用银行资

产负债表数据、结售汇数据和国际收支数据等，参考国际上通行的压力测试方法进行评估。三是详细论证政策工具。宏观审慎管理部门负责讨论 MPMs 的成本与收益，并为下一步决策做准备。四是执行 MPMs 及后续评估，重点关注 MPMs 执行是否达到预期效果，并检验是否需要采取进一步措施。

（四）跨境资本流动管理体系的工具箱应有机整合 CFMs 和 MPMs

虽然有研究指陈 CFMs 是对资源分配的一种扭曲，但不可否认，许多新兴市场经济体都借助这类措施在一定程度上抑制了资本流动带来的负面冲击，防止危机的进一步扩大。正如 IMF 所言，"政策工具不存在准确无误的优劣排名，应采用务实的态度来考量经济中最重要的风险点"。① 我国在对跨境资本流动进行管理时，应该因时制宜地采用 CFMs，不能轻言放弃。在多数情况下，资本出于逐利本性，通常会想方设法绕过监管跨境流动，短期内若监管规则无法迅速有效地进行调整，那么 CFMs 则是最佳的选择。同时，考虑到 CFMs 可能"会给资源配置带来一定程度的扭曲：在减少'坏的'资金流的同时，也减少了'好的'资金流"②；而 MPMs 在本质上又能夯实整个金融体系稳定性的基础，因此，MPMs 应作为长期手段来督促金融机构完善公司治理，强化风险管理机制，借此增进金融稳定性。

（五）跨境资本流动管理应以银行体系为重点

各国的资本流动大多需要借道银行体系来实现，对银行业实施审慎监管也是各国管理资本流动的一种重要手段。由于货币错配和资本流动造成的风险敞口无法体现在银行的合并资产负债表中，因此对银行业财务状况的监控显得尤为重要。对银行业的审慎监管，比如对银行授信及风险敞口进行限制，可在一定程度上削减资本流入对国内信贷泡沫的溢出效应。所以，我国在对跨境资本流动进行管理时，应将银行体系作为宏观审慎管理的重点。

参考文献

［1］The Strategy, Policy, and Review Department of IMF: Recent Experiences in Managing Capital Inflows—Cross – Cutting Themes and Possible Policy Framework ［R］. IMF Working Paper, 2011.

［2］The Monetary and Capital Markets Department; the Strategy, Policy, and Review Department of IMF: Liberalizing Capital Flows and Managing Outflows ［R］. IMF Working Paper, 2012.

［3］CHARLES ENGEL. Macroprudential Policy under High Capital Mobility: Policy Implications from an Academic Perspective ［J］. Journal of the Japanese & In-

---

① IMF. Managing Capital Inflows: What Tools to Use? IMF Working Paper, 2011.
② IMF. Managing Capital Inflows: What Tools to Use? IMF Working Paper, 2011.

ternational Economics，2016.

［4］The OECD Code of Liberalisation of Capital Movements：Recent Developments OECD Report to the G20 ［R］. OECD，2016.

课题组组长：马　骏
课题组成员：黄　灏　高继安　吴　莹　陈嘉丽
执　笔　人：陈嘉丽

房地产价格、产出波动与货币政策

中国人民银行武汉分行调查统计处课题组

一、引言

住房制度改革以来，房地产业在我国整个国民经济社会中发挥着越来越重要的作用，它的发展不仅与经济增长有高度的相关性，而且对政府财政和社会民生都有着巨大的影响。一般认为，房地产市场波动与经济金融稳定和政府调控政策有着密切的联系，因此受到了理论界和实务界的广泛关注。事实上，在金融市场发达的欧美国家，房地产价格的波动同样对经济的稳定运行有较大影响，2007 年的金融危机就是一个典型的例子，许多学者都认为金融危机前后房地产市场的过度波动是系统性金融风险产生的重要原因之一（Reinhart 和 Rogodd，2008；Crowe、Dell' Ariccia、Lgan 和 Rabanal 等，2013），也是整个宏观经济周期的驱动力（Sinai，2013）。围绕这一观点，关于房地产价格泡沫形成背后央行货币政策应对的失败（Diamond 和 Rajan，2011）以及房价波动与宏观审慎政策的关系（Hartmann，2015）等问题得到了较多的讨论。

与之相比，中国房地产市场与经济运行的关系更加密切、更加复杂。一方面，房地产业投资对国民经济的其他产业有较强的带动作用（戴国强和张建华等，2009），对地方财政收入的影响较大（Ambrose、Deng 和 Wu，2015），这也导致在以 GDP 增速为基础的官员考核机制下，地方政府有较强的内在动力去做大做强房地产业。但另一方面，我国特殊的住户消费和企业投资决策方式，使得房地产价格上升对实体经济效率的长期影响可能并不显著，一是财富效应弱化。高房价和刚性需求并存导致了严重的替代效应（盛松成和张次兰，2010）以及投机需求的强化（陈崇，2011），反而造成消费缩减。二是资产负债表渠道弱化。高房价可能会吸引过多的资源进入房地产行业，挤出制造业等其他低收益领域的投资，造成实体产业的空心化（吴海民，2012；Deng、Ranall、Wu 和 Yeung，2011）。除了对经济有更复杂的影响渠道外，我国房地产市场的价格形成机制也与欧美国家有很大不同，一方面，经济增长持续高位使得我国住户部门有较强的收入增长预期，并转化为对高房价收入比的承受能力（Cheng、Raina 和 Xiong，2014），而对房地产的刚性需求也体现在所有收入层次群体上（Fang、Gu、Xiong 和 Zhou，2015）。另一方面，政府对房地产市场有极强的控制动力和能力，无论是价格还是交易规模都受到行政手段有效的干预。

从长期房地产政策调整的实践可以看出，政府对房地产市场的调控存在多重目标，既希望房地产市场能拉动经济增长，又不会带来风险和民生方面的问题。但多重目标不仅操作困难，而且政策强度的确定往往取决于相关部门的主观判断。现实中对房地产供给需求的调控往往反应过度，一些稳定房价预期的政策最后却导致了泡沫的积聚。这说明，至少在很长一段时间内，管理层对于我国房地产市场的价格形成机制，房地产对经济的影响逻辑还没有清晰准确的把握，而这些恰恰是房地产市场调控政策决策的基础。另外，实践中房地产市场的刺激政策往往与政府稳增长的目标相配合，同时财政和货币政策相对宽松，对经济增长等指标有正向刺激作用，即产出和房价可能受到相关外生因素的影响而同时上升。在这一条件下，前期研究中估计的房地产市场对实体经济的拉动作用可能被显著高估。

很显然，对我国房地产市场与宏观经济之间相互影响的内在逻辑进行更深入的研究具有较大的理论和现实意义。本文研究主要目的就是试图分析房地产市场发展对实体经济拉动的真正效率。具体来看，一方面，需要分析房地产市场对经济增长影响的渠道和特征；另一方面，需要考虑我国特殊的房价形成机制，并排除共同驱动因素分析房价与经济之间的真实关联关系。

为分析房地产市场与经济增长的内在关联，本文设计了两个部分的实证研究，一是利用 2005 年 7 月至 2015 年 10 月中国的宏观时间序列数据，构建 MS-VAR 模型分析房地产价格、货币态势、产出缺口和物价水平之间的时变动态关系，结论表明房地产价格与宏观经济的关系在不同区制下存在差异，繁荣阶段正向的房价冲击在长期内可能不能带来产出的持续扩张，而在两个区制下房价变动背后的流动性驱动特征都存在，而且在繁荣阶段更为显著；二是利用 2005—2013 年 70 个大中城市的宏观经济面板数据，分析区域房价变化与当地产出之间的关系，结论表明，房价和产出确实同时受到货币政策等外生冲击的影响，内生假设下房价对经济的影响明显低于外生假设；面板实证结果中时间效应显著，且与 MSVAR 分析的结论类似，货币增速较高的年份经济—房价的敏感性会降低。从渠道分析可以看出，财富效应由于刚性需求和投机需求等因素的影响显著性较差，而房价上升对企业部门投资的正向影响较弱，但会显著提高房地产投资在城镇固定资产投资中的比例。三是房价对经济的影响存在明显的区位差异，财富效应和财政收入的异质性导致高收入地区房价上升对经济的影响弱于低收入地区。

二、基于区制转换模型的房价与宏观经济的动态关系分析

在上文分析的基础上，本文选择利用多区制的宏观模型来分析不同区制下货币政策、资产价格与宏观经济因素之间的长期和短期关系，具体的实证研究设计如下。

（一）主要回归指标的设定

本文主要的回归变量选择了通胀水平、产出缺口、货币态势和房地产价格，其中由于国内产出为季度数据，本文利用同期季度内的工业增加值变化趋势对其进行了月度平滑，将其转化为月度数据（见表1）。

表1   **主要回归变量的计算方法**

变量名称	变量符号	计算方法
通胀水平	cpi_t	CPI 指数的当月同比增幅
产出	y_t	GDP 当月同比增速。假定 GDP 波动在短期内与规模以上工业增加值增速趋同，利用工业增速在季度内的变动对 GDP 进行差值处理，得到近似的 GDP 月度估计值。具体的计算方法如下： $$y_{T+i} = y_T + \frac{ind_{T+i} - ind_T}{ind_{T+3} - ind_T}(y_{T+3} - y_T)，其中 i = 1,2$$
产出缺口	$ygap_t$	对序列 y_t 进行 HP 滤波后得到的变动成分
货币态势	m_t	货币供应量 M_2 的同比增速减 CPI 当月同比增幅
房地产价格	ha_t	70 个大中城市新建住宅价格指数（同比）减 CPI 当月同比增幅（该数据自 2015 年 7 月起）
	hb_t	商品房销售均价 = 当月商品房销售额/商品房销售面积，同时减去 CPI 当月同比增幅

注：五个变量均在 1% 的置信区间内拒绝存在单位根的原假设，直接进入 VAR 模型进行估计。

（二）基于区制转换的模型设定

由于房地产价格和货币态势以及产出缺口等核心变量之间的相互关系可能并不稳定，本文选择采用基于马尔可夫区制转换的向量自回归模型（MS－VAR）来分析房价在不同区制下与其他核心经济变量之间的动态关系。具体来看，本文构建了包括房地产价格、国内产出缺口、物价水平和货币态势在内的 4 个因素 MS－VAR 模型，样本周期为 2005 年 7 月至 2015 年 10 月的月度数据。本文的模型估计过程选择的是 GiveWin2 环境下的 Oxmetrics 程序。结合 AIC、HQ、SC 规则和对数似然值的大小综合来看，选择 MSIH（2）－VAR（3）模型拟合的效果最优。图 1 显示了模型的估计概率，区制 1 概率较大的集中在 2008 年中到 2009 年末以及 2011 年下半年至今，该阶段为 2009 年前后房地产价格

增速较慢以及限购政策开始实施后的时期，限购政策效果还是较为明显的，房价涨幅虽然有一定波动但整体处于较低水平。区制 2 概率较大的集中在 2005 年到 2008 年上半年，以及 2009 年末到 2011 年上半年。该阶段基本涵盖了限购政策前新建住房价格指数涨幅较快的时期。

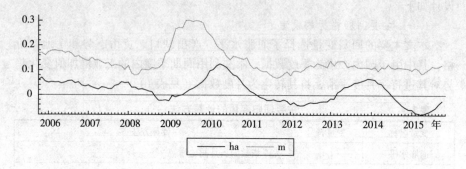

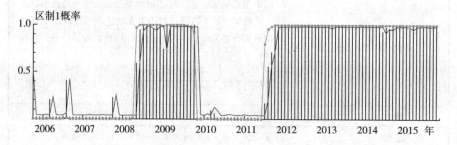

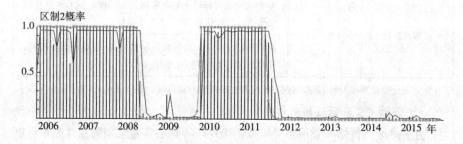

图 1　MSVAR 模型估计的区制概率

综合区制估计概率、房地产指数的基本变化趋势以及回归模型中两个区制方程的截距和方差来看，我们可以定义区制 1 为房地产市场增幅较慢、政策控制的平稳阶段，区制 2 为房价快速上升的繁荣阶段。

（三）脉冲响应分析

为了进一步判断宏观经济变量之间的短期动态关系，并比较房地产市场繁荣和平稳状态下这种动态关系的差异，本文采用了脉冲响应方法进行分析[①]（见图2）。

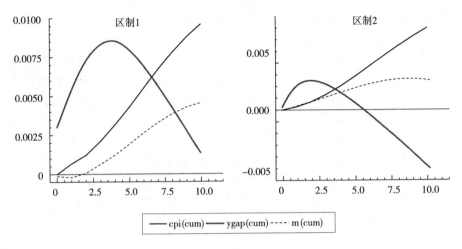

图2　不同区制下各宏观变量对房地产价格冲击的累积响应

在不同区制下，物价水平、产出缺口和货币供应量受到房地产价格一个标准差正向冲击的累积脉冲响应情况如图2所示。具体来看，两个区制下通胀对房价外生冲击都会有持续的正向响应，这符合大多数文献的研究结论。产出缺口对房价冲击的响应则存在差异，在市场平稳区制这种累积冲击持续10个月都处于正值区间，即泡沫较小阶段外生的房价波动通过财富效应和抵押品渠道正向影响实体经济的能力更强，而在市场繁荣的区制中，房价上升对产出缺口的正向冲击只持续了5个月左右就进入负值区间并持续扩大。一方面，高涨的房价会导致购房刚性需求的住户部门缩减消费开支（Chamon 和 Prasad，2010），同时扩大高收入人群在房地产市场的投机需求（Fang、Gu、Xiong 和 Zhou，2015），另一方面，房价的快速上升可能导致投资结构的扭曲，房地产领域会吸纳过多的稀缺资源，从而挤出企业部门在制造业等相对收益低领域的投入（罗知和张川川，2015）。即在市场繁荣阶段，房价的正向波动不仅无法通过财富效应和抵押品渠道刺激经济增长，反而可能由于中国市场上投资者和消费者的特殊偏好，负向作用于产出增长。

在两个区制中，房价上升对货币供应量都有正向影响，且在平稳状态下冲击更强。一方面，说明央行并没有在房价上升阶段有明显的紧缩倾向，只是在

[①]　在本文中，不同区制的脉冲响应分析运用的是 Krolzig 于 1997 年开发的 MSVAR 代码包来计算，该程序无法得到脉冲响应函数的置信区间，这与脉冲响应的趋势无关，但可能对结果解释的稳健性有一定影响。

价格高涨阶段的货币扩张态势会相对放缓。另一方面，可能也是房地产市场发展增加货币需求的结果。较高的房价不仅没有紧缩消费者购房的需求，反而可能刺激一些刚性需求者的购房意愿上升（Banks、Blundell、Oldfield 和 Smith，2015），同时会扩大房地产领域的投资，相应的货币信贷需求也被释放（唐志军、徐会军和巴曙松，2010）。

在不同区制下，产出、物价和房地产价格水平受一单位外生货币冲击的响应情况如图 3 所示。具体来看，两个区制下货币态势调整都会在长期内带动房价的正向波动，从累积响应的情况看，繁荣阶段货币冲击的影响比稳定阶段要高出一倍作用，这也进一步证明了我国房价高涨背后存在明显的流动性驱动特征。产出和物价对货币冲击的累积响应从一年左右的时间看都是正向的，且两个区制内的变化比较相似，这也与传统货币理论的观点相一致。但值得注意的是，产出缺口会在三个季度后出现向下的趋势，而物价水平则会继续上升，说明货币政策的调整对经济的促进作用在短期内比较明显，但长期内可能也存在一些障碍，但货币扩张对通胀压力的作用是非常明显的。

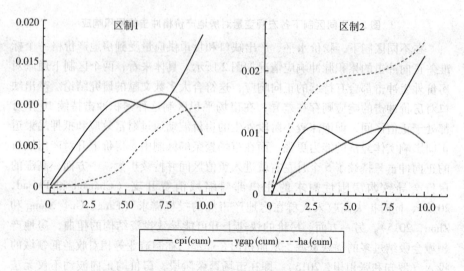

图3　不同区制下各宏观变量对货币冲击的累积响应

总体来看，房地产价格与宏观经济之间的关系在不同区制下存在差异，繁荣阶段正向的房价冲击在长期内可能不能带来产出的持续扩张，在两种状态下房价变动背后的流动性驱动特征都存在，而且在繁荣阶段更为显著。为了更准确地判断房地产市场对经济增长影响的内在逻辑，本文利用我国 70 个大中城市的面板数据进行了相关的分析。

三、基于面板数据房地产价格对宏观经济的影响分析

（一）数据来源和变量说明

这一部分，本文运用面板数据模型分析了 70 个大中城市房价对宏观经济的影响，样本周期为 2004 年到 2014 年（其中房价数据自 2005 年起）。核心的房地产价格为国家统计局公布的 70 个大中城市住宅销售价格同比指数，包括新建商品住宅销售价格指数 $H_{i,t,T}$（自 2005 年 7 月起），90 平方米及以下新建商品住宅销售价格指数（2009 年 3 月起），90～144 平方米新建商品住宅销售价格指数（2011 年 1 月起），144 平方米以上新建商品住宅销售价格指数（2011 年 1 月起），二手住宅销售价格指数（2005 年 7 月起）。其中角标表示城市 i 第 t 年度第 T 个月的该指标房价指数（－100）。由于本文选择年度数据，具体的平滑方法为同比指数在年度内的算数平均值，即 $h_{i,t} = \dfrac{1}{12}\sum_{T=1}^{12}H_{i,t,T}$。其他房价指标计算方法与之相同。除核心变量房地产价格外，本部分实证用到的其他变量包括产出变量、产出增长影响因素、内生房价影响因素、控制因素、经济水平、分省和年度虚拟变量。具体的变量定义和计算方法如表 2 所示。同时，为剔除异常离群值对实证结果的影响，所有连续变量进行了 1% 水平下的 wizorize 处理。

表 2　　　　　　　　　　主要回归变量的定义和计算方法

产出变量	产出增长	$y_{i,t}$	国内生产总值取自然对数差分
	人均产出	$yx_{i,t}$	人均国内生产总值取自然对数差分
房地产价格	房价	$h_{i,t}$	见正文
	房价 A	$ha_{i,t}$	同上
	房价 B	$hb_{i,t}$	同上
	房价 C	$hc_{i,t}$	同上
	二手房价	$hre_{i,t}$	同上
产出增长影响因素	消费增长	$c_{i,t}$	社会消费品零售总额取自然对数差分
	投资增长	$inv_{i,t}$	城镇固定资产投资完成额取自然对数差分
	财政支出	$fisx_{i,t}$	地方公共财政支出取自然对数差分
	贷款增长	$loan_{i,t}$	贷款余额取自然对数差分
	货币态势	m_t	当年末 M_2 同比增速，对于每一个城市在同期是相同的

续表

内生房价影响因素	产业结构	$indstr_{i,t}$	第二产业增加值/第三产业增加值
	就业结构	$empstr_{i,t}$	第二产业就业人数/第三产业就业人数
	基础设施	$infra_{i,t}$	市辖区道路面积/市辖区建设用地面积
	人口密度	$popden_{i,t}$	市辖区人口密度
	教育资源	$edu_{i,t}$	（普通中学数＋普通小学数）/人口数
	医疗资源	$med_{i,t}$	执业（助理）医师数/人口数
控制因素	财政收入	$fisr_{i,t}$	地方公共财政收入额取自然对数差分
	投资结构	$est_{i,t}$	房地产投资完成额/城镇固定资产投资完成额
经济发展水平虚拟变量		$Y-dummy$	2013年70个大中城市国内生产总值排序，按照每10分位数（7个城市）分别设置虚拟变量，并推至全样本
分省虚拟变量		$pro-dummy$	70个大中城市所在省份设置虚拟变量
年度虚拟变量		$year-dummy$	样本中每个年度分别设置虚拟变量

注：资料来源为中经网统计数据库和 Wind 数据库。

（二）房地产价格对总量产出增长影响的实证分析

本部分为基础的回归分析，利用面板数据对产出和房价变量的关系进行估计。具体的回归方程为

$$y_{i,t}(yx_{i,t}) = \beta_0 + \beta_1 h_{i,t} + (\beta_2 ycontrol\_) + fixedeffect(pro-dummy) + \varepsilon_{i,t}$$

其中，被解释变量为总产出增长 $y_{i,t}$ 和人均产出增长 $yx_{i,t}$，主要的回归变量为新建商品住宅销售价格 $h_{i,t}$，$ycontrol\_$ 表示影响产出变化的其他重要宏观因素，本文在这里选择了消费增长、投资增长、财政支出和贷款增长四个方面，从实证结果可以看出，所有回归方程中新建商品房住宅销售价格的系数均显著为正，说明经济增长与房价之间存在较为明显的正向联动关系。另外，增加了其他影响产出的控制因素后，并没有影响这种显著关系。

简单的房价外生假设可能会高估其与经济增长之间的正向关系，包括货币态势在内的宏观因素可能同时作用于房地产价格和产出。因此本文选择利用联立方程模型考察房地产价格在内生条件下，宏观产出增长的关系。联立方程如下

$$\begin{cases} y_{i,t} = \beta_0 + \beta_1 h_{i,t} + \beta_2 m_t + (\beta_3 ycontrol\_) + pro-dummy + \varepsilon_{i,t} \\ h_{i,t} = \phi_0 + \phi_1 m_t + (\phi_2 hcontrol\_) + pro-dummy + \varphi_{i,t} \end{cases}$$

方程主要是在前期模型的基础上增加了货币态势变量，用来滤波货币政策的影响，它在每一个年度对所有城市都有相同的冲击。而房价本身也受到一系列宏观经济因素的影响，除了货币态势之外，主要包括产业结构、就业结构、

基础设施、人口密度、教育资源、医疗资源，两个方程都进行了分省聚类。在联立模型中，β_1 表示房价内生条件下对实体经济的影响。为了解决潜在的内生性问题和充分利用扰动项之间的关系，本文实证中选择了 3SLS 方法进行估计。从实证结果可以看出，所有模型中货币政策与房价之间存在非常显著的正向关系，说明流动性驱动确实是房价上升的重要因素。而其他控制变量中显著性较好的是就业结构、人口密度和教育资源情况。而经济增长的核心方程中，货币态势系数同样显著。另外，房价的系数值和显著性明显低于外生房价的模型，这与我们之前的理论分析相一致，外生房价假设下两者的正向关系可能被明显高估，实际上房价上升对经济的促进作用并没有两者的相关系数那么明显。

进一步地，本文还分析不同年份经济—房价敏感性的时变特征，进一步探索这种货币冲击状态对房价传导渠道的影响，对不同年份的样本分别进行了截面的回归估计，方程如下

$$y_i = \beta_0 + \beta_1 h_i + \beta_2 ycontrol\_ + pro - dummy + \varepsilon_{i,t}(by - year)$$

$$\begin{cases} y_i = \beta_0 + \beta_1 h_{i,t} + \beta_2 m_t + \beta_3 ycontrol\_ + pro - dummy + \varepsilon_t \\ h_i = \phi_0 + \phi_1 hcontrol\_ + pro - dummy + \varphi_i \end{cases}(by - year)$$

分别在每个年度，估计外生房价和内生房价两个模型，上述所有变量都是截面变量，因此在内生房价的方程中并不包含时间变量。估计结果如图 4 所

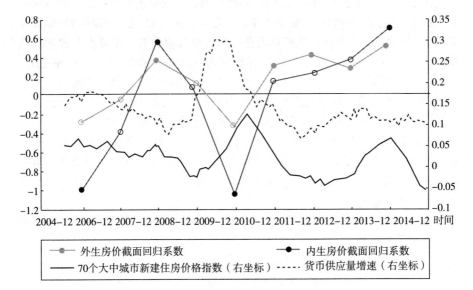

注：其中每个点表示该年度在模型中房价系数的估计值 β_1，图中未填充的点表示该系数在 5% 的水平下并不显著，以下皆同。

图4　不同年度下房价对经济变量影响的时变特征

示，可以看出内生和外生模型中房价的系数在不同年度中有明显的时变特征，即房价对经济的影响在不同周期环境中有较大差异，变化趋势比较接近，但内生房价模型的波动性可能更大。总的来看，在房价指数和货币增速较高的阶段，房价本身对实体经济的正向影响较弱，甚至有负向的冲击（如2009年），而房价指数平稳增长的阶段，其对经济的促进作用更加显著。这一结论也与本文在 MSVAR 中脉冲响应的结果类似。

（三）房地产价格变动对经济影响的渠道分析

从前期的研究来看，房价的波动主要可能通过财富效应驱动和抵押品渠道对经济产生影响，但中国由于特殊的消费者结构和价格形成机制，两个渠道的效应可能与国外存在较大差异。财富效应渠道的分析主要是研究房地产价格波动是否会影响消费水平，回归方程为

$$c_{i,t} = \beta_0 + \beta_1 h_{i,t-1}(ha_{i,t-1}, hb_{i,t-1}, hc_{i,t-1}, hre_{i,t-1}) + \beta_2 h_{i,t}(ha_{i,t}, hb_{i,t}, hc_{i,t}, hre_{i,t})$$
$$+ fixedeffect(pro - dummy) + \varepsilon_{i,t}$$

考虑到消费决策可能滞后于房价波动，因此在模型中估计了房价及其滞后值对消费增长的影响，并替换了不同的房价指数进入模型，通过比较不同类型房地产需求与实际消费的关系。从实证结果来看，无论是固定效应还是分省聚类的估计方法，新建商品住房价格的提高会长期显著地带来消费水平的增长。但其他房价指数的实证结果则有所分化。小面积住房和二手房价格的上升与消费增长加速的关系是并存的，当期值和滞后值的系数都显著为正，但中等面积和大面积新房的价格上升反而会削弱消费。这一结论与 Sinai 和 Souleles（2005）的观点正好相反，他们认为自住房价格与消费的关系要小于改善性住房，但中国的经验数据则表现为改善性住房（大中面积新房）的价格上升，会削弱消费的动力。这可能与 Fang、Gu、Xiong 和 Zhou（2015）提出的中国住户部门预期收入高增长的态度有关，对未来充满信心的中国住户部门会认为住房条件改善是一种"刚需"，消费决策更多地受到未来"必然"会支出的大面积房购房成本的影响。另外，对于大面积房的拥有者来说，其财富水平较高，本身财富的边际消费倾向就会比较低，同时，高涨的房价可能会进一步刺激其对房市的投资动力（戴国强和张建华，2009；陈崇，2011），反而对消费增长产生负面影响。

房地产价格对投资水平的影响可以从一个侧面反映抵押品渠道的存在，本文利用相关数据估计了如下的投资水平影响模型

$$inv_{i,t} = \beta_0 + \beta_1 h_{i,t-1} + (\beta_2 h_{i,t}) + (\beta_3 invcontrol\_)$$
$$+ pro - dummy + (year - dummy) + \varepsilon_{i,t}$$

从结果可以看出，无论模型选择是否加入当期房价、控制变量还是年度虚拟变量，房价指数和滞后项都没有对当年的投资增长有显著的正向影响。相反，财政和信贷资金供给对投资行为的影响都是直接而显著的，这从一个侧面

反映我国经济结构中投资增长存在明显的资金推动。根据前期的研究结论，我国抵押品渠道的效率较低主要是受产业空心化因素的影响，吴海民（2012）和 Deng、Ranall、Wu 和 Yeung（2011）等研究表明持续扩大的房价泡沫可能会导致实体产业的规模和效率空心化，降低制造业投资增速，导致技术创新动力下滑。进一步地，为了分析这种产业空心化或者说投资的挤出效应是否存在，本文估计了房地产价格变动对投资结构的影响，具体的方程如下

$$est_{i,t} = \beta_0 + \beta_1 h_{i,t-1} + \beta_2 h_{i,t-1} \times loan_{i,t} + \beta_3 loan_{i,t}$$
$$+ pro - dummy + (year - dummy) + \varepsilon_{i,t}$$

$est_{i,t}$ 表示当年房地产投资在城镇固定资产投资中的占比，系数 β_1 表示房地产价格上升对房地产投资对其他领域投资的挤出效应，同时，为了分析信贷规模在其中发挥的作用，本文添加了交互项 $h_{i,t-1} \times loan_{i,t}$ 进入模型，显著为正的系数 β_2 表示在较高的信贷规模下，房价上升对房地产投资占比的促进作用会更强。从结果可以看出，其中房价滞后项的系数均显著为正，即房价上升虽然对整体投资规模提高的促进作用有限，但会改变投资结构，提高房地产投资的比重。同时，交互项 $h_{i,t-1} \times loan_{i,t}$ 系数也显著为正，说明当年信贷规模提高会影响房价与投资结构的联动关系。这与罗知和张川川（2015）的分析结果相似，即房地产市场迅猛发展，会吸引大量资金涌入该领域，同时导致生产要素价格的变化，导致资源错配，在信贷大幅扩张的情况下，会进一步刺激房价上升，更大幅度地挤出收益率较低的制造业等领域投资。

（四）房地产对经济影响的横截面分析

在上文的研究中，虽然我们在估计的模型中都约束了城市或者省份的虚拟变量，但大量前期研究指出房价在不同经济社会特征的区域，其价格形成机制和影响经济的效率也存在差异。简单的截距约束可能难以完全描述经济—房价敏感性的区位特征差异。这里，本文首先是利用分位数回归的方法估计了房价在不同分位数水平下对实际产出增长的系数是否存在差异，仍然估计的是基本方程

$$y_{i,t} = \beta_0 + \beta_1 h_{i,t} + (\beta_2 ycontrol\_) + pro - dummy + \varepsilon_{i,t}$$

利用自助法求解协方差矩阵，并取 q 在每 5% 处分别估计，得到的分位数回归结果中，房价 $h_{i,t}$ 回归系数和置信区间如图 5 所示。

房地产价格在不同分位数下对经济的影响确实呈现向下的态势。房价较高的样本区间内，其对实体经济的影响较弱，而房价较低样本对经济的影响较强。这一结论使得我们有必要将不同类型城市的情况进行区别分析，是否在不同的城市样本中房价对实体经济的影响会存在系统性的偏差。

本文选择的是最基本的分类方法，即按照经济发展总量来区分企业类型，具体来看，是根据 2013 年 70 个大中城市的实际名义地区生产总值总量排序，将城市分为 10 个子样本组，其中 10 组为经济规模最大的 7 个城市，1 组为经

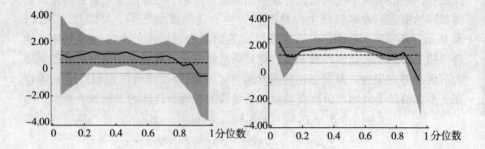

注：图中的曲线为方程随着分位数增加，房地产价格系数的变化趋势，在条件分布的两端，由于系数估计值的标准误差变大，置信区间也有所扩大。

图5　分位数回归房地产价格系数的变化

济规模最小的 7 个城市。为比较不同经济发展水平地区房地产对产出的影响是否存在差异，本文对不同的样本组分别估计了如下的模型。

$$y_{i,t} = \beta_0 + \beta_1 h_{i,t} + \beta_2 m_t (\beta_2 ycontrol\_) + pro - dummy + \varepsilon_{i,t} (by - year)$$

$$\begin{cases} y_{i,t} = \beta_0 + \beta_1 h_{i,t} + \beta_2 m_t + (\beta_3 ycontrol\_) + pro - dummy + \varepsilon_{i,t} (by - year) \\ h_i = \phi_0 + \phi_1 m_t + (\phi_2 hcontrol\_) + pro - dummy + \varphi_{i,t} \end{cases}$$

即对每个子样本组，分别估计内生和外生房价模型，并比较房价 $h_{i,t}$ 的系数 β_1 在不同样本组中的差异性。

从图 6 中可以看出，系数序列整体呈现明显的向下特征，即经济发达地区房价变化对当地经济增速的影响明显弱于不发达地区，尤其是内生房价模型在

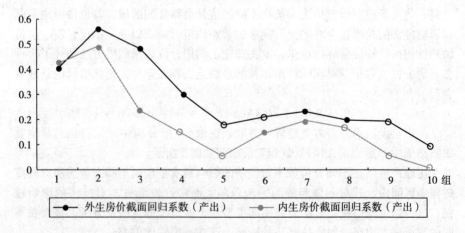

注：其中每个点表示该子样本组在模型中房价系数的估计值 β_1，图中未填充的点表示该系数在 5% 的水平下并不显著。

图6　不同经济发展水平样本组房价对产出影响的比较

最发达的三个城市样本组中对经济都不显著，在最不发达的三个城市样本组中则是显著的。

根据上文分析，这种特征可能需要从高收入地区房价形成机制以及对经济影响渠道的差异来理解。本文分别研究了不同地区房价对消费以及财政收入增长的影响，针对消费的估计方程如下

$$c_{i,t} = \beta_0 + \beta_1 h_{i,t-1} + \beta_2 h_{i,t} + pro - dummy + \varepsilon_{i,t}(by - year)$$

即对每个样本组估计滞后期和当期房价对消费的影响，并比较样本的系数趋势。

图 7 显示了不同组房价系数呈现向下的变化趋势，即经济发达或者说是高收入地区，房价上升对整体消费增长的影响是负向的，而低收入地区房价增长对消费的刺激是正向的。这一结论与上文对财富效应传导渠道的分析一致，即投机性需求的扩大和低边际消费倾向可能是抑制高收入阶层在房价上升时提高消费的主要原因。另外，在城镇化的过程中，高收入地区吸纳外部人口流入的比重较高，其中购房的潜在需求要远远大于人口流动较少的一般城市，刚性需求导致的替代效应可能更强。

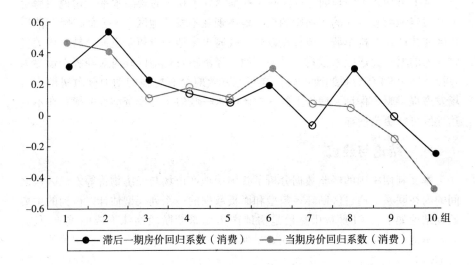

图 7　不同经济发展水平样本组房价对消费增长影响的比较

针对财政收入的估计模型如下

$$fisr_{i,t} = \beta_0 + \beta_1 h_{i,t-1} + \beta_2 h_{i,t} + \beta_3 y_{i,t} + pro - dummy + \varepsilon_{i,t}(by - year)$$

在模型中，除了滞后期和当期房价指标外，还加入了产出增长作为财政收入变化的控制因素。

从图 8 中可以看出，无论是当期还是滞后期房价指标对当地财政收入增长

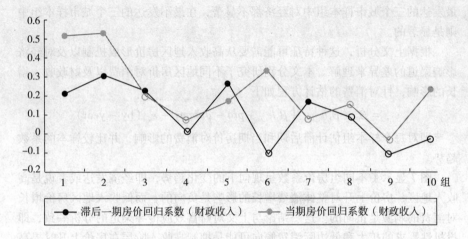

图8　不同经济发展水平样本组房价对财政收入增长影响的比较

的影响都存在较大差异，总体来看，经济发达且收入较高地区的相关系数在5%的条件下不显著的概率较大，而最不发达的两个城市组回归系数则整体显著，且1组和2组的当期房价回归系数都达到了0.5的较高水平。这说明房价上升对当地财政收入的正面影响更多地体现在不发达地区。一方面，经济落后地区往往产业结构单调，增长点较少，政府更多地寄希望于土地交易和相关税收收入的增长完成收入预算。另一方面，经济不发达地区政府对经济干预更为直接，在1994年分税制改革后，这些地方政府会有更强的动力刺激房地产市场发展提供财力保证，房价上升—财政收入—政府主导投资增加的模式在不发达地区可能更为明显。

四、结论与建议

本文利用中国的经验数据分析了我国房地产市场与经济物价等宏观因素之间的内在联系，通过区制转换模型和面板数据的一系列模型估计，得到的主要研究结论如下：（1）货币宽松是房地产市场繁荣阶段泡沫形成的重要原因。由于房地产价格与产出物价等同时受到货币冲击的正向影响，基于房价外生假设的研究可能明显高估了房地产市场对经济的正面影响。（2）在货币增速较高、房地产市场繁荣阶段，房价的继续上升对实体经济的正面影响非常有限。一方面，房价上升后刚性需求的低收入者预期未来购房或改善购房的成本上升，而高收入者边际消费倾向较低并且投机动机更强，因此我国房价通过住户部门财富效应传导到产出物价的效果很弱。另一方面，房价上升对企业部门投资的正向影响较弱，但房地产业的高收益可能挤出其他低收益的产业，实证结果中房价上升会显著提高房地产投资在城镇固定资产投资中的占比。（3）房价对经济的影响存在明显的区位差异，实证表明高收入区域财富效应相对更弱，而低收入区域偏好土地财政。这些因素导致经济相对发达地区房价上升对经济增长的影响要弱于不发达地区。

虽然本文并没有直接分析房地产市场治理政策的效果，但基于上述研究结论，我们给出了如下的政策建议：（1）事实上高房价的继续上升对经济的正向影响非常有限，即使是在短期，也不应该对房地产市场发展的稳增长效率评价过高。（2）货币政策的扩张在房价的泡沫形成中发挥了明显的作用，即便不考虑对房地产价格进行逆向调控，也需要重新考虑在高房价和低物价并存时货币态势的权衡。（3）高房价会导致严重的产业空心化问题，这背后主要是由于房地产市场定价机制不健全造成的收入风险不对等，政府的持续干预导致整个社会都认为房地产是一个"过于重要而不能倒下"的投资方向。一方面，道德风险的存在会在前期加剧泡沫形成的内在动力，减少不必要的对价格和交易规模的干预能缓解这一问题；另一方面，也需要对信贷等领域杠杆资金的用途有更严格的监控和限制，减少房地产对其他制造业领域的挤出。（4）利用房地产行业稳增长的另一个负面问题是去产能效率弱化。房地产高速发展带动的主要是钢铁水泥等严重产能过剩行业，当前供给侧改革框架下"去产能"是未来一段时间经济发展的重要任务，但房地产的快速发展可能会对相关行业带来新的需求，结合相关领域严峻的就业问题，后期去产能的内生和外生难度都将继续加大。（5）在城镇化过程中，由于人口流动呈现单向特征，在不同类型的区域住户部门收入增长预期以及对房地产的需求弹性可能呈现较大差异，对房地产的调控政策应更注重区位的差异性。

参考文献

［1］陈继勇，袁威，肖卫国. 流动性、资产价格波动的隐含信息和货币政策选择——基于中国股票市场与房地产市场的实证分析 ［J］. 经济研究，2013（11）：43 - 55.

［2］戴国强，张建华. 货币政策的房地产价格传导机制研究 ［J］. 财贸经济，2009（12）：31 - 37.

［3］邓翔，李锴. 中国城镇居民预防性储蓄成因分析 ［J］. 南开经济研究，2009（2）：42 - 57.

［4］段忠东. 房地产价格与通货膨胀、产出的关系——理论分析与基于中国数据的实证检验 ［J］. 数量经济技术经济研究，2007，24（12）：127 - 139.

［5］高波，陈健，邹琳华. 区域房价差异、劳动力流动与产业升级 ［J］. 经济研究，2012（1）：66 - 79.

［6］何兴强，费怀玉，张昱乾. 住房市场风险 - 收益关系研究——基于住房消费套保效应的证据 ［J］. 金融研究，2015（2）：76 - 94.

［7］侯成琪，龚六堂. 货币政策应该对住房价格波动作出反应吗？——基

于两部门动态随机一般均衡模型的分析 [J]. 金融研究, 2014 (10): 15 – 33.

[8] 黄益平, 王勋, 华秀萍. 中国通货膨胀的决定因素 [J]. 金融研究, 2010 (6): 46 – 59.

[9] 贾俊雪, 秦聪, 张静. 财政政策、货币政策与资产价格稳定 [J]. 世界经济, 2014 (12).

[10] 梁云芳, 高铁梅, 贺书平. 房地产市场与国民经济协调发展的实证分析 [J]. 中国社会科学, 2006 (3): 74 – 84.

[11] 罗知, 张川川. 信贷扩张、房地产投资与制造业部门的资源配置效率 [J]. 金融研究, 2015 (7): 60 – 75.

[12] 马勇. 植入金融因素的 DSGE 模型与宏观审慎货币政策规则 [J]. 世界经济, 2013 (7): 68 – 92.

[13] 裘骏峰. 国际储备积累、实物与资产价格通胀及货币政策独立性 [J]. 经济学: 季刊, 2015 (2).

[14] 余华义, 黄燕芬. 货币政策效果区域异质性、房价溢出效应与房价对通胀的跨区影响 [J]. 金融研究, 2015 (2): 95 – 113.

[15] 张德荣, 郑晓婷. "限购令"是抑制房价上涨的有效政策工具吗?——基于 70 个大中城市的实证研究 [J]. 数量经济技术经济研究, 2013 (11).

[16] 张晓慧. 关于资产价格与货币政策问题的一些思考 [J]. 金融研究, 2009 (7): 1 – 6.

[17] ADELNO M, SCHOAR A, SEVERINO F. House Prices, Collateral, and Self – Employment [J]. Journal of Financial Economics, 2015.

[18] ADELINO M, SCHOAR A, SEVERINO F. Loan Originations and Defaults in the Mortgage Crisis: Further Evidence [J]. NBER Working Papers, 2015.

[19] ALBUQUERQUE B, KRUSTEV G. Debt Overhang and Deleveraging in the US Household Sector: Gauging the Impact on Consumption [J]. ECB Working Paper 1843, 2015.

[20] AMBROSE B W, DENG Y, WU J. Understanding the Risk of China's Local Government Debts and its Linkage with Property Markets [J]. NBER Working Paper, 2015.

[21] ATTANASIO O P, JAMES. Banks and Sarah Tanner (2002): "Asset Holding and Consumption Volatility [J]. Journal of Political Economy, 2002, 110 (4): 771 – 792.

[22] BERNANKE B S, GERTLER M, GILCHRIST S. The Financial Accelerator in a Quantitative Business Cycle Framework [J]. Handbook of Macroeconomics, 1999, 1: 1341 – 1393.

［23］CHENG I H, RAINA S, XIONG W. Wall Street and the Housing Bubble ［J］. The American Economic Review, 2014, 104（9）: 2797 –2829.

［24］CORRADIN S, POPOV A. House Prices, Home Equity Borrowing, and Entrepreneurship ［J］. Review of Financial Studies, 2015, 28（8）: 2399 –2428.

［25］FAVARA G, IMBS J. Credit Supply and the Price of Housing ［J］. The American Economic Review, 2015, 105（3）: 958 –992.

［26］GLAESER E L, NATHANSON C G. An Extrapolative Model of House Price Dynamics ［J］. NBER Working Paper 21037, 2015.

［27］PEEK J, ROSENGREN E S. Collateral Damage: Effects of the Japanese Bank Crisis on Real Activity in the United States ［J］. American Economic Review, 2000, 90（1）: 30 –45.

［28］STROEBEL J, VAVRA J. House Prices, Local Demand, and Retail Prices ［R］. NBER Working Paper 02138, 2014.

［29］TANG X. Accounting for the "Subnational Penn Effect"—A General Theory of Regional and National Price Levels ［J］. Frontiers of Economics in China, 2012, 7（1）: 94 –121.

［30］WOODFORD M. Financial Intermediation and Macroeconomic Analysis ［J］. Journal of Economic Perspectives, 2010, 24（4）: 21 –44.

［31］WU J, GYOURKO J, DENG Y. Evaluating the Risk of Chinese Housing Markets: What We Know and What We Need to Know ［J］. NBER Working Papers, 2015.

课题组组长: 王　兵
课题组成员: 何阳钧　潘　晶　朱迪星
段　鹏　李　倩

中国电子支付未来发展的观察与思考

中国人民银行武汉分行科技处课题组

一、引言

近几年来，国内互联网金融异军突起并野蛮生长，在很大程度上得益于电子支付的快速发展。他们通过安全、便捷的电子转账支付，在短期内就能积累大量资金（如××宝等）。一方面，电信诈骗、金融网络安全风险等，导致电子支付风险日益突出，央行等监管部门连续出台政策措施，规范业务，保障安全，促进其健康发展；另一方面，中国电子支付服务商通过新型电子促销手段（如红包、集五福、电子现金券等）及海外扩张，不断发展壮大用户队伍，抢占市场份额，为持续做大做强奠基铺路。那么，中国电子支付，作为我们最基础的经济活动，将来如何发展，才能更好地满足最广大人民群众的需要，为中国的经济金融发展作出更大的贡献？

二、中国电子支付现状

（一）电子支付类型

根据中国人民银行发布的《电子支付指引（第一号）》，电子支付的类型按支付指令发起方式，可分为网上支付、电话支付、移动支付、销售点终端交易、自动柜员机交易和其他电子支付。其中，销售点终端交易和自动柜员机交易可视为银行卡支付。按照交易场景，又可分为线上和线下方式（Online、Offline）。线上即联网在线交易，如网上购物、网银等，除此之外，在实体店通过刷卡、扫码、NFC 闪付等为线下方式。

当前，网上支付、银行卡及第三方支付都已成熟应用，其中移动支付更是发展迅猛，其发展速度远超网上支付和银行卡。移动支付多用于线下场景，除手机银行 APP 和第三方支付 APP 直接转账方式进行电子支付外，还有以下两种方式：条码支付与 NFC 闪付。

条码支付依托手机等软件。条码可由手机或电脑自动生成，在实际应用中又分两种：收款码和付款码。条码本身很纯洁，也是安全的，但如果被不法分子利用，如植入木马、病毒等，就会存在安全隐患。

NFC 依赖于手机内置芯片（SD 卡、SIM 卡或手机集成），即它主要由硬件来完成支付过程，遭受信息篡改的风险降低了，因此相对比较安全，可用于大额支付。但是需要线下硬件设备的支持（如 POS 机等），成本较高，尤其是对于中小商户及经济欠发达地区来说。

（二）电子支付市场

除网上支付和银行卡刷卡支付外，当前第三方支付的多个产品处于充分竞争状态。图 1 是 2015 年第三方支付的市场份额情况，其中，支付宝几乎占据了半壁江山，第二名微信支付（财付通）也占有两成的市场份额。

线上，支付宝因是淘宝、天猫等阿里旗下网上购物的默认支付工具，同时也被广泛用于其他线上（如一些专卖网站、网上购票、旅行、城市生活缴费、医疗等）因而占有很大的市场份额。微信支付虽支持京东商城，同时也支持其他线上消费，但因起步稍晚，因而市场份额要少得多。

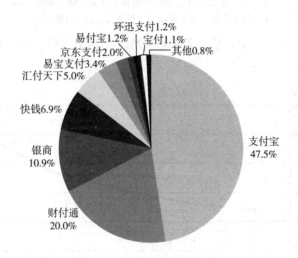

注：1. 互联网支付是指客户通过台式电脑、便携式电脑等设备，依托互联网发起支付指令，实现货币资金转移的行为；2. 统计企业中不含银行、银联，仅指规模以上非金融机构支付企业；3. 2015Q4 中国第三方互联网支付交易规模为 35481.3 亿元；4. 艾瑞根据最新掌握的市场情况，对历史数据进行修正。

资料来源：综合企业及专家访谈，根据艾瑞统计模型核算（www.iresearch.com.cn）。

图 1　2015 年第三方支付市场份额

线下，支付宝也广泛支持大众消费的实体店，包括餐饮、超市、酒店、药店、便利店、水果店等。微信支付也支持这些线下大部分实体店，但起步也晚于支付宝。当前，很多线下实体店都同时支持支付宝和微信支付，但支付宝的线下商家要稍多于微信支付。

面对支付宝和微信支付快速占领的移动支付市场，银行和银联也不甘落后，迅速推出金融 IC 卡和手机的云闪付功能，线上线下也抢占了一席之地。

（三）电子支付交易额

表 1 显示了 2011—2015 年电子支付及银行卡交易额。

表1　　　　　　　2011—2015 年电子支付及银行卡交易额　　　单位：万亿元

电子支付方式		2011 年	2012 年	2013 年	2014 年	2015 年
银行机构	网上支付	695.06	823.00	1060.78	1376.02	2018.20
	移动支付	0.88	2.31	9.64	22.59	108.22
	电话支付	8.80	5.20	4.74	6.04	14.99
第三方支付（支付机构）		2.20	3.70	9.22	24.72	49.48
银行卡		323.83	346.22	423.36	449.9	669.82

注：表 1 中，第三方支付 2011 年、2012 年数据来自艾瑞网（http://www.iresearch.cn），其他数据来自中国人民银行网站及其发布的年度《支付体系运行总体情况》。

为便于比较，图 2 显示了 2011—2015 年网上支付、银行卡支付交易额的增长趋势。

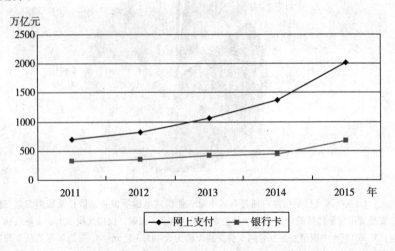

图2　网上支付、银行卡支付交易额（2011—2015 年）

从图 2 可以看出，2011—2015 年这 5 年，通过银行进行网上支付的交易额和增长速度，都超过了通过银行卡直接刷卡。

图 3 显示了 2011—2015 年移动支付、第三方支付交易额及流通中的现金 M_0 的增长趋势（2011—2015 年 M_0 分别为：5.07 万亿元、5.47 万亿元、5.86 万亿元、6.03 万亿元、6.32 万亿元）。

从图 2、图 3 可以看出，近 3 年来，随着互联网金融的蓬勃发展，网上支付、移动支付和第三方支付都在快速增长，特别是 2015 年移动支付呈现跳跃式增长，比上一年翻了近 5 倍。

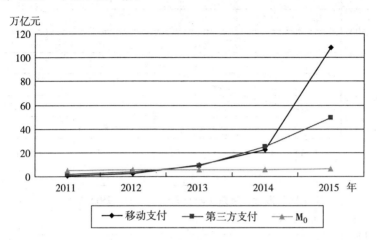

图 3 移动支付、第三方支付交易额及 M_0（2011—2015 年）

M_0 每年略有增长，但从 2013 年开始，移动支付和第三方支付的金额开始超过了 M_0。

上述分析表明了三个趋势：一是电子支付发展迅速，特别是便捷的移动支付发展势头强劲；二是人们对现金的依赖程度并未随着经济的发展而快速增长；三是电子支付代替现金的作用逐步显现。

表 2 显示了 2011—2015 年淘宝，天猫双 11、京东及全国社会消费品零售总额情况。

表 2 2011—2015 年淘宝、天猫双 11、京东及全国
社会消费品零售总额情况 单位：亿元

年份	2011	2012	2013	2014	2015
淘宝	6231.0	10007.0	15420.0	24400.0	30000.0
天猫双 11	33.6	191.0	352.0	571.0	912.2
京东	258.0	733.0	1255.0	2602.0	4465.0
社会消费品零售总额	187205.8	214432.7	242842.8	271896.1	300931.0

注：淘宝、天猫、京东数据来自其发布的年报数据，社会消费品零售总额数据源自国家统计局网站（天猫双 11 最新发布的数据 2016 年是 1207 亿元）。

从表 2 及图 4、图 5、图 6 可以看出：近几年来，国内主要电商发展势头良好，其中淘宝网在 2015 年的交易额，几乎占全国社会消费品零售总额的一成（10%）。这也表明电子支付作为完成电商交易的最后一个环节，在社会生活中的作用越来越重要。

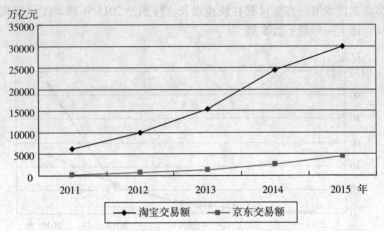

图4　淘宝、京东历年交易额（2011—2015 年）

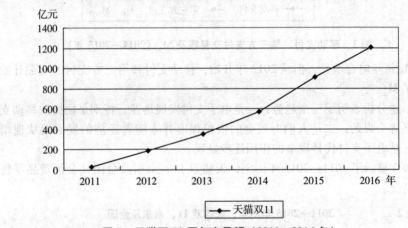

图5　天猫双 11 历年交易额（2011—2016 年）

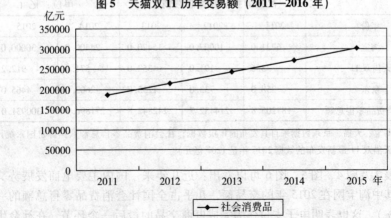

图6　社会消费品历年零售总额（2011—2015 年）

三、电子支付风险防控

电子支付的风险主要有三类：安全风险、法律风险和监管风险。其中安全风险包括技术风险、业务风险及资金风险等，首先要进行风险防控的领域。

（一）电子支付安全风险防控体系

图7主要从业务规范和技术标准两个层面，描绘了现阶段中国电子支付安全风险防控体系（因银行卡安全风险防范体系已很完善，本文不予赘述）。

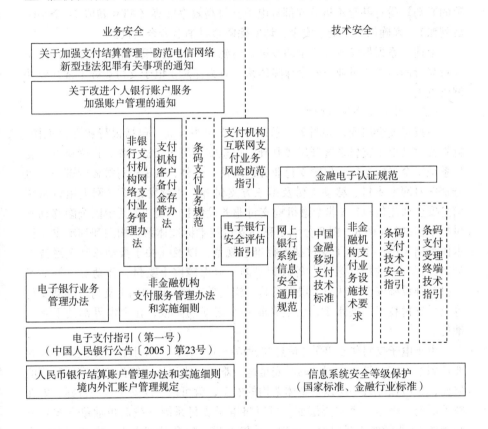

注：虚线框部分表示该规定或标准暂未发布。

图7 中国电子支付安全风险防控体系

（二）业务安全风险防控

业务安全层面，以账户管理为基础，人民银行等监管部门先后出台了银行机构的《电子银行业务管理办法》等，包括网上支付、电话支付及移动支付等，对银行机构的电子支付业务进行规范并加强监管。对于支付机构，从2010年开始，人民银行相继出台了《非金融机构支付服务管理办法和实施细则》《非银行支付机构网络支付业务管理办法》《支付机构客户备付金存管办法》等业务管理和保障客户资金安全的多项规定。2015 年，人民银行会同相关部门发布了《关于促进互联网金融健康发展的指导意见》，确立了互联网支付等互联网金融主要业态的监管职责分工，落实了监管责任，明确了业务边界，被称为互联网金融行业的"基本法"。特别是近年来，人民银行为落实账户实名制，防范资金风险，连续发布了《关于改进个人银行账户服务加强账户管理的通知》《关于加强支付结算管理 防范电信网络新型违法犯罪有关事项的通知》等，甚至不惜放弃部分电子支付高效率优势（ATM 转账 24 个小时后到账），来确保客户资金安全，切实保障金融消费者合法权益。

上述一系列保障业务安全的政策、措施，表明人民银行等监管部门，已建立较完善的电子支付业务安全保障体系，有力保障了电子支付业务正常开展并健康发展。

（三）技术安全风险防控

在技术安全层面，如图 7 所示，电子支付服务商，包括银行和支付机构，首先要对其电子支付系统开展最基础的信息安全等级保护工作，以确保电子支付系统安全稳定运行，保障支付业务连续性。此外，人民银行等监管部门，也分别针对网上支付、移动支付及第三方支付等，相续发布了《网上银行系统信息安全通用规范》《非金融机构支付业务设施技术要求》《中国金融移动支付技术标准》（图 8、图 9 分别是移动支付技术标准体系结构图和移动支付技术体系结构图）等电子支付技术标准、规范，以及《关于推动移动金融技术创新健康发展的指导意见》等政策措施，以保障网上支付、移动支付等电子支付基础设施安全。从技术层面及其实施效果来看，中国网上支付、移动支付等电子支付技术发展水平，已上升到一个崭新的阶段，在全世界都处于领先地位。

由于电子支付属于 ICT（信息与通信技术）基因，天生有安全缺陷，因此要达到绝对安全是非常困难的。安全这一难事，也可以分解为多个容易解决的层面，然后保障每一层以及整体架构的安全，就可以实现安全这一目标。如在技术层面，也是一个主要层面，可以将电子支付系统（按简单抽象方式）分解为图 10 所示的 3 个层次：终端、传输通道、后台处理中心。在这 3 个层次中，分别按照图 7 中的技术标准和规范，保障每一层的安全。

在终端安全方面，现在已经有很多成熟的技术，如常用于身份鉴别和验证的有：交易密码、短信验证码、U 盾、时空码、指纹、声纹、虹膜、刷脸，等等。在国内，交易密码几乎所有交易场景都要使用。单从技术而言，身份验证方式越多，交易就越安全。小额支付可以用"交易密码 + 短信验证码"（短信验证码若被窃取，也有风险），大额可采用"交易密码 + U 盾"（U 盾也有密码），更大的金额可以使用多个 U 盾。对于一般用户而言，大额支付频度很

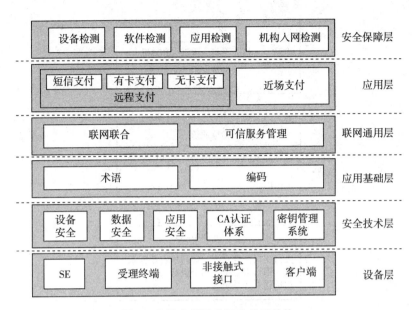

图8 移动支付技术标准体系结构

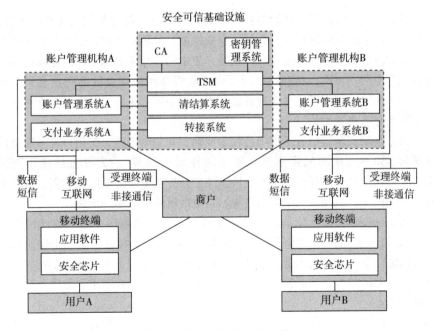

图9 移动支付技术体系结构

小，增加安全保障措施使操作复杂，从而增强安全性是必要的，也是值得的，这也体现了安全性和便捷性的对立统一。

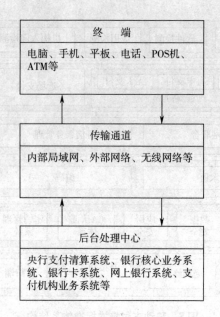

图10　电子支付系统3个抽象层次

对于条码支付的安全风险防控，首先扫码软件应配置类似防火墙的功能，对扫码时产生的风险隐患进行及时、有效拦截，并警示用户；其次，移动终端应安装防范病毒、木马等安全防护系统，使木马、病毒等恶意代码在移动终端没有生存空间；再次，移动终端用户要不断提高网络安全风险防护意识和技能，一律杜绝来历不明或非正规商家、用户的条码；最后，制定条码支付技术安全标准并严格贯彻执行。

虽然终端安全防护技术措施已较为成熟，并与时俱进，但用户若不安全使用终端，如不启用防病毒木马等安全软件而"裸奔"、为省流量使用免费WiFi、随意扫码等，都将产生安全风险隐患，甚至遭受隐私信息泄露、资金失窃等严重损失。因此，安全使用终端，是防范风险最基本的措施。

在信息传输层面，除了成熟的加密等技术外（包括国产密码算法的推广应用），可以采用新的"量子通信"技术。传统通信加密技术依赖于密钥和复杂的算法，量子通信技术是基于量子物理学的基本原理，是迄今为止唯一被严格证明是无条件安全的通信方式。这一安全通信技术，在军事、金融等领域将大有作为。

后台处理中心由电子支付服务商负责，相对于终端和信息传输，安全技术的应用都很成熟，也容易管控。

（四）安全性与便捷性（或效率）的对立统一关系

长期以来，电子支付的安全性和便捷性（或效率）一直处于矛盾之中。

因为要确保安全，就要采取很多措施、增加很多环节，必然带来不方便，这不言而喻。

马克思主义认为，对立统一规律是唯物辩证法的根本规律。电子支付发展的核心目标是安全和便捷，就是让客户既安全又便捷地进行支付。安全和便捷是对立统一的，电子支付的发展也符合这一根本规律。因此，我们只要认识并遵循这一规律，寻找安全和便捷之间的平衡点，遵循"大额注重安全，小额侧重便捷"的思路，并统一到客户的根本权益中来，就能保障电子支付正常使用并健康向前发展。

虽然安全是刚需，但技术的发展和进步也表明它不是一成不变，而是动态向前发展的。因此，电子支付的安全需求，也统一到业务发展和技术进步等未来发展的进程之中。

四、电子支付由"电子货币"向"数字货币"的演进

当前阶段，电子支付是以电子货币形式实现支付功能。电子货币并不是真正意义上的货币，但具有货币价值（如电子现金等）。它必须依赖于商业银行的账户而存在，其清算通过银行、银行卡组织或第三方支付机构进行。

电子货币的使用，首先可以减少对现金的需求，特别是社会公众日常的资金消费，因此电子货币在很大程度上起到对传统货币的替代作用。同时，电子货币本身作为新的支付媒介也承担了货币职能，因而又增加货币供给。更重要的是，电子货币还可以直接发挥货币创造机制的作用，从而影响货币供应量，改变货币乘数。在这一过程中，第三方支付机构作为电子货币的主力军，具有进一步放大货币乘数的效应，其作用不可忽视。如前文所述，移动支付和第三方支付在 2013 年的交易金额（可简单理解为其电子货币发行金额），已超过 M_0，并呈现快速增长趋势。因此，现阶段基于电子货币的电子支付，在减少现金需求的同时，可能带来整个货币供应量的增大。这使得电子支付从支付工具层面，逐步上升到货币政策层面。

随着区块链等新技术的发展进步，数字货币将应运而生，这是大势所趋。数字货币是中央银行的法定货币，不必依赖商业银行的账户，并通过央行进行清算。因此，可以简单地理解电子货币是支付工具而不是货币本身，而数字货币本身就是货币。

数字货币的应用，将对电子支付产生深刻影响。因为，现阶段各种电子支付方式，其背后都经历了若干中介及中间环节，以及一系列的信息流、资金流。而采用数字货币进行支付，将消除很多中间环节。举个很简单的例子，我们去商店买东西，若采用电子支付，可以刷卡、使用支付宝或微信支付，等等。我们的钱都是通过银行、银行卡清算组织或支付机构进行若干中间环节后到达商店主人手里。而使用数字货币进行支付，因数字货币是法定货币，等同

于现金，钱直接到达商店主人手里，无需中介和复杂的中间环节，与收到现金是同样的效果。当然，商店主人也可以把收到的数字货币直接存入银行，而无需亲自去银行办理业务。

因此，数字货币的投入使用，因数字货币支付本身就是电子支付，必将对电子支付的技术架构、业务规则乃至整个电子支付行业，产生革命性的影响。

五、中国电子支付企业着眼未来要提升内在修行

中国的电子支付企业，现在，特别是将来，将主要承担让公众放心并轻松"花钱"的"一线工作"。它们提供的支付服务，不仅直接关系到个人"花钱"的用户体验，还对整个社会乃至国家都可能产生影响。因此，中国电子支付企业着眼未来不断做大做强的同时，要提升内在修行，为公众带来更好的用户体验，提供更优质的支付服务。

第一，要主动适应审慎监管原则，不能利用监管漏洞、政策空白等，而行走于灰色地带。同时，时刻保持清醒，充分认识自己不是法外之地。

第二，在快速发展壮大的过程中，要逐步放弃自己的"傲慢与偏见"（对于监管当局或客户等），不忘初心，明确自己的国家和社会责任。支付机构应向监管部门签订《国家和社会责任备忘录》，将来无论支付机构如何发展壮大（乃至成为跨国企业），以及如何变更（包括改名、改制、改组、易主等），都不得有违背国家和社会责任的行为。

第三，不断健全完善电子支付安全保障体系。除传统的业务、技术和资金安全保障措施外，电子支付服务商可以择优选取手机厂商，开展移动支付深度合作，研发既安全又便捷的新型智能终端移动支付工具。此外，还可以利用"大数据"等前沿、先进技术进行风险识别和风险评估，针对不同的风险做好前期的应急准备，为应对风险争取时间，从而将风险损失降到最低。

第四，面对激烈的市场竞争，探索研究使用数字货币进行支付的发展趋势，并利用数字货币发行机遇进行战略转型，为未来生存和发展打好基础。

第五，协同构筑由银行、支付机构、安全厂商、商户、监管机构等共同合作的电子支付安全生态环境，为电子支付提供全方位的安全防护。同时，要开展"安全支付"公益广告宣传和教育，大力提升社会公众"安全支付"的意识和技能。

六、中国电子支付未来发展，应"为国为民"

当前，中国电子支付因充分竞争而发展到了较高的水平，在社会多个领域广泛应用，一些电子支付企业也因此业绩亮丽而如日中天。如果把中国互联网金融比为"江湖"或"武林"，那么它的崛起产生了好几位声名赫赫的大侠。正所谓"侠之大者，为国为民"。当前中国电子支付在一些公共服务领域，以

及中国金融事业发展方面，还大有可为，应该"为国为民"作出更大的贡献。

（一）遵循"普惠金融"理念，助力提升社会公众幸福指数

电子支付的发展水平与一国经济发展水平相关，同时也与国民幸福程度正相关。因为一切经济活动最终都由交易支付来完成，而安全、便捷的电子支付，可以让老百姓随时随地、放心、轻松地花钱，这是普惠金融的真正体现，是具有现实意义的民生工程。从这个意义上来说，电子支付的发展水平也是国民幸福指数的体现。因此，电子支付的发展，应能更好地融入社会公众的衣、食、住、行。

我们可设想这样一个的场景：地铁站，拿着手机（或金融 IC 卡），直接刷一下就可以进站乘坐地铁，出站时再刷一下买单，完全免除了排队购票的麻烦，特别是对于外地人。如果这个外地人到全国各地乘坐地铁都如此方便（一机或一卡走天下），他会觉得祖国遍地都能给他带来幸福的感觉。

要走到这么幸福的一天，一是全国的地铁在技术上都支持金融 IC 卡闪付或手机云闪付；二是提供服务的相关各方（主要是地铁公司、银行、银联等）达成一致协议。前者相对简单，而后者艰难。然而，"一卡一机幸福走天下"，利民利国，值得努力去实现。

除地铁外，在公交、出租车、城铁、高铁以及高速公路等老百姓出行方面，"一卡一机一统天下"的电子支付，也大有可为。而这些领域，应该是银联和银行 NFC 闪付的主要发展方向。若能取得成功，其重要意义要胜过那些"红包""集福"项目。

在小额支付领域，二维码支付也有很好的用武之地。可以设想如下场景：我们去菜市场买菜，用支付宝或微信扫描称菜电子秤上张贴的收款二维码，输入金额付款，然后向卖菜商户展示付款结果以确认付款，买菜成功。这种交易方式也非常方便，不仅消除了买卖双方准备零钱和找零的麻烦，还不用担心收到假币。而且，建设这种付款渠道对于商户，几乎没有成本，仅需打印一张自己的收款二维码。

综上观之，线下移动支付领域，条码支付与 NFC 各有优势，二者可以在各自擅长领域生根发芽，并形成互补，不必在已成"红海"的领域纠结、厮杀。因此，电子支付服务可进行供给侧结构性改革。支付机构之间也可进行合作，避免恶性竞争造成产能过剩，或资源浪费。

（二）自身国际化与人民币国际化相互促进，相互推动

随着近几年来国内互联网金融的蓬勃发展，一方面，国内互联网金融的边际效益趋近于 0，互联网金融的红利已接近尾声；另一方面，激烈的市场竞争使电子支付服务商逐渐显示出本土市场的天花板；此外，通过充分的发展和竞争，不论是技术实力，还是服务水平，国内银行机构和支付机构提供的电子支付服务，都已进步到世界领先水平。特别是支付技术和网络安全保障水平，即

使是很多发达国家的主流电子支付，都已经落后于中国了。因此，国内的电子支付走向国际化，已完全具备成熟的技术条件，而横向扩张进入国际市场的"蓝海"也许是必要之举，但可能欠缺的是市场开拓能力。

中国电子支付走向全球，可采用如下路径：第一，在海外华人出现最多的若干个机场，开通国内的电子支付及相关出行功能。因为机场是海外出行的第一站和最后一站，作为必经之地，将发挥"名片"效应。第二，在华人经常聚集的海外旅游胜地的酒店、餐馆等公共服务领域，提供中国品牌的电子支付服务。在国外用现有的支付工具，也可以免除外汇兑换及找零的麻烦。第三，通过海外投资等方式，将国内的电子支付方式复制到国外（支付宝已复制到印度）。第四，通过海外上市扩大全球的影响力（如支付宝母公司阿里巴巴在纽交所挂牌上市）。第五，尽可能实现本土化。第六，促进并推动人民币国际化而实现全球化。因为只有人民币实现国际化，成为全球通用货币，国内的电子支付服务商才有可能真正走向全世界。

中国电子支付国际化与人民币国际化是相辅相成、互相促进的。一方面，中国电子支付在海外为客户进行支付结算服务时，若使用外币，需要外汇管理局的审批。若人民币国际化，成为世界通用货币，即可用人民币进行结算，而无需进行外币兑换，可能也无需外汇局审批。另一方面，人民币国际化除了双边货币互换、人民币跨境贸易结算、加入 SDR 等政府行为外，还可以通过逐步走向海外市场的国内电子支付进行推动。设想有朝一日，中国"××宝"正为全球超过 20 亿人进行支付结算服务，那么以人民币作为基本支付结算货币的本土"××宝"，势必成为国际化支付工具（必将挑战 PayPal 的国际地位），而人民币也将真正成为全球货币（甚或挑战美元的全球霸主地位，也不无可能）。

七、中国电子支付未来发展，应审慎监管并有法可依

随着科技的进步、电子支付业务的发展以及数字货币的推出，在不远的将来，电子支付势必取代现金而成为主流支付方式，这标志着一个新时代的到来。对于不断推陈出新的金融业态，央行等监管当局，在遵循"审慎监管"的同时，相关立法也要同步推进。电子支付企业在适应"审慎监管"的同时，也应该非常清楚自身并非"法外之地"。

（一）国家层面

一是为适应电子支付发展以及数字货币的来临，远期规划应开始着手《电子支付法》的立法工作，以提高电子支付监管层次，为电子支付业务及其监管提供法律依据。

二是中期规划应制定《电子支付管理条例》，对各种类型的电子支付，包括单用途预付卡及多用途预付卡等，以及客户沉淀资金，制定明确的业务规则

及资金管理办法，确保电子支付业务健康发展。

三是近期规划应出台《公共服务领域电子支付发展规划》，对地铁、公交等公共服务领域的电子支付业务发展进行全国统一规划，在技术层面制定全国统一的国家标准，并强制执行，逐步改变全国各地各自为政的纷乱割据局面，为全国智慧城市、数字城市的推进打好统一的基础。

（二）部门监管层面

一是建立电子货币统计监测体系，并对第三方支付机构实施动态监管。对第三方支付的监管由以市场准入为主，逐步转变为对第三方支付企业日常经营的动态监管为主。此外，充分发挥第三方支付资金交易清算系统（网联平台）作用，使第三方支付的每一笔资金交易及资金流动等，不论线上线下，都必须在监控之中。从而规避第三方支付的监管漏洞，防范资金风险（如二清支付等），加大反洗钱等监管力度。

二是建立促进产业发展的激励机制。对于移动支付等第三方支付企业，监管机构应容忍一定的风险，通过各种激励机制确保行业健康、快速发展。

三是探索建立存款延伸保险机制，设立存款延伸保险，提高客户备付金保障程度，充分保障客户的资金安全。

参考文献

［1］李纪舟，等. 美国加强电子支付安全的主要举措及启示［J］. 信息安全与通信保密，2015（3）.

［2］杨戈帆. 电子货币对货币供给及货币乘数的影响机制研究——包含第三方支付机构的三级创造体系［J］. 上海金融，2014（3）.

［3］王粤海，等. 电子支付行业的三大风险及对策［J］. 中国金融电脑，2013（4）.

课题组组长：赵　涛
课题组成员：周雄飞　杨　毅　江　婷　袁庆锋
　　　　　　石　莉　张　雷　卿　卉
执　笔　人：袁庆锋

商业银行经营状况与经济周期关系研究

中国人民银行武汉分行会计财务处课题组

一、导论

（一）研究背景

始于 2007 年 9 月美国次贷危机引起的全球金融风暴，给全世界多个国家的经济发展和银行业经营带来了巨大的影响。在全球经济形势不容乐观、增长乏力的大背景下，我国的经济增长也难以避免地出现了放缓趋势，GDP 增速由 2011 年的 9.50% 下降至 2015 年的 6.90%，2016 年上半年 GDP 增速下滑至 6.70%。在银行业经营方面，近几年来商业银行的净利润增速整体持续下降。以上市银行为例，2015 年度 26 家上市银行净利润增幅 2.56%，较 2014 年的 8.03% 下降了 5.47 个百分点，而且这是自 2011 年以来上市银行的净利润增速连续下降的第五年。[①]

在上述背景下，商业银行经营状况与经济周期的关系，以及银行业的发展是否具备顺周期性成为了学术界热议的话题。这一话题的研究极具意义，一方面，从中央银行的角度看，作为商业银行的管理者，认识经济周期与商业银行经营状况的关系能帮助中央银行在经济周期中作出更有效的监管决策。另一方面，从商业银行管理者的需求出发，厘清两者关系，有助于管理者在市场变化时更深刻地认识潜在风险，在市场危机爆发前提前发现危险信号，调整经营战略和业务方向，以在经济形势波动时取得优异的经营成果。

（二）文献综述

1. 商业银行经营状况与经济周期关系的国内研究

国内不少学者研究了商业银行经营状况与经济周期的关系，一些学者侧重于经济周期对商业银行盈利状况的影响，还有部分研究探讨了经济周期与商业银行信贷活动的关系。

滑静、肖庆宪（2007）研究了改革开放以来商业银行信贷活动与经济周

---

① 资料来源：许旭明，姜长征. 深化转型　应对挑战——中国上市银行 2015 年年报分析及未来展望［J］. 金融会计，2016（6）.

108

期的关系，发现我国商业银行的信贷活动呈现出明显的亲周期特征。

中国工商银行江苏省分行课题组（2009）剖析了经济周期波动与银行信贷的关系，认为：在宏观经济景气期时，市场的信贷需求旺盛，银行对其经营状况会产生乐观预期，而对潜在的信贷风险估计不足，导致其信贷业务量大幅提升；在萧条期，市场上多是具有瑕疵的客户和高风险水平的项目，信贷不良率上升，银行易对其未来经济走势形成悲观的预期，从而收缩信贷投放规模。

方长丰、刘淑莲（2011）利用我国 16 家银行 2004—2009 年的相关数据，研究经济环境变化与银行绩效的关系。实证结果表明，我国银行业的绩效水平与经济环境变化有较大的相关性。

谭燕芝、丁浩（2012）根据 1995—2010 年我国 17 家主要商业银行的面板数据，以实证方法研究了经济周期对我国银行盈利能力的影响。其研究结果表明经济周期会对商业银行的盈利水平产生强烈影响。

沈隆（2013）通过我国 14 家上市银行 2007 年第二季度至 2012 年第一季度的面板数据研究了经济周期与银行绩效的相互关系，发现 GDP 增长率对银行净资产报酬率有显著的正向影响。

2. 商业银行经营状况与经济周期关系的国外研究

国外对商业银行经营状况与经济周期关系的研究起步较早，在 2007 年次贷危机以前就有不少学者对此进行了研究。Borio、Furfine 和 Lowe（2001）通过对 1979—1999 年 10 个经济合作与发展组织（OECD）发达国家的信贷规模与 GDP 比率的变化趋势研究，发现银行的信贷规模随着 GDP 增长率的上升而上升，在经济下行期则随 GDP 增长率下降而下降。

Acharya 和 Naqvi（2012）认为当经济上行时，由于信贷工作人员的报酬与贷款数量直接相关，而银行只有在遭受了足够高的流动性缺口之后才会处罚他们，因此他们往往会采取冒险行为来增加个人收益，银行的贷款规模增大，盈利水平也会提高；而经济处于下行期时，投资者会减少直接投资，转而持有银行存款，银行出于对经济形势的不看好也会减少贷款规模，从而盈利水平下降。

二、商业银行经营活动顺周期性的理论分析

一般来说，商业银行的经营活动存在顺周期性。在经济上行期，融资项目的预期盈利性强，借款企业的偿债能力也较强，因此商业银行对借款人的经营前景有着偏乐观的预期，向市场投放的贷款量增加，银行自身的经营业绩也会相应提升。由于经济形势向好，银行在增加信贷供给的同时，往往还伴随着放宽银行的信贷政策，降低信贷标准等一系列行为，然而这一系列行为加大了商业银行面对的潜在违约风险和信用风险，这些风险在经济下行时期才会爆发出来。在经济下行期，市场萧条，企业经营状况恶化，同时银行的风险聚集导致

受到资本监管的约束使可贷资金减少，加上银行对市场前景和投资项目盈利性的悲观预期，商业银行会减少贷款规模，提高贷款标准，因此商业银行的经营业绩会出现下降。关于商业银行经营过程中的顺周期行为，国外学者提出了灾难近视假说、金融脆弱性假说和羊群行为假说。

（一）灾难近视假说

灾难近视假说由美国金融学家 Guttentag 和 Herrings 于 1984 年提出。银行业的灾难近视主要是指银行倾向于低估一旦发生会对银行经营造成巨大冲击的事件发生的概率，导致银行在事件发生时没能做好充足的准备。

银行出现灾难近视行为主要有以下原因：一是银行管理层短视，即管理层更注重短期的经营状况，对长期和低概率的风险事件未形成系统的防范措施；二是同业竞争激烈，在经济上行期，市场上大多数银行都会竭力扩大贷款规模，争取更大利润空间，面对激烈的竞争压力，部分意识到出现了市场泡沫的银行，为了维持自身的市场份额和利润水平，也会加入到争放更多贷款的行列中。

灾难近视的结果是经济繁荣时期银行会提供更多的信贷，而在经济衰退时期紧缩信贷。银行业灾难近视的行为会使银行的经营活动出现明显的顺周期性。

（二）金融脆弱性假说

海尔曼·明斯基（Hyman Minsky）对金融内在脆弱性问题做了系统阐述，形成了金融脆弱性假说。明斯基认为，金融的内在脆弱性是银行高负债的特点决定的，银行脆弱性的根源在于信贷资金使用与偿还时间上的分离。他将借款的企业分为抵补性借款企业、投机性借款企业和庞氏企业。抵补性企业所占比重越高，金融体系越稳健；投机性企业和庞氏企业所占比重高，表明金融脆弱性水平高。

基于对资本主义繁荣与衰退长期波动现象的总结，明斯基指出经济繁荣时期就播下了金融危机的种子，在经济上升时期，银行的贷款条件越来越宽松，而借款企业则会利用宽松的信贷环境进行积极的借款，银行的大量信贷资金流入投机性借款企业和庞氏企业，金融业内部的脆弱性增加。当经济进入下行时期，银行出于规避风险的安全考虑，往往收紧银根，破产企业增多，银行的不良资产增加，经济危机发生。

（三）羊群行为假说

羊群行为指与大多数人一样思考、行动，与大多数人保持一致。这个概念被金融学家借用来表示描述金融市场中的一种非理性行为，即金融市场参与者模仿别人的决策，导致作出与他人一致的决策。

在银行信贷市场上同样有羊群效应，这种行为出现的主要原因是银行管理层的非理性。在经济上行阶段，乐观的市场形势使企业产生了过度投资的倾向，主要依靠银行的贷款进行扩张。同时，银行对借款企业的前景看好，增加信贷供给，此时银行间会出现争相放贷的羊群行为，导致经济过热。这一轮经济增长促使市场中尤其是房地产市场和证券市场产生大量泡沫，此时中央银行为了维护金融稳定会采取宏观调控措施。在中央银行的资本约束下，银行的信贷规模减少，并且会采取一系列措施如提高信贷标准等防范风险，此时羊群行为再一次出现。银行管理层在经济上行期和下行期完全相反的羊群行为，刺激了经济的过热和衰退，也直接导致了自身经营状况的顺周期性。

三、我国商业银行信贷规模与经济周期关系的现状分析

在理论分析之后，本文选取 2000—2015 年的宏观经济数据和商业银行贷款规模数据为样本，对研究期间两者的关系进行现状分析。本文的数据来源于《中国统计年鉴》，以及中国人民银行官方网站公布的统计数据。需要说明的是，由于信贷业务是我国商业银行最核心的经营业务，本文将从商业银行信贷规模这一角度入手分析其经营状况与经济周期的关系。

（一）2000 年以来我国的宏观经济形势现状

首先对研究期间的宏观经济形势进行分析。如图 1 所示，自 2000 年以来我国的 GDP 总量逐年攀升，而最能反映宏观经济形势的 GDP 增长率则呈现出周期性。从图 1 中可见，GDP 增长率的趋势线中 2007 年为拐点，达到最高值，2007 年至 2009 年急剧下降，2009 年之后有所回升，2011 年之后再次下降，最近三年呈现出小幅下降的趋势。整体来看，虽然我国的 GDP 总量自 2000 年来呈现出持续增长的趋势，但从 GDP 增长率看我国近年来的宏观经济形势明显具有波动性。

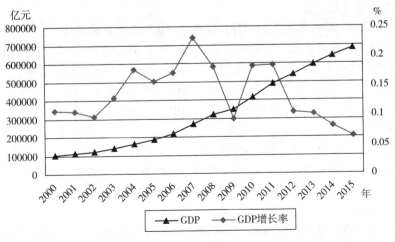

图 1　2000—2015 年我国的宏观经济形势

（二）2000 年以来我国商业银行的贷款规模现状

商业银行贷款规模方面，自 2000 年以来我国商业银行向社会投放的贷款规模与 GDP 总量一样呈现持续增长的趋势。从贷款增长率看，商业银行的贷款规模则呈现出波动性。具体变动趋势见图 2。

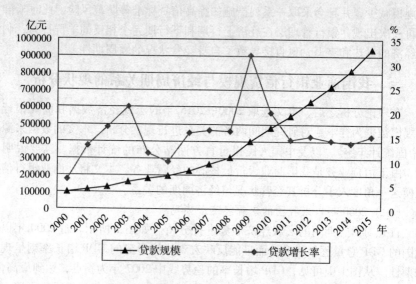

图 2　2000—2015 年商业银行贷款规模

（三）2000—2015 年商业银行贷款规模与经济周期关系的现状分析

为了进一步对商业银行贷款规模与经济周期关系的现状进行分析，我们将研究期间根据金融危机爆发的时点即 2007 年为界分为两个研究区间，并引入季度数据来强化分析。

1. 2000—2006 年商业银行贷款规模与经济周期关系的现状

对比图 3 中商业银行贷款增长率与 GDP 增长率的趋势线，我们可以发现，在 2000—2006 年商业银行贷款规模与经济周期呈现出一致的变化趋势。

受 1997—1998 年亚洲金融风暴的影响，在 2000 年和 2001 年我国的进出口贸易持续低迷，国内经济增长乏力，GDP 增长率呈下降趋势。为了扩大需求和刺激国内经济发展，央行实施了稳健的货币政策，七次降息、两次下调存款准备金率，以及扩大公开市场操作实现了基础货币的适度增长。商业银行贷款规模方面，2000 年出于对经济形势不稳定的怀疑，其贷款增长率保持了平稳趋势。在央行的政策刺激及经济形势在第一季度出现回暖的情况下，贷款增长率从 2001 年第二季度开始上升。

2002 年我国经济开始回暖，GDP 增长率在小幅回升之后在 2003—2004 年大幅增长。贷款增长率自 2001 年第二季度开始持续上升，2003 年大幅攀升超

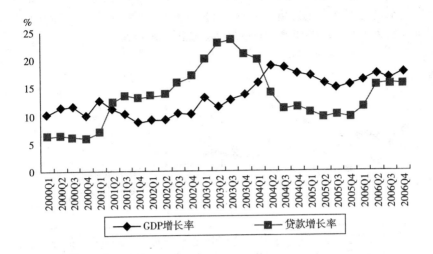

图3　商业银行贷款规模与宏观经济形势（2000Q1—2006Q4）

过 20%，表现出过度顺周期性，直接导致了之后的经济过热局面。针对投资需求过旺、货币信贷增长偏快、通货膨胀压力加大等问题，央行在 2003—2004 年先后两次上调存款准备金率，上调一次存贷款基准利率，并从 2004 年 4 月开始实行差别存款准备金率制度，引导商业银行加强资产质量管理和风险管控。在央行的调控政策下，贷款增长率在 2004 年第二季度骤降至 13.91%，下降趋势一直持续至 2005 年。GDP 增长率自 2004 年第二季度开始下降，在 2005 年回落到 15% 左右。2006 年，GDP 增长率与商业银行贷款增长率均呈现出上升趋势，尤其是贷款增长率在第二季度迅速增加了 4 个百分点，央行在 7 月、8 月及 11 月先后 3 次小幅上调存款准备金率以防止出现经济过热局面，在第三季度和第四季度贷款增长率保持了稳定。

　　2. 2007—2015 年商业银行贷款规模与经济周期关系的现状

　　2007 年，针对银行体系流动性偏多、货币信贷扩张压力较大、价格涨幅上升的趋势，货币政策逐步从"稳健"转向"从紧"，央行 10 次上调存款准备金率，6 次上调存贷款基准利率。图 4 中 GDP 增长率和贷款增长率的趋势线在 2007 年都相对平稳，呈现出轻微下降的走势。2008 年初，为了防止经济增长由偏快转为过热，央行继续执行了从紧的货币政策，上半年 5 次提高存款准备金率。年中，美国次贷危机的影响蔓延加深，央行及时调整了货币政策的方向，指导金融机构扩大信贷规模。9 月之后，国际金融危机急剧恶化，对我国经济的冲击明显加大，央行开始实施适度宽松的货币政策，5 次下调存贷款基准利率，4 次下调存款准备金率，明确取消对金融机构信贷规划的硬约束。2008 年 GDP 增长率急剧走低，在积极的财政政策和适度宽松的货币政策刺激下，2009 年实现了国内经济形势总体回升向好，GDP 增长率回升，并在 2010 年恢复至接近 2008 年初的增长水平。贷款增长率在平稳下降之后 2009 年第一季度开始大幅上升，在 GDP 增长率之前呈现出回升趋势。

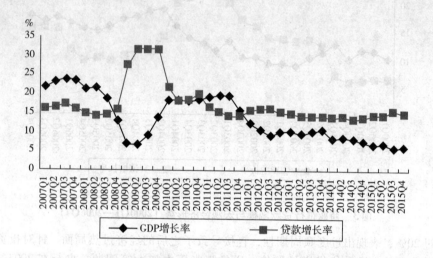

图 4　商业银行贷款规模与宏观经济形势（2007Q1—2015Q4）

2010 年国内经济运行总体良好，GDP 保持了稳定增长的趋势，为了引导货币信贷增长从反危机状况向常态水平回归，央行先后 6 次上调存款准备金率，2 次上调存贷款基准利率，在 2010 年贷款增长率明显下降。2011 年 GDP 增长率在前三季度稳步上升，第四季度出现大幅下降。在前三季度，面对通货膨胀压力不断加大的形势，央行先后 6 次上调存款准备金率，3 次上调存贷款基准利率，引导货币信贷增长平稳回调。进入 10 月以后，针对欧洲主权债务危机继续蔓延、国内经济增速放缓等形势变化，下调存款准备金率。在央行调控政策的影响下，贷款增长率在 2011 年度前三季度小幅下降，从第四季度开始回升。

2012 年之后，GDP 增长率总体上呈现出小幅下降的趋势。2012 年央行继续实施稳健的货币政策，上半年根据国内经济增长放缓的形势，2 次下调存款准备金率，2 次下调存贷款基准利率。下半年根据流动性供给格局的变化，连续开展逆回购操作，保持流动性合理适度。2013 年，中国经济呈现稳中有进、稳中向好的发展态势，第二季度后 GDP 增长率有所回升。为了有效应对短期资金波动，央行创新了短期流动性管理工具，在分支机构开展常备借贷便利操作试点。2014 年，国内经济平稳运行，央行创设中期借贷便利（MLF）和抵押补充贷款工具（PSL），引导金融机构向国家政策导向的实体经济部门提供低成本资金。同时下调 1 次存款准备金率，并 2 次实施定向降准，支持经济结构调整。面对经济下行压力，2015 年央行 5 次下调人民币存贷款基准利率，9 次引导公开市场逆回购操作利率下行，适时下调信贷政策支持再贷款、中期借贷便利和抵押补充贷款利率，并在全国推广常备借贷便利，增强对市场的调控能力。在宏观经济形势与央行政策的影响下，贷款增长率在 2012 年之后保持了较为稳定的趋势，在 2015 年略有上升。

3. 2000—2015 年我国商业银行信贷规模与经济周期关系现状的小结

综合 2000—2015 年商业银行贷款增长率与 GDP 增长率的趋势来看，发现了以下特点：（1）宏观经济形势与商业银行信贷规模的变化基本一致；（2）在某些年份（如 2001 年），可能由于市场反应需要时间，贷款增长率的变化滞后于 GDP 增长率的变化；（3）在某些年份，GDP 增长率与贷款增长率出现不一致的变化趋势，这可能有不同的原因。如 2003—2004 年属于银行业表现出"过度顺周期性"，直接导致经济过热，贷款增长率先于 GDP 增长率出现下降趋势，信贷规模的下降可能也直接影响了之后的经济形势。而 2008—2009 年贷款增长率与 GDP 增长率截然相反的趋势则可能与央行在我国经济受到全球金融危机冲击下实施适度宽松的货币政策有关。

四、我国商业银行信贷规模与经济周期关系的实证分析

（一）数据来源

本部分主要通过 VAR 模型进行分析，用于检验我国经济增长与商业银行贷款规模之间的关系。以 2001 年为研究起点，以 2001—2015 年 GDP 增长率作为衡量经济周期的指标，以该时间段的贷款增长率（LOAN）作为衡量贷款规模的指标。

（二）数据检验

1. 季节调整

本文以季度作为时间观测单位，然而，该序列的季节性波动十分显著，为了剔除季节的影响，更准确地反映 GDP 以及 LOAN 的特征及基本趋势，本文采取了 X-12 法对相关的原始数据进行了季节调整。

2. 平稳性检验

由于时间序列分析要求各变量均为平稳的，否则会产生"伪回归"的问题。因而，在此采用 ADF 法对 GDP 和 LOAN 进行单位根检验，并根据 SC 值以及 AIC 值确定模型的滞后阶数。

表1　　　　　　　　　　平稳性检验结果

变量	ADF 统计量	1% 临界值	5% 临界值	SC 值	AIC 值	检验类型
GDP	-2.824445	-3.548208	-2.912631	3.939376	3.832801	(c, 0, 1)
LOAN	-3.198421	-3.548208	-2.912631	4.645974	4.539400	(c, 0, 1)

变量	ADF 统计量	1% 临界值	5% 临界值	SC 值	AIC 值	检验类型
D（GDP）	-4.318227	-2.605442	-1.946549	3.988233	3.916547	(0, 0, 1)
D（LOAN）	-5.385594	-2.605442	-1.946549	4.676551	4.641026	(0, 0, 0)

由表1的检验结果可知，在5%的置信水平下，GDP 和 LOAN 序列是非平稳的。在1%的置信水平下，D（GDP）和 D（LOAN）序列是平稳的，即 GDP 和 LOAN 是一阶单整序列。

3. 协整检验

指标间二元因果关系检验的关键在于判断两个指标之间是否具有协整关系以及解释变量滞后期的选取。

（1）滞后期的选择

VAR 模型分析的关键是要确定模型的最大滞后阶数 p，若 p 值太小，则残差可能存在自相关，并导致参数估计的非一致性；若 p 值过大，则待估参数过多，自由度严重降低，从而降低了模型估计的有效性。本文根据 AIC 准则和 SC 准则确定 p 值，通过分析发现使 AIC 及 SC 同时达到最小的 p 值为2，即滞后期为2（见表2）。

表2　　　　　　　　　　**AIC 准则及 SC 准则结果**

Lag	LogL	LR	FPE	AIC	SC	HQ
0	-332.6023	NA	659.5844	12.16736	12.24035	12.19558
1	-232.0594	190.1174	19.71086	8.656707	8.875689	8.741389
2	-214.5383	31.85667*	12.06467*	8.165028*	8.529998*	8.306165*
3	-213.2641	2.223979	13.34540	8.264150	8.775108	8.461741
4	-211.0321	3.733638	14.27661	8.328439	8.985384	8.582485
5	-210.6146	0.667870	16.34448	8.458714	9.261648	8.769215

注：*表示选择滞后期2，即 p 值为2。

（2）EG 三步法检验

序列 GDP 以及 LOAN 具有大致相同的增长和变化趋势，说明二者可能有协整关系，因而本节采取 EG 三步法对其进行检验。

第一步，采用 ADF 法对序列 GDP 以及 LOAN 进行单整检验（上节中已完成）。检验结果表明 GDP 与 LOAN 均为一阶单整，即具备进行协整检验的前提。

第二步，用变量 LOAN 对 GDP 进行普通最小二乘回归，回归的残差为序列 E（见图5）。

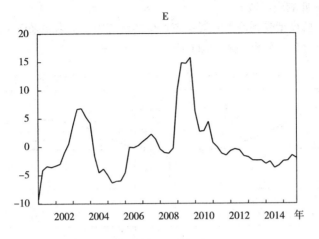

图5 回归残差序列 E

第三步，对序列 E 进行单位根检验，ADF 检验结果见表3。

表3 序列 E 的 ADF 检验结果

变量	ADF 统计量	1% 临界值	5% 临界值	SC 值	AIC 值	检验类型
E	− 3.005419	− 2.605442	− 1.946549	4.525461	4.454412	(0, 0, 1)

由于检验统计量值为 − 3.01，小于显著水平 1% 时的临界值 − 2.61，因而，可以认为估计残差序列 E 为平稳序列，即表明序列 LOAN 与 GDP 之间具有协整关系。

（3）格兰杰因果关系检验

由于 GDP 和 LOAN 在 5% 显著水平下存在唯一的协整关系，因而，二者至少存在一个方向上的格兰杰原因。在此，我们采用格兰杰因果关系检验，分析变量之间的先后顺序，判断一个变量的前期信息是否会影响另一变量的当期。分析结果见表4。

表4 格兰杰因果检验结果

	F − Statistic	Prob.
LOAN does not Granger Cause GDP	5.70588	0.0057
GDP does not Granger Cause LOAN	4.81768	0.0120

检验结果表明，"LOAN 不是 GDP 的 Granger 原因"以及"GDP 不是 LOAN 的 Granger 原因"均被拒绝，说明，贷款规模的变化能够引起经济增长的变化，同时，经济增长的变化也会引起贷款规模的变化，即二者互为因果关系。

（4）脉冲响应函数

为了分析模型受到冲击时对系统产生的动态影响，本文采取了脉冲响应函数方法进行分析，分析结果见图6。

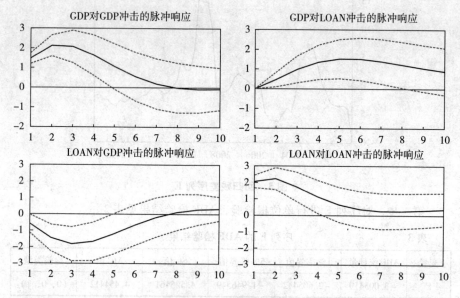

图6　脉冲响应结果

图6中，第二幅为 GDP 对 LOAN 冲击的脉冲响应，横轴表示冲击作用的滞后期数（单位：季度），曲线表示脉冲响应函数。该图表明：当给 LOAN 一个正的冲击，GDP 增长率马上出现正的响应，且可看出该冲击作用相当显著。从图6中仍可看到 GDP 对 LOAN 的响应会在第五个季度达到最高点，此后，GDP 对 LOAN 的促进作用仍会持续较长时间。

第三幅为 LOAN 对 GDP 冲击的脉冲响应，横轴表示冲击作用的滞后期数（单位：季度），曲线表示脉冲响应函数。该图表明：给 GDP 一个正的单位冲击，LOAN 会出现较大幅度的负的响应，且该响应将持续到七个季度以后，直到第八个季度，LOAN 才出现正的响应。通过图6可看出，商业银行的信贷规模在初期呈现逆周期的态势，直到第八个季度开始，才会呈现小幅的顺周期态势。

（5）方差分解

脉冲响应函数仅能简单地表明模型中的变量对冲击是如何反应的，本节则通过方差分解，分析每一个结构冲击对内生变量变化的贡献度。

表5中的第三列表明 GDP 源于其自身的方差分解，逐期减少，并最终稳定在54.10%左右；第四列表明 GDP 源于 LOAN 的方差分解，LOAN 对 GDP 的贡献率是逐步增加的，并最终达到45.90%。

表5   **GDP 的方差分解结果**

GDP Period	S. E.	GDP	LOAN
1	1.481880	100.0000	0.000000
2	2.635132	96.78393	3.216066
3	3.500787	90.19681	9.803188
4	4.095677	81.89677	18.10323
5	4.497103	73.57008	26.42992
6	4.776677	66.56331	33.43669
7	4.978608	61.41850	38.58150
8	5.125662	57.94569	42.05431
9	5.231410	55.65417	44.34583
10	5.307180	54.09532	45.90468

表6 中的第四列表明 LOAN 源于其自身的方差分解，该贡献率逐期减少，并最终稳定在 42.30% 左右；第三列表明 LOAN 源于 GDP 的方差分解，GDP 对 LOAN 的贡献率是逐步增加的，并最终达到 42.296%。

表6   **LOAN 的方差分解结果**

LOAN Period	S. E.	GDP	LOAN
1	2.139546	7.228651	92.77135
2	3.415923	20.66384	79.33616
3	4.243214	31.73323	68.26677
4	4.699293	38.49064	61.50936
5	4.897480	41.54768	58.45232
6	4.957315	42.37109	57.62891
7	4.968348	42.34871	57.65129
8	4.976393	42.26627	57.73373
9	4.993651	42.28680	57.71320
10	5.017111	42.29608	57.70392

（三）实证分析小结

以上实证检验结果表明，经济增长与商业银行的贷款规模呈双向因果关系，即贷款规模的变化可引起经济增长的变化，经济增长的变化同时亦可引起贷款规模的变化。

五、政策建议

通过上述现状分析与实证分析之后，我们发现经济周期与商业银行经营状况存在着相互影响的关系，即宏观经济形势对商业银行的经营状况存在正向的影响，同时商业银行的信贷活动也会引起宏观经济的变动。人民银行作为我国货币政策的制定者和金融市场的监管者，应当从以下几方面入手提高货币政策对引导金融市场和宏观经济健康发展的导向作用。

（一）构建逆周期的宏观审慎监管体系

宏观审慎监管体系着眼于整个金融系统的稳定，强调金融和宏观经济波动的内在联系以及跨市场、跨行业的全面监管，实质就是防范金融危机的发生，意义重大。构建逆周期的宏观审慎监管体系有利于从宏观审慎角度把握系统性风险，深入分析宏观经济和金融体系的联系和影响，削减经济周期的波动，从而熨平经济周期，维护金融市场的可持续发展。其基本理念在于依据不同的经济形势，采取差异化的监管方式和监管标准，缓和经济周期对金融体系的冲击。逆周期管理为顺周期效应提供了良好的解决方案，应当把货币信贷和流动性管理的总量调节与构建宏观审慎政策框架结合起来，实施完善差别准备金动态调整措施，进一步丰富和完善宏观审慎监管工具，引导货币信贷适度增长，建立前瞻性的逆周期动态拨备制度，提升金融机构抗风险能力。

逆周期监管还应进一步分为宏观层次和微观层次。前者从整个经济环境周期的角度出发，利用一系列宏观指标数据进行衡量并采取相应的措施。后者则以不同行业的逆周期风险为监管对象。在监管中需要采取差异化的监管指标，达到结构匹配而非单纯的数量匹配。

（二）采取多样化方式缓解羊群行为

在经济形势上行时，商业银行争相放贷的羊群行为有可能将经济由繁荣走向过热。当经济进入过热状态时，人民银行往往会采取宏观调控政策来调节市场上的信贷规模。在采用传统的货币政策手段之外，人民银行还可以适当地运用窗口指导和道义劝告等多样化的方式来加强对商业银行经营行为的指导。

实行有效的窗口指导和道义劝告的重要基础是利用央行自身雄厚的技术力量和信息优势，对经济金融形势、商业银行体系的资金状况、产业及信贷结构进行分析和预测，并及时将结果对市场公布，以影响市场预期，使市场深信央行的指导和劝告是正确的。

（三）建立科学的指标预警体系

央行用于监测市场动态的指标应当尽可能地摆脱滞后性的限制，从事后调控转变为事前预警和防范。长期以来，央行的货币政策因滞后性被人质疑，但对市场形势进行前瞻性分析并非易事。基于央行稳定经济增长的职责所在，应当充分发挥自身的信息优势，不断总结国内的历史经验和借鉴国外的成熟做法，建立与我国经济发展特点相适应的科学的指标预警体系。

为了提升预警体系的前瞻性，应当纳入更多市场指标以及分行业指标。同时在运用指标体系的过程中，应当高度重视指标相关信息的可靠性，并对有疑问的指标形成标准的调整方法，以提高指标预警体系的有效性。

参考文献

［1］巴曙松，刘海博．信贷周期理论研究综述［J］．湖北经济学院学报，2009（5）．

［2］陈晓光，张宇麟．信贷约束、政府消费与中国实际经济周期［J］．经济研究，2010（7）．

［3］方长丰，刘淑莲．商业银行绩效影响因素：产业结构、治理结构与宏观经济环境［J］．金融论坛，2011（6）．

［4］何浩．商业银行应对经济周期下行的国际经验及对中国的启示［J］．国际金融研究，2009（6）．

［5］滑静，肖庆宪．我国商业银行亲周期性的实证研究［J］．上海理工大学学报，2007（6）．

［6］黄宪，熊启跃．银行资本缓冲、信贷行为与宏观经济波动——来自中国银行业的经验证据［J］．国际金融研究，2013（1）．

［7］拉斯·特维德．逃不开的经济周期［M］．北京：中信出版社，2008．

［8］李文泓，罗猛．关于我国商业银行资本充足率顺周期性的实证研究［J］．金融研究，2010（2）．

［9］沈隆．经济周期波动与商业银行绩效关系研究［D］．杭州：浙江财经学院，2013．

［10］谭燕芝，丁浩．经济周期、所有权与银行盈利的实证研究——基于我国 17 家主要商业银行的分析［J］．湘潭大学学报（哲学社会科学版），2012（1）．

［11］许伟，陈斌开．银行信贷与中国经济波动：1993—2005［J］．经济学（季刊），2009（3）．

［12］中国工商银行江苏省分行课题组．经济周期对我国商业银行信贷经营的影响及对策［J］．金融论坛，2009（7）．

［13］ACHARYA. V, NAQVI. H. The Seeds of a Crisis：A Theory of Bank Liquidity and Risk Taking over the Business Cycle［J］. Journal of Financial Economics，2012，106（2）.

［14］BORIO. C, FURFINE. C, LOWE. P. Procyclicality of the Financial System and Financial Stability：Issues and Policy Potions［J］. BIS Papers，2001（1）.

［15］GUTTENTAG. J, HERRING. R. Credit Rationing and Financial Disorder ［J］. The Journal of Finance, 1984, 39（5）.

［16］MINSKY. H. P. The Financial Instability Hypothesis: an Interpretation of Keynes and an Alternative to "Standard" Theory ［J］. Challenge, 1977, 20（1）.

［17］MINSKY. H. P. The financial instability hypothesis ［J］. The Jerome Levy Economics Institute Working Paper, 1992（74）.

课题组组长：李　帆

课题组成员：刘东平　陈　洲　卢珊珊　方　恬

盘活财政存量资金的进展、问题与对策

中国人民银行武汉分行国库处课题组

一、财政存量资金及其构成

（一）财政存量资金

财政存量资金是指已编列支出预算，但在支出预算工作目标完成时的某个时点仍未发生实际支付，闲置并沉淀于财政账户的结余结转资金。财政存量资金涵盖范围广、总量规模大、表现形式多样。从规模看，虽然很难获得财政存量资金沉淀在不同层级预算单位的会计账目中及不同的银行账户系统里，准确得出具体规模，但审计署发布的《关于 2015 年度中央预算执行和其他财政收支的审计工作报告》可初见端倪，抽查的财政资金中有 176.21 亿元财政资金未能有效使用①。

（二）财政存量资金的构成

1. 区分资金性质

财政存量资金主要可分为预算净结余资金、预算结转类资金、各类财政专户结存资金及其他财政存量资金。其中，预算净结余资金是指支出预算工作目标已完成或受政策变化等因素影响项目终止后剩余的财政资金，包含本级财政结余资金和预算单位结余资金；预算结转类资金是当年支出预算已执行但年终尚未执行完毕或因故未执行，需在以后年度按原用途继续使用的财政资金；各类财政专户结存资金是指尚未纳入年度预算、滞留在财政专户及从预算列支后转入专户尚未真正形成支出的财政性资金；其他财政存量资金，主要包括预算

---

① 包括中央专项补助有 143.59 亿元结存在地方财政部门，其中 4.22 亿元滞留超过 2 年；项目资金中有 29.28 亿元闲置在地方主管部门和项目单位，其中 9.4 亿元闲置 3 年以上；还有 3.34 亿元被违规套取或损失浪费。

周转金①、预算稳定调节基金②、偿债准备金、收回财政周转金等财政存量资金等。

2. 区分资金类别

与我国现行全口径预算管理体系对应，财政存量资金可以分为一般公共预算存量资金、政府性基金预算存量资金、国有资本经营预算存量资金和社会保障基金预算存量资金。其中，一般公共预算存量资金主要来自于转移支付资金，随着上级政府对下级的转移支付资金量快速增加③，而在转移支付资金由中央对省下拨后，部分省市对下拨付不及时，形成财政存量资金。如2014年中央公共预算部分支出项目未完成预算，仅社会保障和就业、医疗卫生、教育三项就形成了200多亿元的巨额存量资金。政府性基金预算也存在转移支付不及时、资金闲置和结余结转等现象。审计署发布的报告显示，基金支出预算采取以收定支方式编制，部分年初预算没有确定项目，与实际支出存在差异，存在大量资金结余结转现象④。政府性基金预算安排的转移支付中959.01亿元（占71%）未按规定时限下达⑤。

3. 区分存放形式

财政存量资金主要存放于三类银行账户，分为在央行的国库单一账户资金（政府财政存款）、在各商业银行的财政专户资金、预算单位银行特设账户资金。央行国库账户中的国库存款，包含一般财政预算、基金预算存款；财政专户指各级财政部门为核算具有专门用途的资金，在商业银行及其他金融机构开设的资金账户；预算单位银行特设账户则是以预算单位名义开设的预算单位账户及专项资金账户。

（三）盘活财政存量资金

盘活财政存量资金，是李克强总理在2013年6月召开的国务院常务会议上首次提出来的，就是建立财政资金统筹使用机制，将未能按照预算进度支出并沉淀在财政账户上的结余结转资金合理有效利用起来，更好地发挥财政资金拉动经济增长、调整经济结构、促进国民经济有序健康发展的作用。

---

① 预算周转金是各级政府为调剂预算年度内季节性收支差额，保证及时用款而设置的周转资金，由各级政府通过本级政府预算结余设置和补充。

② 预算稳定调节基金是指各级政府通过超收收入和支出预算结余安排的具有储备性质的基金，视预算平衡情况，在安排下年度预算时调入并安排使用，或用于弥补短收年份预算执行的收支缺口。

③ 以2014年转移支出数据为例，中央对地方转移支付总额已超过4万亿元，占地方财政支出比重接近40%。

④ 资料来源：审计署，《关于2012年度中央预算执行和其他财政收支的审计工作报告》。

⑤ 资料来源：审计署，《关于2015年度中央预算执行和其他财政收支的审计工作报告》。

二、财政存量资金的成因

从表面上看，大量财政存量资金形成的直接原因是资金拨付的账面数与支付数不匹配、不同步。而 2014 年以来，盘活财政存量资金的力度一再加大，但财政存量资金依然巨大，其成因比较复杂，主要包括体制性和非体制性两方面。

（一）体制性原因

1. 国库集中支付改革不到位

（1）未实行实质意义上的国库单一账户制度。2001 年实施的国库集中收付管理制度改革，推行国库单一账户体系，但这一模式与发达市场经济国家的国库单一账户存在本质区别。由于财政专户大量存在，根本无法实现全部财政预算收入直接进入国库、所有财政预算支出由国库直接支付。特别在支出环节，财政资金大部分流向财政专户进行二次支拨，甚至沉淀为存量资金。

（2）地方各级财政专户资金是巨额存量资金的重要组成部分。审计署数据显示，18 个省本级设立的财政专户多达 478 个，存款余额相当于其国库库款的 44%[①]，仅 2012 年中央各部门预算单位账户就有 396.4 亿元结余结转资金[②]。部分财政专户中的财政资金按规定应在清理规范后收归国库，但这项工作在进行中受到诸多阻碍，成效甚微。目前这些预算资金的支配权分散，难以有效监督管理，且资金统筹的力度小无法实现集中利用。同时，地方政府财政资金管理不完善和地方政府举债发展也是出现巨额存量财政资金的重要原因。

2. 现行财政管理制度制约

（1）专款专用财政收入比重较高。按照现行规定，政府性基金以及公共财政中的部分收入应专款专用，在当年收入超过支出时自然结转到下一年，由此导致大量资金结存。以 2014 年为例，纳入一般公共预算的有专项用途收入达 6257 亿元，政府性基金预算年底结转 720 亿元[③]。由于专项收入实现的年度收入与其对应的用途需求规模并不一致，财政管理制度要求该类资金专款专用、不能与其他专户发生往来，导致部分专项收入大量结存、闲置，而一些重点领域和建设项目却面临资金不足、无钱开工的情况，一定程度上影响了资金使用效率。

（2）相关限制性、约束性规定。①采取挂钩机制的法定重点支出种类较多、资金量大。当前我国存在七大类以重点支出挂钩机制形式存在的法定支

---

① 资料来源：刘贵生，李海. 国库观察与思考［M］. 北京：中国金融出版社，2015.

② 资料来源：审计署，《关于 2012 年度中央预算执行和其他财政收支的审计工作报告》。

③ 资料来源：审计署，《关于 2014 年度中央预算执行和其他财政收支的审计工作报告》。

出，资金量占总支出的48%[①]。按规定，这些重点支出项目（如教育经费、农业、科技等领域支出）实行法定增长机制管理，每级财政都要达到法定支出的要求，这一要求弱化了地方预算职能、增加了政府统筹安排难度，形成大量结存。审计署就曾发现2014年底中央部门存量资金近一半是教育和科技资金[②]。②正常留存要求。一些正常的制度安排要求计提预算稳定调节基金等资金，年年累计增大财政存量资金规模。

3. 政府财务核算体制制约

（1）实行收付实现制。当前我国财政管理制度实行收付实现制，现金收支行为在其发生期间全部记作收入和费用。这造成预算管理制度与财务会计制度之间的脱节，导致财政资金沉淀。

（2）把存量资金视作部门财力。新旧《预算法》均未对财政存量资金的使用作出强制性规定，多余的资金或者由于延迟预算执行进度而留下的资金既不会被财政部门收回，也不会被处罚处理，而且还可以结转来年使用。因此，各级预算单位总是重资金争取、轻预算执行；重项目安排、轻资金绩效，最终导致财政存量资金像滚雪球一样持续增长、越来越大。

4. 现行预算管理制度制约

（1）转移支付预算管理脱节。中央近年加快了转移支付下达速度，但仍与地方预算管理衔接不够紧密。主要表现在部分一般性转移支付仍有指定用途，专项转移支付多头管理状况还存在；专项转移支付下达时间偏晚，加之资金分配层级多、链条长，资金难以及时发挥效益；专项资金均要求分配到各个项目专款专用、不得挪用，易导致资金分配与实际需要脱节，从而使专项资金成为产生财政存量资金的主要原因。

（2）预算编制科学性不足。编制预算时，一方面，各级预算单位都力求预算最大化，把多编报项目预算作为实现预算最大化的突破口；另一方面，由于信息不对称，地方财政在安排预算资金时简单按照"基数加增长"模式确定预算数。项目预算编制很多为代编预算，未能与部门进行充分沟通，导致预算脱离实际无法执行、预算安排和用款时间不匹配等问题，最终导致一部分项目预算成为落地无根的项目，另一部分预算编制过于粗放，造成多编预算、多拨资金、形成结余。同时，在编制每年的部门预算时应编入预算的上年结余等资金没有按规定编入预算，造成预算编制内容不完整，部门结余逐年递增。

（3）预算执行审批时间过长。现行财政资金拨付方式以及我国预算周期实行公历年度制，预算审批时间与预算年度交叉，造成预算下达不及时。每年

---

① 资料来源：中国社科院财经战略研究院课题组汪德华、林笑冬：《从2015年审计工作报告看盘活财政存量资金》，2015年6月30日。

② 资料来源：审计署，《关于2014年度中央预算执行和其他财政收支的审计工作报告》。

1—3月的各级人大会议召开时才能通过财政预算，这就决定了拨款大多都不能在年初到账，中央转移支付资金层层下达时间更慢。地方拿到资金时往往已是下半年甚至年底，当年已无法执行。现实中，许多项目是跨年度的长期项目，为保证项目实施，财政部门在年终决算时会将大量资金拨到财政专户、暂存科目或相关预算单位账户，从而导致财政专户、预算内暂存科目或预算单位沉积了大量的存量资金。

（4）财政预算执行不到位。表现为在预算执行方面缺乏相应的约束机制，预算安排和资金拨付进度不够合理等。如：一些财政预算项目没有按照计划及时开展实施，部门获得财政拨款后无法安排使用；一些转移支付资金下达较晚，地方财政没有来得及安排使用；一些单位巧立名目获得财政资金但在使用上却不加重视；部分单位存在预算调整随意性大的问题，年中追加预算的现象比较普遍；一些预算单位不按时限要求履行程序，使支出进度放慢，长此以往造成财政资金的大量沉积。

5. 财政资金监管效率制约

主要表现为监督考核和信息公开机制不健全，内部缺乏相应约束制度。财政部门重分配轻管理、缺乏跟踪管理，对预算和项目具体执行进度、控制财政存量资金规模等缺乏有效的监督考核机制和评价指标。各级财政没有建立起科学合理的体现自我纠错功能的机制，对信息公开、接受媒体和公众监督存有疑虑或抱有抵触心理。同时，对基层财政存量资金的监督弱化，往往由财政部门自行组织进行，对审计等部门发现的预算管理方面存在的问题也缺乏必要的问责机制，上述种种原因共同导致出现巨额存量资金。

（二）非体制性原因

1. 财政收支客观上存在时间错配的问题

财政收支数额多少受多种自然因素影响。绝大部分财政支出存在一定的刚性和均衡性，而财政收入受宏观经济发展、经济波动以及税收收缴制度等影响呈现出波动性特征。财政收支在时间上不同步，必然导致在某些时间节点上出现一定规模的存量资金。

2. 地区发展水平差异

由于各地经济发展水平差异，有些地市出于财政收入影响出现年末突击拨付资金，也会造成各预算单位出现大额结转结余资金。

3. 受"留余"思想影响

由于新《预算法》规定地方预算"不得编制赤字预算"，因此，无论财政部门还是预算单位在编制收支预算时都偏保守。反映到数据上，财政收入实际完成数比例普遍高于支出实际完成数比例，而支出决算数普遍低于预算数，造成年年结余、年年扩大结余。

三、盘活财政存量资金难点及问题

（一）财政存量资金盘活力度不够

近年来，根据国务院和财政部有关加快预算支出进度盘活财政存量资金的要求，各地盘活财政存量资金取得了一定的成效。但与存量资金相比，已盘活的存量资金规模小、盘活效果不明显。究其原因，一方面，受"留余"思想影响，有的单位认为财政拨付资金形成的结转结余所有权在单位，财政无权收回，即使收回也应该再安排给本单位使用，而不能统筹使用或平衡预算，因此年年出现结余；另一方面，财政部门以盘活预算单位存量资金为工作重点，无论是开展清理核查还是实施责任追究，都是针对预算单位展开，而忽视财政资金的最大存量持有人正是财政部门本身。

（二）财政专户清理工作受到诸多因素制约

从目前情况来看，部分应撤销财政专户未及时撤销，甚至有违规的财政专户继续存在。全面清理过程中的困难和制约因素主要有以下五个方面：（1）方案不清。国务院、财政部对财政专户清理制定了指导性的规定，但并未明确操作方案，导致财政专户的清理工作存在困难。一些地方财政部门为了保留一些隐蔽性的财政专户，没有如实地上报财政专户情况，影响地方财政部门自查式清理效果。（2）责任不清。财政专户清理涉及财政、人民银行、金融机构以及人大、审计部门等。现有制度没有明确财政专户清理的牵头部门、协同部门、监督部门等，且现行财政专户清理工作由财政部门自行开展。（3）措施欠缺。由于没有详尽的财政专户清理操作指南，执行部门缺乏明确有效的应对措施，清理工作效果很难达到预期。（4）问责机制缺乏。财政专户清理任务不完成，对财政专户清理责任人是否问责、向谁问责、如何问责没有明确，弱化了财政专户清理的责任意识。（5）理解自由度高。新《预算法》规定："对于法律有明确规定或者国务院批准的特定专用资金，可以依照国务院的规定设立财政专户。"但在实际开户操作中，由于上面的规定界定不够清晰，基层财政部门对"特定专用资金"的理解存在偏颇，在金融机构开设财政专户或子账户。

（三）财政部门"以拨作支""一拨了事"的问题依然存在

《关于加强地方预算执行管理激活财政存量资金的通知》（财预〔2013〕285 号）规定，地方各级财政部门要正确处理加快预算执行进度、提高财政资金使用效益和保障资金安全三者之间的关系，在严格按照有关规定及时拨付资金的同时，坚决杜绝违规"以拨作支"、虚列支出、挤占挪用资金等行为。而调查发现存在两种不规范的现象：一是财政部门"以拨作支"，虚降国库库存。财政部门将盘活存量财政资金的重点环节锁定在降低国库库存，实施国库库存余额目标管理，采取"以拨代支"方式将国库资金调入财政专户。已拨付资金大部分沉淀于财政专户，仅改变了财政存量资金的存放地点，并不等同于真正实现了财政支出，也不意味着盘活了财政存量资金。二是财政部门"一拨了事"，大规模变相开展"现金管理"。在规定的允许实施现金管理省市清单之外，地市、县域财政部门以财政专户为"跳板"，将资金存入定期账户变相开展"现金管理"。

（四）专项资金项目过多过杂、资金管理分散

设立专项资金被作为一些政府和部门领导落实、推进工作的手段，往往缺乏综合平衡和全局考虑，每组织开展一项工作就要设立一个专项资金。由于建新不撤旧，专项资金数量和种类越来越多，一些资金性质、支出用途相同或相似的项目重复交叉，这不仅加大了监管难度，还容易造成资金重复拨付和管理失控。同时资金管理分散，有的通过财政部门下达，有的直接由职能部门下达。由于下拨渠道和环节众多，一些预算安排的项目获得财政拨款后，不能及时安排使用；同时专项资金在不同业务部门分别管理，均要求单独设立财政专户，客观上加剧了财政专户清理难度，且多账户直接造成资金分散、效率低下的现象。

（五）一些财政制度落实不够，约束效力未显现

调查发现，国务院、财政部就盘活财政存量资金制定了多项制度办法，但制度文件未落实。如：（1）预决算公开未很好执行。在个别地方对预决算公开工作重视不够，有的预算单位未按规定公开部门预决算报告；已公开的部分也存在公开不及时、公开内容的完整性和细化程度不高、公开内容与社会公众关注不匹配等问题。（2）评价盘活财政存量资金情况的规定难以落地。无论是政府部门还是财政部门都将盘活财政存量资金作为一项重要工作去部署，然而由于缺乏后期跟踪评价、责任追究，许多好的措施最终沦为一纸空文，能以年度为单位扎实开展财政存量资金盘活情况统计与分析的更是少。（3）尚未设置预算稳定调节基金。新《预算法》要求，各级一般公共预算按照国务院的规定可以设置预算稳定调节基金，用于弥补以后年度预算资金的不足。从湖北省多市情况看基本上未设置预算稳定调节基金。

四、对策建议

（一）加大盘活财政存量资金工作力度

一是摸清财政资金存量规模及分布。明确财政存量资金的具体构成和计算方法，实施财政存量资金统计监测，全面摸清各地区和各部门存量资金基数情况、变动情况。二是立足当前实际开展盘活工作。既要着力于盘活当前已有的存量资金，也要加强制度规范、建立长效机制，避免将来产生更多的存量资金；盘活存量资金既要在中央层面展开也要在地方层面展开，全面挤压存量资金的空间。三是选准盘活财政存量资金的着力点。优化财政存量资金投向，积

极配合产业结构调整政策的实施，把存量资金重点投入到高新技术产业等充分发挥稳增长作用的领域。四是推动盘活财政存量资金形成新举措。探索以多形式、多途径开展盘活财政存量资金工作，化解财政资金沉淀难题，提高财政资金使用效益。五是强化盘活工作进展情况督查。财政、审计、人大、监察等部门形成合力，同步引入社会监督员对盘活工作进展情况进行定期督查、突击督查等，评价盘活财政存量资金情况。

（二）加快全面清理财政专户步伐

一是提高财政专户相关制度规范的效力层次。将规范财政专户管理和使用的规范写入法律，规定除按照相关法律法规须纳入财政专户管理的资金外，其余预算资金全部实行国库直接支付。二是联合开展财政专户专项清理。财政、审计、人大、人民银行等相关部门联合开展财政专户专项清理工作，按照"撤销无效账户、归并同类资金、合并重复账户"的要求，对不符合开立条件者坚决予以撤销，资金纳入国库单一账户统一管理；对性质、内容等相同或相近又确需保留的财政专户予以归并。三是建立真正意义上的国库单一账户制度，确保所有财政收入都纳入国库单一账户管理、所有财政支出都须从国库单一账户划拨，从而减少财政资金进出的中间环节，提升财政资金周转效率。

（三）提升财政管理行为规范化程度

一是全面清理地方财政暂付款，该核销的要按程序尽快核销，违规占用的要及时清理，该收回的要及时收回，保障预算支出需要。二是在清理财政专户的同时，借鉴地方国库现金管理做法，并从制度层面规范操作范围、资金规模、运作流程、收益入库等具体内容，从监管层面明确人民银行对国库单一账户体系实施动态持续监管的权力，为真正实现国库单一账户奠定基础。三是加强财政资金规范管理。全面落实国库集中收付制度，实现财政资金的统一调度；减少资金进出中间环节，对于相关重点支出项目、民生项目等资金需求要优先满足，提升财政运行效率。同时，财政总预算会计按单位实际支出数列报支出，预算单位按照财政部门批复的用款计划数建立备查账，按照实际支用的资金数额登记收入账，从根本上杜绝财政"以批代支"现象，切实控制存量资金的增加。

（四）优化专项资金管理模式

一是严格专项资金设立业务流程。对专项资金纳入财政专户管理制定分门别类、核对界定、合并存放的管理办法，综合考虑资金用途等要素，对现有及新增专项资金提出保留、撤销或调整的意见，促进专项资金规范管理。二是加大对财政专项资金清理整合力度。通过项目整合、调整内容、修改完善资金分配办法等多种方式，减少专项资金结存。同时加强专项资金监管，切实改变专项资金管理多头管理、职责不明、合作不够、措施不力、监管不严的问题。三是建立专项资金管理台账，对项目实施实行动态监控，并不断调整和优化支出结构，防止挤占挪用专项资金现象的发生，提高财政专项资金管理的规范性。

（五）加大财政管理制度落实力度

一是强化监督制约和信息公开。尊重财政资金的公共属性，树立宗旨意识，做好公众信息发布和交流沟通，预算的编制、执行、审批等都应充分听取人大及公众的意见和建议，使地方政府预算能够充分体现不同人群的利益要求；畅通公众参与预算资金管理的渠道，使公共信息真正在阳光下运作。二是提升预算编制和管理水平。细化具体项目预算编制三年预算滚动规划，加大对资金支付计划的科学预测和安排，提高预算编制的科学性、准确性；完善预算编制框架，建立中期预算制度；严格按照预算编制执行，加快财政资金使用进度；建立健全预算支出责任制度，强化预算执行管理，减少预算执行的随意性；建立预算执行中期评估机制，对执行总体情况作出评价。三是规范财政存量资金收回处置工作。规范预算内暂存款、暂付款管理，全面清理权责发生制核算、单位实有资金账户结余结转等，按具体情况分类进行核销、收回或清理；定期清理和控制财政暂付款、暂存款，确保暂存款每年都在上年的基础上只减不增。四是扎实开展盘活工作效果评价工作。应制定完善盘活工作监督、评价机制，充分发挥审计、人大、监察等监督作用，将评价视角前移，将预算执行情况、财政资金的安全使用、资金流向合规等过程内容纳入评价内容。五是强化预算稳定调节机制。将当年未使用完的结转结余资金用于安排预算稳定调节基金，实现预算跨年度平衡，用于下一年预算安排。此外，对没执行完的结余资金收回重新安排，并着重安排民生项目。

参考文献

［1］胡明东，章萍，等．关于激活财政存量资金若干问题的探讨——基于人民银行国库视角［J］．地方财政研究，2014（2）．

［2］胡明东，等．激活财政存量资金的主要措施［J］．经济研究参考，2014（18）．

［3］贾占标，等．均衡有效推进预算执行盘活财政存量资金［J］．财政监督，2014（15）．

［4］刘贵生，李海．国库观察与思考［M］．北京：中国金融出版社，2015．

［5］舒畅．盘活财政存量资金的对策与建议［J］．审计月刊，2014（10）．

［6］孙仁宏．公共财政视野下的政府预算观［J］．中国财经信息资料，2012（20）．

［7］王伟团．财政存量资金的成因与盘活分析［J］．现代商业，2015（12）．

［8］张文慧，杨华．激活财政存量资金的对策建议［J］．审计月刊，2014（12）．

［9］赵长宝．浅谈财政专项资金精细化监管［J］．财政监督，2012（4）．

［10］周志华．加强国库资金管理　盘活财政资金存量［J］．预算管理与会计，2015（6）．

课题组组长：马运生

课题组成员：柯　红　刘　源　杨　梅

执　笔　人：刘　源

资本流出管制的有效性

——基于新兴市场国家面板数据的研究

中国人民银行武汉分行团委课题组

一、引言

随着国际资本市场的高度统一和自由化，跨国公司资本运营的一体化，各国扩大金融服务市场，这都为资本流动总体环境的改善和使用效率的提高提供了条件，资本流动速度加快。但历史上的数次金融危机证明了，资本跨境流动的剧烈波动可能会给各国经济带来破坏性影响。20 世纪 80 年代拉美地区爆发了债务危机，1992 年欧洲爆发了金融风暴，1997 年亚洲金融危机使得东南亚各国金融体系一度陷入崩溃边缘，2008 年爆发了国际金融危机。2008 年金融危机之后，在经济衰退、货币政策趋向宽松等因素影响下，资本流动呈现大幅波动状态，各国相继采取多种宏观经济政策和救助措施进行调整。2015 年以来，全球经济出现回调压力。国际货币基金组织（IMF）2015 年 7 月 9 日发布的《世界经济展望》报告曾指出，2015 年新兴经济体和发展中经济体经济增长估计为 4.2%，低于上年的 4.6%，创 2009 年以来的最低水平。新兴经济体面临的外部环境恶化、国际收支失衡风险加大。如，原油价格走低导致哥伦比亚经常账户赤字增长至 16 年来最高水平；巴西受铁矿石、咖啡和糖等大宗商品价格下跌影响，出口已经连续 11 个月萎缩，5 月该国已将预算削减了 226 亿美元。在若干次金融风暴中，跨境资本流动都在背后发挥推动作用。对新兴市场经济体而言，若不付出交易成本，它们将无法控制资本流动。这些国家所采用的资本流出管制措施是否有效，其政策实施成本和收益是否匹配，仍需要进行检验。本文将选取部分采取了资本流出管制的新兴市场国家对该问题进行研究。

二、文献综述

（一）对资本流动的原因研究

欧洲央行（2011）对金融危机前和危机后资本跨境流动的状况进行研究

后发现，推动因素如特定危机事件、全球流动性和风险状况的变化，对全球资本流动具有重大影响，并且该因素在危机期间发生了显著变化。当风险增加时，新兴经济体出现资本净流入，发达经济体出现资本净流出；而在危机期间，资本逃离新兴经济体返回发达经济体。同时，相较发达经济体，其他推动因素，如特定危机事件、流动性恶化以及美国宏观经济负面消息等因素对新兴经济体资本流入会产生更大负面影响。研究结果也显示资本流动与拉动因素相关性很大。一国宏观经济基本面、体制环境和经济金融政策正是 2009—2010 年经济复苏时期资本流动的主导因素。一国实体经济和金融部门对外开放程度与源自发达国家全球性冲击引发的资本流动相关性不高甚至不相关。

（二）对资本流动管理的工具使用研究

IMF（2011）认为，当资本流入激增时，启用资本管制有助于维护宏观经济和金融稳定。但在实施管制前，各国应首先用尽宏观经济和汇率政策的各种选择。宏观政策回应需放在首位，这不仅对于减缓资本流入至关重要，而且这有利于各国以协调一致的方式采取行动，不应仅仅为了回避必要的宏观政策调整而草率启用管制措施。

Tobin（1972）曾提出对外汇现货交易征收全球统一的国际交易税，他认为，使用税收手段对外汇交易进行调控，既可以增加资本流动的摩擦力，提高交易成本，降低资本流动的频率和规模，减少金融市场的动荡，又能避免征税对金融体系长期的影响，因该税收成本较低，从长期来看，对投资的影响较为微弱。IMF 经济学家 Paul 等学者进一步扩充金融交易税内涵，将与控制金融资本流动成本相关的各种监管手段也纳入金融交易税框架，提出所有能够提高金融交易成本的调控工具都可以视作某种金融交易税，如资本利得税、预扣税和无息准备金等。

（三）对资本流动管理的效果分析

目前国际现有的研究主要关注了流入管理。Dooley（1996），Arioshi 等（2000），Baba 和 Koyenyne（2011），Magud、Reinhart 和 Rogoff（2011），Ostry 等（2011）的研究表明，从紧的流入管理措施能有效缓解升值压力，使得货币政策更独立，资金流向期限更长的投资。部分学者运用事件研究法对资本流动管理进行了研究。事件研究法提出的证据表明从紧的资本流出管制对于资本净流出的效果不显著。Ariyoshi 等（2000），Magud 等（2011）认为从紧的资本流出管制对于资本流动趋势没有明显的效果或者作用时间较短。马来西亚的例子是被引证的例外。1998 年 9 月，马来西亚开始严格控制资本流出后资本外逃被遏制住了，外汇储备也恢复到危机前的水平，汇率被稳住了，利率下降。2008 年 11 月全球金融危机爆发期，冰岛采取的资本流出管制措施也被普遍认为是成功的，该措施减少了资本流出，并使克朗的汇率平稳了。1997 年的泰国和 2008 年的乌克兰的资本流出管制措施没有缓解资本流出的压力。但是，他们认为案例研究中得出的结论不能给予过高的重视。管制措施往往在资本流出激增的时候颁布。如果管制措施未调整，那么流出形势发生何种变化尚未可知。

少数研究在对部分国家样本的流出管制措施进行计量研究时，发现部分措施是有效的。Miniane 和 Rogers（2007）研究发现在封闭国家中，对于国外货币政策冲击引起的资本流动进行管制是无效的。但是，该研究没有区分流入管制和流出管制。Binici 等（2010）主要关注了资本流出管制。他们的研究发现发达国家的资本流出管理比其他国家有效，原因在于发达国家的金融体系较为完善，监管体制较为成熟。Christian 等（2014）对 37 个样本国家进行了实证研究，结果表明资本流出管制对于资本流动和宏观经济基本面都有影响，但是不同经济基础的国家有差异。

国内学者宋林峰（2002）研究了 20 世纪 90 年代巴西的资本管理经验，巴西政府对资本流动实施了多种管制政策，重点围绕固定收益证券投资。由于较为成熟的金融市场为投资者规避管制提供了便利，因此政府被迫不断采取新措施以堵塞政策漏洞。尽管管制政策的效果不很明显，但是它们对巴西度过历次金融危机或动荡发挥了稳定作用。汪洋（2004）认为我国的资本双向流动对中美利差非常敏感，严格资本管制政策事实上无效。王国松（2006）认为我国国际资本流动主要影响因素是人民币汇率预期，其次是物价水平和名义汇率，而利率影响并不显著。刘璐和吴洪鹏（2006）认为资本流动规模与经济开放度、中美利差、经济发展水平存在正相关，与人民币汇率偏离水平、物价水平存在负相关，其中汇率是主要因素。刘立达（2007）认为资本流入甚至是证券投资流入都不能用利差来解释，而与中国—国际 GDP 差额的相关性非常高。

为了对各国的资本流出管制措施的有效性进行更为准确的度量，本文采取实证分析的方法，运用面板数据检验新兴市场国家资本流出管制程度对于资本流出量的影响。具体安排如下，首先构建模型，并对选取的变量和数据进行介绍，接下来重点对资本流出管制对资本流出管理的有效性展开分析，并提出了政策建议。

三、模型设定及数据选取

（一）模型设定

本文采用 Love 和 Zicchino（2006）提出的面板向量自回归模型（Panel Vector Auto‑regression，PVAR）实证检验各国资本流出管制程度对于资本流出数量的影响，该模型不仅具备 VAR 模型的很多优点，同时还结合了面板数据的优势，包含更大信息量，便于控制不可观测的个体异质性和时点异质性等，而且相较于 VAR 模型，PVAR 模型可以允许使用时序较短的时间序列数据。

本文使用的 PVAR 模型如下：

$$Z_{i,t} = \alpha_0 + \sum_{j=1}^{q} \alpha_j Z_{i,t-j} + f_i + \varepsilon_{i,t} \tag{1}$$

模型中，Z 表示本文要研究的变量，包括资本流出管制指数和资本流出量两个变量。$i = 1，2，3，\cdots，n$，表示每一个国家。$t = 1，2，3，\cdots，n$，表示本文选取的观察时间。它是随着时间和国家发生变化的列向量。因为 PVAR 模型要求所有截面个体具有相同的基本结构，因此需要对参数增加一些约束条件，通过引入个体固定效应 f_i 可以放松对参数的限制，该变量可以捕捉对于所有截面个体有着相同影响的宏观经济政策环境变化，$\varepsilon_{i,t}$ 是残差项。

模型使用了 GMM（广义矩估计）方法进行估计。为了克服个体固定效应的影响，本文还使用了 helmert（向前均值差分法）对数据进行处理，滞后阶数的设定使用 BIC 准则确定。

（二）变量选取

本文选取的两个变量解释如下：

资本流出总量：考虑到各国经济规模不同，本文参考大多数文献的研究，将该变量的值定义为资本流出总量与 GDP 的比值。在模型估计中用 capout 来表示该变量。

资本流出管制指数：本文使用了 Schindler（2009）和 Andrés Fernández 等（2015）研究的结果。他们在研究中根据 IMF 历年的《汇兑安排与汇兑限制年报》，按照名义分类法（de jure）和事实分类法（de facto），计算了 100 个国家 1995—2013 年的资本流动管制指数。他们在计算时对资本流动的方向及资本流动的来源做了区分，既包括总体资本流动管制指数也分别计算了资本流入管制指数和资本流出指数。另外，他们还测算了对通过股权投资、债券投资和货币市场投资等渠道流动的资本进行管制的状况。Schindler 指数涵盖的样本国家范围较广，并且形成了一套不间断的时间序列数据，因而具有很强的可比性。模型估计中用 index 来表示该变量。

在数据的选取上，考虑到数据的可得性，本文使用了 1995—2013 年 32 个国家的面板数据。这 32 个国家都为新兴市场国家，而且大多对资本流动采取了管理措施，对于研究资本流出管制程度与资本流出量有一定的代表性。数据来源于 IMF 网站及世界银行网站，个别数据缺失采用插值法补全。

主要变量的描述性统计如表 1 所示。

表 1   **变量的描述性统计**

	平均值	最大值	最小值	标准差	观测值
资本流出量/GDP	0.0274	0.7209	−0.3342	0.0766	608
资本流出管制指数	0.5512	1.0000	0.0000	0.3651	608

四、实证分析

(一) 变量平稳性检验

在对数据进行具体处理分析前，为了避免伪回归的发生，需要检验数据的平稳性。本文使用了 LLC 检验、IPS 检验以及 Fisher – ADF 检验进行分析。结果如表 2 所示。三种检验在 1% 的显著性水平下均拒绝存在单位根的原假设，因而变量是平稳的。

表 2　　　　　　　　　　单位根检验结果

变量	LLC 检验	IPS 检验	Fisher – ADF 检验	平稳性
index	– 4.6288 * (0.0000)	– 3.8282 * (0.0001)	119.0000 * (0.0000)	平稳
capout	– 6.7199 * (0.0000)	– 5.4004 * (0.0000)	159.4070 * (0.0000)	平稳

注：数据的平稳性检验使用 Eviews9.0 软件进行处理。* 代表在 1% 的显著性水平下拒绝存在单位根的原假设。

(二) 确定滞后阶数

在正式估计模型系数之前，需要确定 PVAR 的滞后阶数。本文采用文献中常用的三种准则 AIC、BIC 及 HQIC 进行判断。由表 3 可知，三种准则得到的结果不一致，根据 AIC 准则得到的最优滞后阶数为 2，而根据 BIC 和 HQIC 准则得到的最优滞后阶数为 1。参照 Lütkepohl（1993）的建议，这种情况应优先选择 BIC 及 HQIC 得到的结果，因为样本趋近于无穷大时，AIC 准则会有些保守，得到的滞后阶数往往会偏高。所以，本文选择的最优滞后阶数为 1 阶。

表 3　　　　　　　　　　最优滞后阶数选择

lag	AIC	BIC	HQIC
1	3.7247	3.1873 *	– 3.5146 *
2	– 3.7360 *	– 3.1400	– 3.5024
3	– 3.6803	– 3.0195	– 3.4206
4	– 3.7002	– 2.9672	– 3.4113

注：最优滞后阶数选择使用 Stata14 软件进行处理，* 表示最优滞后阶数对应的结果①。

(三) 模型估计结果

PVAR 的 GMM 估计结果见表 4。由结果我们看出，资本流出管制指数对于自身的影响十分显著，z 值为 9.77，系数为 0.793，即滞后 1 期的资本流出管

① 注：表 3 ~ 表 5、图 1 ~ 图 3 的分析结果均使用 Stata14 软件获得。

制指数的影响度为 0.793%，证明了资本流出管制有一定的自我强化倾向，在资本流出管制手段发挥作用时，各国仍然倾向于继续采取一定的管制措施。资本流出管制指数系数的 z 值为 -0.75，而且并不显著，因而可以认为对于资本流出量并无显著的影响。

表4　　　　　　　　　　　　PVAR 模型估计结果

	index	capout
L. h _ index	0.793 *** (9.77)	-0.0302 (-0.75)
L. h _ capout	0.0361 (0.55)	0.0842 (0.72)

注：*** 表示1%的显著性水平，括号内为 z 值。

（四）方差分解结果

在模型估计的基础上，为了进一步考察变量之间的波动性，本文使用了面板方差分解对 index 和 capout 的预测均方误差进行分析。通过这样的手段来反映变量之间的重要性，考察资本流出管制指数对资本流出量影响的具体组成。表5为1、5以及10个预测期内方差分解结果。从方差分解的结果来看，资本流出管制指数在1个预测期内对资本流出量的作用为0，但是随着时间的推移，作用略有显现，但仍然较弱，第5个预测期为 0.006，第10个预测期为 0.007。

表5　　　　　　　　　　　　方差分解结果

变量	s	index	capout
index	1	1.000	0.000
capout	1	0.000	1.000
index	5	0.999	0.001
capout	5	0.006	0.994
index	10	0.999	0.001
capout	10	0.007	0.993

（五）脉冲响应分析

基于表4的系数估计结果可以得到如图1所示的脉冲响应图。

图1描述了整个样本期间资本流出管制对资本流出量冲击的响应动态。对于资本流出管制程度1个标准差的冲击，会在一定时期内对资本流出量产生负面效应，也就是说资本流出管制措施的使用会减少一国资本的资本流出量。但是随着时间的延长，该影响效用会逐渐下降甚至趋于零效用。

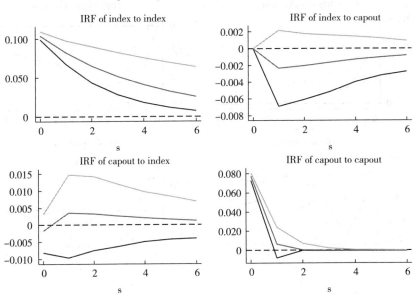

Impulse-responses for 1 lag VAR of index capout

Errors are 5% on each side generated by Monte – Carlo with 200 reps.

图 1　总体脉冲响应图

（六）分样本比较研究

为了更精确地研究一国的宏观经济状况与资本流出管制有效性之间的关系，本文将样本国家进行了分组。运用 GDP 增长率、通胀率、财政收入在 GDP 中的占比及经常项目余额与 GDP 的比值 4 个指标来分别对样本国家进行排序，形成综合评价指标后将处于前 25% 的国家作为宏观经济基础较好的样本组（以下称为第 1 组），将处于后 25% 的国家作为宏观经济基础较差的样本组（以下称为第 2 组），然后运用模型 1 分别对第 1 组和第 2 组做估计，并绘制脉冲响应图。图 2 和图 3 分别为第 1 组样本国家和第 2 组样本国家的脉冲响应结果。

由图 2 可以看出，第 1 组样本国家在报告初期，资本流出管制指数每增加 1 个标准差的冲击，资本流出量的响应都是负值，滞后 1 年的影响达到最大，随后逐渐减小，但是资本流动量一直在持续减少。

由图 3 可以看出，第 2 组样本国家在滞后 1 期的时候，资本流出量对于资本流出管制指数冲击的响应都为正向的，滞后 2 期和滞后 3 期时，资本流出量的响应为负向的，且逐渐增大，但之后，资本流出量的响应逐渐减小，并趋向于 0。在滞后 6 期时，资本流出量的响应回到正向。

两个样本组国家的脉冲响应结果对比后，我们发现，第 1 组样本国家资本

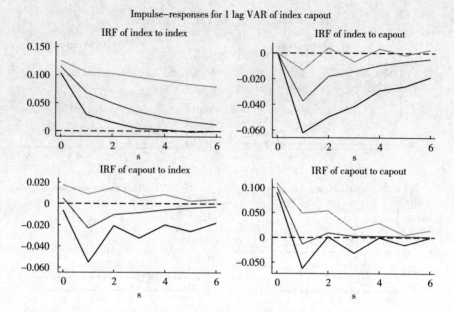

Errors are 5% on each side generated by Monte – Carlo with 200 reps.

图2　第1组脉冲响应图

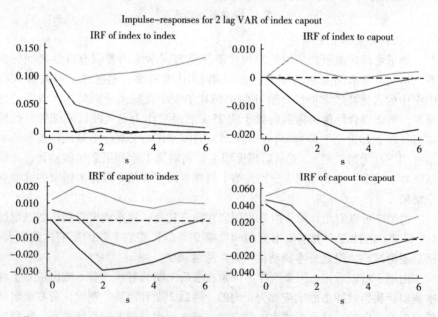

Errors are 5% on each side generated by Monte – Carlo with 200 reps.

图3　第2组脉冲响应图

流出量对于资本管制指数的调整更为灵敏，而且收敛到稳态需要的时间更长，而第 2 组样本国家资本流出量对于资本管制指数的调整所需的反应时间长，资本管制措施持续的时间更短。由此可见，宏观经济基础较好的国家使用资本流出管制工具的效果更好。因为这些国家的财政收入、经常项目余额、通胀率都较为合理，与该国的经济状况相匹配，金融体系较为完善，这与其他宏观经济政策一起，能帮助这些国家相对安全地度过跨境资本大幅波动时期。宏观经济基础较差的国家由于财政收入有限，国际收支情况不佳，经济发展缓慢，在抵御突发的跨境资本大幅波动的时候缺乏有力的实力做支撑，加之金融体系脆弱，因而资本流动管制工具难以发挥预期的作用。

五、研究结论及政策含义

本文运用 PVAR 模型实证检验了新兴市场国家 1995—2013 年资本流动管制指数对于资本流出量的影响结果发现：从全样本来看，资本流动管制程度对于资本流出量有一定的影响，但是并不显著。从不同样本国家来看，宏观经济基本面较好的国家与基本面较差的国家呈现出异质性，具体表现如下。

第一，宏观经济基础较好的国家对于资本管制措施的响应更快。宏观经济基础较好的国家的金融机构运行有序，法规健全，市场中的参与者对于监管预期的不确定性较少，因而对经济前景都持较为一致的观点，所以在采取资本流出管制措施时，资本流动的变化较灵敏。

第二，宏观经济基础较好的国家对于资本管制响应的持续时间更长。资本流出管制工具通过改变资本流动的成本来使得资本流动的频率下降。一般来说，宏观经济基础较好的国家市场机制更完善，市场交易规模较大，跨境资本流出的渠道较多，因而资本流出管制措施能持续地降低资本流出量。

国际资本流动是当代世界经济发展的一个基本趋势。跨境流动的国际资本给各国经济带来了多方面影响，这既是对一国经济的安全挑战，也给各国提供了机会。综上所述，本文提出以下建议：

第一，强化金融体系的建设是防范资本流动风险的关键。

各国政府在强调监管的同时，更应关注金融体系的基础性作用。目前，全球资本流动的自由度仍然很高，市场仍是调节资源配置的主要力量。而且在大量的跨境资金流动中，市场参与者的作用很难撼动，只有理顺其机制，才能从根本上化解异常资金流动的风险。当前我国跨境资本流动，除实体经济因素外，利差、汇差是主要驱动力。而且随着我国涉外经济的发展，资金流动的规模大幅扩大，市场自身的作用不断提升。为充分发挥市场机制的作用，监管部门应当大力健全完善金融体系，完善汇率、利率等价格调节机制，并在此基础上有效管理和监测跨境资金流动，防范异常资金流动风险，维护国家经济金融安全。

第二，稳定的宏观经济基本面是防范危机的基础。

对资本流动减少管制的最根本目的就是引进资本来推动国内经济的发展，而国内宏观经济结构是否稳定和健康，关系到引入资本能否吸收其带来的有益作用，能否抵御住投机资本攻击造成的危害。最明显的例子就是东南亚的金融危机，后果如此之大根本原因就是东南亚各国的经济发展战略失败、经济结构失衡、经济增长过度依靠出口，在国际市场的需求发生变化时，未能及时调整产业结构，实体经济首先受到损害，再加上房地产市场和证券市场连年出现泡沫，继而造成银行资产危机，而国际投机资本只是提前引发了金融危机。因而，只有促进经济良性发展，夯实宏观经济基础，才能为抵御危机提供坚强的后盾。

第三，合理的跨境资本流动监管方式是防范风险的手段。

资本跨境流动有其有利的一面，一方面资本的流入可以满足一国的资金需求，另一方面资本的流出也是一国对外股权及债权投资的正常需求，因此货币当局的监管工作既包括流出管理也包括流入管理，运用有效的管理和引导手段，合理配置这些资本，使其能对经济健康发展发挥作用。

参考文献

［1］国际货币基金组织. 世界经济展望：经济在太长时间里增长太慢［J］. 2016.

［2］CHRISTIAN SABOROWSKI, SARAH SANYA, HANS WEISFELD, and JUAN YEPEZ. Effectiveness of Capital Outflow Restrictions［R］. IMF Working Paper，2014.

［3］SCHINDLER, M. Measuring Financial Integration：A New Data Set［J］. IMF Staff Papers，2009.

［4］ANDRÉS FERNÁNDEZ, MICHAEL W. KLEIN, ALESSANDRO REBUCCI, MARTIN SCHINDLER, and MARTÍN URIBE. Capital Control Measures：A New Dataset［J］. IMF Working Paper，2016.

［5］RATNA SAHAY, VIVEK ARORA, THANOS ARVANITIS, HAMID FARUQEE, PAPA N'DIAYE, TOMMASO MANCINI–GRIFFOLI, and IMF Team. Emerging Market Volatility：Lessons from the Taper Tantrum［R］. IMF Staff Discussion Note，2014.

课题组组长：金　洋

课题组成员：陈嘉丽　代裴裴　柯　琳

执　笔　人：陈嘉丽

农村金融问题研究

孝感暨云梦农村土地"两权"抵押贷款实证研究

——基于孝感暨云梦城乡一体化新农村建设实践

中国人民银行孝感市中心支行课题组

任何政权及其政治经济社会实体，必须生存在土地之上。作为银行最传统、最安全可靠的信贷融资产品，应首选国有土地等不动产抵押贷款。在当前经济下滑形势下，各级党政领导、包括中央银行等经济金融主管部门，一再呼吁加大资金投入支持"三农"以及实体经济。近两年经济金融统计和各地实践却表明：金融机构热衷于城镇国有土地及其不动产抵押贷款，此类贷款占新增贷款绝大部分；相反，对传统行业、"三农"的贷款额度，尽量维持不减贷、不压贷、不提前收贷的措施。中国土地资源主要集中在农村，包括孝感在内的广大地区，尽管拥有庞大的土地不动产资源，但在现有的法律框架以内，农村土地（连同宅基地）尚不能抵押，农村可供抵押的其他资源很少，贷款难、贷款贵是"三农"一直反映的问题。2015 年国务院以及相关部门出台了农村土地"两权"抵押贷款试点的文件，目前尚在加紧试点。

云梦是孝感辖内唯一的国家级农村土地"两权"抵押贷款综合试点县，也是国家级新城镇化综合改革试点县，还是孝感——云梦一体化建设综合改革试点县，金融支持新城镇化建设、农村土地"两权"抵押贷款大有可为。我们立足孝感经济金融实践，调查并了解孝感——云梦一体化新城镇建设、农村土地确权、土地流转、规模经营、农村土地抵押创新、农村土地"两权"抵押贷款等情况，为推动城乡经济发展献计献策。

一、新政策法规下的机遇与压力

自 2004 年以来，连续 14 年的中央"一号文件"都聚焦"三农"。"三农"问题的核心之一是农村土地承包经营权的确立与完善，而相伴而生的是土地承包经营权的流转和土地规模经营问题。全省农村土地流转率不高、规模经营效益有限，原因是多方面的，但融资难是重要原因之一。土地承包经营权作为农村、农民的主要财产，其抵押担保问题成为"三农"亟待研究的课题，而孝感等地区的实践已经走到了理论和法律的前面，更显示了研究的紧迫性。孝感作为农村金融产品和服务创新的试点地区，人民银行开展此课题研究具有现实基础和重要意义。

本课题组掌握农村土地法律法规和党政重要文件：中共中央 2004 年以来关于"三农"建设的 1 号文件，《中华人民共和国农村土地承包法》，2007 年《中华人民共和国物权法》，2008 年《中共中央关于推进农村改革发展若干重大问题的决定》以及《关于全面推进集体林权制度改革的意见》，2015 年国务院以及人民银行等部委关于农村土地"两权"抵押贷款试点文件。

中共中央办公厅、国务院办公厅 2016 年 10 月印发《关于完善农村土地所有权承包权经营权分置办法的意见》（以下简称《意见》）指出，所谓农村土地"三权"，是指集体所有权、农户承包权和土地经营权。"三权分置"是对土地的所有权和用益物权进行划分，其基本思路是"落实集体所有权、稳定农户承包权、放活土地经营权"，充分发挥"三权"的各自功能和整体效用，逐步完善"三权"关系。《意见》指出，赋予经营主体更有保障的土地经营权，是完善农村基本经营制度的关键。土地经营权人对流转土地依法享有在一定期限内占有、耕作并取得相应收益的权利。在依法保护集体所有权和农户承包权的前提下，平等保护经营主体依流转合同取得的土地经营权，保障其有稳定的经营预期。

按中央文件内容简要算一笔账：国家新型城镇化规划提出，到 2020 年要转移 1 亿农村人口到城镇落户立足，理论上会有 1 亿农村人口的宅基地逐步空余。如果允许这 1 亿农村人口出让他们的宅基地长期使用权，将会吸引一笔庞大的城市资金去参与农村建设。按 4 口之家计算有 2500 万户，每户按 0.3 亩的宅基地计算，相当于 750 万亩（约 50 亿平方米）。如果用这 50 亿平方米吸引城市资本下乡，按每平方米 500 元计算，将会吸引 2.5 万亿元人民币的城市资金下乡购买宅基地使用权。如果算上建设费用，可能会激活 6 倍的资金（15 万亿元）进入中国农村地区。按此设想，1 亿农村人口将获得 2.5 万亿元的财产性收入，用于他们进城后的购房和消费；而 17 万多亿元的城市资本下乡，将形成规模巨大的投资需求和消费需求。

二、云梦作为孝感辖内唯一的国家级农村土地"两权"抵押综合试点及其金融服务情况

云梦作为孝感辖内唯一的国家级农村土地"两权"抵押贷款综合试点县，银行业金融机构积极配合地方党政机关，大力支持农村土地流转、规模经营，通过农村土地抵押金融创新，推出农村土地"两权"抵押贷款试点，搞好国家级综合改革试点，推动"三农"经济发展。

国务院《关于开展农村承包土地的经营权和农民住房财产权抵押贷款试点的指导意见》（国发〔2015〕45 号），连同中共中央办公厅、国务院办公厅

2016 年 10 月最新印发的《关于完善农村土地所有权承包权经营权分置办法的意见》，虽然明确了人民银行的推进主体地位，但农村土地承包经营权抵押贷款工作难度大。根据中央、省政府统一部署，孝感地区只有云梦作为唯一的农村土地承包经营权抵押试点县，暂时没有农村宅基地抵押试点县（市、区）。

（一）孝感暨云梦农村土地确权、价格评估等基本情况

1. 全面推进确权工作，夯实改革试点基础

根据《孝感市统计年鉴》等经济金融资料，我们汇集了孝感耕地、水面、山地林权、农村宅基地、土地流转及其价格等最新情况如表 1 所示。

表 1　　　　　　　孝感市农村土地价格基本情况

孝感市农村土地	2016 年数据
一、目前已经确权面积（万亩）	464.6
其中：耕地（万亩）	145.6
水面（万亩）	70（办理养殖证）
林场（万亩）	249
二、农村宅基地面积（平方米）	
三、土地流转情况	
1. 种植面积（万亩）	82.9
流转最高单价（元/亩）	1000
流转最低单价（元/亩）	80
2. 水面面积（万亩）	3.4
流转最高单价（元/亩）	1200
流转最低单价（元/亩）	450
3. 山地林场面积（万亩）	69
流转最高单价（元/亩）	150
流转最低单价（元/亩）	20
孝感市农村土地流转方式分类	
合计（耕地）总面积（万亩）	143
其中：1. 转包（万亩）	83.5
2. 转让（万亩）	8.7
3. 互换（万亩）	5.3
4. 出租（万亩）	26.9
5. 入股（万亩）	12.9
6. 其他（万亩）	5.7

作为孝感辖内唯一的国家级农村土地"两权"抵押贷款综合试点县，云梦县12个乡镇、1个开发区，294个行政村（社区），2508个村民小组，11.69万个家庭承包户，二轮延包面积37.43万亩，第二次国土调查面积57.82万亩。云梦县被省委、省政府确定为全省确权登记颁证工作整县推进试点之一，孝感市政府在全省确权推进会上介绍了云梦经验，省确权办先后印发三期简报向全省推广。2015年，云梦县顺利通过了省确权办的第二次绩效考核，应确权的289个村，9.68万个农户经营权证已全部颁发到户，实测总面积52.75万亩，承包地块49.93万块，切实理顺了承包关系，明确了土地权属，从根本上解决了农户承包地块位置不明、面积不准、四至不清、权属不明等问题，保护了农民土地承包经营合法权益，为全面深化农村各项改革奠定了基础。

2. 强化组织领导，形成试点工作合力

云梦县政府成立了农村承包土地经营权抵押贷款工作领导小组，由县长任组长，分管县长为副组长，县农办、经管局、金融办、人民银行、银监办、法院、财政局、房产局、工商局、林业局、水产局、法制办以及各涉农银行业金融机构与保险公司等部门主要负责人为成员。领导小组负责组织领导、协调、督促、检查、指导全县试点工作开展。领导小组下设办公室，办公室设在县人民银行，由县人民银行行长任办公室主任，负责试点工作的日常事务与具体实施。

3. 强化宣传发动，营造试点工作氛围

一是印制500个试点贷款工作宣传牌，在全县276个村的惠农服务站及41个贫困村的金融精准扶贫工作站悬挂宣传。二是印制试点贷款宣传折页小册子1万份。通过各村委会、惠农服务点、经管站、金融网点发放给农户与四类农村新型经营主体。三是通过新闻媒体、报刊、电视台滚动字幕开展农村承包土地经营权抵押贷款宣传月活动。四是在云梦9家商业银行的52个营业网点电子宣传显示牌上进行滚动字幕宣传。五是利用每次乡镇扶贫工作现场会进行宣传。让农村土地承包经营权抵押贷款的政策走进千家万户。

4. 强化应用平台建设，夯实试点工作基础

试点工作获批后，人民银行围绕有效盘活全县农村存量资产，提高农村土地资源运用效率，在创新农村承包土地经营权抵押贷款方面进行了积极的探索。一是搭建产权交易平台。筹划成立了"云梦县农村综合产权交易中心"，交易中心定编4人，为事业编制。同时，县政府也相继制定了《云梦县农村承包土地经营权流转管理办法》《云梦县农村土地承包经营权流转交易规则》《云梦县小型农田水利设施交易规则》，确保平台有效运转。二是出台相应的规范操作性文件。县政府先后出台了《云梦县农村承包土地经营权抵押贷款试点工作实施方案》《云梦县农村承包土地经营权抵押贷款办法》等系列文

件，指导试点工作的开展。三是各主办银行分别结合自身的信贷政策实际，制定了《农村承包土地抵押贷款管理办法》，确定贷款发放条件与流程。四是建立农村信用信息平台，实现农村信贷信息需求共享。人民银行根据农村信用体系建设及试点贷款工作的需求，与县经管局、县扶贫办及各主办行对全县四类新型农业经营主体、41 个贫困村建档立卡贫困户的各类信息进行采集，建立起综合数据库，并组织主办行对其进行信用评级。对有信贷需求的四类新型农业经营主体或农户、贫困户，由县人行、经管局编制信贷需求信贷目录，云梦农行、农商行、邮政储蓄银行、楚农商村镇银行四个试点行实现信息共享，优先选择贷款对象。

5. 强化土地价值评估，打通试点工作瓶颈

为了向全县金融部门提供农村土地承包经营权科学合理的价值评估依据，由县经管局牵头组织农业局、林业局、水产局、畜牧局、审计局、财政局等单位，抽调具有这方面资质的 6 个专家组成工作专班，根据区域地理条件、耕作习惯、物价因素和近几年主要农作物生产成本、经济效益，对全县所有确权的耕地按不同类型进行一次性评估，形成文件，印发全县参照应用（如表 2 所示）。

表 2 云梦县确权土地价值评估表

行业范围		亩均年利润（元）
粮食种植	旱地	1200
	水田	1800
蔬菜种植	大棚	15000
	露天	5000
水产养殖	常规	3000
	特种	10000
苗木种植	用材林	1200
	果树	5000
	苗圃	5000
畜禽养殖	养猪	40000
	鸡鸭鹅	80000

对承包土地经营权的价值评估，依照表 2 类型乘以承包年限。评估值＝亩均年利润×承包有效期。评估抵押率据各行及贷款人的需求情况而定，抵押率一般不超过 50%。贷款利率一般要求按基准利率执行，即使上浮，不得超过30%。如云梦五兴水产养殖专业合作社社员张云，共流转承包土地 212.83 亩，

从事小龙虾及淡水鱼的养殖，准备扩大养殖面积100亩，因资金紧张向云梦农商行申请贷款25万元，农商行对其资金信贷情况、融资用途、抵押物（承包土地的经营权）进行评估，同意放贷25万元，期限一年，利率5.655%。评估值＝212.83亩×3000元/亩×12（年）＝766.19万元，抵押率3.26%。

6. 强化政策保障托底，建立试点工作风险防控网络

一是建立风险补偿机制。为了降低银行贷款风险，实行政府银行风险共担机制。云梦县政府出台了《云梦县农村承包土地的经营权抵押贷款风险补偿金管理暂行办法》，县财政拿出1000万元作为银行试点贷款风险补偿金给四家主办银行，分别为农行300万元、农商行300万元、邮储银行200万元、村镇银行200万元。贷款损失按30%进行补偿。试点贷款发放按补偿金的1∶10比例发放，待贷款发放超过风险补偿金所补偿的上限时，政府再按比例追加风险补偿金。依据《风险补偿金暂行管理办法》，四家主办行分别与风险补偿金领导小组办公室签订合作协议。二是引入保险机制。在办理农村承包土地经营权抵押贷款时，鼓励借款人办理农业生产性保险、贷款保证保险、人身安全保险等，让合作银行成为第一受益人，防范化解金融信贷风险。三是设立贴息专项基金，实行财政贴息政策。对农户或四大家农村经营主体发放的农村承包土地经营权抵押贷款，利率超过人民银行同期基准利率的部分，由财政贴息基金专户进行贴息，但试点贷款最高利率在基准利率的基础上，上浮不得超过30%。四是免收担保费用。对农村四大经营主体在贷款中，因抵押物（承包经营权或流转土地）价值不足，需云梦县泽源担保公司对不足部分进行担保时，免收借款人担保费，降低贷款成本。五是免收评估费。云梦县所有确权土地，按不同类型由县经管局统一请专家进行了评估，评估费用由经管局拨付。县经管局在向借款人出具评估报告时，参照文件评估，实行零收费。

（二）云梦县农村承包土地经营权抵押贷款的实践情况

1. 强化金融创新，提升试点工作效能

一是简化贷款流程。为让农户和新型农业经营主体知晓办贷流程，人民银行根据各主办行的操作流程，进行优化后编印了《农村土地经营权贷款操作指引》宣传折页，明确贷款的条件、贷款对象、贷款操作流程、贷款人需提供的资料等，方便了借款人，提高了办贷效率（如图1所示）。

二是严把资料审查关。主要是对借款人的信用状况、经营状况、发展前景、确权证、流转证进行审核，严格把关。在贷款时，村或社区出证明函。以便贷后的管理和到期不能还时参与流转处理。三是大力开展信贷产品的创新，相继开发了"土地承包经营权＋小额扶贫贷""土地承包经营权贷款＋灾后重建""土地承包经营权＋产业扶贫贷"等信贷品种。如，云梦伍洛种养大户丁三华，2015年出资200万元注册湖北源鑫水稻种植专业合作社，流转承包土地411亩，从事种、养殖。专门聘请5～15人，建档立卡贫困户5～15人，每

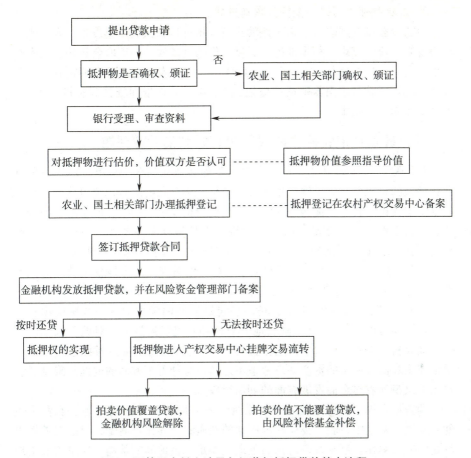

图1 云梦县农村土地承包经营权抵押贷款基本流程

年为贫困户带来3万元左右的收入。为弥补洪灾带来的损失，需重购虾苗，云梦农商行用"流转土地＋产业扶贫贷"为其贷款47万元。官渡新农民水产养殖合作社朱凯流转面积150亩，养虾带动10户贫困户致富，今年遭遇特大洪灾，龙虾跑掉8万多斤，损失近200万元。在其灾后重建筹资无门的情况下，云梦农商行用流转土地经营权做抵押，为其贷款30万元。

2. 强化督导注重协调，建立试点工作联动机制

农村承包土地经营权抵押贷款试点工作，是孝感、云梦二级政府和金融机构经济金融重点工作。孝感中心支行金融研究部门，到云梦调研开良方。人民银行组织经管局、主办行相关人员，定期不定期组织召开由人民银行、经管局、农委、金融办、四家主办银行参加的联席会议，对存在的问题集思广益，逐一化解。同时督办四家主办银行高度重视试点工作，要求先行先办，并将试点工作纳入年终综合评价考核，引导主办行大胆发放试点贷款。

3. 云梦农村"两权"抵押贷款新进展

自云梦获批开展农村承包土地的经营权抵押贷款试点工作以来，人民银行精心筹划，攻坚克难，稳步推进，试点工作初见成效，半年内全县共发放农村土地承包经营权抵押贷款 63 笔，金额 3137 万元；农村宅基地抵押贷款、森林等林地抵押贷款、水面养殖抵押贷款、"三农"其他抵押贷款等农村"五权"抵押贷款尚在摸索中。

三、试点县市农村"两权"抵押贷款的共性问题

我们调查了近 20 年来，孝感农村土地流转从无到有、从单一形式发展到多种形式的积极变化，了解土地流转、规模经营存在的障碍，努力从金融角度研究如何支持农村土地流转规模经营。我们分析 2016 年 10 月最新出台的城镇化、农村土地"三权分置"以及"两权"抵押贷款文件发现，现行农村土地改革存在的不足，可能首先源自指导思想上的束缚，突出表现为"五个不足"：（1）对农村土地集体所有制考虑过重，但对农民的土地权益及权益兑现考虑不足；（2）考虑集体经济体制的形式过多，对农民个人利益考虑不足；（3）仍然停留在农民固守土地、联产承包制框架内考虑问题，对城镇化和农村人口流动考虑不足；（4）割裂地看农村和农民发展过多，对城乡互动、城市反哺农村考虑不足；（5）对土地作为生产资料的要素特点考虑过多，但对土地作为农民可分享的资产特点考虑不足。正是这五个方面的框框，限制了农村土地改革和农村全面发展方面的创新突破。

调查还发现：农村土地的"三块地"——农村集体建设用地、农业承包地和农民宅基地中，农村集体建设用地的性质和边界比较清楚，早已能够按市场化的方式运作。涉及改革讨论的土地主要是承包地和宅基地，这是当前土地改革的焦点问题。

党的十八届三中全会已经提出了所有权、承包权、经营权"三权分置"的改革思路，要求明确所有权、稳定承包权、放活经营权。不过，对于能否破除农村土地承包权的身份限制，能否允许集体所有土地跨出集体经济组织进行转让，这些问题至今仍然没有突破。中央农办主任陈锡文曾表示，"如果坚持农村土地集体所有，那就一定要坚持本村的耕地，只能由本村的农民来承包"。如果其他人想种地，可以通过土地流转进入。不过，从中长期看，在城镇化、老龄化两大浪潮下，很多中国农村出现凋零现象，村级组织和村民都出现了极大变化，如果仍坚持本村村民承包本村耕地，可能就会遇到障碍。因此，在土地所有权不变的前提下，应该加大对承包制度的弹性设计。

目前最大的争议点聚焦在农民宅基地。虽然市场对宅基地市场化的呼声最高，但从官方表态看，这一块似乎最没有可能商量。中央农办负责人声称：宅基地每过三五年总要闹腾一下。前两年是闹腾小产权房，最近"三块地"改

革出来后，又闹腾城里人应该去农村买地建房。还强调宅基地的申请权仅属于本村村民，二者相互矛盾。对于外界对农村土地改革进展缓慢的批评，声称：如果是期望改成私有制、改成谁都可以去农村买地建房，那么对不住，确实没有什么进展。

我们认为：在城镇化带来的农村社会变化的大背景下，这种看法是站不住脚的！农村宅基地是离农民最近、也是最现实的财产权，未来的土地制度改革应该充分保障农民的这一部分财产权，让它在农民的有生之年能够变成现实。如果等到村庄都凋亡了、村民都不在了，农村宅基地制度死抱着"本村村民"这条红线，还有什么意义？那样很可能导致一个结果，就是荒废村落的农民宅基地变成了无主之地，被收回农村集体经济组织，最后实际上被基层政府无偿收走。

考虑到农村土地制度改革的现实难度，我们的基本思路是，参照城市国有土地长期出租使用权的做法，赋予农村宅基地几十年的长期使用权，允许这些使用权在市场上交易，吸引城市资本下乡参与建设。现在，一方面城市里资本富集，在资本过剩的状态下更是如此；另一方面农村地区缺少资金去建设。如果能通过长期使用权的制度设计，吸引城市资金下乡参与建设，同时让农民得到财产权的实惠，这将是一个双赢的结果。

1. 国务院对试点县工作目前没有相关政策倾斜

比如贴息政策，导致地方政府对此项工作积极性不高。建议尽快出台相关政策支持此项工作开展。

2. 风险补偿金的损失问题引起地方政府担忧

农业是弱质产业，特别是遭遇类似特大洪水等自然灾害时，种植养殖大户势必有较大损失，贷款一旦形成风险，地方政府担忧风险补偿金也会形成损失。

3. 抵押物的处置变现难度大

制度设计上比较理想，流转土地抵押贷款到期不能偿还，由农交所收回进行再流转，但在广大农村，土地再流转难度大，也不便于操作，给贷款银行带来潜在风险，导致银行对此项工作有畏惧心理。

4. 农村土地"两权"抵押贷款深层次的法律障碍

以"三权分置"为代表的农村土地制度改革，实际上只是在农村土地集体所有制框架下调整农民与土地的使用关系。它不仅远远滞后于形势发展，而且无法覆盖城镇化、农村和农民的现实需要。"三权分置"只是农村土地使用权的"半成品"改革。

一是法律尚未对农地抵押性质作出明确规定。《担保法》《最高人民法院关于审理涉及农村土地承包纠纷案件适用法律问题的解释》等法律法规均未对农村承包土地的经营权作出明确可以抵押规定，或规定农村承包土地的经营权不得用于抵押，银行在开展农地抵押贷款业务时仍然面临着法律风险。二是银行现有相关信贷规定与农村实际经营不符。例如：农业银行总行要求农村土地抵押物为本人所有，而孝感种植、养殖大户均以公司或合作社名义签订土地租赁流转合同，从而形成了财务管理难以符合法人授信要求，而承贷主体又并非抵押物本人的困境。另外，当前受托支付信贷规则，也难以适应农村经营特点的实际支付行为。

土地承包经营权的物权性质的完整性，是开展土地金融创新的法律基础。我国法律对土地承包经营权是否可以作为抵押权的标的，虽有明文规定，但争议大。因为转让作为土地承包经营权的一种流转形式，意味着农村村民对这一基本生产资料已经完全没有占有、使用、收益的权能了，而在土地承包经营权抵押的情况下，农村村民仍对这一基本生产资料保有完整的占有、使用、收益的权能。专家认为土地承包经营权的流转应该包括抵押，因为承认土地承包经营权的转让，却禁止土地承包经营权的抵押，这样的立法是自相矛盾的、非理性的设计，其立法目的深值检讨。

5. 农村土地承包经营权抵押贷款基础条件有待完善

一是流转对象无法取得承包土地的经营权证，成为农地抵押贷款障碍。据银行反映，目前相关部门对集中流转后的农村土地所有权、承包权和经营权划分尚不明晰，确权颁证对象仅针对个体农户，但合作社、家庭农场等主要贷款主体，只能取得土地流转合同，而无法取得经营权证，且农户集体签字取得较为困难，导致难以证明土地经营权的权属关系，影响到农村土地承包经营权抵押贷款的审批和发放。二是确权、颁证缺乏统一规范，难以成为有效的信贷抵押依据。从调查情况来看，由于土地流转权证难以取得，我市农村土地流转仍然是以签订租赁合同形式为主，但合同均是由协议双方起草条款，既缺乏规范性，也与相关制度办法规定不符，制约了我市农村土地经营权发挥抵押功能。

6. 农村土地承包经营权价值评估体系不统一

在农村产权抵押贷款中，相关权证的评估价值是银行决定是否进行放贷和放贷额度的依据。据调查，农地产权评估机构既有营利性公司（如资产评估事务所、会计师事务所等），又有隶属于政府部门的事业单位，各评估机构对同一类型的产权的价值评估标准不一，估价过低或虚高普遍存在。估价过低，农地的交换价值和商品性得不到公允的市场表现，农户等产权人在获得较低贷款的同时，却承担了较大的风险代价，不利于农村融资环境的改善和"三农"问题的解决；估价虚高，农业生产存在的弱质性，将加大金融机构收回贷款的风险，易形成不良贷款，进一步打压金融机构支农的积极性和主动性。

7. 农村土地承包经营权风险分担和补偿机制不足

由于农村产权独有的不可控性，在没有足够的风险覆盖和保障机制的情况下，银行的贷款积极性不高。一是农业保险体系缺失。农业产品受自然条件影响较大，自然灾害的不可抗性使农业保险具有高风险、低收益的特征，从调查中我们发现，目前农业保险呈现发展滞后、品种不足、覆盖率低的局面，各金融机构在推进"五权"抵押融资工作的过程中，也都存在不能办理相关保险的现象。二是担保公司分担银行贷款风险有限。有效的专业性担保机构能够降低银行的信息不对称，分担银行贷款风险，但目前我市农业担保有限公司由于规模小、业务受限等原因，与银行合作少、业务发展少，发挥作用有限。三是贷款损失风险补偿基金尚不能到位，也将导致贷款损失无法进行补偿。

参考文献

［1］张静，林建华，刘伟林，胡北谦．基于土地用益物权的农村金融创新实证研究［N］．金融时报，2007 – 10 – 18．

［2］胡北谦．中部地区农村金融问题及政策研究［J］．金融研究，2007 (9)．

　　　　　　课题组组长：吴安斌
　　　　　　课题组成员：吴安斌　胡赵华　贺汉桥　胡北谦
　　　　　　执　笔　人：胡北谦

农村经济增长中的金融抑制研究

——基于中国农业政策性金融发展历史的分析

中国人民银行宜昌市中心支行课题组

就我国实际而言,农业政策性金融供给有着独特而又重要的地位,其对于缓解农村金融抑制,破解"三农"难题,具有十分重要的现实意义。本文拟从中国农业政策性金融的发展历史入手,分析农业政策性金融对农村金融抑制的正反两方面作用,探讨改革完善我国农业政策性金融制度安排的有效途径。

一、中国农业政策性金融发展历史分析

(一)中国农业政策性金融与商业性金融混合阶段

自从1979年中国农业银行恢复以后,按照国家计划和产业政策要求,发放了大量的农业政策性贷款,应该说,此时的农业银行同时兼有商业性金融和政策性金融的双重身份,是典型的"身兼二任"。

到20世纪90年代初期,中国农业特别是粮食生产面临着严峻的形势,迫切需要组建专门的农业政策性银行加强对收购资金的供应管理,保护农民利益,加大对农业基础设施建设的投入,促进农业特别是粮食生产的稳定发展。同时,建立中国农业政策性银行,是金融体制改革的需要。由于当时中央银行还承担部分农业政策性金融业务,在一定程度上影响了宏观调控职能的发挥。由于收购资金被大量挤占挪用,导致中央银行增发基础货币,影响了货币政策的实施,而国有商业银行(中国农业银行)集商业性业务和政策性业务于一身,既不利于支持农业发展,又不利于农业银行商业化运行。因此,实现农业政策性金融与商业性金融分离,也是适应现代商业银行发展的需要。

(二)中国农业政策性金融独立发展的初期阶段

1993年12月国务院以《关于金融体制改革的决定》,确定组建包括中国农业发展银行在内的三家政策性银行,提出有关组建农业发展银行和分设商业性农业银行的政策意见。并强调建立政策银行的目的是实现政策性金融和商业性金融分离,以解决国有专业银行"身兼二任"的问题;割断政策性贷款与基础货币的直接联系,确保中国人民银行调控基础货币的主动权。政策性银行

要加强经营管理，坚持自担风险、保本经营、不与商业性金融机构竞争的原则，其业务受中国人民银行监督。1994年4月国务院批准组建中国农业发展银行。1995年1月，中国农业发展银行开始独立运营，但由于省级以下机构未建立，其各项业务由中国农业银行的分支机构全面代理。

中国农业发展银行（以下简称农发行）正式组建后，发挥了统一经营和管理农业政策性信贷的作用，履行了政策性金融管理职能，发挥统一经营和管理政策性贷款的作用，统一经营国家严格界定的农副产品收购和农业综合开发等贷款需求，农业政策性金融管理体系的框架基本形成，初步确立了农业政策性金融在国家支农体系中的地位和作用。

农业发展银行建立初期（1994年至1996年8月），各项业务由农业银行全面代理，但由于两行关系没有理顺，相关业务和职能无法界定清楚，使"代理制"存在许多矛盾和弊端。一是农业银行的代理业务作为一种行政安排，并未体现经济利益关系，使这种代理关系缺乏动力和激励，各自的职责不明晰。二是农业政策性贷款划转时，有关政策性金融业务的遗留问题仅仅依靠代理难以解决。三是代理力量不足，管理难以到位。农业发展银行的具体经营工作由农业银行分支机构操作，使各项管理措施和制度办法难以落实到位，资金调度不灵，对代理业务的稽核、监督和检查难以落实。

（三）中国农业政策性金融发展的稳定阶段

鉴于"代理制"存在的农业政策性信贷资金管理体制不顺，运行机制不畅，管理手段不强的状况，国务院决定，农业发展银行业务由全国代理转为实现基本自营，并于1996年8月决定增设农发行省级以下分支基层机构。自1997年底开始，农发行基本完成了业务由全面代理向基本自营的转变。

1998年3月国务院作出了调整农业发展银行业务范围的决策，将农业开发、扶贫等专项贷款以及粮棉农业加工和附营业务贷款划转有关商业银行经营，形成了目前的"收购性"政策性贷款业务构成农发行主体的状况。1998年农发行业务经营范围调整以后，目前在农发行的全部信贷资产中，除极少量用于建设服务于收购的简易仓库等服务于流通的小型基建项目以外，其余98%用于粮棉等农副产品收购的流通环节，尤其是粮食流通环节。

此举在加强对粮棉收购贷款的监督、遏制收购资金流失方面，制定和完善了收购资金管理办法。但是，从国外许多国家农业政策性资金运用的一般规律来分析，农业政策性金融的支农重点应该侧重于农业产前和产中领域，当农村经济发展到一定阶段后，才逐渐将资金向流通领域转移。从实际作用看，收购性贷款不能视为农村经济体系内部的资金占用，所以农发行在流通领域投入过多的信贷资金，使以"政策性"名义使用的支持农业的贷款，在实际运行中脱离了农业生产领域，农发行的信贷开发功能被大大弱化。

二、当前农业政策性金融体制的不足之处

（一）资金来源和负债结构不合理

从农发行的资本金状况看，农发行到位的资本金不充足，一部分是农发行设立时从农业银行划分出来的，并不是真正意义上的注册资金，而且资本充足率很低，与风险控制的管理要求相距甚远。向中央银行借款是目前农发行的主要资金来源，占全部资本金的80%左右。根据国际上许多政策性银行的制度规定，政策性银行的资金来源主要来自财政，其余资金来源主要是通过资本市场发行有价证券予以解决，在资金运用上，为使政策性资金能"专款专用"不至于流失，并处于"封闭运行"的良好资金循环状态，政策性银行与中央银行没有直接的资金往来关系。而在我国，由于金融制度变迁的特殊轨迹和传统制度的影响，农业发展银行的营运资金绝大多数来源于中央银行，农发行与中央银行的货币供给具有特别密切的内在联系。而在资金运用过程中，由于作为主要资产业务的农副产品收购资金需求量很大，在资金占用过多的情况下导致资金流失严重，为了维持正常运营不得不依赖中央银行发行基础货币来补充，由此农发行的部分业务已形成对中央银行货币供给的倒逼机制。这种状况的发生与持续，使农发行实际上已经部分丧失了代替中央银行履行农业政策性贷款的"最后贷款人"的职能，变相地成为依托中央银行专门发放农业政策性贷款的职能部门，从而决定其缺乏筹资的积极性，大大削弱了它作为银行应该具有的筹资功能。

除了向中央银行借款之外，在业务范围内开户企业单位的存款也是农发行的重要资金来源，但数量有限，稳定性也不强，很难作为长期稳定的资金来源。同时由于国内金融市场在筹资制度建设方面存在问题，农业发展银行以发行金融债券为资金来源，相对于国家开发银行、中国进出口银行来说，发债的规模和数量都不大，实质上的原因是农业发展银行贷款比较效益低，资金回报率不高，难以承担较高的筹资成本；另外，债券必须到期还本付息，而农业发展银行由于资金运用上的低效益，一部分资金到期后不能收回，势必对债券还本付息形成压力，从而影响了农业发展银行利用债券筹资的实效。此外，在财政资金安排方面，受多方面支出的压力影响，使对财政在安排对农业发展银行增加拨付资本金、安排制度规定内的各种补贴时力不从心。而农业发展银行目前还不能吸收直接或间接吸收社会公众存款，并且在境外筹资因受国家外汇收支、成本、偿债率、准入政策等条件的限制，境外筹资目前还未开展。因此，综合起来看，在农业发展银行当前的筹资结构看，从中央银行借款占绝大比重，而其他渠道的筹资数额极其有限，造成其资金来源的倾向性极其严重、筹资和负债结构的极度不合理，影响了农业发展银行的正常经营。

（二）资产管理制度存在弊端

一方面，农业发展银行信贷资产质量相对低下。根据在商业银行体系中适用多年的《贷款通则》对不良贷款划分的标准，信贷资产质量结构是通过一定时点的正常贷款、逾期贷款和催收贷款（呆滞、呆账贷款）的数量和占贷款总额的比重来分析的。一般对政策性贷款质量的分析，有双重标准，即按"期限规定性"和"政策合理性"。在以往的粮棉油收购贷款中，只有不到三分之二的贷款形成了政策性物资，而仍有三分之一以上的政策性贷款，在不同主体间因被不合理占用而发生流失，而且已发生的各种挤占挪用数量极大，清理难度大，实现收购资金的良性循环难度很大。即使未发生"流失"，国有粮棉企业也严重存在着经营亏损，收购粮棉卖不出去，农业发展银行贷款无法收回的状况。即使在目前合理的占用中，仍然存在着库存农副产品自然消耗和非正常损失的可能性，使贷款损失的风险加大。另外，各类农业综合开发和扶贫贷款质量下降，导致巨额信贷资金流失，农业政策性信贷资产质量总体状况较低。体现信贷资产质量低下、风险较大的另一个重要方面，是信贷资金的使用效率不高，主要表现在短期贷款实际被长期占用。农业发展银行现有的粮棉油收购贷款属于短期性贷款，即贷款周期应不超过一年或贷款在一年内的周转次数应不少于一次，但实际运营中，由于粮棉油受收购商品供过于求、销售困难的制约，致使贷款不断展期，形成了短期贷款被长期占用，加大了新增粮棉收购资金贷款的需求。此外，由于农业发展银行"软资产"和"硬负债"的尖锐矛盾，没有建立良好的清偿机制，导致农业发展银行的信贷风险难以转移和化解。虽然建立了计提呆坏账准备金制度，但其比例极低，犹如"杯水车薪"对解决农业发展银行的风险问题的作用是微乎其微的。

另一方面，工商企业信贷资金的运用不力。主要体现在以下几个方面：首先，收购资金责任制难以落实，农发行垫付资金现象严重。尽管收购资金责任制有所要求，但执行中在农发行和财政、企业等部门之间以及中央和地方之间，至今未形成对各自所承担的收购资金责任的统一认定标准，致使资金筹措责任模糊，尤其是财政和企业职责不清，地方政府也难以协调。其结果是，为保证收购正常进行，政策性贷款必须超额垫付，而相应的清理和归还制度缺乏，导致垫付款数额越积越大，加大了收购资金筹措和供应压力，政策性收购资金封闭运行、良性循环的目标难以实现。其次，政策性财务持账数额大、消化缓慢。从实践中看，因财政欠拨、欠补而造成的各种政策性财务持账及其积累效应，已构成粮食系统财务挂账的主要部分，由于财政资金拨补缺乏应有的约束机制，加上粮食流通体制存在的各种弊端，致使中央和地方之间，对粮食的事权、财权和利益关系未能从根本上理顺，地区之间财政拨补的权责关系失衡，致使主产区财政对资金拨补缺乏应有的积极性。最后，工商企业不合理占用政策性收购资金依然存在。粮棉企业作为独立的经济法人，享有自主经营、自我发展的权利。农发行的信贷一经放出，其实际支配权就在工商企业手里，银行则处于被动的监督地位，很难控制企业资金运用及其调销贷款回笼。企业在利益驱动下，通过多头开户、直接挪用等方式挤占挪用。

（三）协调区域经济发展的作用不明显

改革开放 30 多年来，我国农村地区由于历史基础、自然条件、人力因素、政策支持等的差异，逐渐分化为三种基本类型的地区，第一种是沿海的、经济较发达的农村地区；第二类是中西部城市市场辐射带的农村地区；第三类是中西部非城市市场辐射带的农村地区。从目前三大地区农村经济发展的现状判断，东部地区农村经济（第一类农村）基本跨越了由农业向非农产业或农村工业化的转换阶段，进入了农村非农产业为经济发展主体的时期，形成了非农产业占绝对比重的农村产业结构。中西部地区（第二、第三类农村）农村经济尚处于以农业为主体的发展阶段，处于向非农产业为主的过渡时期，是农业与非农产业并存或是农业为主体的农村产业结构。因为农业发展银行资产业务的 90% 以上是用于"收购"，某种意义上是政策性"收购"银行，其发展的功能远远未能体现。因此粮食主产区即农副产品收购集中的地区，也就是农业发展银行信贷业务集中的地区，这些地区主要分布在上述的第二、第三类地区。从道理上讲，国家政策性金融供给向经济欠发达的第二、第三类农村地区倾斜是理所当然的，但这些资金大都用于单一性、政策性的大宗农副产品收购，而其他同等重要的政策性业务如农业基础设施建设、农业科技发展等被忽视掉，某种程度上，使政策性金融协调区域经济平衡发展的重要功能无从体现。

三、完善中国农业政策性金融的建议

（一）完善农业发展银行经营管理制度

对于农业发展银行来说，当前应从组织结构、内部控制、运作方式、监督保障等方面完善其经营管理制度，以切实履行好政策性金融支持农村经济发展的职能。其中，农业发展银行的业务经营体制和资金管理方式是核心内容，下面对这两方面的问题进行详细的探讨。

一般而言，政策性银行的经营体制按其业务运行方式，可以划分为自营和委托他行代理两种方式，农业发展银行经营体制的选择，既要考虑政策性金融的运行特点，又要结合国情，不能机械照搬国外的做法，也不能完全套用商业性金融的经营模式。对于农业人口较少和经济比重小的农村地区，贷款笔数小，业务量不大，不具有设置固定的、有形的分支机构的必要性，农业发展银行委托其他机构代理是必要和适宜的；而在经济发达、特别是重点农产品主产区，业务对象点多面广，业务规模大且相对稳定，有零售业务的特点，因而设置必要的营业机构，是有利于业务经营和促进农村经济发展的。从成本比较看，在政策性业务量较小、业务不稳定的地区设置机构网点，会使机构职能得不到充分发挥而形成资源的浪费。若由其他机构代理则运行费用相对小得多，也会使代理机能得到充分发挥。而在业务数量大范围广而且相对稳定的地区，如果仅由商业性金融机构代理经营则不仅使代理手续费和监督费用高昂，而且可能因委托代理机构所掌握的信息不完全、不对称和监督检查能力不足，而使政策性业务偏离政策方向，导致政策性资金流失和配置失误。设置"多级次"的组织机构不仅能使组织机能得到充分发挥，还会获得规模效益的好处和组织费用的比较优势，确保政府意图和产业政策的实现。

就农业发展银行的资金管理来说，应该强化资金的风险管理机制，借鉴和引进商业银行资金管理制度，试行全面的资产负债比例管理。其要点包括：一是在实行资产负债比例管理过程中，既要根据国家支持农业和农村经济发展所提供的金融供给总量和结构状况确定并组织负债，又要坚决遵循负债规模、制约资产规模的资金配置极限值，防止资金比例配置失衡。二是强化风险管理，提高信贷资产质量。只有有效地识别并防范政策性信贷风险，提高信贷资产管理水平，才能确保信贷资金不断循环和增值。要积极消化不良资产存量，严格控制不良资产发生，降低不良资产比率。三是建立资产负债动态平衡分析系统，实行对称性均衡管理，必须把握农业发展银行的信贷资产负债动态变化的因果逻辑和数量关系，逐步构造资产负债在总量均衡、结构均衡、成本均衡、利率均衡、收益均衡和速度均衡方面的数量、质量平衡关系，实现农业发展银行资产负债的最佳配置和组合。

（二）建立农业发展银行资金来源制度

农业发展银行应在国家法规政策范围内，建立多渠道的资本金来源机制，确保自身的持续经营。一是利用财政渠道融资。通过财政对农业发展银行以有力支持，可以有效解决困扰政策性金融资金来源不足、结构不合理以及现金流不稳定的问题。利用财政渠道融资具体可以通过以下几种方式实现：国家建立财政借款制度；建立资本金补充制度；将财政部门对农业发展银行的政策性补贴制度化；将其他部门经营的农业政策性专项资金和投资基金由农业发展银行实行归口管理；财政协助筹措低成本长期资金；财政支持建立贷款损失准备金制度等。

二是发行政策性金融债券融资。应逐步提高金融债券的比例和数额，积极从社会筹措资金，为资金来源由政府主导型过渡到市场调节型打下基础，是解决农业发展银行资金来源的重要选择。发行政策性金融债券可以有以下几条路径：面向国有商业银行发行金融债券，面向社会发行金融债券，面向港澳地区和国外发行金融债券。

三是吸收各类存款进行融资。国家财政部门和中央银行应研究有关措施允许农业发展银行面向社会吸收存款，扩大存款对象范围，争取吸收其他企业存款或事业性单位的资金。这样不仅可以减轻对中央银行基础货币投放的压力，减少财政对农业发展银行的财政性补贴，还可以提高农业发展银行的经营积极性，充分发挥其吸收非农资金而投入农业的政策性金融中介的功能，扩大政策性支农资金的可用量。另外，在农业发展银行可吸收的各类存款中，应重点将邮政储蓄存款列入其中。中央银行应改革现行邮政储蓄管理办法，将邮政储蓄划给农业发展银行管理和使用，改变原来的邮政储蓄资金转存中央银行或交由农村信用社使用的做法，这将有力地拓宽农业发展银行的资金来源渠道。

四是适当向商业银行进行短期融资。为缓解因资金不足造成的支付困难，农业发展银行也可在一定范围内参与同业拆借市场，一方面及时拆入短期资金以解决临时性资金不足；另一方面，在资金多余时也可临时拆出，以增强农业发展银行资金调控能力，提高资金使用效益。

五是开辟国际金融市场融资。即争取从国际金融组织和外国政府获得低息优惠贷款，主要包括国际金融机构及外国政府和金融机构的各种低息、优惠、援助性的开发贷款和国际商业贷款。

（三）强化农业发展银行资产运营制度

农业发展银行要进一步加强信贷资产管理，调整信贷资金运用结构，拓展资产运用范围，提高资产运营质量。其要点包括：一是优化农业政策性贷款质量，提高经营效益。要强化信贷资产监控管理，摒弃重贷款规模增长、轻贷款质量，重投放轻管理的行为，树立数量、质量、效益并重的观念。对农业政策性贷款管理，应按照风险原则，以还款可能性为依据，实施五级分类（即正常、关注、次级、可疑、损失），这是与国际贷款分类原则相接轨的较为有效的管理方法，它真实反映了贷款的运行状态。并以此建立占用监测分析体系，对贷款质量进行监测分析。加强核算是实现效益的基础和关键，要强化核算观念，清收不良贷款，提高资金使用效益。

二是完善粮棉油收购资金管理，保证收购资金封闭运行。面对收购资金"封而不闭"的现实，必须对封闭资金实施动态管理，既要进一步改善收购资金的外部运行环境，又要从"内部循环"过程中的贷款投入、使用监管、贷款收回等各个环节，切实加强管理。农业发展银行必须在保证必要的国家粮棉储备的基础上，对收购资金的运用采取"市场化取向"的供应方式，改变"以收定贷"方式，逐步采取"以销定贷""以效定贷"方式，增强信贷资金管理的自主能力。

三是拓展资产运用领域，完善农业发展银行的整体服务功能。农业发展银行要放大政策性支农功能，增加开发性项目的信贷投入，如支持高科技农业产业发展，对农业可持续发展意义重大的基础设施、农村环保型企业、"绿色工程"建设、农村城镇化建设等进行信贷支持；积极支持粮食种植结构调整，提高粮食商品率、优质率和市场占有率，把国家对粮食等基础产业的扶持政策从流通领域转向生产领域。这也是克服农业政策性贷款结构单一、互补性差等弊端，分散和化解政策性金融风险，拓展资产运营领域、增强宏观效益的重要举措。

（四）完善农业发展银行区域发展政策

农业发展银行完善区域发展政策，必须促使自身的业务区域分布向均衡化发展，其要点包括：一是对于粮棉油流通而言，粮食的生产、收购是相对集中的，但销售、消费在全国是相对均衡的，因此农业发展银行对信贷资金的均衡使用应有合理的预期，正确预测信贷资金流向，掌握政策性资金的区域性需求，做到既不使资金对满足收购农副产品的需求出现过剩，而导致资金"跑冒滴漏"，也不应使农副产品收购出现资金不足。

二是根据我国农业开发的总体规划和部署，在粮棉油等主要农产品生产潜力上，要"提高东部、开发西部、主攻中部"，这种发展思路使各项扶持政策尽可能地向中西部地区倾斜，政策性信贷资金必将先行启动，从而改变农业政策性信贷资金的地区分布。

三是针对贫困地区的政策性信贷投入应不断增加。农村贫困地区既是特殊的农村地区，也是政策性金融理应特别顾及的地区。对于农村贫困地区每年都要投入一定量的政策性信贷资金，使政策性贷款存量逐年积累增长。

（五）农业发展银行外部相关制度建设

农业发展银行在外部相关制度建设方面，要处理好以下几类关系：一是处理好农业发展银行与中央银行的关系。农业发展银行无论是职能的发挥，还是业务经营，都要接受中央银行的监督管理。当前存在的主要问题是农业发展银行在资金筹措方面存在大量依赖中央银行借款的做法，从长远看，是一种很不规范的制度安排，应该加以解决。当然，在农业发展银行营运资金头寸短缺时，中央银行应提供临时贷款，以解决头寸问题。农业发展银行必须提高对中央银行再贷款的运用效果，对再贷款的传入时间和规模既要进行合理规划和预期，还要对收购资金需求做好合理预测和分析，最大限度地减少超额资金借入量。在农业政策性信贷资金的定向筹集和使用，粮棉收购资金使用，资产质量状况，财政贴息来源规模及贴息标准等方面，农业发展银行要自觉接受中央银行监测。人民银行也应对农业发展银行予以政策支持，如农业发展银行的呆账准备金计提和核销比例应高于一般商业银行，调低中央银行再贷款利率、调低农业发展银行的存款准备率等。

二是要处理好与财政部门的关系。总的来说，农业政策性金融与财政的职能既有相通之处，但更有区别。农业政策性金融部分履行了财政的平衡分配资源使用的功能，体现了公允原则；但农业发展银行是特殊的金融企业，而不是财政机构，其运行特征是企业行为而非财政行为。

三是要处理好与商业银行的关系。在市场经济条件下二者是地位平等的独立法人机构，在日常业务活动中，应该相互补充和协作。

四是要处理好与经营政策性业务的工商企业的关系。要改变农业发展银行与企业之间变相的、无偿的资金供求关系，改为企业间的信用关系、借贷关系。企业应正确使用农业政策性贷款、提高资金利用率、按期偿还贷款本息。

五是处理好与政府的关系。有关政府部门与农业发展银行要各司其职。农发行在执行国家宏观调控政策下，具有独立的经营自主权，不受地方政府的干预和约束。

六是健全农业政策性金融法律保障及监督制约体系。国家必须通过有关立法，将农业发展银行与上述各类关系以法律形式予以规范，以保障各方利益，以政策性金融法规为准则，农业发展银行的各项经营活动均应纳入法制化轨道。

参考文献

［1］刘丹，林松，沈晖．关于农村金融抑制问题的文献综述［J］．金融经济，2010（10）.

［2］李锐，朱喜．农户金融抑制及其福利损失的计量分析［J］．经济研究，2007（2）.

［3］陈雨露，马勇．中国农村金融论纲［M］．北京：中国金融出版社，2010.

［4］何志雄，曲如晓．农业政策性金融供给与农村金融抑制——来自147个县的经验证据［J］．金融研究，2015（2）.

［5］董杰．金融发展与农村经济增长研究［J］．西南财经大学，2004.

课题组组长：陈　玥

课题组成员：陈昌焕　刘玉霞　张兆海　唐丽英

吴　丹　李东樵

农村"两权"抵押贷款试点推进情况调查

——以湖北省为例

中国人民银行武汉分行货币信贷管理处课题组

2013 年以来，习近平总书记在第 29 次中央深化改革领导小组会议中多次提及农村土地制度改革，农村承包土地的经营权和农民住房财产权（以下简称"两权"）抵押贷款试点是农村土地制度改革的重要附着性制度，有利于盘活农村土地资源、增加农民财产性收入、促进农业适度规模经营，对于农业发展和农村改革、促进全面建成小康社会具有重要意义。

一、湖北省"两权"试点工作取得阶段性进展

2015 年 12 月 27 日，经全国人大授权，明确湖北省钟祥市等 10 个县（市、区）开展农村承包土地的经营权抵押贷款试点，宜城市、江夏区 2 个市、区开展农民住房财产权抵押贷款试点。试点以来，湖北省委、省政府高度重视"两权"抵押贷款试点工作，成立湖北省"两权"抵押贷款试点工作指导小组，制定下发试点工作实施方案，召开全省"两权"抵押贷款试点工作现场推进会，保证试点工作取得积极成效。

（一）确立工作机制

成立了湖北省"两权"抵押贷款试点工作小组，各试点县（市、区）比照省级建立了试点工作机制。召开湖北省"两权"抵押贷款试点工作视频会议，传达人民银行总行"两权"抵押贷款工作座谈会精神，并提出了具体工作要求。建立试点工作信息报送机制，创建了工作简报。人民银行武汉分行报送的《宜昌市夷陵区破解"五大难题"推进农村承包土地的经营权抵押贷款》被全国农村"两权"抵押贷款试点工作指导小组《简报》第 7 期刊用。按人民银行总行要求，人民银行武汉分行建立了专项统计制度，按季总结和监测统计辖内"两权"抵押贷款情况。

（二）制定实施方案

根据国务院、人民银行总行及湖北省政府相关文件精神和要求，在深入调研基础上，人民银行武汉分行起草了《湖北省农村承包土地的经营权和农民

住房财产权抵押贷款试点工作实施方案》，并以省政府鄂政办发〔2016〕20 号文件印发，确定了试点工作的总体目标、基本原则、工作步骤及时间安排。并要求各试点县（市、区）相应制定实施方案，督促涉农银行机构制定农村产权抵押贷款实施细则和操作办法。

（三）召开现场会议

2016 年 6 月，人民银行武汉分行组织召开了湖北省"两权"抵押贷款试点工作现场推进会，省政府主要领导参会并作讲话，会议在总结交流前期经验基础上，在关键问题、环节、内容和举措四个方面对下一阶段推进工作提出了具体要求，会上银行与农业经营主体现场签约 5000 万元。2016 年 9 月，人民银行武汉分行再次组织召开全省"两权"抵押贷款试点工作座谈会，参观学习大冶市"三农"金融服务中心，交流各试点地区先进经验做法，督促落实2016 年工作目标并安排部署下一阶段工作任务。

（四）推进平台建设

人民银行武汉分行积极推动相关部门、各地政府搭建"两权"登记管理服务平台和流转交易平台，夯实"两权"抵押贷款业务开展基础。截至 2016年末，湖北省 12 个试点县（市、区）已全部建立相关工作平台，农地经营权确权率达 100%，累计完成"两权"交易 5.9 万笔，金额 78 亿元。同时，依托两个平台，为试点地区"两权"确权颁证、抵押登记、流转交易等提供服务。如，夷陵区农村产权交易中心为流转土地经营主体颁发《农村土地流转经营权证》，明确流转土地经营权相关要素，解决流转土地经营权抵押登记缺乏凭证等问题，并在土地流转格式合同中先行约定土地经营权可用于抵押融资，规模经营主体申请贷款时无须再征求土地流出方同意，融资效率明显提升。大冶市"三农"金融服务中心制定农村承包土地的经营权抵押公示文本，利用向流转土地所在村组公示，并采取电话录音、手机短信、微信、QQ 等通信手段，将农户确认流转的信息记录作为依据，完成已流转但未签订格式化合同的农地经营权流转、抵押等确认手续，截至 2016 年末，大冶市已利用上述方式累计实现流转面积 3 万余亩。

（五）完善机制建设

一是转让处置机制，即借款人不履行到期债务，抵押权人通过协议转让、依托流转交易平台挂牌再流转等方式处置抵押物，抵押物处置收益由抵押权人优先受偿。二是担保增信机制，湖北省成立农业信贷担保有限公司，以从事农业生产和粮食适度规模经营的新型农业经营主体为主要服务对象，累计可为"两权"抵押及相关农业项目提供 165 亿元的融资担保服务。各试点县（市、区）大力发展政府出资、以涉农担保业务为主的融资性担保机构，目前在保余额达 7050 万元。三是风险补偿机制，各试点县（市、区）政府统筹安排财政性资金，设立"两权"抵押贷款风险补偿基金，明确贷款损失分担比例，由风险补偿基金和金融机构共同承担"两权"抵押贷款风险，目前，湖北省试点县（市、区）共设立贷款风险补偿基金2.3亿元。四是风险警戒机制，即试点期间，金融机构"两权"抵押贷款业务在风险补偿基金一定放大比例内开展业务，并设定贷款不良率临界值。如，湖北省部分地区金融机构在风险补偿基金金额10倍以内提供贷款，当贷款不良率达5%时则暂停贷款业务，待风险化解后再行恢复。

（六）拓展贷款业务

将"两权"抵押贷款试点工作作为全年重要工作进行安排部署，督导辖内金融机构结合自身实际创造性地参与试点工作，加大"两权"抵押贷款发放力度。湖北省金融机构积极开展"两权"抵押贷款产品和服务方式创新，先后创新推出欣农贷、组合贷、农房贷等贷款产品以及"'两权'直接抵押""'两权'抵押+"等综合抵押融资方式。到2016年末，湖北省"两权"抵押贷款余额9.5亿元，较2016年初增长305.9%，其中仅以"两权"抵押的贷款余额达3.9亿元，占全部贷款余额的40.7%；2016年全年，全省金融机构累计发放"两权"抵押贷款1674笔，金额9.2亿元。到2016年末，全省"两权"抵押贷款不良贷款金额为724万元，不良率仅为0.76%。

二、试点推进仍面临的主要问题

（一）农地流转方面存在问题

一是历史遗留问题难解决影响确权及评估。由于土地丈量方式变化，目前经营主体面对两个土地面积，即承包面积和实测面积，且实测面积一般高于承包面积20%，给土地价值评估、抵押贷款等带来问题。二是农村承包土地的经营权变现能力差，较大程度上制约了土地承包经营权作为抵押物的金融产品创新，影响了此类贷款业务的推广步伐。

（二）农房及宅基地流转方面存在问题

一是价值评估难。农房交易市场不健全甚至缺失，农房价值评估缺乏参考值，评估存在较大偏差，面临有价值无价格的尴尬。二是农房交易难。目前买受人的范围还限制在本村集体经济组织内部，金融机构只能向本村集体经济组织成员转让宅基地使用权，买受对象狭窄，不利于流转。

（三）抵押贷款业务方面存在问题

除了"两权"流转交易、价值评估和变现等方面存在的问题制约抵押贷款的发放与管理外，还存在风险保障与补偿难的问题。一方面，农业保险业务开展不充分，未实现全覆盖。另一方面，虽然大部分试点县（市、区）承诺给予"两权"抵押贷款一定财政性补偿，但补偿流程和标准未完全明确，实际工作落实起来存在不确定性，影响了银行机构开展此项业务的积极性。

三、下一步安排及政策建议

（一）进一步加大对"两权"抵押贷款试点的协调推动与政策支持

充分发挥政策、改革叠加优势，政策层面将"两权"抵押贷款试点工作在与省"四化同步"试点、新型城镇化、"美丽宜居乡村"建设、农村合作金融创新试点等统筹安排；工作层面，与农村合作金融创新试点、新型农业经营主体主办行制度实施同步推进；操作层面，与土地综合整治、农村综合产权确权工作、新农村建设工作协调配合。同时，完善"两权"抵押贷款专项统计制度，依托专项统计制度对"两权"抵押贷款业务发展较快的试点县（市、区）在支农再贷款规模分配上给予倾斜。协调监管部门研究出台差异化监管政策，贯彻落实国家有关资本充足率、贷款分类等方面的计算规则和激励政策，协调税务部门按照相关政策精神，落实好"两权"抵押贷款损失准备金税前扣除、贷款损失在冲减贷款损失准备金不足部据实在计算应纳税所得额时扣除等优惠政策，支持金融机构开展"两权"抵押贷款业务。

（二）进一步完善"两权"抵押贷款试点的风险缓释及补偿机制

为顺利推进湖北省"两权"抵押贷款试点工作，湖北省"两权"抵押贷款试点实施方案明确要求试点地区配套建立贷款风险补偿机制。到 2016 年末，湖北省 12 个试点县（市、区）共设立 2.3 亿元贷款风险补偿基金，按金融机构 1:10 贷款发放最高比例测算，累计可发放农村承包土地经营权抵押贷款 23 亿元，而 2016 年全年，湖北省 12 个试点县（市、区）共新增涉农贷款 360 亿元，目前试点县（市、区）风险补偿基金所能支持的贷款金额远远不能满足当地新型农业经营主体、农户的实际贷款需要。下一步，各地政府应继续扩大风险补偿基金规模，积极推进农业保险、涉农小额信贷保证保险等业务，不断完善"两权"抵押贷款试点风险分担机制，同时，探索加大对金融机构因涉农贷款利息优惠而导致利润压缩的财政贴息力度，进一步调动金融机构试点工作积极性。

（三）进一步推动金融机构稳妥有序开展"两权"抵押贷款业务

督促全省金融机构进一步做好以下几个方面工作：一是梳理细化"两权"抵押贷款管理制度和实施细则，在信贷规模、营销策略、成本管理和风险控制等方面对"两权"抵押贷款试点给予适当倾斜。二是创新信贷产品和服务模式，在贷款额度、利率、期限、担保、风险控制等方面加大创新力度，简化贷款管理流程，优化贷款服务模式，适度提高"两权"抵押贷款风险容忍度。三是加大"两权"抵押贷款营销与宣传推介力度，加强与政府部门、保险、担保等机构合作，落实"两权"抵押融资功能，满足农业经营主体有效融资需求。四是强化贷前审查、贷款发放和贷后管理等工作，严格授信准入审查，跟踪"两权"抵押贷款用途，确保信贷资金用于农业生产与服务。

（四）进一步加强对全省"两权"抵押贷款试点工作的监督指导

督促各试点县（市、区）建立健全"两权"抵押贷款试点工作情况报告、监督检查和评估等制度，定期上报、通报工作进展情况，开展巡回检查监督，及时掌握工作进度，发现问题并及时处理解决。夯实"两权"抵押贷款试点工作交流平台，支持各试点县（市、区）及时总结经验、借鉴交流，相互促进推动试点工作。2017 年初，以省试点工作指导小组名义指导各试点县（市、区）对 2016 年试点工作进行系统总结并将相关情况报上级人民政府和省试点工作指导小组，并组织省试点工作小组成员单位对各试点县（市、区）试点工作开展 1 次巡回指导和现场督查，对前一阶段各地试点工作组织检查验收。

参考文献

［1］李韬，罗剑朝．农户土地承包经营权抵押贷款试点的行为响应——基于 Poisson Hurdle 模型的微观经验考察［J］．管理世界，2015（7）．

［2］赵帅，董继刚．农村土地承包经营权抵押贷款的研究综述［J］．农村经济与科技，2014（5）．

［3］黄惠春．农村土地承包经营权抵押贷款可得性研究——基于江苏试点地区的经验证据［J］．中国农村经济，2014（3）．

［4］董昕．土地经营权抵押贷款试点［J］．中国金融，2016（22）．

［5］李新耀．农村普惠金融短缺［J］．中国金融，2016（22）．

［6］肖卫东，梁春梅．农村土地"三权分置"的研究综述［J］．中国农村经济，2016（11）．

课题组组长：向秋芳
课题组成员：胡红菊　胡云飞　王春元
执　笔　人：王春元

自然资源资产产权抵押融资研究

——基于鄂州实践

中国人民银行鄂州市中心支行课题组

一、引言

"探索编制自然资源负债表，对领导干部实行自然资源资产离任审计，建立生态环境损害责任终身追究制"是党的十八届三中全会作出的重大决定，也是国家健全自然资源资产管理制度的重要内容。编制自然资源资产负债表并探索其实际应用，无疑是加快建立生态文明制度，健全资源节约利用、生态环境保护体制，建设美丽中国的战略需求所在。

2016年，湖北省委、省政府按照中央部署，在全省开展自然资源资产负债表编制和领导干部自然资源资产离任审计工作，鄂州被确定为唯一的地级市试点。在此背景下，鄂州市立即在全域着手自然资源资产负债表的编制，同时还在梁子湖区启动了自然资源资产货币化测算工作，提出进一步开展自然资源抵押融资的试点，其重大的理论意义和实践意义是显而易见的。

二、自然资源资产产权制度的特征

（一）自然资源产权

根据德姆塞茨的观点，自然资源的产权源于自然资源的稀缺性，自然资源稀缺性的显现是自然资源产权产生的根本原因。自然资源产权实际上是自然资源权利的界定、行使和保护，关键在于相互间的排他性。当自然资源变得稀缺，资源价格提高，使得建立排他性的成本低于所获得的收益时，才能激励人们建立起该自然资源的产权。因此，自然资源稀缺性的显现和不断提高是自然资源产权理论的基础。

（二）自然资源资产产权

自然资源资产产权是通过自然资源的资产化，在开发自然资源的同时实现对生态环境的保护，是在原有自然资源产权的基础上，附着了自然资源保护性利用和开发、可持续性管护以及生态环境保护的权利义务内容，形成具有空间性特征、生态性特征的自然资源的生态资产的产权，其与原有自然资源产权共同构成新型的自然资源资产产权，是一种更利于自然资源可持续开发利用的产权制度。健全完善的自然资源资产产权制度除具备自然资源的明晰性、排他性、可转让性、稳定性等一般的财产权利特征的同时，更强调自然资源的生态资产。

（三）自然资源资产产权制度的特殊性

自然资源作为一种特殊的生产要素，从自然属性看，具有可再生性或不可再生性；从经济属性看，自然资源具有很强的公共性、正外部性、负外部性。此外，自然资源开发利用周期较长，自然资源与生态空间的耦合关系较为复杂多变。自然资源利用除了考虑其带来的经济效益外，还要考虑其社会和生态效益。自然资源的这些特殊性必然要求自然资源资产产权制度安排有其特殊性。

1. 产权主体的特殊性

自然资源的产权主体类型多样，在法律的授权下，国家、法人、自然人及其他组织都可以成为其主体。在自然资源的所有权层面，国家和集体是自然资源资产产权的主体。在自然资源使用权和经营管理权层面，产权主体可以是单位法人或者自然人。实际上，自然资源开发利用中，同一自然资源可以同时进行多项开发利用，使得多个使用权主体同时存在，既可能都是单位，也可能都是个人，还可能既有单位也有个人。

2. 产权客体的特殊性

自然资源的多样性、复杂性、特殊性使得对自然资源资产客体的界定势必是多样性、多层次的。自然资源是自然资源产权的客体，而自然资源资产产权的客体却不能简单地认为就是自然资源。自然资源资产既包括经济属性的资产，也包括生态属性的资产。因此，自然资源资产产权的客体为自然资源以及自然资源所产生的生态资产。由于自然资源自身的特殊性，对其资产产权客体的界定也具有特殊性，并不是所有自然资源都可以成为自然资源资产产权的客体，只有能转化为资产的自然资源才能成为其客体，产权客体界定不明确也是自然资源资产产权制度面临的一个重要问题。

3. 自然资源资产产权制度安排必须纳入生态环境保护

自然资源资产产权制度安排要坚持生态效益优先原则，并要求自然资源资产产权制度必须给予产权主体经济上一定的激励与约束，使权主体对经济利益的追求和国家对生态效益的追求相容，实现产权主体利益最大化和自然资源的合理利用与保护的最佳选择。过去很长时间内将自然资源视作基本生产资料，没有充分认识到其资产性，以行政划拨的方式出让国家自然资源，导致对自然资源的掠夺性使用，不仅造成资源浪费，还带来了环境破坏。健全自然资源资产产权制度，是为了明确公共自然资源的"主人"，使其在获得使用这些自然资源权力的同时，承担起保护自然资源与生态环境的责任，实现经济效益、生态效益和社会效益的最佳匹配。自然资源资产产权不仅保障自然资源经济价值，也强调自然资源的生态价值。

三、自然资源资产产权抵押融资的探索：基于鄂州的实践

（一）主要做法

1. 建立自然资源资产产权制度

（1）健全自然资源资产管理体制。目前，经市委办公室批准，设立统一的自然资源资产管理部门，由国土、农业、水产、林业、水务、环保等部门，成立自然资源资产监督管理委员会，结合鄂州改革工作实际，制定了自然资源资产监管及保护修复改革方案。统一行使自然资源所有权，实施空间用途管制，负责自然资源的保护和修复。形成自然资源管理和监护的社会制衡机制，让公众、媒体、非政府组织等社会力量参与进来，一方面监督经济参与主体的自然资源使用行为，另一方面监督政府部门的管理和监护行为。

（2）建立多样化的自然资源产权体系。根据自然资源产权多样化特征，分门别类建立起多样的产权体系。对于产权界限比较清晰的自然资源，如河流、湖泊、滩涂、森林、矿山等，在平衡公共利益及所有者利益前提下，根据其使用、经营的公共性和外部性大小，将自然资源的所有权分配或拍卖给国家、地方政府、企业和个人等不同的产权主体；对于产权边界模糊而难以界定的外部性很大的自然资源，如河流水产资源、地下水等，以公共产权主体为所有者，由统一的自然资源资产管理部门作为单一所有者来管理，通过将部分自然资源的产权私有化，形成公私产权对接的自然资源产权混合市场。

（3）开展多领域自然资源确权登记，形成自然资源资产数据库。根据全市自然地理要素，先落实自然资源的空间分布、位置、面积、范围等，然后以不动产统一登记为基础，通过建立和完善自然生态空间多领域统一确权登记制度体系，逐步完成各类自然资源资产数据采集，建立全市自然资源资产数据库，为全市资源所有权人、监管者和使用权人履行职责、维护权益、提供基础信息支撑和服务保障。前期已经建立了集体土地使用权、宅基地使用权的确权登记和信息收录等相关工作，近期正在全市开展森林、湖泊、湿地、滩涂等生态优势资源产权的确权和信息收录。

2. 编制完成辖内试点地区的自然资源资产负债表

鄂州在借鉴学习浙江湖州的经验做法后，聘请中国科学院地理科学与资源研究所的相关专家作为技术指导，按照《湖北省编制自然资源资产负债表试点工作方案》，制定了《鄂州市自然资源资产负债表编制和领导干部自然资源资产离任审计试点工作总体推进方案》，在梁子湖区完成了近五年的自然资源资产负债表的编制工作。

（1）先实物、再价值，优先编制自然资源资产实物表。基于实物与价值核算的关系及其自然资源价值化是难点所在，在编制自然资源资产负债表时，梁子湖区重点采集的是土地资源、林木资源、水资源、环境质量及矿产生态修复五个方面的实物量账户，以及试点乡镇的有关表式。在认真完成了国家编制指南规定的内容基础上，试编出梁子湖区自行设计的自然资源资产和环境质量实物量账户，按照先实物、再价值，优先编制自然资源资产实物量表。

（2）先存量、再流量，优先编制自然资源资产存量表。存量核算是反映某个时点自然资源资产的统计状况，而流量核算是对存量核算的不断更新与完善。二者相互联系，可以相互转化。自然资源资产存量核算有助于评估某一时刻的资源问题及其与经济总量间的关系，也有助于对不同地区间的资源存量进行比较。流量核算有助于认识一国或一个地区随经济增长而发生的自然资源基础变化，也有助于分析资源流与经济流之间的动态关系。基于存量与流量核算的关系及其流量核算的复杂性，优先编制自然资源资产存量表。

（3）先分类、再综合，优先编制自然资源资产分类表。分类核算可以是对自然资源资产逐类进行实物量或价值量的增减量和流量核算，目前，市国土、林业、水利、环保等部门按照职责分工，提供数据资料，编制完成分类统计表。而综合核算目前仅限于价值量的核算，从能量到能值、从虚拟土地到虚拟水，科研人员仍在为寻找和探索自然资源可度量的统一标准而不懈努力。基于分类与综合核算的关系及其综合核算的复杂性和价值化问题，自然资源资产负债表编制可以先分类、再综合，优先编制一系列自然资源资产分类实物和价值量表，为编制自然资源资产综合价值量表奠定基础。

3. 完成自然资源资产货币化测算

鄂州市政府聘请华中科技大学环境科学与工程学院的专家团队，对梁子湖区的生态资源进行货币化测算，结果显示：梁子湖区静态价值高，但动态价值偏低，由于承接了周边城市的大量污染物，需对其进行有效的生态补偿。

（1）梁子湖区生态服务静态价值估算。估算方法主要使用当量因子法和功能价值法，其结果如表1所示。

①当量因子法测算结果

当量因子法测算（2011年一个标准当量对应的价值是3406元/公顷，考虑通货膨胀因素2015年一个标准当量对应的价值是3910元/公顷）：梁子湖区2011年直接使用价值11.443亿元，间接服务价值142.594亿元，其生态服务静态价值是154.04亿元。2015年直接使用价值12.954亿元，间接服务价值161.397亿元，其生态服务静态价值是174.35亿元。2011年单位面积的静态价值为0.31亿元/km²，2015年单位面积的静态价值为0.35亿元/km²。

②功能价值法测算结果。按照《自然资源资产负债表试编制度（编制指南）》和《森林生态系统服务功能评估规范》（LY/T 1721—2008）等重要文件

为依据，功能价值法计算的梁子湖区 2011 年生态服务价值为 69.392 亿元，其中直接使用价值为 11.200 亿元，间接服务价值为 58.192 亿元。2015 年生态服务价值为 91.626 亿元，其中直接使用价值为 13.319 亿元，间接服务价值为 78.307 亿元。

表1 两类方法的直接与间接价值结果对比

价值类型	生态资源类型	功能价值法（亿元）		生态系统类型	当量因子法（亿元）	
		2011 年	2015 年		2011 年	2015 年
直接使用价值	林木资源	6.321	7.326	林地	0.392	0.439
	水资源	2.425	3.249	园地	0.006	0.007
	生物资源	2.454	2.744	草地	0.038	0.037
	总计	11.200	13.319	水域	10.596	12.005
				耕地	0.408	0.462
				城镇、交通及工矿用地	0	0
				其他用地	0.003	0.004
				总计	11.443	12.954
间接服务价值	林木资源	6.208	11.628	林地	6.277	7.046
	水资源	9.029	19.488	园地	0.212	0.237
	生物资源	2.507	2.577	草地	0.550	0.531
	土地资源	40.448	44.560	水域	131.490	148.974
	总计	58.192	78.307	耕地	3.996	4.522
				城镇、交通及工矿用地	0.034	0.046
				其他用地	0.035	0.041
				总计	142.594	161.397
总计		69.392	91.626		154.037	174.341

注：土地资源包括林地、水地、耕地、草地、园地。

（2）梁子湖区生态服务动态价值估算。考虑到梁子湖区与武汉市接壤，大部分投资来自武汉，社会经济发展与武汉关系密切，所以以武汉市的相关条件作为参照系，对梁子湖区的生态服务静态价值进行折算，分别得到 2011 年与 2015 年动态有效价值为 15.38 亿元和 31.84 亿元，其单位面积的动态有效价值为 310 万元/平方千米与 643 万元/平方千米。

（3）生态补偿总量估算。对梁子湖区的 2011 年与 2015 年的大气环境容量、水体环境容量分别进行测算。经测算，梁子湖区为大于周边地区消纳的空气污染所应得到的生态补偿费用至少应为534.6万元（真正补偿应不至于该数值）；为周边地区提供了15.496亿元的水文调节价值，若仅按水文调节价值的5%计算达到7750万元/年。

4. 开展自然资源资产抵押融资

由于梁子湖区自然资源丰富，种类较多，在推行自然资源资产抵押时，不可能同时实施，从实践来看，是按照由易到难逐步推进。

（1）实施农村承包土地经营权抵押贷款。2015年8月，国务院印发《关于开展农村承包土地的经营权和农民住房财产权抵押试点的指导意见》，正式启动"两权"抵押贷款试点工作，鄂州市梁子湖纳入全国试点范围。为此，市委市政府、梁子湖区分别出台试点工作方案和试点工作实施细则，将试点工作纳入全市2016年重点改革任务，分别从确权颁证、促进流转、平台建设、融资管理和风险补偿等制定相关管理办法，形成了完整的制度设计。

（2）推行"五权"① 抵押融资。一是拟定"五权"推进方案。拟定了《鄂州市农村"五权"抵押融资管理办法》，出台《关于银行业金融机构支持农村产权抵押融资的指导意见》和《鄂州市农村产权抵押融资试点工作实施方案》，并将辖内三家涉农金融机构作为首批试点金融机构。二是出台"五权"抵押融资办法。为对辖内农村"五权"顺利实现抵押融资扫除制度障碍、提供法律保障，相继拟定了《鄂州市农村产权抵押融资总体方案》《鄂州市集体建设用地使用权抵押融资管理办法（试行）》《鄂州市水域滩涂养殖权抵押融资管理办法（试行）》《鄂州市农村房屋抵押融资管理办法（试行）》《鄂州市森林资源资产抵押融资管理办法（试行）》《鄂州市农村土地承包经营权抵押融资管理办法（试行）》等文件，为全市农村"五权"抵押融资搭建了良好的制度框架。三是建立风险分担补偿机制。为引导农村集体经济组织和农户以"五权"直接向金融机构抵押融资，鼓励金融机构加大"五权"抵押贷款业务积极性，建立和健全农村"五权"抵押融资风险分担补偿机制。又拟定了《鄂州市农村产权抵押融资风险基金管理暂行办法》，并建立由一市（鄂州市）、三区（鄂城、华容、梁子湖）财政共同出资1200万元设立的抵押融资风险补偿基金，基金实行专户管理，专账核算，封闭运行。该项基金可给予金融机构"五权"抵押贷款本息损失80%的补偿，每年市、区政府根据风险基金使用和新增农村"五权"抵押融资贷款余额情况按比例适时补充。

（3）探索自然资源资产产权抵押融资。一是以梁子湖区各乡镇为单位，将网点贷款投放规模与当地自然资源资产相对接；二是将信用乡镇、信用村与

---

① 五权：集体建设用地使用权、水域滩涂养殖权、林权、农村房屋所有权、农村土地承包经营权。

自然资源资产负债表对接起来；三是针对客户情况，将自然资源资产负债表与客户的信用等级评定对接起来；四是将金融服务（利率、自助等）与乡镇的自然资源负债表联接起来；五是进一步探索排污权抵押贷款、碳资产抵押贷款等，最大限度地实现自然资源资产权益的效应最大化。

（二）主要成效

1. 有效推进了自然资源资产确权工作

为了完成自然资源资产负债表的编制工作，全市对现有自然资源进行了确权颁证工作。据统计，全市集体建设用地使用权发证率达 79.96%、宅基地使用权发证率达 48.83%、水域滩涂养殖权发证率达 24.6%、房屋所有权发证率约 5%。农村小型水利工程产权确权颁证实现零突破，已发放塘堰产权证书 216 份。集体土地所有权、土地承包经营权与林权确权登记颁证工作基本完成。

2. 激活了梁子湖区发展的内在动力

正如习近平总书记指出的，如果"把生态环境优势转化为生态农业、生态工业、生态旅游等生态经济的优势，那么青山绿水也就变成了金山银山"。从 2013 年起，梁子湖区 500 平方千米全面退出一般工业，率先在全省取消生态区域和农业乡镇招商引资、工业增加值考核。全区采取"只予不取"的鼓励政策。自然资源资产负债表编制试点挥起了绿色发展的"指挥棒"。从全区发展情况来看，生态文明体制机制取得了突破，投资负面清单列出，供给侧改革同步推动，产业结构不断调整，生态农业不断壮大，高新技术产业不断落户，领导干部树立了绿色发展的理念，成为全省绿色发展先行示范区。

3. 抵押融资促进了城乡资源优化配置

通过激活自然资源资产产权要素，带动其他生产要素在城乡之间自由流动，自然资源死资产变成了活资本，城乡互为资源、互为市场、互相服务、融合发展，促进了城乡要素平等交换。截至 2015 年末，全市已累计办理各种自然资源资产抵押贷款 223 笔，抵押土地面积 10.88 万亩，贷款金额 3.09 亿元。

（三）面临的制约因素

（1）自然资源资产产权制度不健全。一是中央和地方之间在权利界定上不清有利益冲突；二是国家产权的虚置或弱化导致国有资产流失；三是资源开发中的短期行为和外部性增大；四是资源交易制度和交易市场还没有建立。[①]而自然资源资产产权制度建设本身就是一项极其复杂的工作，现行的自然资源所有权代理制度或托管的法律规定在产权上归属不清、权责不明的情况在各种自然资源领域都不同程度地存在着，这在很大程度上影响自然资源资产负债表的编制。

---

① 资料来源：孟昌. 对自然资源产权制度改革的思考 [J]. 改革, 2003（5）.

（2）自然资源资产价值难以准确评估。在国内，许多学者设计了计量自然资源价值及成本的方法，包括生产函数法、人力资本法、机会成本法、旅行费用法、房产价格法等。国常宁利用边际机会成本方法对森林环境资源的价值进行评估；齐宇以经济学中总经济价值论为基础，利用模糊数学评价海河流域的环境价值。尽管方法很多，但缺乏统一的标准。

（3）缺乏自然资源资产产权交易市场。在确权的基础上，应发展自然资源资产产权交易市场。除了建立市场交易规则，政府可能还要充当做市商。因为自然资源资产产权本身可能相当复杂，导致市场交易不活跃或人们对未来难以预期。政府的干预或直接参与能够活跃市场，增强市场主体的信心。虽然我国的碳交易市场、二氧化硫和 COD 排污权交易市场已经有一段时间的发展，但这些市场的运行都存在不少问题，而且，还有许多重要的污染物排放未进入市场交易，有必要进一步扩大排放权交易的覆盖范围、活跃度与运行质量。

四、对策建议

从鄂州市自然资源资产产权抵押融资实践来看，尽管突破了现有制度的约束，但要真正实现以自然资源资产产权为抵押物的贷款模式，仍然存在许多改革的完善。

（一）健全自然资源资产产权制度

一是健全自然资源资产产权制度，明确自然资源的产权主客体，同时对使用者所需要承担的责任和义务作出规定，防止过度开发利用自然资源，赋予其保护生态环境的责任。二是建立自然资源资产登记制度，完成自然资源生态空间的确权登记，以产权界定作为依据和基础，改变目前产权归属不清、权责不明的情况，在保护自然资源使用者利益的同时，确保生态环境功能也受到严格的保护。三是进一步完善自然资源资产产权的法律规定。自然资源作为一种特殊的资产，既具有一定的经济属性，又具有一定的社会属性和生态属性，这就要求有关自然资源资产的法律，不同于一般的经济法律和生态环境保护法律，应该是一种协调经济发展和生态环境保护关系的综合性的法律。同时要求这种法律要针对资源、生态、环境的一般性问题和基础性问题作出整体安排。

（二）合理估算自然资源资产价值

自然资源资产价值包括直接使用价值、间接使用价值和未来价值。为了合理估算其内在价值，应分别进行估算。其中，直接使用价值按照自然资源的市场价格作为自然资源直接使用价值的计量基础，或者在自然资源不存在市场价格时按照成本加成定价其内在价值；间接使用价值主要通过估算所要计算的自然资源受到破坏后，对环境系统中其他自然资源所造成的损失，从而降低人们的效益或未来的福利来表示，以期从侧面表示自然资源的间接使用价值在未来所能给人们带来的利益；未来价值按照人们愿意为将来直接或间接利用自然资源而支付的一种意愿，表示为生态补偿价值。

（三）完善市场机制与运行模式

首先，扩大市场的参与主体。充分调动证券公司、保险公司等非银行金融机构的积极性，鼓励其逐步深度介入自然资源资产产权交易业务，构建平衡发展的金融市场体系。其次，创建专门的政策性金融机构。如绿色发展银行或生态银行，改变当前自然资源资产抵押融资多处于表面化的现状，实施优惠措施，加强重点支持，合理分配金融资源，提升专业化水平，不断提升自然资源的内在价值。最后，加快绿色中介机构的发展。为服务于自然生态的中介机构提供广阔的市场，如鼓励绿色信用评级机构积极从事绿色项目开发咨询、投融资服务、资产管理等，并不断探索新的业务服务领域。

（四）营造有利于发展绿色经济的社会环境

一是强化对绿色经济在促进生态文明建设、产业结构优化和社会可持续发展中的重要战略意义的认识；二是增强宣传，向社会和公众广泛宣传自然资源资产产权抵押的积极作用、政策法规和优惠措施，使广大公众和企业接受并参与到绿色金融的潮流中；三是鼓励金融业抓住机遇，不断创新金融运作模式，探索建立环保节能金融服务的有效机制，推动金融业经营战略转型；四是加强专业人才队伍建设，除对现有金融人才进行专业培训、吸纳优秀的熟悉绿色金融国际准则和经验的专业人才外，教育机构、环保部门、金融部门还应联手打造专业人才。

参考文献

［1］绿色金融工作小组．构建中国绿色金融体系［M］．北京：中国金融出版社，2015.

［2］洪昊，孙巍．基于自然资源资产负债表的绿色金融支持研究［J］．南方金融，2016（9）.

［3］杨海龙，杨艳昭，封志明．自然资源资产产权制度与自然资源资产负债表编制［J］．资源科学，2015（9）.

［4］甘泓，汪林，秦长海．对水资源资产负债表的初步认识［J］．中国水利，2014（14）.

［5］封志明，杨艳昭，李鹏．从自然资源核算到自然资源资产负债表编制［J］．中国科学院院刊，2014（4）.

［6］王道万．生态金融的内涵及其理论基础［J］．中国金融，2007（11）.

［7］张伟，李培杰．国内外环境金融研究的进展与前瞻［J］．济南大学学报，2009（2）.

［8］张伟．论中国环境保护投融资方式与创新［D］．青岛：中国海洋大

学，2005.

［9］张鉴君．关于发展生态金融的思考［N］．金融时报，2010 – 04 – 12.

［10］王慧，巍圣香．生态金融的法律及其法律问题［J］．重庆社会科学，2010（2）．

课题组组长：刘伟林

课题组成员：易继科　段春来　徐　刚

执　笔　人：徐　刚

湖北武陵山地区金融精准扶贫问题研究

——基于产业信贷的视角

中国人民银行恩施州中心支行课题组

一、引言

《中共中央　国务院关于打赢脱贫攻坚战的决定》中指出，坚持精准扶贫就是要解决好扶持谁、谁来扶、怎么扶的问题。围绕这些问题，金融精准扶贫的内涵十分丰富。关于扶持谁的问题，"五个一批"涵盖的贫困户，即"易地搬迁脱贫一批""发展生产脱贫一批""生态补偿脱贫一批""发展教育脱贫一批""社会保障兜底一批"，金融机构并不适宜全部扶持，基于金融扶持应当满足财务可持续性的要求，对因病因残致贫、缺劳力致贫的贫困户，金融机构不宜介入。关于谁来扶的问题，既包括传统的开发性、政策性金融机构，商业性金融机构、合作类金融机构，还有新型的小贷公司、农民资金互助合作社、互联网金融平台等。关于怎么扶的问题，包括提供普惠金融服务和信贷支持。普惠金融服务包括深化贫困地区农村支付结算服务、农业保险、金融知识普及、金融消费者权益保护等。信贷支持包括对接特色产业融资需求、贫困人口就业就学融资需求、易地扶贫搬迁融资需求、贫困地区重点项目融资需求等。

发展是硬道理，硬道理要有硬措施。产业扶贫是确保精准扶贫真正扶到点子上，帮到根子上的硬措施。本文的研究对象主要集中于产业信贷精准扶贫。湖北省武陵山地区包括恩施州所辖的 8 个县市（均为国家级贫困县市）和宜昌市的 3 个县市，本文相关数据以恩施州 8 个县市为样本。

二、文献综述

曾康霖（2004）提出了"扶贫性金融"的概念，将其定义为"弱势群体的融资"，认为扶贫性金融不仅是必要的，而且是可行的。温铁军（2004）认为，中国农村是典型的小农经济，仅仅使用商业金融来为小农提供信用服务是很难成功的，只有合作性金融才能为高度分散的小农经济提供充足的金融服务。姚耀军（2005）认为，要进行制度改革，就必须放松政府对农村金融的管制，包括利率管制、金融市场进入管制、金融改革模式管制等。何明霞（2007）通过建立弱势金融政策在区域传导过程中的博弈视角，来探讨弱势金融体系的构建，认为要构建政策配套、制度创新、一地一策的弱势金融体系；张双梅、邹炳权（2008）从法律角度提出扶贫性金融制度的完善路径，包括健全农信社法律法规，改革农信社体系；制定政策性银行法，发挥金融扶贫示范功能；制定小额信贷正规化机制。李静（2009）认为政府应通过加大政策引导力度，运用减免税收、奖补政策设立和完善担保机构，建立风险补偿机制等手段引导金融机构将信贷资金投入这些领域，提高金融机构发放贷款的积极性。董黎明、曹鹤亮（2012）认为政府财政等部门要建立农牧业贷款风险补偿机制，为农牧业贷款提供政府性保险。然而，上述研究大多不涉及金融扶贫的瞄准性，正如汪三贵（2015）认为，我国的扶贫工作长期以贫困地区的区域开发为主要手段，没有识别到户。

精准扶贫的方略提出后，有关金融业如何精准扶贫的研究陆续出现。鄢红兵（2015）从金融机构实践的角度，分析了当前金融精准扶贫的难点，提出了金融机构实现精准扶贫的六大对策。姜再勇（2016）提出金融支持精准扶贫的着力点在于创新运用货币政策工具，发展普惠金融，建立健全风险分散补偿机制，加强金融基础设施建设，整合扶贫资源和力量。陆磊（2016）认为我国金融扶贫工作需遵循市场化、法制化的原则，并且应准确区分公共产品和私人产品。当前有关金融精准扶贫的文献大多从总体上论述思路或对策，较少对其中的某一具体方面，例如针对产业信贷扶贫、易地搬迁信贷扶贫、完善贫困地区农村支付结算服务等方面进行具体的分析研究。

三、当前产业信贷精准扶贫的主要模式——扶贫小额信贷

贫困人口抗风险能力弱，且大多居住在交通不便的边远山区，信贷管理成本高，从市场化的角度考虑，金融机构不愿意介入。2014年12月《关于创新发展扶贫小额信贷的指导意见》（国开办发〔2014〕78号）指出由政府协调金融机构参与扶贫小额信贷，为有贷款意愿、有就业创业潜质、技能素质和一定还款能力的建档立卡贫困户提供5万元以下、期限3年以内的信用贷款，各地可统筹安排资金用于贴息和风险补偿。扶贫小额信贷成为产业信贷精准扶贫的主要模式。

（一）湖北省扶贫小额信贷的政策背景

2015年3月，湖北省扶贫办、财政厅、武汉分行、银监局、保监局联合下发《湖北省创新发展扶贫小额信贷实施方案》（以下简称《实施方案》）（鄂政扶发〔2015〕9号），对我省扶贫小额信贷政策进行了明确，将扶持对象扩大为建档立卡贫困户和帮扶贫困户脱贫的专业大户、农民专业合作社等农村

新型经营主体。2015 年 11 月，省政府办公厅又出台《湖北省创新扶贫小额信贷工作实施意见》（鄂政办发〔2015〕82 号），对前述《实施方案》进行了修改和补充。其中贫困户的最高贷款限额由 5 万元提高到 10 万元，风险补偿基金的放大比例由"不低于 5 倍"提高到"不低于 7 倍"。

（二）武陵山地区开展扶贫小额信贷的基本情况

恩施州所辖 8 个县市地处武陵山地区，且均为国家级贫困县市。全州建档立卡贫困村 729 个，占行政村总数的 30.9%，贫困户数 33.7 万，贫困人口 108万，占全州总人口的 26.8%，约占全省贫困人口的 1/5。截止到 2016 年 6 月末，全州建档立卡贫困人口中 42 万人已脱贫，留存贫困人口 66 万人。

全州扶贫小额信贷工作于 2015 年 9 月开展实施，截止到 2015 年 12 月末，全州扶贫小额信贷余额 5457 万元。2016 年该项工作快速推进，贷款余额较快增长，截止到 2016 年 10 月末，全州 8 个县市均已开办扶贫小额信贷业务，全州余额 10.6 亿元，共扶持建档立卡贫困户 31504 户，其中直接扶持贫困户11686 户，贷款余额 5.2 亿元，户均贷款额 4.46 万元；通过农业经营主体带动贫困户 19818 户，贷款余额 5.4 亿元，单个新型农业经营主体的平均贷款额为30.23 万元（如表 1 所示）。

表 1　　　　　2016 年 10 月末恩施州扶贫小额信贷分对象情况表

单位：万元，户

对象	贷款余额	贷款户数	带动贫困户
贫困户	52141	11686	—
龙头企业	19874	225	3606
农民专业合作社	9333	292	4404
家庭农场	7860	140	2805
能人大户	16720	1122	9003

（三）存在的问题

恩施州作为湖北省脱贫攻坚的主战场，扶贫小额信贷业务在各县市政府的强力推动和人民银行货币政策引导下，进展较快，成效明显，但仍存在一些问题需要研究解决。

1. "扶持谁"的问题：需要信贷扶持的贫困户仍有较大缺口

据恩施州扶贫办摸底调查，全州 33.7 万名贫困户中，63% 是因病、残、缺乏劳动力、交通条件落后等因素致贫，此类 21.2 万贫困户不适宜通过产业信贷方式扶持。因缺发展资金致贫的占 16%，约为 5.4 万户，这类贫困户可直接发放贷款或通过信贷支持农业经营主体间接带动脱贫；因自身发展能力不足致贫的 21%，约 7.1 万户，这类贫困户不适宜直接信贷扶持，应通过农业经营主体带动脱贫（如图 1 所示）。总体上看，金融机构可直接或间接产业信贷扶持的农户约 12.5 万户，目前已经扶持 3.15 万户，缺口仍达 9 万余户。

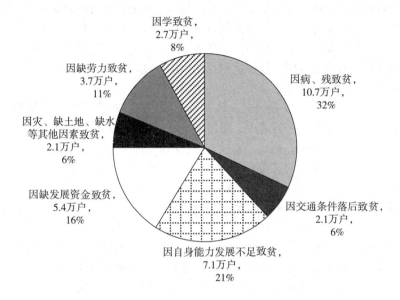

图 1　恩施州建档立卡贫困户致贫原因分类图

2. "谁来扶"的问题：信贷机构较单一

全州开展扶贫小额信贷的金融机构以农村商业银行为主，其贷款份额占92%。邮储银行大部分乡镇网点由邮政局代办，尚未开展信贷业务，恩施村镇银行在乡镇的网点较少，二者的贷款份额为 8%。自治州内四大国有商业银行均未开展扶贫小额信贷业务。其主要原因一是扶贫小额信贷业务在农村地区开展，评级授信、贷前审查、贷中监督等环节需要金融机构在农村区域设立物理网点，目前在乡镇普遍设立了物理网点的金融机构仅农商行。二是扶贫小额信贷盈利不高。开展农户小额信贷业务成本费用率较高，在交通不便的恩施山区情况更甚。而金融机构利率自主定价权较小。根据《湖北省创新扶贫小额信贷工作实施意见》（鄂政办发〔2015〕82 号）要求，小额信贷利率原则上按照人民银行基准利率确定。三是既往农户小额信贷不良较多。信贷资金用于农业生产，具有天然高风险的属性。以建始县为例，2016 年 4 月末全县不良贷款 3959 万元，农户小额信用贷款不良 1651 万元，占比 41.7%。四是小额信贷保证保险缺位。中华联合财产保险公司曾对鹤峰县扶贫小额信贷开展保证保险，但现已退出。目前，州内无保险公司开展小额信贷保证保险业务。

3. "怎么扶"的问题

（1）直接贷款给贫困户的方式进一步展业难度大。恩施州扶贫小额信贷从 2015 年 9 月启动，在 1 年多时间内共直接信贷扶持贫困户 1.17 万户，而因缺乏资金致贫的农户达5.4万户，缺口较大。通过走访各县市农商行基层乡镇网点，信贷员普遍反映直接贷款给贫困户进一步展业的难度大。一是贫困户中条件相对较好的已经获得信贷支持，有信贷需求而未获得支持的贫困户不能达到评级授信的最低标准。二是按照政策规定，扶贫小额信贷利率原则上执行基准利率，而在武陵山区走村串户开展评级授信、贷前调查、贷后管理的成本较高，后续即使有部分贫困户能够达到授信标准，可以放贷，其获得贷款的规模也相对偏小，所获利息很难覆盖刚性的贷款管理成本。

（2）信贷支持新型农业经营主体带动贫困户脱贫的方式缺乏政策操作指引。扶贫小额信贷的两种方式中，通过新型农业经营主体带动脱贫的贷款余额为5.4亿元，占比51%，超过了直接支持贫困户的贷款额度。从扶贫的规模效应看，每亿元直接贷款的扶持户数为2241户，而每亿元新型农业经营主体贷款带动贫困户3685户，远超直接贷款模式。一些学者也认为直接贷款给农户并不是最优方式，Demirguc – Kunt、Beck和Honohan（2008）认为，金融帮助穷人的最好方式是改善市场运行以促进市场效率的提高，这比直接提供贷款给穷人更有利于解决贫困问题。丁志国等（2011）的经验研究表明，在我国农村金融发展对减少农民贫困的作用中，间接效应的作用明显高于直接效应。因此，应当在政策上对间接信贷支持贫困户的方式给予足够重视。

国务院扶贫办《关于创新发展扶贫小额信贷的指导意见》（国开办发〔2014〕78号）对直接贷款给贫困户的扶持作出了明确的政策措施安排，对新型经营主体带动贫困户的信贷支持方式并未提及。《湖北省创新发展扶贫小额信贷实施方案》（鄂政扶发〔2015〕9号）和《湖北省创新扶贫小额信贷工作实施意见》（鄂政办发〔2015〕82号）进一步细化了直接对贫困户贷款的工作措施和流程，虽然指出"对专业大户、农民专业合作社等新型农村经营主体，在明确扶贫责任和帮扶机制并与贫困户签订帮扶增收脱贫合同的前提下，金融机构给予积极支持"，但并未出台详细的工作措施和流程。从恩施州各县市的实践看，直接对贫困户的贷款是全额贴息信用贷款，而对新型经营主体带动贫困户的贷款贴息3%～5%，但仍然采取正常的贷款审批流程，要求足额抵押担保。也就是说，对于已经达到金融机构信贷门槛的新型农业经营主体，扶贫小额信贷政策解决了其"融资贵"的问题，对于无法达到信贷门槛的新型农业经营主体，其"融资难"的问题并未得到实质性改进。

（3）出现贷款用途把关不严的苗头。直接针对贫困户的小额信贷，出现了忽视"产业基础"的情况。《关于创新发展扶贫小额信贷的指导意见》（国开办发〔2014〕78号）明确的扶持对象为"有贷款意愿、有就业创业潜质、技能素质和一定还款能力的建档立卡贫困户"。《湖北省创新扶贫小额信贷工作实施意见》（鄂政办发〔2015〕82号）在此基础上，还增加了"守信用"这一条件，这既体现了金融精准扶贫的有偿性、市场化的特点，又保证了可持续性。在扶贫小额信贷全面推广的初期，部分基层信贷员在业务实践时，对贷款准入条件把握不到位，对尚无产业发展基础的贫困户也投放了贷款，主要原因一是信贷员对扶贫工作仍存有"无偿性、行政性"的惯性思维，认为即使贫困户贷款出现不良，也会如历史上农信社票据置换一样，最终由财政埋单；二是要求贫困户追加担保，中央和省的相关文件明确要求直接针对贫困户的贷款应当是免抵押、免担保的信用贷款，部分基层金融机构发放扶贫小额信贷时要求贫困户提供第三方担保，提前锁定风险，因而对信贷资金是否用于发展产业把关不严。上述行为经基层人民银行风险警示后，基层信贷员对风险程度的认识和把握已逐渐成熟，操作风险处于可控范围。

对于信贷支持农业经营主体带动贫困户脱贫的方式，也存在贫困户未能真正参与产业的情况。辖内某县采用了"贫贷企用，入股联营分红"模式发放扶贫小额信贷。在该县文斗乡桐油溪村采取"大棚食用菌+恩施州××再生资源有限公司+112户贫困户"模式，由恩施州××再生资源有限公司提供担保，农商行为每户贫困户提供贷款10万元，贫困户再将资金投入到恩施州××再生资源有限公司，每年按投资额10%进行分红，112名贫困户中仅20户参与了食用菌的种植，同时获取工资报酬，其余贫困户仅获取分红收入。脱贫不是为了一时摘帽，找准产业、对准人头，让贫困户真正参与其中，才能干得了、干得起，长收益。省联社巡视后，认定该模式为"冒名贷款"，目前恩施辖内农商行已暂停该模式。

为了研究解决上述问题，可借鉴其他发展中国家信贷扶贫的经验。

四、发展中国家产业信贷扶贫经验

以美、日、德、法等国为代表的发达国家已普遍建立起完善的农业发展的金融支持体系，较成功地解决了农民的金融抑制问题，并且发达国家的贫困户与发展中国家的贫困户标准差异较大。因此，本文总结了与我国地理位置相近的东南亚发展中国家产业信贷扶贫经验。

（一）各种类型的信贷机构共担扶贫

首先表现为正规金融与非正规金融相融合。印度正规银行对还款情况良好的合作互助小组给予技术和资金支持，扶持其发展成为农村微型金融企业。另外还有政策性金融、商业性金融、合作性金融的相互融合。印度和泰国政府都规定商业银行必须将一定比例贷款投放到农业，若达不到比例要求，则将差额部分存放至农村政策性金融机构或合作性金融机构。

（二）互助合作被广泛采纳

印度不仅有正规的农村信用合作机构，还在民间组织成立合作互助小组，小组成员出资建立共同基金，向有需要的成员贷款。泰国"乡村银行"在20世纪70年代是作为民间金融组织运营，1983年得到政府批准作为独立的银行运营，但对穷人始终坚持互助合作的原则。即 5 个穷人组成一个贷款小组，若干个贷款小组组成一个贷款中心。当小组内有成员出现还款不佳记录，会影响整个小组日后借款额。只要按期还款，就可以循环贷款，直到脱贫为止；实行每周中心会议制度，每周由各小组派代表参加，向中心缴付每周应还款及存款。泰国 70% 多的农户是农业合作银行的注册客户，农业合作银行直接或间接地为泰国 90% 的农户提供了贷款。

（三）宏观政策给予扶持，微观业务注重风控

虽然各国在总体资金配置和政策法规等宏观方面对信贷扶贫的金融机构给予倾斜扶持，并要求下沉分支机构和金融服务，但在具体的信贷业务办理上坚持市场化原则。通过各种手段控制风险保证财务的可持续性。泰国乡村银行规定信贷资金必须用于快速见效的生产项目。泰国农村合作银行为了保证信贷资金用于农业生产，要求借款人必须在当地从事 1 年以上的农业生产活动。印度、泰国、孟加拉都采取了小组成员连带担责的方式控制信贷风险。

五、完善产业信贷精准扶贫的建议

扶贫小额信贷作为主要的产业信贷扶贫模式，直接或间接带动了部分贫困户，但与需要信贷扶持的贫困户相比仍然存在较大缺口。针对扶贫小额信贷存在的问题，结合周边发展中国家关于信贷扶贫的经验，可从完善扶贫信贷担保体系、推广农业保险、政策引导和约束等方面提高银行机构参与信贷扶贫的积极性，从紧跟产业开展扶贫、因地制宜创新信贷产品等方面完善信贷扶贫方式，即按照"谁来扶""怎么扶"的精准扶贫思路提高贫困户的信贷获得率。

（一）外部担保和互助担保并重，完善扶贫信贷担保体系

1. 充分利用省级农业信贷担保平台

湖北省政府于 2015 年底组建了湖北省农业信贷担保有限公司，该公司于 2016 年 12 月 22 日在恩施设立了营运中心，主要为农业尤其是粮食适度规模经营的新型农业经营主体提供信贷担保服务，专注于支持粮食生产经营和现代农业发展。湖北省武陵山地区作为全省扶贫攻坚的主战场，应积极争取省级农业信贷担保平台的支持，以此带动更多信贷资金投入贫困户。

2. 努力做实"两权"抵押担保

对贫困户而言，"两权"是其可用于抵押担保的主要资源。然而，"两权"流转市场不健全，流转和抵押价值难以实现，是银行不愿办理此类抵押贷款的核心症结。因此，应加快"两权"流转服务网络平台建设，建立规范有序的"两权"流转市场。同时建立专门"两权"评估机构，培养有资质的专业评估人才，为"两权"规范流转提供保障。

3. 积极开展互助合作担保

印度、泰国等国开展扶贫信贷业务时，广泛采用了互助合作担保，恩施辖

内也开展了互助合作担保的试点创新，值得推广借鉴。

（1）新型经营主体间互助合作。单个新型经营主体无法达到金融机构的信贷门槛，可通过信用合作的方式增信，提高贷款获得度。恩施州咸丰县开展的"社社合作"模式贷款，取得了一定效果。县内82家专业合作社以缴纳股金形式入社，专业合作社可将流转土地、土地上的农作物、种植大棚、机器设备等银行难以认可的资产打包给联合社作为反担保，从而获得联合社的贷款担保。该项业务于2016年4月开办，截至2016年11月末，咸丰县邮储银行发放"社社合作"贷款2648万元，支持了13家专业合作社，带动贫困户达1627户。

（2）新型经营主体内部贫困户互助合作。此种模式适用于对贫困户投入了一定资金或实物生产资料的经营主体。由于缺乏抵押担保无法获得金融机构贷款，可通过被带动贫困户的互助联保，分担新型农业经营主体的风险，再加上一定的财政风险分担，使其获得信用贷款。

（二）商业性保险与政策性保险结合，分散农业产业面临的天然风险

1. 完善小额信贷保险的展业模式

小额信贷保险将每位获得小额信贷的贫困户所缴纳保费汇集，形成资金池，当部分贫困户无法偿还贷款时，通过资金池偿还。但前提是参与保险的贫困户数量要足够大，即满足保险展业的大数法则。只有参保户数量足够大，贫困户信贷违约概率才能保持相对稳定的水平，每位参保户缴纳的较少保费也能汇集成一定规模的资金池，这样才有可能使小额信贷保险保本持续运行。然而，扶贫小额信贷以县为单位开展，平均每县直接贷款的贫困户数不足1500户，小额信贷保险展业缺乏足够的数量基础，鹤峰县曾经开展过小额信贷保险，后又中止，其余县市从未开展。若由1~2家保险公司统筹全州8个县市开展小额信贷保险，则展业成功的可能性较大。

2. 大力推进农业政策性保险

推广农村小额人身保险、水稻保险、能繁母猪保险、森林保险，充分发挥政策性农业保险在因病、因灾、因意外伤害中的经济补偿作用，最大程度降低贫困户发展产业面临的天然风险，从而提高其信贷获得率。

（三）加强政策引导和约束，提高涉农金融机构在贫困地区的网点覆盖率

针对贫困地区增设标准化网点成本较高，不具备财务可持续的问题，可通过购买服务或设立微型信贷工作站的模式解决。所谓购买服务，即依托村级金融服务工作站或党员群众服务中心，聘请扎根当地、熟悉村情、口碑良好的乡村干部或村民开展评级授信、贷前调查、贷后管理等信贷业务，并给予适当报酬。

（四）紧跟产业开展信贷扶贫，确保贷款资金用于发展生产

一是金融管理部门和扶贫部门应加强对扶贫贷款的核查，杜绝基层信贷员

注重落实抵押担保，忽略审查贷款用途的情况。二是扶贫部门应加强对新型农村经营主体带动贫困户绩效的考核，促使贫困户真正融入产业项目中，确保扶贫效益可持续。三是扶贫资金互助合作社应与当地专业合作社相结合，扶贫资金互助合作社的选点布局应与地方产业发展配套，例如宣恩县椿木营乡依托当地一家药材专业合作社成立全州首家乡级扶贫资金互助合作社。

（五）创新信贷产品

根据地方产业结构特点，"一村一品""一地一策"因地制宜开展信贷创新。例如在土地相对开阔平整，适宜规模化机械种植的地区可开办农业机械设备融资租赁业务，由农机专业合作社或种植大户承贷购买农机设备，推广带动贫困户使用，提高种植规模和效率。针对缺乏农业技术或发展能力的贫困农户，可开发农民职业教育贷款，提高贫困户农业技术水平，培养职业农民，阻断贫困的代际传递。

参考文献

［1］蒋凯峰．我国农村贫困、收入分配和反贫困政策研究［D］．武汉：华中科技大学，2009．

［2］李明忠．贫困的经济学分析：要素流转视角［D］．上海：复旦大学，2007．

［3］张宏．欠发达地区参与式扶贫开发模式研究［D］．兰州：兰州大学，2007．

［4］许源源．中国农村扶贫瞄准问题研究［D］．广州：中山大学，2006．

［5］江春，赵秋蓉．关于构建我国普惠金融体系的理论思考——国外金融发展如何更好地减缓贫困理论的启示［J］．福建论坛（人文社会科学版），2015（3）：24－29．

［6］汪三贵，郭子豪．论中国的精准扶贫［J］．贵州社会科学，2015（5）：147－150．

［7］鄢红兵．创新"金融＋"实施精准扶贫——当前我国金融扶贫的难点及对策［J］．武汉金融，2015（9）：56－59．

［8］姜再勇．对新时期金融支持精准扶贫工作的几点认识［J］．甘肃金融，2016（1）：4－7．

［9］陆磊．金融扶贫的发展理念、政策措施及展望［J］．武汉金融，2016（7）：4－6．

［10］丁志国，谭伶俐，赵晶．农村金融对减少贫困的作用研究［J］．农业经济问题，2011（11）．

［11］姚耀军．农村金融理论的演变及其在我国的实践［J］．金融教学与研究，2005（5）：2－4．

[12] 温铁军. 宏观调控和农村问题的分析 [A]. 中国经济体制改革研究会. 政府转型与统筹协调发展——2004 中国改革论坛论文集 [C]. 中国经济体制改革研究会，2004.

[13] 林铁钢. 以科学发展观为指导 发展中国扶贫性金融——访西南财经大学中国金融研究中心曾康霖教授. 中国金融，2006 (13).

[14] 何明霞. 区域弱势金融体系构建实证分析与研究 [J]. 求索，2007 (10).

[15] 张双梅，邹炳权. 从抑制走向扶持——扶贫性金融法律路径之研究 [J]. 广东经济，2008 (10).

[16] 董黎明，曹鹤亮. 扶贫贴息贷款基层运行模式探析——以赤峰市为例 [J]. 内蒙古金融研究，2012 (6).

[17] 张化珍. 对内蒙古创新农村扶贫开发机制实施金融扶贫的几点思考 [J]. 北方经济，2014 (3)：27 – 29.

[18] 马尚云. 精准扶贫的困难及对策 [J]. 学习月刊，2014 (19)：25 – 26.

[19] 周孟亮，彭雅婷. 我国连片特困地区金融扶贫体系构建研究 [J]. 当代经济管理，2015 (4)：85 – 90.

[20] 沈洪，魏升贵，葛龙，张唯滔. 集中连片特困区内相对贫困扩大问题解析及其矫正——基于商洛市扶贫贴息贷款实践的实证分析 [J]. 西部金融，2015 (2).

[21] 公衍勇. 关于精准扶贫的研究综述 [J]. 山东农业工程学院学报，2015 (3)：75 – 78.

[22] 陈盛伟. 我国政策性农业保险的运行情况与发展对策 [J]. 农业经济问题，2010 (3).

[23] 张伟，胡霞. 我国扶贫贴息贷款20年运行效率评述 [J]. 云南财经大学学报，2011.

[24] 蔡昉，都阳. 中国地区经济增长的趋同与差异——对西部开发战略的启示 [J]. 经济研究，2000 (10).

[25] 李文，汪三贵. 中央扶贫资金的分配及影响因素分析 [J]. 研究简报，2004 (4).

[26] 李静. 甘肃省扶贫贴息贷款政策实施的效果难点及建议 [J]. 西部金融，2009 (11).

课题组组长：吴剑峰

课题组成员：王公明　雷云斌　王　振　朱　峰

执　笔　人：王　振

区域经济金融
问题研究

湖北省非金融企业杠杆率
与经济增长的关系研究

中国人民银行武汉分行调查统计处课题组

一、引言

（一）关于杠杆率概念的文献综述

杠杆率理论上一般指经济主体通过负债实现以较小的资本金控制较大的资产规模的比例，但是目前并没有标准的定义和计算方法，在不同应用环境中其含义也有所不同。综合来看，现有文献对杠杆率的研究有两个视角。

一是微观财务视角。这是杠杆率最原本的概念，主要是从财务角度衡量企业的风险程度，侧面反映企业的还款能力。通常以资产负债表中总资产与权益资本的比率来度量，在统计上，负债与股权之比、资产与股东权益之比、资产与负债之比，以及上述指标的倒数，都可用于衡量杠杆率，当然也有学者用其他指标进行衡量。如高善文（2014）用负债与销售收入之比衡量上市公司的微观杠杆率，并将"债务/销售收入"拆解为资产负债率与资产周转率倒数的乘积，测算得出资产负债率提升对杠杆率的贡献为50%；资产周转率下降对杠杆率的贡献为46%。任泽平（2016）直接用资产负债率研究中国各行业上市公司和规模以上工业企业的微观杠杆率。

二是宏观经济视角。目前，Ray Dalio（2013）提出的计算方法应用较为广泛，他将宏观经济杠杆率定义为负债与国民收入的比率，国内绝大部分学者与Ray Dalio思路类似，通常采用"债务余额/GDP"这一指标来度量宏观经济杠杆率，也就是将国民收入的口径换为GDP。但需要注意的是，部分学者在计算债务特别是非金融企业债务时口径存在一些差异，如李扬（2013）等测算非金融企业债务时包含贷款、企业债、信托融资、委托贷款和银行承兑汇票，而徐诺金（2014）等测算非金融企业债务时只包含贷款、企业债和信托融资。朱鸿鸣（2016）更进一步对负债的范围进行了界定，认为负债（Liability）是一个比债务（Debt）更宽泛的概念，债务是计息负债，需要支付利息成本。除债务外，负债还包括不需要支付利息成本的负债，比如预收账款和应付账款。

由于计算杠杆率主要是为了度量债务风险和债务负担，因此杠杆率应采用"债务余额/GDP"来度量。

（二）关于杠杆率与经济增长关系的文献综述

国外已有很多学者就非金融企业的资产负债率和杠杆率对宏观经济增长的影响进行了研究和分析。Michal Dewally 和 Yingying Shao（2012）研究了全球49个国家金融类企业杠杆率顺周期变化情况，发现金融类企业杠杆率增长和资产增长存在正的相关关系。Mustafa Caglayan 和 Abdul Rashid（2014）以英国制造型企业1999—2008年的面板数据为样本，实证分析了宏观经济变动和特定风险对企业杠杆率的影响，发现高风险时期英国制造型企业的短期债务较少，但私有企业对宏观经济形势的敏感性比国有企业更强，在面临特定风险冲击时，流动性资产多的企业倾向于降低杠杆率。

在国内李扬（2014）和余永定（2014）均对中国非金融企业过高的资产负债率和杠杆率态势进行了分析研究，指出中国非金融企业的负债已经超出了警戒线，严重时会引发全国非金融企业的债务危机；张茉楠（2014）从定性分析的视角考察了引发中国非金融企业的资产负债率和杠杆率过高的原因，主要包括投资效率下降、外部需求减弱、资本套利难度加大等。高惺惟（2016）则指出，我国要想在供给侧改革方面实现突破，就需要降低非金融企业的杠杆率。许一涌（2014）分别从宏观和微观两个角度入手，发现我国非金融企业杠杆率明显上升，但存在一定的行业分化，另外融资方式单一、刺激性投资增加、地方政府GDP考核方式是造成这一现象的主要原因。中国人民银行杠杆率研究课题组（2014）对我国杠杆率进行了评估和结构分析，认为当前最大风险是地方政府和非金融企业杠杆率较高的结构性风险，以及经济增速逐渐下行可能引发的债务偿还风险。

二、湖北省非金融企业杠杆率测算及特点

（一）基于宏观角度杠杆率的测算方法

2011年，人民银行推出了社会融资规模指标，从金融体系向实体经济部门（企业和住户）提供资金支持角度进行统计。因此，如果仅探讨经济体系中最重要的部门——非金融企业的杠杆率，同时也为保证债务口径的全面和准确，社会融资规模是一个非常好的杠杆率衡量指标。基于此，本文从社会融资规模视角，尝试在省域层面探讨近年来湖北省非金融企业部门的杠杆率水平，具体测算方法是剔除社会融资规模中的住户贷款、股权融资、保险理赔、投资性房地产等后得到非金融企业部门的债务规模，在此基础上，将其与GDP的比值作为宏观层面非金融企业部门的杠杆率，即分子为非金融企业债务规模，采用存量口径，分母为GDP，采用流量口径。为了在时间上更好地匹配，债务规模取期初与期末值的算术平均值作为当年平均债务水平，再除以GDP，得到杠杆率水平（如图1所示）。

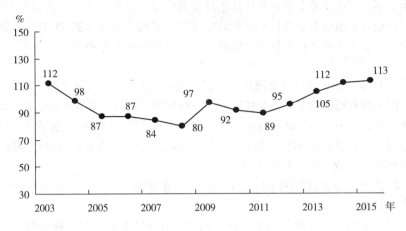

图1 湖北省非金融企业杠杆率水平

（二）宏观杠杆率的基本走势：去杠杆—加杠杆—去杠杆

关于杠杆情况的判断，我国大致经历了2001—2007年去杠杆、2008—2011年对抗危机加杠杆，以及后危机时代去杠杆几个阶段。

2003—2015年湖北省非金融企业杠杆率走势大体呈"V"字形，与李扬（2013）、高善文（2014）等测算的全国变化趋势基本一致。以宏观角度测算的杠杆率为例：2003—2008年，受益于全球化和人口红利，我国经济快速发展，湖北省各年GDP增速均在8%以上，2007年达到14.5%的高峰，在此期间，虽然信贷扩张，但分母GDP增长速度较快，非金融企业是一个去杠杆的阶段，其杠杆率由112%下降至80%；2009年，受全球金融危机及国内"四万亿"刺激计划影响，全国投资快速扩张，湖北省企业债务规模相应扩大，杠杆率快速提高；2010—2011年，杠杆率逐步回落，维持在90%左右；2012—2013年，由于经济增速放缓，产能严重过剩，导致企业负债螺旋上升，造成了2012—2013年直至目前的杠杆率新高涨阶段，杠杆率再度呈上升趋势，2015年达到113%，超过2003年水平，比90%的国际警戒值高23个百分点，但湖北省非金融企业部门杠杆率水平均低于全国平均水平。

三、分产业看湖北省非金融企业杠杆率结构

（一）第一、第二、第三产业杠杆情况分析

分产业对非金融企业杠杆率的推算情况：第三产业杠杆水平最高，第二产业杠杆水平次之，第一产业杠杆水平不高。

我们取历年的行业数据与分行业GDP增加值的数据算出分产业杠杆率，由于行业统计数据缺失，各行业债务数据由各行业企业贷款和债券两项构成，通过统计方法可以推算出分行业杠杆率对整体杠杆率的拉动效应，从结果可以

看出：第一产业对非金融企业杠杆率拉动效应最小，平均贡献率达到 3.71%；第二产业对非金融企业杠杆率拉动效应次之，平均贡献率达到 35.78%；第三产业对非金融企业杠杆率拉动效应最大，平均贡献率达到 60.51%。

（二）第二产业中工业企业杠杆水平分析

1. 样本工业企业杠杆率测算与分析：工业整体上杠杆水平不高

由于没有现成的工业企业杠杆率方面的数据，我们采用 288 家样本工业企业进行测算，为尽量保证杠杆率定义的统一，我们以（债务/销售收入）① 衡量监测工业企业的杠杆率，得出企业杠杆率取决于资产负债率及资产周转率。2015 年底，工业企业杠杆率达到 77.06%。

2. 工业企业去杠杆率主要集中在国有大型企业、上市公司以及产能过剩行业等领域

（1）上市公司、国有企业特别是国资委管辖企业处于加杠杆趋势，民营企业处于去杠杆趋势。湖北省企业调查和上市公司数据显示，2010 年以后，湖北省上市公司、国有企业特别是国资委管辖企业杠杆率持续上升，湖北省 96 家上市公司历年的平均杠杆率高达 80% 以上，调查的 42 家国资委管辖的国有企业平均杠杆率历年都在 70% 以上，处于不断加杠杆的过程。而民营企业杠杆率从 2010 年以后持续下降（如图 2 所示）。

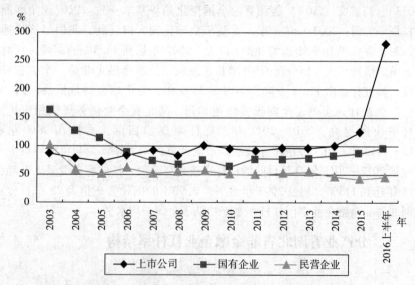

资料来源：人民银行武汉分行景气调查数据库，Wind 数据库中上市公司数据。

图2　上市公司、国有企业及民营企业杠杆率

---

① 工业企业杠杆率 =（债务/销售收入）=（债务/资产）×（资产/销售收入）= 资产负债率×（1/资产周转率）。

（2）大型杠杆水平最高，小型企业杠杆次之，中型企业杠杆最小。湖北省288家工业企业调查数据显示，大型企业杠杆率最高，其次是小型企业。2012—2015年，大型企业平均杠杆率为73.83%，比2010年增长15.31个百分点；小型企业平均杠杆率为71.81%，比2010年增长15.31个百分点；中型企业平均杠杆率为63%，比2010年下降22.07个百分点（如图3所示）。

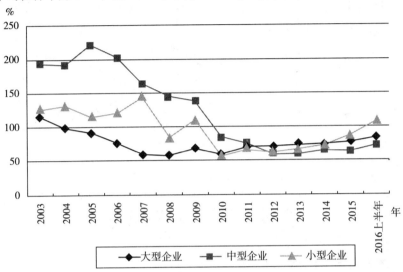

资料来源：人民银行武汉分行景气调查数据库。

图3 调查工业企业分规模杠杆率

（3）小型企业隐性杠杆率明显高于账面水平。据典型调查所得，一些企业除正常贷款融资外，民间融资和企业主负债数量更大。崇阳堃展化纤有限责任公司是一家小型企业，现在资金来源主要有三方面：一是贷款余额4000万元，每月利息支付近30万元，2016年以来已连续4个月出现利息逾期；二是民间借贷估计大概有6000万元。因民间债务纠纷，2016年4月，其土地、厂房等已抵押资产被无锡市某区法院查封。三是企业主负债280万元。企业实际控制人通过自有资产抵押在民生银行贷款280万元，用于维持广东两个厂房（租用）的日常运转，但经营创造的现金流难以支付庞大的债务付息，预计2016年底银行贷款到期后企业将彻底倒闭。通常，民间融资和企业主负债不在财务报表中反映，如果将民间融资和企业主负债也计入企业的债务，小型企业的隐性杠杆率将明显高于账面杠杆率。

（4）从湖北省上市公司数据看：制造业中钢铁、化工行业杠杆率较高，汽车、电子信息技术、新兴产业杠杆率较低。

2015年底，制造业中钢铁、化工行业杠杆率分别为104.6%和116.4%，高于制造业企业平均水平（99.96%），而且资产负债率持续上升，去杠杆效果不佳。汽车、电子信息技术和新兴产业杠杆率分别为89.86%、86.8%和78.74%，低于平均水平，且这几个行业资产负债率持续下降，近几年去杠杆效果明显（如图4所示）。

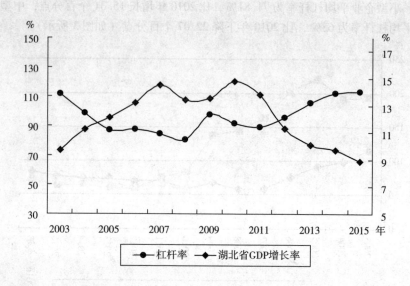

资料来源：Wind 数据库。

图4　湖北省非金融企业杠杆率与 GDP 增速

（三）第三产业中房地产业和第二产业中建筑业企业杠杆率偏高

房地产、建筑行业杠杆率均远高于上市公司平均水平（123.3%）。湖北省上市房地产企业从2005年以来一直在加杠杆，其杠杆债率从95%上升至2015年的370%；2003年以来建筑行业杠杆率由223%下降为2015年底的128%，虽然杠杆率有所下降，但杠杆水平一直偏高，远超过上市公司平均水平。

四、非金融企业杠杆率对经济增长的影响

从总体上来看，非金融企业杠杆率与经济周期密切相关。由图4可知，2003—2007年经济增长，杠杆率下降；2007—2009年，经济增长走势与杠杆率走势趋于一致，但2010年至今经济增长放缓，杠杆率持续上升。

湖北省非金融企业杠杆水平对经济增长影响作用到底如何，本文结合改革开放以来湖北省经济结构变化实际，选择利用状态空间模型来研究不同周期不同年份下非金融企业杠杆率与经济增长之间的动态关系，得出非金融企业杠杆率对湖北经济增长影响的动态系数图，从而得出以下结论。

1. 1979年至1982年的改革开放初期，湖北省非金融企业杠杆率对宏观经

济的影响是正向的。其弹性系数即杠杆率的效用是不断增大的，从1979年的4.87（自然对数效用）增长到1982年的5.75，说明改革开放这一历史决策在当时极大地刺激了本省经济活力，促进了企业债务规模增长。随着改革开放政策初期效力的减弱，杠杆率对经济的正向促进效应呈波动式下降，到1989年降为3.63，这与1989年国家为遏制通货膨胀采取"双紧"政策相关。

2. 1990年杠杆率的正向促进效应有所上升，但1991年至1996年间湖北省非金融企业杠杆率的正向促进效应缓慢下降。这多半由于国有经济部门效率低下所致，这期间受邓小平"南方谈话"的影响，我国沿海地区经济快速发展，但深处内陆的湖北省宏观经济增速（GDP）由1992年的14.1%降至1996年的11.6%，且由于当时市场经济地位尚未确立，杠杆更多的是配置到政府或国有经济部门，由于这些部门经济效率低下，使杠杆率的正向促进效应逐渐减弱。

3. 1997年至2006年十年间，企业杠杆率对经济正向促进边际效用上升。随着国企改革、加入世贸组织、北京申奥成功、市场经济逐渐形成等一系列有利于经济发展的因素不断显现，湖北省非金融企业杠杆率对经济的正向促进效应不断上升，经济增速也不断提高。

4. 2008年至2011年间，杠杆率对经济增长的正向促进效应不断减弱。2011年杠杆率仅为0.1407，这期间虽然湖北省经济发展受到美国次贷危机影响，但得益于"四万亿"货币宽松政策，经济仍保持高速发展，可是宽松的货币政策同时也带来了资金效率的下降。

5. 2012年至2015年，杠杆率对经济增长周期拉动效应渐弱。究其原因，是我国经济进入"新常态"，人口红利减弱、国内外需求下降、部分行业产能严重过剩、经济转型期实体经济"阵痛"、房地产和股票资产的"赚钱效应"使得资金脱实向虚等因素，使得杠杆率的效应不断减弱，这期间湖北省宏观经济增速也逐步放缓。

五、湖北省非金融企业杠杆率上升的原因分析

（一）企业杠杆率与政府杠杆率存在重叠

国家审计署披露的资料显示，我国地方政府债务主体较多，且举债企业化趋势明显，在一定程度上推高了企业杠杆率。据调查，政府负有偿还责任的债务（一类债务）3507亿元，还有一部分或有负债，也就是主要包括政府负有担保责任的债务（二类债务）和政府负有救助责任的债务（三类债务）。最为典型的就是平台公司通过各种方式，盘活政府资产多样化举债。据调查，很多地方平台重组成新的公司，再通过新公司与金融机构开展融资对接，避开了《国务院关于加强地方政府性债务管理的意见》的限制，进行多样化融资。政府债务企业化表现形式如下：一是从平台贷款来看：2016年9月末，湖北省

地方政府平台贷款余额 3888.95 亿元，其中涉及公益性的融资平台企业贷款余额为 2348.02 亿元，占平台贷款总量的 60.38%，这部分贷款地方财政负有担保或求助责任。二是从企业债数据来看：从湖北省企业债分类的情况来看，87 家发债企业，其中有 81 家是城投债，截止到 2016 年 9 月末，企业发行未兑付量达到 896.5 亿元，其中城投债存量达到 854.5 亿元，占企业发行总量的 95.32%。据调查城投债一般都是通过地方政府平台举债，是政府的"或有债务"。如果加上或有债务，那地方债务初步估算为 6709.5 亿元，是直接债务的 1.91 倍。这部分政府或者负债，现在都算在企业负债里面。据测算，2016 年 9 月末，湖北省非金融企业杠杆率高达 165%，如果去掉政府企业化债务这一块，非金融企业杠杆率达到 150%。本文认为企业化的政府债务增加了企业杠杆率的分子，从宏观上看在一定程度上推高了企业杠杆率。

（二）刺激政策效应作用下，信贷规模快速扩张

2008 年，国际金融危机全面爆发，中国经济增速快速回落，经济面临硬着陆风险。为应对这种危局，政府推出了"四万亿"救市刺激政策，导致稳定经济合理运行的同时信贷规模快速扩张，湖北省也表现如此。2008—2015 年 7 年间，湖北省人民币贷款存量从 8246 亿元增加到 28328 亿元，年均增长 19.3%，明显高于同期 GDP 平均增速 12% 的水平。2008 年以来，货币成为稳增长的主要手段，依赖刺激推动经济增长的一大后遗症就是非金融企业杠杆率的快速上升。

（三）直接融资发展较慢，过度依赖间接融资

虽然 2015 年《证券法》修订草案中明确股票发行注册制程序，取消发行审核制，但政策落地仍需时日。严格意义上讲，从证券市场成立以来我国证券发行一直实施审批制[1]，而审批制最大的特点是证券的发行需要证券管理机构等部门核准，且获得发行资格的门槛相对较高，尤其是 IPO 的条件比较苛刻。审批制人为压低了直接融资规模，致使我国直接融资比重长期严重偏低，同时促成银行体系融资成为非金融企业主要的融资渠道。从 2003—2015 年湖北省企业融资结构来看，13 年来股权融资在社会融资规模中占比始终没有突破 6%，而银行贷款等间接融资占比始终保持在 85% 以上。过度依赖银行体系的融资方式不可避免地加大了非金融企业的负债率。

（四）预算软约束叠加经济减速，国有企业债务累积较为严重

据调查，当前湖北省工业企业债务近一半来自国有企业，而我国国有企业一直以来存在明显的预算软约束，即长期以来国企运营缺乏完善的责任体系，出了问题政府来兜底，导致国企容易产生更多的融资冲动，甚至不顾后果

---

① 虽然名义上现行我国股票发行采取核准制，债券发行采取审批制，但股票发行核准制尚不完全成熟，政府干预性强，是具有中国特色的核准制度，本质上还是审批制。

过度借债，盲目扩大资产负债表。随着经济增速由高速转变为中低速，前期过渡政策刺激产生的后遗症——产能过剩日益凸显。按照国际标准，产能的正常利用率在79%～83%，超过90%则说明产能不足，低于79%则说明产能过剩。相关调查显示，2015年湖北省工业产能利用率仅为79%[①]，特别是石油加工、炼焦、钢铁、有色等国有企业占主导的传统行业的产能利用率更低。而过剩产能不仅不能形成生产力创造资金回流，反而对固定资金甚至流动资金形成无效占压，情况严重下导致债务"僵尸"，但在地方政府"GDP主义"和维稳压力下，国企破产鲜现，债务累积，"抽血"困难。湖北省人民银行监测的工业企业数据显示，2003—2015年国有及国有控股工业企业资产负债率呈总体上升态势，2015年资产负债率比2003年上升9.62%。其中在2009年"四万亿"刺激下负债增长尤为明显，仅2008年底至2010年底，国有工业企业资产负债率上升了10.25个百分点，而2011年以后，随着政策调整，资产负债率高位震荡，而其他民营企业资产负债率2003—2015年逐步下降到53.58%。

（五）以投资拉动为主的经济结构决定了企业长期债务增加较多

2009年以来，湖北省投资率一直在增长，2009年以后基本都在50%以上，远高于消费率，固定资产投资增速在2014年以前基本上保持20%以上的高速增长。从湖北省非金融企业部门杠杆率的期限结构与消费率、投资率的变化趋势来看，发现短期杠杆率与消费率的走势相似，而长期杠杆率则与投资率走势相似，2006年以前发展平稳，2008年受金融危机影响，在外需停滞的情况下，靠投资快速扩张维持经济的高增长，企业长期债务增加，导致长期杠杆率也快速上升。

（六）资金使用效率偏低，增加企业去杠杆的难度

企业资金周转状况是影响企业杠杆的重要因素。近几年，一些过度负债的企业丧失竞争力沦为"僵尸企业"，参与"庞氏融资"，累积金融风险；即使有市场竞争力的优质企业，为了化解债务压力，也被迫减少投资并以利润来逐步缩减债务。企业资金周转速度变慢，两金占用情况较为突出。

1. 应收账款占压资金

2003—2008年，人民银行监测企业应收账款周转率稳步提高，由每年5.8次升至15.7次，2009年回落到14.7次后，2010年又提高到21.1次，此后却再次逐年回落，虽然2015年有所反弹，仍低于金融危机前2008年的水平，应收账款周转状况仍然不佳。面对快速增加的债务压力，企业被迫采取保守经营策略，并对产业链上下游产生传导效应，甚至再度出现"三角债"，大型企业拖欠小型企业现象较为突出。

---

① 资料来源于湖北省统计局《2015年湖北省经济运行报告》。

2. 存货占用资金

随着工业品价格恢复上涨，企业原材料库存意愿强烈，将会增加企业资金占用。原因主要有：一是国家前期出台的系列"稳增长"政策效应逐步释放，国内投资增速大幅增长、房地产增速加快，需求增加带动价格上涨。二是短期供应偏紧引发价格上涨。从 2014 年 10 月以来环渤海动力煤价格指数与中国钢铁工业协会的钢材综合价格指数的对比情况看，2015 年底两者同时见底回升后，随着供给侧改革的推进，钢材价格在 2016 年 4 月底高位回稳，而煤炭价格刚启动上涨，煤炭价格的上涨幅度远超预期。三是钢铁、煤炭等补库存增加。2016 年上半年，煤炭供需形势平稳，电厂等用户库存维持在较低水平，近一时期，消耗快速增加，导致库存明显回落，特别冬天等季节性因素影响，重点用户补库意愿较为强烈，推动了价格持续上升；钢铁受基建房地产项目增长影响，涨势平稳。

六、总体评价及相关建议

从宏观和国内外比较看，湖北省非金融企业杠杆率偏高，但是与全国水平相比，湖北省非金融企业杠杆率略低。2015 年湖北省非金融企业杠杆率达到 113%，低于全国 154%[①]的水平，但是超过发达国家 82.8% 的平均水平，也超过 OECD 国家 90% 的阈值，值得警惕。但从湖北省产业结构来看，工业企业杠杆率整体并不高，建筑和房地产业杠杆率较高。因此去杠杆措施应该避免"一刀切"，应该以维持经济稳定增长为主，结合产业调整政策及地区实际情况，对不同行业杠杆采取各种形式进行有保有压，做到去杠杆和经济发展两不误。

（一）经济增长是杠杆率的先行指标，应保持经济平稳增长，构建宏观审慎管理框架

湖北省经济增长对非金融企业部门的融资产生影响，融资具有顺经济周期性特征。因此，要保持经济增长稳定，避免因经济大幅波动导致杠杆率异动，从而触发债务危机。与此同时，在经济运行放缓时，应鼓励银行实行逆周期信贷政策，缓释银行业的群体顺周期行为。

（二）非金融企业部门杠杆率仍有一定空间，根据非金融企业行业的发展趋势和特点，采取有保有压的去杠杆政策

总量上，债务杠杆的作用就是促进储蓄向资本存量转化，而湖北省储蓄率高于投资率，表明杠杆率仍有一定的空间。结构上，高杠杆主要集中在基建、房地产、产能过剩行业以及大型和小型工业企业，央企和上市公司，应根据产

---

① 全国杠杆率 = 债务规模/GDP，债务规模由企业贷款、债券、委托贷款、信托贷款和未贴现的银行承兑汇票构成，债务规模取期初与期末值的算术平均值作为当年平均债务水平。

业结构调整对这些企业适当去杠杆。特别基础设施建设与房地产等行业的扩张是近年来湖北省实体经济部门杠杆率提升的一个重要原因。由于这些行业上下游关联行业较广，一旦出现资产价格大幅波动，将冲击大量相关行业，严重影响银行资产质量，引发系统性风险。因此，需要考虑优化融资的行业结构，对于高杠杆的行业适当去杠杆，对于低杠杆的行业应该适当加杠杆，特别是应加大对战略新兴产业的扶持力度。

（三）非金融企业部门债务结构特点明显，应大力发展多层次融资市场

一是银行体系在社会融资中继续占据主导地位。从 2015 年的情况来看，湖北辖内部分银行和地区的不良贷款继续反弹，资产质量需要密切关注。二是表外融资迅速增长。2015 年表外融资在银行体系融资中的比重为 26%，表外融资具有创新性和跨机构运作特点，这对监管提出了更高的要求。三是湖北省经济主体权益类融资比例过低。2008 年以来，湖北省历年的股票融资占社会融资规模的比重均低于 5%，需要进一步大力发展多层次资本市场。

（四）非金融企业部门去杠杆应分类指导，充分利用杠杆发挥稳增长作用

湖北目前仍处于工业化中期，资金密集的重化工业需要快速发展，城市化水平需要进一步提升，实体经济的投资需求依然旺盛。结合湖北杠杆率总体水平依然低于全国来看，在坚决淘汰出清过剩和落后产能的同时，保持经济发展的同时，特别要摸清已停产、半停产、连年亏损、资不抵债，靠政府补贴和银行续贷维持生存的"僵尸企业"名单及其融资情况，对于产能过剩行业采取多种措施降杠杆。一个方式是降低企业债务，可通过债转股等方式，或者靠自有资金、股权融资进行投资；另一个方式要扩大资产收益率，即把资产规模做大。建议通过破产、并购去产能降杠杆。另外，通过各种市场手段，将一些不盈利的企业退出产能过剩领域后，产品价格会有所回升，销售出现好转，企业能赚到钱偿还债务，杠杆率也能降下来。

参考文献

［1］中国人民银行杠杆率研究课题组．中国经济杠杆率水平评估及潜在风险研究［J］．金融监管研究，2014（5）．

［2］马建堂，董小君，时红秀，等．中国的杠杆率与系统性金融风险防范［J］．财贸经济，2016（1）．

［3］朱鸿鸣，薄岩．中国全社会及各部门杠杆率测算［J］．重庆理工大学学报（社会科学），2016．

［4］李扬，张晓晶，常欣，等．中国国家资产负债表：理论、方法与风险评估［M］．北京：中国社会科学出版社，2013．

［5］黄志龙．我国国民经济各部门杠杆率的差异及政策建议［J］．国际金融，2013（1）．

［6］高善文. 债务危机有多远［J］. 金融市场研究，2014（2）.

［7］李扬，张晓晶，常欣，等. 中国国家资产负债表：理论、方法与风险评估［M］. 北京：中国社会科学出版社，2013.

课题组组长：赵　军

课题组成员：王　兵　李　松　陈　锐

金融创新助力明显　主体改革亟待跟进

——襄阳市"两权"抵押贷款试点推进问题研究

中国人民银行襄阳市中心支行课题组

"两权"抵押贷款试点是中央"盘活农村资源、资金、资产，增加农业生产中长期和规模化经营的资金投入，为稳步推进农村土地制度改革提供经验和模式，促进农民增收致富和农业现代化加快发展"的一项重要举措，有着开启农村经济金融发展新局面的重要意义，本文通过实地调研襄阳市农村"两权"抵押贷款试点，对试点模式、进程、内在机制、目标达成情况、社会影响等方面进行务实的探索分析，提出完善试点、配套推进农村社会经济主体改革等政策建议。

一、试点的成效：建立了统一规范的操作流程、支持体系和灵活高效的风险缓释与激励机制

（一）设计并构建了成套的"两权"抵押贷款试点的政策支持框架体系、完整明确的操作流程与规范

作为农房财产权抵押贷款（以下简称农房贷款）试点地的宜城市、农村土地承包经营权抵押贷款（以下简称农地贷款）试点地的南漳县，均成立了政府主要领导牵头的领导小组，签批下发了由人民银行襄阳市中心支行酝酿起草、报经省政府批复同意的"两权"抵押贷款试点工作实施方案和具体实施办法，形成了政府主导、人民银行推动、部门配合、金融机构参与的试点工作机制，构建了成套的试点政策框架体系，明确了完整合理的操作流程、业务要件与具体规范，体现了支农惠农、防范风险和坚守底线的有机统一，也得到了各家金融机构的一致支持，配套出台了各自的试点实施细则，从而打开了"两权"抵押贷款的试点通道。

（二）针对"两权"抵押物的确权颁证、抵押评估与登记、交易流转等关键环节，推动地方政府建立了专项政策与服务支持体系

宜城将农房所有权和宅基地使用权合二为一，统一发放不动产登记证书，由新整合成的不动产局专司其确权、登记、发证、交易和流转事宜。其中最难

的是确权颁证，涉及测绘登记、合法性确认、超占使用费缴纳等诸多问题，为加快工作进度，宜城市政府免除了每户按规定要收取的数千元测绘费，组织500多名干部进村入户，对全市10.66万名农户、11.24万宗宅基地展开测量登记和权属调查，截至2016年第三季度末，宅基地外业测量、内业建库已全部完成，农房测量完成20%，发放不动产权证书2700本，为农房贷款试点的推进奠定了良好基础。南漳县已完成全部农户承包土地经营权的确权颁证工作，并已于2013年建立了县、乡、村三级联网式的南漳县农村综合产权交易中心。在抵押评估上，两地都在债权人自评、双方协商评定之外，指定物价局价格评估中心为可选第三方评估机构。

（三）针对金融创新中的不确定性风险，协调地方政府建立了利息补贴、抵押资产处置、风险补偿等风险缓释机制

南漳县政府承诺，农地贷款由财政给予50%的贷款利息补贴，并出资1000万元设立了专项风险补偿基金，明确贷款如逾期不能归还，所押土地承包经营权交由南漳县农村综合产权交易中心对外挂牌交易，挂牌交易三个月内未能再流转或再流转后金额不足以归还贷款的，按剩余应还款额的60%及时进行代偿，风险补偿基金管理机构向抵押人追偿后再注回风险补偿基金。宜城市政府也针对农房贷款，按照量小控量、量大控率的原则，由财政先期出资500万元，建立风险管理奖补基金，专户管理、专款专用，用于因不可抗力原因造成的贷款损失补偿。

客观地说，在市县两级人民银行的大力组织和推动下，无论是组织、管理还是技术，"两权"抵押创新试点都是比较成功的，无论是银行、政府还是贷款申办人，对试点的组织、运作与效果，也都是满意的。

二、存在的困难：地方政府确权颁证进程艰难，"两权"抵押的有效性客观上存在实质性缺陷

然而，两地在实践中却都遭遇了推进艰难的现实困境。农房、农地贷款试点2016年初启动，但直到4月底、5月初才各自发放第一批46万元、50万元；9月底才分别达到219万元、700万元，在各方面的大力组织推动下2016年底分别达到740万元、4269万元。

（一）地方政府确权颁证进程艰难，农民住房财产权合法性难获确认

确权颁证是农村住房财产权抵押的基础，但确权颁证也意味着规范清理。而从宜城试点情况看，因乡村规划缺失、执法管理乏力、基层组织作用发挥不够，许多农民按照自己意愿随意建房，乱抢滥占、未批先占、边建边占、少批多占等违法建房现象较多。全市农业人口38万人、10.66万户，一户多宅占比8.16%；大于200平方米的占比81%，大于240平方米的占比63%，大于300平方米的占比38%，部分村超占面积户占比达90%以上；超占、"一户多

宅"及闲置约占用宅基地总面积的 47.78%。如何处理这些权属不清难界定、界址不详难确权、违法违规既成事实及各类历史遗留问题，成了难题。宜城市提出了宅基地超占有偿使用、自愿有偿退出的统一政策，尽管有诸多优惠措施，有政府倾力宣传推动，但收效并不理想，截止到 2016 年底仅颁发不动产权证书 2700 户，登记率仅 2.4%。

（二）"两权"抵押的有效性在客观上存在实质缺陷，使得"两权"抵押难获认可

物的交换价值是抵押权得以设立的基础，交换价值的实现需要有自然运转的自由交易市场，便于登记管理、价格易于被发现是金融机构对于抵押物的基准要求，因此，具有流动性较强的二级市场、能够自然顺畅地流转，是"两权"抵押实质有效的前提。但是，农村住房财产权和承包土地经营权本身所居有的双重属性，却使得其二级流转市场恰恰是一个缺乏竞争性和流动性的弱市场。

首先，农民住房财产权的乡村社区属性、承包土地经营权的农业生产资料专属性，使得两权转让的自由市场未能自然形成。在我国，农业、农民是客观存在的弱质产业、弱势群体，农民们客观上在生产、生活的诸多方面需要相互帮助，而每个农民作为独立的个体又有挣扎向上求生存的独立自主精神，因此，农村住房往往都是因陋就简因形就势地非标准化、个人特色与专属性鲜明、与房主生产生活密切相关、与房主的其他生产生活资料密切相连甚至密不可分。熟人社会、乡村环境、乡土人情使得农村住房在作为银行贷款抵押物处置流转、而非原房主的自主流转时，城市居民因政策限制不能购买，社区原居民很少会、外来农民更不会愿意接手。而承包土地作为农业生产资料，需要有便利、配套的水、电、路、机械厂房等各种资源配套，同样地，乡土环境下，这些资源配套条件的限制，使得附近居民一般难以接手；而在试点所允许的较小范围内也不容易找到有较强实力的外来者予以接手。而土地自身也需要养护、管理和投入才能保持较好的产出能力和水平，因担忧外来承租人破坏性使用土地，承包人往往宁愿低租金甚至免费转让给亲朋好友或熟识村民耕种。事实上，南漳县农村综合产权交易中心自 2013 年成立后，农村承包地经营权流转交易仅成功寥寥数笔，且仅 1 例为二次流转，其他都以无人问津而告终。

其次，作为基本生产生活资料的社保属性，也是阻碍"两权"抵押物自然流转的重要因素。在我国农村，土地除了作为生产要素在发挥作用外，也作为最后的就业手段发挥着社会保障功能的作用。如单纯强调生产要素功能，土地承包经营权应当产权明晰稳定、规模经营、流转顺畅，鼓励抵押也是自然的；但如强调社会保障功能，则土地承包经营权应公平分配、定期调整、限制交易和抵押。在当前城乡不均衡的保障制度仍然存在、国家和社会对农民的社会保障仍然有限的情况下，不得不承认，土地仍然承担着最终的社会保障功

能。如承包人家庭突生变故或生活困难，即使依法可以对作为抵押物的土地经营权进行处置，但无论是出于社会稳定还是社会道义，保障公民的基本权益应是首选，抵押物处置只能被搁置。作为基本生活资料，农村住房的情况同样如此。

（三）农业本身的弱质性、农民自身的弱势地位使得本地农户"两权"抵押贷款需求不旺、吸引力不强

当地人民银行的摸底调查显示：截止到 2016 年 10 月末，南漳县通过土地流转取得流转经营权的农户（主体）有 12535 个，仅 35 个提出抵押贷款需求 6400 万元；已办理经营权证的 326 户中也仅有 21 户提出贷款需求 4580 万元；宜城市 19 个宅基地和住房财产权改革试点村有农户 9557 户，仅有 1.95%、186 户提出抵押贷款需求 1554 万元、户均 8.35 万元，已颁发不动产证的农户也仅有 29% 共 91 户提出贷款需求金额 538 万元、户均不足 6 万元。当然，本次调查对象仅限于本地农户和农村经营主体、没有工商资本介入的情况。

三、目标的偏离：资金加速向超级大户和企业集中，"两权"抵押贷款面临可持续性危机

（一）"两权"抵押贷款试点客观上促进了土地、资金加速向超大户和企业集中

《国务院关于开展农村承包土地的经营权和农民住房财产权抵押贷款试点的指导意见》（国发〔2015〕45 号）明确试点目标是"有效盘活农村资源、资金、资产，增加农业生产中长期和规模化经营的资金投入，为稳步推进农村土地制度改革提供经验和模式，促进农民增收致富和农业现代化加快发展"。可以归结为两点：一是盘活土地、住房财产权，使之可以抵押融资，促进农民增收；二是促进农业和土地规模化经营、现代化发展。

在当前农村金融仍处于卖方市场的情况下，"两权"抵押贷款试点能在多大程度上发挥作用，主要取决于金融机构在试点实践中的认识与发展。从实践反映看，随着风险管理水平的不断提高，第一还款来源保证已是金融机构信贷发放的核心原则，对"两权"抵押这样一种风控质量不高、但合法可选的融资方式，金融机构主要将其运用于经营状况良好、风险不高的贷款对象，从而定向发挥增加资金投入、促进增收、促进农业和土地规模经营的作用。

第一，"两权"抵押贷款难以成为普通农户的增信融资方式。无论宜城还是南漳，一般农户的营生资金需求基本在 5 万～10 万元，但事实上即使是更高一些的资金需求，通过自身积累、亲友借贷，已颇为普及的小额农贷基本都能得到满足。相反，以农地农房做抵押，经过估价和抵押折扣，很难达到这样的贷款额度，而且环节多、成本高，远不如小额农贷方便快捷。

第二，"两权"抵押贷款难以成为一般传统粮棉油种植业农户的增信融资

方式。国内农业的弱质性不仅体现在生产周期长、风险大，更体现在市场对无组织依托、原子化分散状态的农民所具有的强抑制属性，农民主要生产什么，什么产品价格就长期低迷；农民主要需要什么，什么资料的价格就长期走高。对于保持土地粮棉油种植用途不变的一般传统农户来说，即使实物产出水平始终较高且不断增加，其货币化收入和盈利也很有限，农地农房的估值因此受到很大限制。在严格的第一还款来源保证原则下，种植规模小一点，其融资需求自筹就能满足；规模大一点，自筹满足不了，金融机构也很难通过"两权"抵押贷款给予满足，基本上只能依靠自身积累、亲友借贷、小额农贷滚动发展。

第三，"两权"抵押贷款有发展成为超级大户和企业加速土地与资金规模经营的最佳融资发展工具的趋势。发展前景良好的超级大户和企业，或从事非粮类经济作物种植或特种养殖，或以其特有的人脉关系与渠道资源主打有机食品等技术牌，或从事非农化的工、商、贸，等等，有着传统种植业所没有的高收入、低风险，有自己的公司、商业地皮与房产、机械设备等多种资产，有良好的信贷渠道与第一还款保证，是金融机构"两权"抵押贷款最理想的投放对象。在目前这种鼓励促进规模经营、规模流转的环境下，"两权"抵押贷款注定会很快成为他们加速圈占土地与资金的最佳融资方式与发展工具，只是目前试点初期所坚持的承包土地流转不能改变农业用途、城镇居民不能购买农村住房的政策限制，使得这种趋势尚未明显暴露，加之流程生疏，"两权"抵押贷款尚非这些大户和企业的主体融资方式。

第四，相对于承包土地经营权，住房财产权抵押贷款对于一般农户和农村经营主体的积极作用更大一些，但也存在着助强不助弱的特性。住房较好的农户，一般都是当地比较成功者，有一定经济头脑、有稳定的收入或较好的项目，有较高的第一还款来源保障，其住房质量、位置也更利于转让出手。相较于农地贷款，农房贷款的用途与覆盖面更广一些，但同样是助强不助弱。

（二）"两权"抵押贷款呈现出可持续性与贷款者实力成正比的强弱分化特点

1. 本地农户"两权"抵押贷款的可持续性有待提高

2016 年末，宜城农房贷款余额 740 万元，单独以农村住房财产权作为抵押物的仅 219 万元；南漳农地贷款余额 4269 万元，单独以土地承包经营权作为抵押物的仅 700 万元。在以本地农户为主的试点中，"两权"较难单独成为贷款机构认可的抵押物，须借助其他财产抵押或担保公司介入，才能完成融资贷款，"两权"抵押在融资功能上具有局限性和不完全性，形式大于实质。

2. 抵押处置风险较高导致其可持续性随贷款对象实力强弱而分化

"两权"抵押的实质缺陷意味着处置风险。以农地贷款为例，其抵押实际是以土地的当期投入所产生的当期收益为抵押，一旦进入处置环节，短时间内很难找到、甚至根本就找不到二次流转对象，一是承包土地的当期收入、贷款的当期利息从此再无着落；二是期间土地无人养护管理，给后续地力维护带来负担，影响流转率与价值；三是在当前流行的按年缴纳承租金模式下，原流转经营者无法继续缴纳租金，承包人收回土地的压力也会迅即呈现，其最终的结果是，原流转经营者、金融机构、土地承包者、土地流转部门均无法从原流转经营者经营不善的困境中解脱，再华丽光鲜的"农村产权交易平台"、政府协助处置机制，都难抵一个"无人问津"而成为一纸空文，处置抵押物不仅不能得到解脱，反易就此陷入困境。因此，"两权"抵押可持续性的强弱就体现在贷款对象的实力强弱：贷款对象实力强，有第一还款来源保证，"两权"抵押就成为其锦上添花、持续滚动放大的杠杆放大器；贷款对象实力弱，第一还款来源不能确保还款，极易陷入困境，无以为继。

3. 政府部门的"两权"抵押风险缓释机制难以建立或不可持续

抵押处置面临困难的情况下，"两权"抵押贷款的可持续性就只能看地方政府的风险处置与补偿能力。宜城市、南漳县两试点虽然在人民银行的协调下，出台相关文件，建立了贷款利息补贴、风险补偿等风险缓释机制，成立了相关专班组织，但风险补偿和财政贴息基金却迟迟没有落实到位，透露出地方政府所感受到的风险处置压力，金融机构自然对此心存顾虑，信心不足。事实上即使这些机制如期到位，也会受制于地方财力与承受力，政策可持续性存疑。

四、系统的反思：没有农村经济主体改革的配合，金融部门主导的创新难以单兵突进

经济决定金融，经济运作方式决定着金融运作方式；金融助推经济，是经济改革的急先锋和助推器。通过系统地分析"两权"抵押贷款试点，可以看到，它是通过金融创新，从技术上配合中央的农村社会经济与土地改革战略，为农村土地和农业规模化经营、为增强农民自我谋生能力，提供资金支持和促进。而国家当前的农村社会经济改革战略，则主要是推进农村土地规模经营，借此一方面解决土地撂荒、无人种粮的问题；另一方面推动农民城市化进程、协助解决经济发展动力不足问题，从而达到整个国家的整体现代化。这些战略是符合一个国家走向现代化发展的必然趋势和规律的，"两权"抵押作为这些战略推进过程中的试点之一，也触发、引起了一些需要我们进一步思考完善的问题。

（一）农村经济主体改革滞后提高了金融创新的制度成本

当前各级政府部门在土地规模化经营的思路上基本都偏重于支持大型企业、超级大户的土地经营规模化，偏重于发展家庭农场、专业大户、专业合作社、龙头企业四类新型农村经营主体。而政府部门认定的这四类新型主体中，

家庭农场、专业大户主要就是大户、超级大户，专业合作社也多是超级大户或大型企业主导农户进行强弱协作的协作组织，实际成为超级大户或企业的下属企业，而非真正的合作组织。所以这种思路实际就是本土或外来的工商资本规模经营和掌控土地，以市场化方式推进土地规模经营和农民城市化，作为配套，给农村土地、房产扩权赋能（既是对规模经营的激励，也是对农民的保障），保留土地承包权，帮助农民融入城市生活。但是，这种市场化推进方式存在两重重大隐患。

一是资本独大、垄断集中易成为农村社会的普遍现象，城市贫民、农村贫农两大群体易大规模扩展，成为难以逆转的社会顽疾。一直以来，国内经济发展的一大弊端，就是在长期的外向型经济发展过程中，资本与劳动力的分配比例长期严重失衡，在国家经济总量与规模得到发展的同时，资本商、企业主的经济实力得到超常规、大规模发展，普通员工和居民收入有限、消费能力不足，导致以居民消费为基础的国家经济自主发展机制发育迟缓，在目前外需下降、外向经济受阻的情况下陷入内需不足的"拉美陷阱"。在国内工商资本已长期形成并习惯于这种浮躁的盈利与分配机制的情况下，让工商资本推进土地规模经营、推动农民进城，其结果必然是工商资本对土地资源、进而对粮食购销渠道的掌控，即使解决了土地的撂荒问题、粮食种植与总量供应问题，资本掠利、分配结构恶化范围却从城市全面扩展到农村，失地农民和城市居民中低收入群体在大幅增加的同时，失去了原有廉价农村土地资源与农产品的支持，城市贫民、农村贫农两大群体或将大规模扩展，成为难以逆转的社会顽疾。

二是粮食安全风险增大，粮价有持续普遍大幅上涨趋势，给社会经济发展、特别是大量失地农民、规模大增的城市普通居民带来冲击。依照目前的资本对土地规模经营的初期介入案例来看，面对传统农产品市场的抑制，如果坚持传统的粮食种植，其收入依然是较低，即使依靠规模经营，收入比一般农户高，但比较效益差是必然的。于是，部分规模经营者或者是几经折腾以此为跳板，转行从事非农经营；仍从事农业的，或经营经济作物、特种养殖等非粮食种植类"高效"农业；或凭其特殊人脉渠道、关系资源，以"有机农产品"等方式变相提价营销，最终无论是哪种情况，粮油价格都因为比价效应而普遍跟涨。而随着工商资本对土地等资源介入、掌控程度的加深，可以预见，农产品产销渠道进一步集中、价格渐次大幅上涨是必然趋势。在城市普通居民因农民城市化而规模大增，公共服务、社保、生态环境、生活水平、就业机会普遍经受考验的情况下，粮油等生活必需品价格大幅提高的压力不容低估。

（二）村民自治权被悬空加大了普惠金融目标落实的难度

从理论上说，宅基地、承包地即使并非农户直接所有，也属于村民集体所有，应由村民集体自治、民主管理，但从各地的改革试点来看，基本都是政府组织调查、综合决策、统一执行。如宜城为了《宅基地改革试点实施方案》

（以下简称《实施方案》）的制定，组织相关部门深入调查研究，广泛收集农民意愿，按照从上到下，再从下到上的方式让基层干部反复讨论，多次修改，付出了巨大的努力，得到广泛认可。但是，调查中相当一部分村民仍认为是"强力决策、强力执行""各级领导们直接给决定好了"，还有相当多的村民认为《实施方案》并不公平：先期违规在顶好地段、大幅度超占宅基地面积建造一户一宅住房的户，可以多缴那么一点费就通过，一户多宅的户将老宅子退出还有补偿；可原来面积不足、没有宅基地或者宅基地地段不好想换个地段的户，却不给批一户一宅的宅基地了，只能去购买高楼单元房；要是地段不好超面积，还得缴费。对于推进土地规模经营的优惠政策，也有村民表示不理解、不认同甚至不了解。如对于农地贷款试点的利率优惠、补贴和风险补偿政策，有村民就表示：不少农户都流转有同村外出打工村民的承包地，10～50亩不等，想贷款还贷不到，而那些试点户不仅能贷到款、享受基准利率，还能得到50%的财政贴息！为什么只鼓励支持这些超大户，而不是对所有流转户按统一比例予以公平的鼓励？

五、政策性建议：以村民自治共同体作为土地规模经营的主体，全面推动"两权"抵押贷款试点

如前所述，以市场化的方式，将工商资本作为土地规模经营的主体，会产生诸多重大风险。其实，对于农户这样不具有平等市场交易条件的底层弱势群体，最好的发展方式，是在个体自由基础上，以合作组织方式形成合作联合体。立足"三农"实际，以合作化的方式，建设村民自治合作共同体，并以共同体作为土地规模经营的主体，就能够较好地回避这一系列的风险，既能依靠自治合作共同体的集体力量实现土地规模经营，也能以自治合作共同体为基础平稳有序地推进农民城市化进程。

在入户调研时，很多农户都表达了类似的规模经营土地意愿：希望买高效、现代化农机，愿意经营更大规模土地，希望有个真正的合伙共同体、合作集体作为依靠。农户具有规模经营意识，只是限于单体实力，无法达成意愿。以南漳为例，全县已有40%以上的农户不同程度参与了土地流转，共流转各类土地资源70万亩以上，其中流转耕地面积10万多亩；规模经营面积中，以家庭为单位的规模经营占比57.1%。

其实，农业之所以过于弱质、农民之所以过于弱势，最根本的因素，在于农户过于分散化，无法形成一个统一的组织整体，与商业化的市场组织进行平等的对话、达成平等的交易；无法形成一个组织化的群体，表达自身的诉求、维护自身的利益，从而与社会对接、均衡发展。单个农户，有规模经营的意愿却限于个体实力无法实现规模经营，众多农户实现真正的联合自治、共同合作，则能突破个体实力薄弱的限制，实现土地的规模经营。建立村民自治合作

共同体，可以一举解决市场化方式推进土地规模经营所面临的诸多难题。

（1）宅基地与住房财产权确权颁证之所以推进艰难，正是乡村弱势群体在求生存过程中自然形成的无形共同体，对乡村外来力量强行推进约束机制的抵制。如果是村民自治共同体自行推进，则会因为各种情况村民们自己都很清楚，是是非非自有公论，自行协商，绝大多数问题都会顺利地得到解决。

（2）"两权"抵押之所以存在实质缺陷，是因为土地的农业生产专属性、住房的农村社区属性、农户的底层经济弱势共同体属性，三种属性三位一体地结合在一起，自然使得来自乡村外部的抵押处置可行性不高。但如形成村民自治合作共同体，农户的社会经济与市场地位、经营形势都会得到改善，第一还款来源会有所保证，共同体也能提供二次还款来源保证，因为共同体内成员间信息对称，能够形成有效的自然约束，无须外来监督、保证或担保，风险管理、融资成本大幅降低。政府支持规模经营和"三农"发展，也变得相对简单，只需要提供平价或廉价的批发资金，与村民自治合作共同体、自治合作金融机制形成对接即可。

（3）弱势群体的社保，只能依靠弱势共同体自身实力的发展壮大加以解决，否则，仅仅依靠政府补贴、风险补偿，以弱势群体实力之弱、涉及面之广，社保机制是建不起来的，即使暂时建立，也难以持续。在未建立自治共同体的情况下分散经营，农民始终无法依靠"三农"经济自身形成足够的积累，即使依靠外部打工经济形成有一定的外部积累，也因其不稳定、不可持续，难以形成稳定、足够的社保能力。

（4）形成村民自治共同体后，农民自身权益能得到真正的发展和维护，依靠村民自治合作共同体的规模经营，不仅农户的生产力和积极性再次得到提升，粮油生产与供应安全得到保证，对于工商资本的挤压、挤入，也能形成有力的制约和均衡。这样的村民自治共同体，对于土地规模经营，对于粮油安全与供应的持续平稳发展，对于农民在经过城乡经营收入比较、具备一定"三农"收入保障基础上理智有序的城市化，对于未来城乡两个社会的均衡平稳有序发展，都是莫大的幸事。

所以，综合来看，"两权"抵押贷款在推动土地规模经营、增强农民自我谋生能力上有较好的促进作用，但金融作用的发挥是以经济为基础的，要更有效地发挥"两权"抵押贷款的作用，则需要优化农村社会经济改革，打造村民自治合作共同体，这需要政府从以下几个方面努力，给予农民真正的自主权、自治权，让其形成真正的合作发展。

1. 加强组织引导

农户被打散成千家万户状态已近四十年，不加以组织引导、组织，很难自然聚合形成民主自治合作的村民共同体，需要政府居中引导，提供一个凝聚点。

2. 敢于真正放权

村民自治合作共同体必须坚持内部协商决策管理机制这一核心，政府的职责是维护这一机制，尊重村集体的决策、决定，在管理上基本以宏观政策对村集体做要求，对事不对人，依法管理。

3. 支持自主纵向联合

共同体内部可以具体管好的事项，坚持交由内部管理，时机成熟后鼓励基层共同体组成联合共同体，鼓励其在更大范围内发展壮大农户实力和"三农"经济的协调性，从而方便政府部门通过这些村民共同体，对"三农"经济进行有效地指导、协调和支持。

4. 理顺市场环境与机制

在大宗农产品与农业生产资料的购销渠道上，鼓励支持村民自治合作共同体以共同体为单位，参与市场，通过各级共同体的联合参与、协调和整合，形成更有效的市场结构与价格形成机制，为"三农"的长期平稳、可持续发展奠定基础。

总之，需要政府以高度的政治勇气、政治自信，着手村民自治合作共同体的组建，整合农村社会经济组织体系，顺利推进土地规模经营，推进农业现代化进程，形成"三农"和农民城市化的平稳有序发展，促进城乡经济长期平稳可持续发展，不能因为其难，而有所退避，有所放弃。

课题组组长：夏洪涛

课题组成员：张爱军　梁心雷　卢凯国　徐大军

湖北科技金融改革评价及路径选择

中国人民银行武汉分行金融研究处课题组

一、引言

2006 年党中央、国务院提出了"提高自主创新能力，建设创新型国家"的发展战略，随后党的十七大、十八大又将这一战略上升到"国家发展战略的核心"和"提高综合国力的关键"的高度。"提高自主创新能力，建设创新型国家"是一项复杂的系统工程，需要有利于自主创新的体制机制。其中，科技金融是促进自主创新极为重要的机制和制度安排。近年来，为了促进科技产业的发展，我国出台了《国家中长期科学和技术发展规划纲要（2006—2020 年）》，在北京、上海、苏州等 16 个城市开展科技金融试点工作，以探索金融支持科技企业的新路径。2015 年 7 月，中国人民银行等九部委印发《武汉城市圈科技金融改革创新专项方案》（银发〔2015〕225 号，以下简称《专项方案》），湖北省武汉城市圈成为全国第一个科技金融改革创新试验区。湖北省政府高度重视，各部门积极联动，金融机构主动创新，在以前自行改革创新科技金融基础上，经过一年多的积极创新，初步形成了"东湖模式"，对湖北省科技创新起到了重要的推动作用，促进了科技与金融的互动，但是离创新型国家、创新湖北建设的金融需求还有显著差距。因此，需要科学评价当前科技金融改革成效，选择合适的科技金融改革路径，以进一步深入推进湖北科技金融改革，构建符合科技创新的科技金融体系，更好地服务创新湖北和创新型国家建设。

二、文献综述

国外的研究中并没有直接提出科技金融的概念，而是从金融与科技关系来论述。熊彼特于 1912 年在其著作《经济发展理论》一书中，首次提出了创新理论，认为创新是经济增长与发展的动力。经过分析金融与科技创新的关系后，熊彼特提出金融对产业的发展起了引导作用，并能够激发技术创新行为和企业家精神。King 和 Levine（1993）通过建立内生性增长基础模型，提出了金融体系为科技创新提供企业家评估、资金筹集、风险分散及技术创新预期收益评估在内的四项服务，进而得出完善的金融支持体系能够扩大科技创新服务范围、提高科技创新效率。Saint Paul（1992）提出金融体系能够为企业的风险性较高的创新活动提供保障。Alessandra和Stoneman（2008）基于欧盟的相关数据研究金融发展对英国科技创新活动的作用，其结论为金融发展与创新活动正相关。Luigi、Fabio和Alessandro（2008）利用意大利企业技术创新的数据进行实证研究，结果表明银行的发展对企业技术创新进程，尤其是中小企业和高科技类型企业创新具有积极的促进作用。Ang（2010）研究金融部门与R&D活动在创新经济中的作用，基于韩国时间序列数据进行实证研究，结论为金融自由化与国家科技创新具有强关联性。

国内学术界立足于科技金融的政策价值和实践意义，对科技金融进行了广泛的研究。王元龙（2011）分析了我国科技金融的发展现状，指出目前我国金融体系与科技创新活动不相适应，缺乏有效的融资渠道，缺乏风险补偿机制，风险投资运用不足，并根据所存在的问题提出了相应的对策。曹颢等（2011）制定并计算了我国各省科技金融发展指数，通过聚类分析等方法进行实证分析，发现科技金融产出指数呈下降趋势，我国的科技金融产出效率有待改善。中国人民银行武汉分行营业管理部货币信贷统计处课题组（2013）在剖析当前武汉市科技金融模式中几个比较突出的现象和国内典型模式的基础上，提出了完善武汉科技金融结合模式的建议。王宏起、徐玉莲等（2012）采用小样本可靠的Bootstrap仿真方法，以1994—2008年我国科技金融发展与技术创新的相关数据为样本进行实证研究，发现我国的财政科技投入、资本市场与风险投资均对技术创新有促进作用，而科技信贷对技术创新的作用并不显著。任春华等（2015）分析了我国当前科技金融支持体系中存在的问题，并提出完善我国科技创新金融支持体系的若干建议。陈游（2016）通过分析美国和德国科技金融模式和我国科技金融发展存在的问题，提出我国要进一步推动科技金融深化，形成与实体经济的融资需求基本匹配的金融体系，从而实现科技与金融的真正对接。

此外，学术界和政府层面从不同的角度对科技金融的内涵进行了探索。赵昌文、陈春发、唐英凯等（2009）认为科学与技术创新活动提供金融资源的政府、企业、市场、社会中介机构等各种主体及其在科技创新融资过程中的行为活动共同组成的一个体系，是国家科技创新体系和金融体系的重要组成部分。房汉廷（2010）认为科技金融本质包括四点内容：（1）科技金融是一种创新活动，即科学知识和技术发明被企业家转化为商业活动的融资行为总和；（2）科技金融是一种技术—经济范式，即技术革命是新经济模式的引擎，金融是新经济模式的燃料，二者合起来就是新经济模式的动力所在；（3）科技金融是一种科学技术资本化过程，即科学技术被金融资本孵化为一种财富创造工具的过程；（4）科技金融是一种金融资本有机构成提高的过程，即同质化的金融资本通过科学技术异质化的配置，获取高附加回报的过程。邓天佐（2010）认为科技金融通常是指以财政科技投入为引导、金融投入为主体，通过制度、机制、工具等创新，整合科技、金融、企业和社会资源，服务于科技创新产业化和科技型企业发展的多元化科技投融资体系和政策环境。主要包括：企业资金、政府投入、创业风险投资、科技贷款和担保、多层次资本市场、科技债券、科技保险，以及中介服务体系等方面。钱志新（2010）将科技企业在生命周期里的融资过程界定为科技金融，认为这个过程包括融资工具、融资政策、融资制度和融资服务，政府、市场、企业和社会中介机构等都是这个融资活动的参与者。段世德（2011）认为科技金融通过金融体制而发挥诱导作用，结合产业化和科技创新的周期性特征，最终实现金融资产产业化和科技创新资本化，避免产业与金融相分离，将异质化的科技创新和同质化的金融资本相结合，以克服科技创新动力的衰减和资本投入边际效率的递减。曹颢等人（2012）对科技金融的内涵分别从狭义和广义上进行了界定。狭义角度上的科技金融重点突出的是金融机构如何利用投融资方式来促进企业的发展；而广义角度上的科技金融是促进科技开发、技术成果转化以及高新技术产业发展的金融制度、金融服务和金融工具的创新性和系统性安排。2011年7月4日，科技部发布的《国家"十二五"科学和技术发展规划》，对于科技金融的解释是："科技金融是指通过创新财政科技投入方式，引导和促进银行业、证券业、保险业金融机构及创业投资等各类资本，创新金融产品，改进服务模式，搭建服务平台，实现科技创新链条与金融资本链条的有机结合，为初创期到成熟期各发展阶段的科技企业提供融资支持和金融服务的一系列政策和制度的系统安排。"

从以上文献综述可以看出，国内对科技金融的研究更多的是从科技金融发展现状及存在问题、运行机制、可借鉴的国内外模式以及科技金融效益评价等方面展开。但对科技金融仍然没有没有形成严格、统一的界定，不同的学者从不同角度对科技金融进行了不同的定义，并由此得出不同的推进科技金融发展的路径。因此，要选择合适湖北省的科技金融改革路径，首先需要准确理解科技金融内涵，这需要进一步的分析。

三、科技金融

研究科技金融视为推动科技金融的发展，要准确理解科技金融内涵不能脱离科技金融服务的对象。而科技金融是通过促进建立一个创新体系，使创新成为一种系统化的活动，从而持续地促进经济增长和发展。因此，我们从科技金融的服务对象开始来分析科技金融内涵。

（一）科技创新

李文明等（2006）则认为科技创新主要是通过借助科学知识的积累、科学研究的发现，不断推动技术进步以达成创新的目标；技术创新则主要是借助技术上的突破与新发明的实用性转换来达成创新的目标。他认为，从定义上来看，科技创新的范围广于技术创新，同时又包含了技术创新。科技创新既强调科学研究与科学发现对创新的促进作用，也强调技术突破与新技术实用性转化在创新过程中所发挥的强大功能。张来武（2011）结合科技创新的时代背景，提出"科技创新是将科学发现和技术发明应用到生产体系，创造新价值的过程。科技创新不是以科学中的发现或技术上的发明作为其标准，而是以实现市场价值为其判别标准，只要发现或发明成果还没有转化为新产品、新服务，没有创造出新的价值，它就不属于创新的范畴"。由此可以看出，科技创新就是科学发现、技术发明与市场应用在协同演进下的一种复杂涌现，是科学发现、技术发明、市场应用之间相互依赖、共同作用、共同演进的产物。在以上研究的基础之上，本文将科技创新界定为科技领域内的不断突破与发展，它是科学、技术、科技、科学创新、技术创新的结合体，既包括科学创新，也包括技术创新。

（二）科技金融

科技金融的概念就可以明确地界定为，针对技术创新成果转化的创新型商业活动，提供金融支持的过程。狭义上，民用的科技创新项目，从研发到商业化成熟阶段的金融需求，都可以算在科技金融的范畴；广义上，民用为主，甚至具有公用性质的科技创新项目，只要以商业化的手段来推进和推广，其金融需求都是属于科技金融范畴。由于科技金融能够通过投资促进科技管理和技术产业商业化，因而科技金融在某种程度上能够随着科技产业共同发展。在现代创新体系下，金融与科技创新是密切相关联的。甚至是研发还未开始时，就需要评估该项科技创新项目的重要性、商业价值、研发时长，从而确定研发的短中长期预算。然后，依据科技研发项目的商业化进程分配研发预算。研发成功后，科技创新项目进入商业化过程，也就是目前通常意义上的科技型企业（如图1所示）。

（三）科技金融层次

1. 宏观层面，科技金融链接国家创新体系各参与主体

在国家创新体系中，市场化的创新体系应该是占据主导地位的，包括政府、大学、研究机构、技术转化机构、公共的和私人的各种基金等多种主体，他们相互关联，互相影响。连接这些科技金融主体的一个关键就是，金融和金融机构。建立在国家创新体系之下的科技金融体系，通过不断推出的创新金融政策，能够为科技创新提供资金支持，并使之转化为新经济（如图2所示）。

2. 中观层面，整合要素资源促进科技金融发展

地区间要想获得科技金融的先发优势，就需要整合现有的科技金融发展资

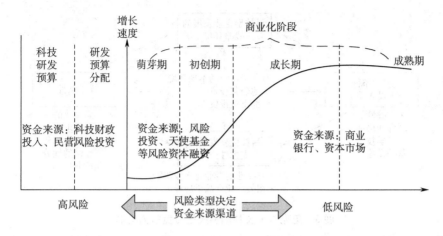

图1 科技创新研发与科技金融的关联

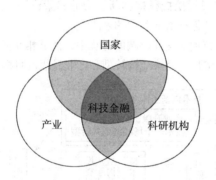

图2 国家创新体系的构成

源，发挥关联和互补作用，形成综合合力。在这个互补体系中，有四个关键性的要素：一是要素条件，必须拥有支撑性的教育和培训，具备科学技术基础设施；二是需求条件，该地区有高端化的产业需求，同时本地拥有能够融入国际化产业链的细分化产业，引导本地区的科技创新持续推动，科技金融深化发展；三是科技型企业的发展战略环境，包括有利于竞争的本地环境，充裕的本地公共投资以及外部直接投资；四是科技创新发展的支撑产业，本地必须具备支撑性的专业化产业集群和相关产业产品供应能力，这是科技持续创新的必要条件保障。只有四个方面的要素综合发挥合力，该地区的科技金融才能取得突破性进展，享受到科技金融发展与科技创新带动产业升级带来的好处（如图3所示）。

3. 微观层面，科技金融推动科技创新商业化

微观层面的科技创新需要大规模地去普及和推广，科技金融体系通过广泛地寻找可供商业化的科技创新产品、流程、模式，将资金注入到创新活动中，

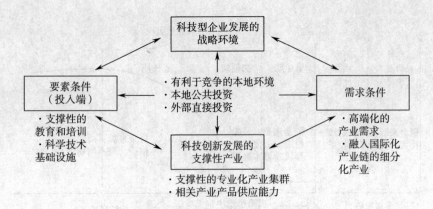

图3　迈克尔·波特的科技区域竞争力棱形

从而激发整个社会各个阶层的创新活力和动力，从而营造出科技创新带动科技金融发展，科技金融发展挖掘科技创新潜力的繁荣格局。

（四）科技金融与科技创新的作用机制

科技金融在与科技创新交互影响的过程中，能够相互强化，螺旋上升，协同演化，共同实现经济增长、经济结构转型和产业升级的目标（如图4所示）。

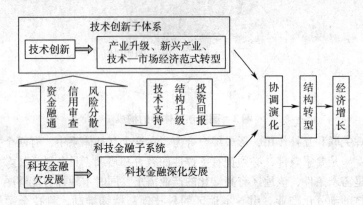

图4　技术创新与科技金融体系协调发展

1. 科技金融对科技创新的作用

一是金融对科技创新的融资机制。而金融作为资金的媒介，能够迅速集中资金投入到科技创新和技术进步中，促使新技术转化为现实的生产力和社会财富。二是金融对科技创新的风险分担机制。现代金融体系可以通过开发出增强流动性功能的金融工具和金融产品来实现资本的优化配置，有效分担风险，从而达到推动新技术商业化。三是金融对科技创新的信息审查机制。金融体系能够通过专业化分工，完成信息审查从而分辨值得投资的科技创新项目，从而保障资金流向最有价值的科技创新项目。

2. 科技创新对金融的作用

一是技术进步推动了金融交易的电子化和网络化。数据处理和通信技术快速发展，并在金融产业广泛运用，进一步推动了金融业的电子化和网络化，加快了金融行业的运转速度，提高了金融效率。二是技术创新引导刺激金融需求结构变化。技术创新要么使原有产业不断分化形成新的产业，要么创新某种新的产品或者新的生产方式形成新的产业。无论是哪种方式，都会促进产业结构升级，从而创造新的金融产业需求，诱导金融部门的投资向新兴产业转移。三是技术创新提高金融投资回报。技术创新能够带来超额利润，降低产业成本，提高劳动生产率，从而也给金融投资部门带来超额收益回报。

四、湖北科技金融改革评价

（一）湖北科技金融改革主要做法

《专项方案》获批近一年来，湖北省政府高度重视科技金融改革创新工作，成立了由曹广晶副省长任领导小组组长，"一行三局"、省发展改革委、省财政厅、省科技厅等单位负责人任副组长的科技金融体制改革领导小组，强化对科技金融改革创新的统一领导协调。出台了《关于推进武汉城市圈科技金融改革创新的实施意见》（鄂政发〔2015〕73 号，以下简称《实施意见》），建立了分工负责制，对各相关部门的落实责任进行了分解；同时，按照武汉市、武汉城市圈和湖北全省三个层次来推进。确定武汉为科技金融改革创新重点地区，全面推进；武汉城市圈另 8 个市为科技金融创新主体地区，进行特色创新；武汉城市圈外其他市州，要借鉴学习武汉城市圈科技金融改革创新经验，自主推进；最终推广到全省，并从充分用好国家科技金融改革创新先行先试政策、促进科技与金融融合等 11 个方面全方位贯彻落实，通过政府主导、部门联动、分层推进、主动创新方式，建立了"六个专项"为特点的科技金融改革创新模式。

1. 设立科技金融专营机构

"一行三局"加强对金融机构执行科技金融政策的窗口指导，督导各金融机构建立科技银行分支行或科技专营机构，为科技金融提供"一站式"综合金融服务。目前，全省共有 16 家科技信贷分支专营机构，主营科技担保的担保机构 13 家，主营科技的小贷公司 15 家，各类科技金融中介服务机构 200家。加大建设科技资本运营载体，武汉全市汇聚 700 多家创投机构，资本规模1000 多亿元。城市圈新设证券分公司 9 家，新设证券期货营业部 19 家，证券期货等中介机构总数达 245 家，占全省总数（299 家）的 82%。长江证券和天风证券积极探索依托互联网技术，实现传统证券业务与服务的转型升级。泰康在线财险成为全国第二个拥有互联网保险法人机构，推进设立科技保险公司，探索在武汉建设省域保险示范区。

案例1：汉口银行2009年在武汉东湖国家自主示范区设立汉口银行光谷支行，成为全国首批、湖北首家科技支行，创新科技企业金融服务。2010年汉口银行在武汉光谷设立了科技金融服务中心，专门开辟了一个单独的工作的区域，搭建了全国首个"1＋N"一站式科技金融服务平台。汉口银行（即"1"）引导政府、创投、券商、担保、保险、评估等各类机构（即"N"）入驻N个物理平台，并通过这个平台实现对科技企业"需求的统一受理"和"业务集中办理"，强化"股权＋债券""融资＋融智"的综合化服务。同时，汉口银行还与入驻机构联合创新，推出了"风险分担""投贷联动"等多种典型业务模式，以"信贷工厂流水线"的方式为科技型中小企业提供全面的综合金融服务。七年来累计服务科技企业1500余家，其中90%的中小企业，累计向600余家科技企业投放表内外资金1000多亿元，还帮助一大批科技企业通过私募渠道和资本市场获得直接融资。汉口银行科技金融创新成效显著，多次获评"最佳金融服务创新奖""最佳科技金融服务银行""最佳科技金融产品"等全国奖项，相关做法得到央视、新华社等媒体的多次报道。

2. 建立科技金融专营机制

积极探索，创新建立科技金融专营机制。如汉口银行率先建立科技金融专业支行——光谷支行，并建立了"九项单独"的科技金融专营机制：建立独立的考核激励机制，突出对创新类指标的考核；建立单独的企业准入机制，明确科技企业的认定标准和准入流程；建立单独的信贷审批机制，专设科技信贷审查委员会，开辟科技金融绿色审批通道；建立单独的审贷投票机制，引入科技专家、风投专家等外部委员会参与表决；建立单独的风险容忍机制，提高科技信贷风险容忍度；建立单独的风险拨备机制，提高科技信贷资产拨备计提比例；建立单独的先行先试机制，赋予科技金融服务中心对创新业务的先行先试权；建立单独的风险定价机制，设立区别于传统定价的风险定价机制；组建单独的科技金融服务团队，搭建专门的科技金融人才培养体系。

3. 推出科技金融专项产品

针对科技企业轻资产、重技术以及高风险与高收益并存的特点，设计全生命周期的科技金融产品，全面支持初创期、成长期、成熟期的科技企业发展。如人民银行武汉分行加强对金融机构执行科技信贷政策的窗口指导，拟定《科技金融信贷政策导向效果评估指引》，从定性和定量两个方面对金融机构科技信贷投放情况进行政策效果评估。针对初创期科技企业，引导风险投资基金加大投入；在银行业试点推广专利权、商标权、版权、股权、保单、仓单和订单等动产质押贷款、纳税信用贷、科技型企业小额贷款保证保险、萌芽贷、投贷联动等信贷产品；针对科技型企业成长周期开发萌芽贷、三板贷、上市贷、并购贷、补贴贷等信贷产品。如东湖高新区设立5000万元资金池，吸引银行放大10倍比例，推动金融萌芽贷产品，服务创业初期的科技企业；与建行各出资 2000 万元设立资金池，建行按照 10 倍放大投放贷款。截至 2016 年 3 月末，共有 9 家商业银行和 3 家保险公司参与东湖高新区内贷款保证保险业务，共计办理 302 笔，服务企业达 200 多家，融资金额达 6.94 亿元，企业贷款综合成本低于 7%。截止到 2016 年 5 月末，武汉市科技信贷余额 1451.98 亿元；其中东湖示范区科技企业贷款 399.46 亿元。

案例 2：中国人民银行武汉分行营管部 2013 年 7 月会同湖北省保监局、武汉市东湖开发区管委会制定下发《东湖国家自主示范区科技企业贷款保证保险业务操作指引》，建立了"第三方信用评级 + 银行贷款 + 保证保险 + 政府"无抵押增信机制，在东湖国家自主示范区试点开展科技企业贷款保证保险业务。东湖开发区管委会对获得贷款保证保险的科技企业给予 40% 的投保费用补贴和 50% 的信用评级费用补贴，并按基准利率的 25% 进行贴息，经办保险公司、经办银行和管委会按照 5∶2∶3 的比例分担贷款逾期风险。到 2016 年 10 月东湖国家自主示范区贷款保证保险业务累计向 200 余家科技企业发放贷款 302 笔，累计金额 6.94 亿元，其中，50 多家科技企业发展良好，已在新三板上市。科技企业"银政保"信贷合作的创新工作被新闻联播、《金融时报》等媒体报道。

4. 搭建科技金融信息信用专业平台

一是搭建科技金融信用服务平台。在武汉成立"东湖企业信用促进会"，建立"东湖企业信用信息数据库"和"光谷信用网"，为科技型中小企业搭建全方位信用服务和政银企沟通合作平台。到 2016 年 3 月末，"东湖企业信用信息数据库"累计征集区内企业各类信用信息数据 184.1 万条，涉及企业 3.8 万家，完成企业信用评价和评级 6000 余份，信息征集范围覆盖了区内 90% 以上的中小微企业，帮助企业获得信用贷款 129 亿元；"光谷信用网"接受浏览和查询信息、新闻、政策达 79.8 万人次。

二是建立大数据金融信息服务平台。人民银行武汉分行启动大数据金融信息服务平台建设，目前该平台的企业模块已经具备加载空头支票和行政处罚信息、与质监局联网并传输企业基本信息、查询企业纳税数据报告和纳税明细数据等功能。大数据金融信息服务平台建设，不仅可为各银行开展信贷业务和创新提供数据信息服务，而且可以促进科技金融融合创新，形成金融与大数据产业持续发展互动双赢的新格局。

三是完善科技金融基础建设。人民银行武汉分行稳步推进互联网支付、移动支付业务。目前，共有 36 家非银行支付机构在城市圈内开展业务，积极扩展金融 IC 卡应用。截至目前，武汉市已通过"云端武汉"项目初步实现云端打通各政务部门，实现"政务、生活、金融服务"一卡通；武汉城市圈已有 1 个地市级城市和 15 个县级城市实现公交行业应用，督导湖北省农村信用社联合社、邮储银行湖北省分行等接入武汉电子支付系统，实现武汉电子支付系统在城市圈的全覆盖。省政府还拟定了《武汉区域票据交易中心建设的工作方案》，探索建立武汉区域票据交易中心，推动武汉城市圈票据市场一体化。

四是建立科技创业服务平台。湖北省科技厅联合武汉知识产权交易所和腾讯武汉公司等单位共建"科技金融创新创业服务平台"，重点解决投资过程中的信息不对称和信用体系方面的问题，聚集创投资本、金融机构等资源为科技型企业提供对接服务。目前已汇聚全省科技型企业12000余家、省内外400余家投资和金融机构、金融产品600余个。平台试运行半年来，已为中小企业促成融资6.76亿元。同时，构建"省创业投资引导基金管理平台"，重点为各级政府（部门）、金融资本、民间资本和其他投资者提供数据共享和信息服务。

五是完善科技企业直接融资平台。湖北省和武汉市政府先后出台多项科技金融专项政策，先后投入专项资金6亿元，吸引9家要素市场入驻运营，整体运行态势良好。截至2016年5月底，武汉股权托管交易中心登记企业1863家，托管总资本1022.4亿股，挂牌交易企业713家，其中，"科技板"挂牌企业341家。累计为企业融资475.8亿元，其中股权融资246.66亿元，股权质押融资229.14亿元，东湖高新区逐步成为中部地区最为重要的股权直投中心。此外，湖北证监局还推动武汉城市圈1家企业（盛天网络）IPO上市，武汉城市圈上市公司达到62家；8家城市圈上市公司完成重大资产重组，5家企业通过审核，8家企业的IPO在证监会审核，建立由500家企业组成的拟上市后备企业资源库。新增新三板挂牌企业92家，挂牌总数达到176家。

案例3：武汉股权托管交易中心2015年4月在全国区域股权市场中率先设立了为科技企业量身定做的"科技板"，整合政策资源、资本资源、产业资源和智力资源，为科技型企业提供形象展示、规范改制、股权托管、股派交易、科技贷款、创业投资、债券发行和上市培育等综合性服务。截止到2016年11月末，武汉股权交易中心已经托管科技企业640家，其中，577家科技企业在"科技板"挂牌，挂牌"科技板"的企业家数在全国40家区域性股权市场运营机构中排名第一。武汉股权交易中有力地支持了科技型中小企业借力资本市场发展，实现了科技型中小企业分层培育、阶梯式孵化和递进式转板，促进了金融资源与科技资源有效对接，营造了融资融智的良好生态环境。

5. 制定科技企业直接融资专项措施

一是健全创投引导基金体系。湖北省设立创投引导基金、长江经济带产业基金和省级股权投资引导基金，通过"市场评价"和"定向、间接、有偿"方式，引导创业投资参与成果转化。其中，省创投引导基金截至目前总规模已达6.9亿元，参股设立创投子基金19只，子基金总规模达39.7亿元，实现杠杆放大效应超过9倍，子基金累计完成项目投资190项，其中三丰智能等9家企业上市交易，湖北祥源等23家企业在"新三板"挂牌。在湖北省级创投引导基金的示范带动下，鄂州、黄冈、咸宁、天门等市县（区）地方政府也设立创投引导基金，初步建成了较为完善的横向协同、纵向联动的政府引导基金体系。省市创投引导基金有效撬动了社会资本进入创投领域的积极性。目前，全省已登记各类股权投资类企业 912 家，注册资本合计 546.69 亿元；设立天使基金 42 家，规模达 11 亿元，已初步形成了支持早期创业的创投体系。此外，还设立湖北集成电路产业投资基金，重点用于与国家集成电路产业投资基金配套，推动集成电路产业发展。

案例4: 2016 年为了促进资本与实体经济有效融合，适应黄石市转型升级的需要，黄石市政府向黄石市国有资产经营有限公司回购，湖北银行黄石分行委托中欧基金设立资管计划（优先 LP），与黄石市国有资产经营管理公司（劣后级 LP）、中欧基金（GP）合作设立黄石市国盛产业投资基金（有限合伙），基金总规模 10 亿元，第一期，湖北银行黄石分行出资 2.4 亿元，占比 80%。该产业投资基金主要为黄石市电子信息、高端装备制造、生物医药、新能源等战略性新兴产业企业的投资、并购提供股权或债权融资支持和发展指导。目前项目库备选项目已有 300 多个，后期将在项目库中挑选优质企业与项目进行投资（如图 5 所示）。

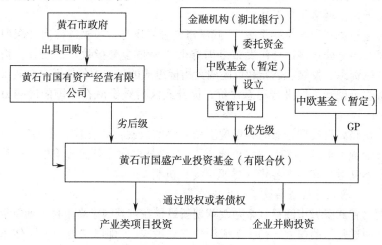

图5 黄石市创投引导基金

二是推动债券融资发展。人民银行武汉分行建立了由 7000 家企业组成的武汉城市圈银行间债券市场融资后备企业库，支持汉口银行向人民银行和交易商协会争取了 B 类主承销商资格，推动科技型企业在银行间债券市场融资。湖北证监局推动 3 家企业发行中小企业私募债融资 6.4 亿元，8 家企业非公开发行公司债融资 80 亿元；2 家非上市公司发行公司债融资 14 亿元。

三是创新引入境外融资渠道。人民银行武汉分行扎实推进湖北省本外币合格境外投资者参与碳排放权交易的各项工作，并将湖北碳排放交易中心碳排放质押贷款作为 2016 年的一项创新试点项目进行推进。目前，碳排放权交易中心也正在积极与法国、美国和韩国的相关机构联系，增加交易品种，扩大交易规模。积极推进跨国公司外汇资金集中运营试点扩容，优化"三集中一轧差"政策，简化账户开立要求及外汇收支手续，允许参加试点的跨国公司在比例自律及遵循商业惯例等前提下自行借用外债。截至目前，武钢、三环等 11 家跨国公司参与外汇资金集中运营管理，累计借入外债 4.1 亿美元，是核定外债额度的 4 倍；对外放款 3.58 亿美元，满足了跨国公司资金运作便利化、降低财务成本、防范汇率风险、提高资金收益的需求。

6. 构建科技金融专门监管政策

一是建立科技金融统计监测监管平台。人民银行武汉分行针对科技型企业行业特征，确定了科技型企业划分标准，建立按季度监测的统计制度；通过构建"银行报送、科技局审核、人民银行汇总、实时共享"的机制，建立动态更新的科技型企业库，库内企业已达 8526 余家；探索开发科技金融统计评估系统，目前已完成金融统计与评估系统的项目构建，并实质启动开发工作。同时，要求商业银行积极配合，改进数据报送接口，为实现科技金融统计与评估工作电子化、网络化打下基础。

二是构建"科技金融指数"。武汉市金融局还与普华永道咨询（深圳）有限公司上海分公司签订合作发布全国首个"科技金融指数"的协议，构建由科技金融资源、发展、创新和风险四大指标组成的量化评价体系，对武汉市科技金融改革创新工作进行动态评价，提升武汉科技金融在全国的影响力和显示度。

三是提高科技型企业的容忍度。湖北银监局提出优化监管激励约束机制，对科技金融市场准入实行"绿色通道"，对科技金融业务实行单独的风险计提标准、不良考核和创新容错（尽职免责）机制。

（二）湖北科技金融改革初步成效

湖北省武汉城市圈科技金融改革创新最早在东湖国家高新自主创新示范区开展，经过几年的摸索，初步形成了"东湖模式"。即以"五个一"体系为支撑（一库、一会、一池、一基金、一平台）的投贷联动、银保合作等多元金融模式。"东湖模式"的核心是政府积极作为以弥补市场不足，建立科技企业信息共享机制和信用增级机制，平衡金融机构的风险与收益，引导更多渠道资金进入科技金融领域，形成多元化、多层次、多渠道的高科技产业投融资体系。

"一库"是指企业项目数据库。东湖高新区由生产力促进中心负责对科技型企业相关信息情报的搜集整理、培育、孵化工作。

"一会"是指信用促进会。东湖高新区重点企业、金融机构、担保机构、协会、商会等单位以建设"信用东湖"、优化融资环境为目标，联合发起成立武汉东湖信用促进会。

"一池"就是风险资金池。东湖高新区设立科技金融风险补偿资金池，加大对金融创新业务风险的补偿力度，引导金融机构加大信贷投入。

"一基金"是指产业引导基金。东湖高新区已经设立 5.2 亿元政府投资引导基金，重点支持科技成果转化和天使投资基金。

"一平台"是指科技企业融资综合服务平台。东湖高新区投资成立光谷科技金融发展有限公司，资本规模 21 亿元，为光谷科技企业发展提供产权交易、信用担保、创业投资、金融服务、企业孵化等多层次金融产品和全方位金融服务。

"投贷联动"是指银行与创投机构合作解决科技企业融资困难，共担风险，共享收益。近年来，汉口银行通过与风投机构投贷联动，累计为 118 家企业（其中科技型中小企业 74 家）引入股权资金超过 20 亿元；通过与券商合作开展"新三板"综合服务，累计支持已挂牌和拟挂牌科技企业 58 家，提供信贷资金超过 2 亿元，协助定增 3.15 亿元。而且根据 2016 年 4 月三部委联合发布的投贷联动试点办法，汉口银行可以设立科技创投公司，国家开发银行、中国银行、恒丰银行等全国性银行业可以在东湖高新区开展相关业务，投贷联动进入新的发展时期。"银保合作"是银行和保险等合作建立风险分担机制。2013 年人民银行武汉分行联合保监局、东湖高新区制定下发《东湖高新区科技型企业贷款保证保险操作指引》，建立"第三方信用评级＋银行贷款＋保证保险＋政府补贴"的科技贷款风险分担新机制。对于获得保证保险贷款的科技企业，政府给予企业投保费用 40% 的补贴、基准利息 25% 的贴息。对于贷款逾期形成的风险，由保险公司、银行和政府三方按 5:2:3 的比例分担，取得较好效果。

"多元金融"是指多种类型金融机构与金融要素大量聚集，间接融资、直接融资相得益彰，信贷、股权融资、债券、融资租赁、信托、资产证券化等融资渠道较为通畅，金融市场较为发达，为科技企业提供一站式、全方位、多层次的投融资服务。

科技金融"东湖模式"契合了东湖高新区科技型中小企业众多、信用体系不健全的实际，政府发力补齐市场短板，到位不越位，建立科技企业信息共享机制和信用增级机制。同时，注重发挥本土金融机构的引导作用。

（三）存在的困难和不足

1. 各项科技金融政策有待进一步融合

目前落实在武汉的涉及科技及金融改革创新的项目较多，特别是武汉市，更是承担众多国家改革创新试点项目，如建设资源节约型和环境友好型城市、长江经济带发展、长江中游城市集群建设、中部崛起战略、科技金融改革创新、系统推进全面创新改革试验等。但这些政策在推动科技金融发展方面较为分散，有的有些矛盾，有待进一步融合，形成政策合力。

2. 科技金融创新环境有待进一步完善

一是科技金融风险分担机制不健全。《实施意见》明确要求综合运用科技发展基金、创投资金、风险补偿、贷款贴息以及财政资金补助等多种形式，引导和带动社会资本参与科技创新。但截至目前，湖北省有些市州尚未建立专项科技金融风险分担基金和科技企业信用贷款财政贴息制度，科技金融风险分担机制尚不健全。二是科技金融综合服务平台不完善。目前仅少数市州的科技部门、园区管委会建立了科技型企业服务平台，但已建立的平台分散在各部门，未能有效整合银行、证券、信托、创投基金、担保公司和投资机构等方面信息资源。三是科技金融监管与改革创新不匹配。目前正在推动的投贷联动工作，监管标准有待细化，明确投贷联动授信业务制度、投资管理、激励约束机制及防火墙制度设计。四是人才创业环境不优越。人才是科技金融改革创新的主体，湖北作为科教资源丰富的大省，却没有发挥好吸纳人才的优势，相反出现人才流失现象，需要进一步制定留住人才、吸引人才的政策举措。

3. 科技金融区域发展有待进一步平衡

一是武汉城市圈内各方面对科技金融改革创新的重视程度不够一致，在认识程度上存在差距。目前，武汉城市圈科技金融改革创新多集中于东湖高新区，武汉城市圈和全省其他地区尚处于起步阶段。部分地区对于科技金融政策、工具和业务了解不多，尚不精通。金融机构在其他市州也大多运用传统产品和服务模式支持科技企业和科技创新。二是跨区域科技金融合作发展迟缓。武汉城市圈金融一体化建设进程较慢，存在诸多障碍。《专项方案》提出要推动武汉城市圈和长株潭城市群、环鄱阳湖城市群开展金融合作，在机构、市场、业务、人才和监管方面推动合作。但目前受行政区划制约，跨区域科技金融发展较困难，互设机构困难，资金跨区域流动更难。

五、国内外科技金融的经验做法比较

（一）国外科技金融体系发展的主要模式

1. 宏观层面国家主导型的科技金融体系——新加坡

作为亚洲四小龙之首的新加坡，在发展科技金融体系过程中采取极其鲜明的政府引导和扶持举措，意图就是要通过政策引导建立国家创新体系。新加坡制定了体系化的创新政策，通过刺激研发和技术商业化，为高科技企业初创和发展提供支持，以实现科技转化、产业起飞和经济蛙跳式发展。

尽管新加坡是个弹丸之地，但却是亚洲地区科技金融和高科技产业集聚地。新加坡将发展科学技术创新能力作为自身经济发展战略的一部分，不断调整产业结构调整，形成了一个政府主导的科技创新体系和创新驱动经济。

新加坡在科技金融体系构建上主要做了三件事：一是发展创业型大学。学习美国麻省理工、哈佛大学、加州理工和加州伯克利等大学的经验，营造商业环境，鼓励大学生自主创业。新加坡国立大学、南洋理工大学、新加坡管理大学等大学都建立了自主创新中心和产业联络办公室，帮助大学生有效获取金融资源。二是大力发展风险资本融资和公共融资项目。为了追赶西方国家科技水平，新加坡建立公共融资项目，资助具有重要战略价值的科技研发创新项目，同时政府参股出资建立风险投资基金，大力推行风险资本融资，促进科技创新项目的推广和发展。比如新加坡绝大多数风险投资基金都有新加坡国家主权基金淡马锡参股的身影，还有很多基金是由政府或者与政府相关联的公司直接管理。三是建立健全有效的资本市场。新加坡股票交易所（SGX）成立了附属的高科技交易所 SES-DAQ，积极引入金融创新，专注于中小企业融资，尤其是处于起步阶段的高科技企业融资。通过设置多样化的上市门槛标准，萌发和初创期的高科技公司能够较轻易地获得资本融资，极大地促进了高科技产业的发展。

2. 中观层面资源整合型的科技金融体系——美国波士顿

美国一直以来都处在科技创新和技术竞争的世界领导者地位，并通过技术创新商业化和科技金融项目带动经济增长。但值得特别注意的是，美国科技金融体系具有以下几个鲜明的特点。

（1）日益倚重市场化的商业资金投入。这一点从图6中可以看出，自20世纪60年代政府资助科技研发高潮之后，政府资金主导的科技创新逐步退居幕后，从高潮期时占 GDP 的 1.85% 滑落到 2013 年不到 0.7%；相比之下，商业资金资助的科技创新稳步提升，从 1953 年时占 GDP 的 0.6% 稳步提高到 1.7%。

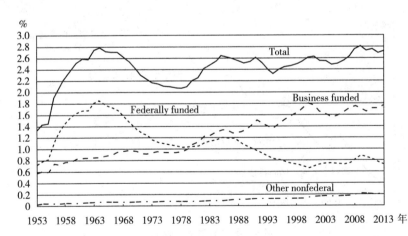

资料来源：美国国家科学基金（National Science Foundation），http://www.nsf.gov/statistics/2015/nsf15330。

图6　美国科技研发投入资金来源结构

（2）科技金融体系具有极强的地域性。美国在构建科技金融体系中并不是遍地开花，而是依照市场自发形成规律和路径依赖，形成了以硅谷（Silicon Valley）和新英格兰（New England）为主的两大区域（如图7所示）。

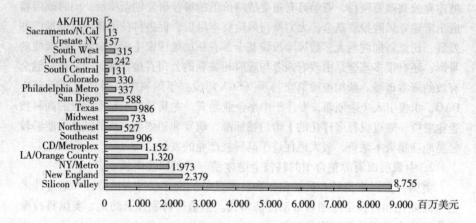

资料来源：普华永道2013风险投资报告，Money Tree Report。

图7　美国科技金融投资区域划分

由于比硅谷起步晚了40年，美国波士顿沿线128号高科技中心错过美国第一次产业浪潮（图8所示）。但与美国硅谷自发的形成模式不同，美国波士顿沿线128号高科技中心，具有鲜明的资源整合模式（如图9所示）。

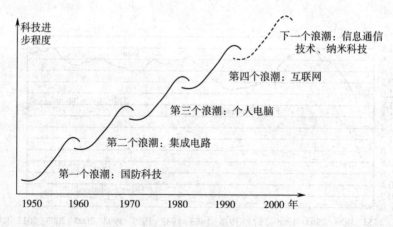

图8　美国科技发展浪潮

波士顿地区拥有丰富的科技教育资源，较为发达的金融体系成为波士顿地区及时赶上科技发展浪潮的有利环境，通过整合马萨诸塞州在波士顿地区的科技、教育、研发和金融资源，以产业孵化器的形式，培育了一系列优势产业和

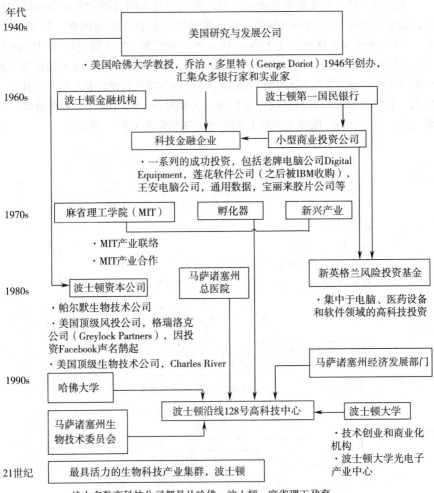

图9 美国波士顿沿线128号高科技中心发展历程

明星高科技公司，比如数字设备公司、莲花软件公司、王安电脑公司、通用数据等。同时，波士顿经济发展部门积极整合马萨诸塞州丰富的医药资源，培育高科技生物公司、医药设备公司，比如全球顶级帕尔默生物技术公司、维通利华实验动物技术有限公司等；依托波士顿大学光电子产业中心发展光电子产业；借助高科技产业的发展壮大风险投资产业，比如因投资脸书（Facebook）而声名鹊起的格瑞洛克公司。通过这一系列的资源整合，波士顿地区已经成为全美最富活力的高科技产业集群中心。

3. 微观市场化自发形成的科技金融体系——美国硅谷

美国硅谷科技产业集群发展的历程，基本就是美国科技创新体系构建的历程，也是美国科技实力突飞猛进，跃居世界第一科技大国的历程（如图 10 所示）。从美国威廉·休利特（William Hewlett）和戴维·帕卡德（David Packard）作为斯坦福大学电气工程学院的两位明星学生，在斯坦福大学周边开始电器工程产学合作研究时，斯坦福大学已经成为孕育硅谷自发式科技创新发展的母体，产生了一系列如雷贯耳的高科技产业公司，比如柯达、通用电气、洛克希德（目前与马丁公司合并，成为美国最主要的高新尖武器供应商）、惠普等。

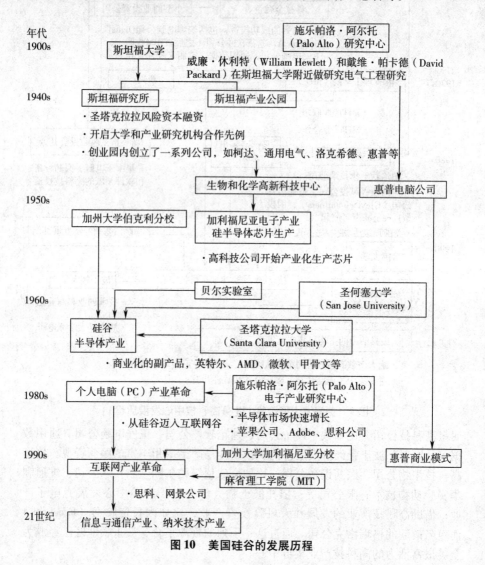

图 10　美国硅谷的发展历程

进入 20 世纪 50 年代后，贝尔实验室、加利福尼亚硅半导体芯片产业的兴起引发了美国以集成电路为核心的第二次产业浪潮，硅谷半导体产业正式成为硅谷的核心产业，引领世界电子产业发展的趋势。同时，一系列的创新型大学，如圣何塞大学（San Jose State University）、圣塔克拉拉大学（Santa Clara University）逐步兴起和发展，进一步助推了高科技产业发展的商业化进程，英特尔、AMD、微软、甲骨文等公司由此起步，逐步成长为世界级的高科技产业公司。

进入 20 世纪 60 年代，施乐的帕洛·阿尔托研究中心开发出了第一台真正意义上的电脑，硅谷再次引领世界掀起以个人电脑为核心的第三次产业浪潮。尽管施乐电脑的商业化推广比不上苹果公司，但却因此推动了一大批电脑公司的产生和发展，比如 Adobe、思科公司等。之后，硅谷再次引领了第四次的互联网产业浪潮，以及信息与通信技术产业浪潮。

可以说，美国硅谷这种微观市场化自发形成的科技创新和科技金融体系，具有无与伦比的发展优势。通过科技金融支持科技创新，科技创新反过来反哺科技金融壮大和发展，逐步的科技创新与科技金融已经密不可分，形成了一种产业与金融良性互动合作模式，持续不断地推动技术的创新和金融的深化发展（见图 10）。

（二）国内科技金融发展的主要做法

1. 北京中关村高科技产业示范区

2012 年，中关村国家科技金融创新中心的地位被确立，并设立了中关村创新平台科技金融工作组。中关村创新平台科技金融组是由 9 个北京市属单位、8 个中央单位联合组建的，具有优化投融资环境、聚集科技金融服务资源、开展科技金融创新试点、服务企业等职能。除此之外，中关村示范区还依托国有独资的中科金集团，搭建综合性科技金融平台，推动子公司业务市场化发展。中科金旗下部分子公司承担管委会科技金融工作的落实任务。如中担保是北京市最主要的政策性担保机构之一，负责中关村政策性担保等优惠政策的执行工作。

在服务体系建设方面，中关村示范区初步建立"一个基础，六项机制，十条渠道"的科技金融服务体系。其中，"一个基础"是指以企业信用体系建设为基础，以信用促融资，以融资促发展。在拓宽企业融资渠道的同时，探索建立了技术与资本高效对接的"六项机制"：一是信用激励机制；二是风险补偿机制；三是以股权投资为核心的投保贷联动机制；四是银、政、企多方合作机制；五是分阶段连续支持机制；六是市场选择聚焦重点机制。"十条渠道"包括天使投资、创业投资、境内外上市、代办股份转让、担保融资、企业债券和信托计划、并购重组、信用贷款、信用保险和贸易融资、小额贷款。

在服务平台建设方面，中关村担保公司与北京银行、华夏银行、北京国际信托公司、中国国际金融有限公司、大公国际评级公司、中国技术交易所、中关村信用促进会等机构签约，组建"中关村科技金融信用综合服务平台"。主要功能是开展融资担保、银行信贷、企业发债、信托贷款、信用评级、知识产权评估等服务。平台还建立了金融服务网站，逐步形成集科技产业融资信息交流、政策发布、金融业务在线办理、金融品种发行、项目咨询投资、产品展示交易、行业知识普及等服务于一体的综合性"网络金融"服务平台。

2. 天津滨海新区

2014 年 12 月 22 日，政府主导的天津滨海新区科技金融服务中心正式揭牌。作为非企业法人，该中心是延伸政府服务的非营利性公共服务机构，旨在更好地破解企业融资难、融资成本高等问题。服务中心吸纳了京津冀地区 65 家金融机构，成立了科技金融创新联盟，建立了 50 个金融产品数据库、100 个投资机构和专业服务机构的动态信息库，服务 3000 家科技型企业。

在最新的发展规划中，滨海新区提出在现有科技金融服务中心的基础上，打造"滨海金谷"。平台体系将主要包括信息整合平台、投融资平台和金融服务平台三个子平台。其中，信息整合平台通过各方信息的交流以及信用评级功能，促进投融资平台的有效运作，提高金融资源配置效率；投融资平台是"滨海金谷"模式的主体平台，主要功能是完成滨海乃至天津、全国甚至全球范围科技金融供求的汇集、匹配、整合与实现；金融服务平台是"滨海金谷"模式的重要支撑，为投融资平台的顺利撮合、有效配置提供专业的后台服务和技术支持。

3. 成都高新区

成都高新区按照"政府引导、市场化运作"的思路，针对科技型中小企业的特点及其在不同发展阶段的融资需求，摸索出"内源融资 + 政府扶持资金 + 风险投资 + 债权融资 + 股权融资 + 改制上市"梯形融资模式，为企业发展提供更多的资金支持，推动高新区向更高层次发展。

根据梯形融资模式，在科技型企业的初创期，利用企业内源融资和政府资金来满足企业研发初期的资金需求。成都高新区财政每年安排不低于 5000 万元的创新创业专项资金，用于支持企业技术创新、科技创业和创新创业环境建设，每年安排不低于 1000 万元的应用技术研究与开发资金，用于支持技术创新性强、市场前景好的重点科技新项目。在成长期，引入债券融资和风险投资助力科技成果的转化。成都高新区高度重视创业投资机构的引进、培育和风险投资机制的建立、完善。在扩张期，用债券融资拓宽企业的融资渠道。为降低银行信贷门槛，有效地解决中小科技型企业融资难题。成都高新区与国家开发银行四川省分行签订中小企业贷款合作协议，并引入担保公司，共同构建了中小企业担保融资体系。在成熟期，高新区管委会积极引导、帮助企业充分利用多层次资本市场融资，还筛选了多家企业进入拟上市企业后备库，帮助企业改制上市，从改制到完成上市，分阶段给予高额奖励和补助。

（三）国内外科技金融发展的经验总结归纳

对照国外宏观、中观和微观三个层面的科技金融发展模式，结合我国科技创新发展历程以及近期北京中关村、天津滨海新区以及成都高新区科技金融发展思路来看，国内在科技金融体系发展的实践探索已经开始有意识地借鉴和采纳国外科技金融发展模式。

（1）重视科技金融系统化和体系化对科技创新的促进作用。无论是新加坡等地的宏观层面模式，美国波士顿的中观层面模式，还是美国硅谷这种微观层面模式，都特别注重金融体系对科技创新的系统化推动作用，要求政策、措施、项目配合形成合力。从这点来看，中关村组建科技金融工作组，整合政府担保资源，建立科技金融服务平台，天津组建"滨海金谷"科技金融服务平台，成都以政府为主体打造梯队融资模式，都是科技金融系统化和体系化思路的具体运用。

（2）重视解决金融在支持科技创新中容易出现的市场失败问题。国外科技金融之所以能够在促进科技创新中取得成功，关键在当地环境下，有效解决了科技创新中的市场失败问题。这一点在国内探索中也有尝试，比如中关村探索建立的技术与资本高校对接的"六项机制"。

（3）注重科技创新商业化在不同阶段所呈现出的不同科技金融需求。国外完备的科技金融体系所具备的优势就是因势利导，因需而变，能够针对不同科技创新在商业化中的不同特性、不同阶段，提供个性化、针对性强的金融服务。成都高新区的梯队融资模式就是这种科技创新个性化金融需求的体现，针对不同的金融企业构建不同的融资服务主体。

六、湖北科技金融改革路径选择

（一）在全省分层推进科技金融"东湖模式"

一是加大科技金融协调推进力度。充分发挥科技金融领导小组作用，定期研究部署科技金融创新以推广"东湖模式"等工作，督促各部门、各地区科技金融改革创新的具体落实。二是分层推进。优先在全省除东湖高新区以外的另6个国家级高新区、7个国家级经济技术开发区、18个省级高新区以及财政实力较强、信用状况较好、科技型中小企业较为密集的地区推动"东湖模式"，后期逐步向其他地区扩展。三是打造"东湖模式"升级版。将针对"东湖模式"的薄弱环节，不断完善，不断创新，不断推进。

（二）建立和完善科技型企业信贷风险分担机制

省政府将制定科技型企业信贷风险补偿办法，进一步推动全省各市州成立科技信用担保公司和科技信用保险公司，督导各市州综合运用科技发展基金、创投资金、风险补偿、贷款贴息以及财政资金补助等多种形式，分担金融机构科技金融业务的风险，对"苗圃""孵化""加速""成长""发展"等不同阶段企业分别确定信贷风险补偿比例，建立和完善科技型中小企业信贷风险分担机制。

（三）完善科技金融综合服务平台

将在各市州建立由政府、金融机构、科技部门、科技企业、移动互联网公司等多方共同参与的科技金融综合服务平台。服务平台采用"线上为主、线下为辅"的服务模式。线上向各科技金融主体提供政策服务、政务信息、金融产品、融资需求、科技信贷推介、融资中介服务等信息；线下根据企业需求统筹资源、有效撮合，为企业定制个性化融资解决方案。

（四）进一步拓宽科技企业直接融资渠道

一是探索科技企业多种直接融资形式。探索发行科技金融债券，建立科技型企业上市绿色通道制度，支持科技型企业IPO和再融资，支持非上市科技企业利用债券融资拓宽融资渠道。二是加强科技金融直接融资中介服务体系建设。探索在武汉城市圈设立科技创业证券公司等试点，支持服务于科技型企业的证券基金期货经营机构通过IPO、新三板挂牌等多渠道补充资本；支持城市圈证券基金期货经营机构获得交叉持牌试点；支持武汉股权托管中心与新三板进行转板试点。三是优化支持创投发展的税收政策。推出科技金融改革创新的财政税收扶持政策，争取在开展天使投资个人所得税抵扣等方面实现政策突破。

（五）优化科技金融监管政策

将对科技金融改革创新试点机构和地区试行差异化监管政策。适当调低科技型小微企业贷款的风险权重，提高不良贷款比率容忍度，并允许银行对贷款损失按一定比例进行税前核销。简化科技金融创新产品审批程序，强化科技金融服务评审工作，促进科技金融服务水平不断提升。出台投贷联动监管细则，便于试点银行操作。细化投贷联动风险容忍度标准，对试点区域的科创企业投贷联动业务给予一定的风险权重优惠。

（六）全力推进投贷联动试点工作

一是科学制订投贷联动试点监管实施方案。积极做好试点机构投资功能子公司和科技金融专营机构的准入工作，推动辖内试点银行转换经营理念与模式，加快创新制度体系构建。二是制定投贷业务管理办法。出台投贷联动业务实施办法和细则，对组织架构和业务操作给予指导，使投贷联动试点工作更具有针对性和操作性。三是完善投贷业务风险补偿机制。继续推动各地区尽快建立投贷联动风险补偿基金，并完善其使用办法，为加快推进投贷联动试点创造良好的政策环境。

参考文献

［1］王元龙．科技金融的现状与问题［J］．中国科技投资，2011（5）：27 – 29．

［2］曹颢，尤建新．我国科技金融发展指数实证研究［J］．中国管理科学，2011（6）：134 – 140．

［3］中国人民银行武汉分行营管部课题组．武汉科技金融模式：现状审视、典型模式与完善策略［J］．武汉金融，2013（2）：29 – 31．

［4］徐玉莲，王宏起．科技金融对技术创新的支持作用：基于 Bootstrap 方法的实证分析［J］．科技进步与对策，2012，29（3）：1 – 4．

［5］任春华，卢珊．我国当前科技创新金融支持体系的问题分析与对策研究［J］．科技与管理，2015（2）：87 – 91．

［6］陈游．美德科技金融模式对破解我国中小高科技企业融资难的启示［J］．西南金融，2016（1）：52 – 56．

［7］赵昌文，陈春发，唐英凯：科技金融［M］．北京：科学出版社，2009．

［8］房汉廷．关于科技金融理论、实践与政策的思考［J］．中国科技论坛，2010（11）：5 – 10．

［9］邓天佐，张俊芳．关于我国科技金融发展的几点思考［J］．证券市场导报，2012（12）：16 – 24．

［10］钱志新．产业金融——医治金融危机的最佳良药［M］．南京：江苏人民出版社，2010．

［11］段世德，徐璇．科技金融支持战略性新兴产业发展研究［J］．科技进步与对策，2011，28（14）：66 – 69．

［12］张来武．科技创新驱动经济发展方式转变［J］．中国软科学，2011（12）：1 – 5．

［13］李文明，赵曙明，王雅林．科技创新及其微观与宏观系统构成研究［J］．经济界，2006（6）：60 – 63．

［14］KING. R. G., LEVINE. J. Finance, Entrepreneurship, and Growth：Theory and Evidence［J］. Journal of Monetary Economics, 1993, 32（3）：513 – 541．

［15］SAINT – PAUL G. Technological Choice, Financial Markets and Economic Development［J］. European Economic Review, 1992, 36（4）：763 – 781．

［16］ALESSANDRA C., STONEMAN P. Financial Constraints to Innovation in the UK：Evidence from CIS2 and CIS3［J］. Oxford Economic Papers, 2008, 60（4）：711 – 730．

［17］LUGI B. , FABIO S. , ALESSANDRO S. Banks and Innovation on: Micro – economic on Italian Firms ［J］. Journal of Financial Economics, 2008, 90 (2): 197 – 217.

［18］JAMES B. ANG. Research, Technological Change and Financial Liberalization in South Korea ［J］. Journal of Macroeconomics, 2010, 32 (1): 457 – 468.

课题组组长：邓亚平

课题组成员：陈　波　曾　妮　韩玉国

科技企业①融资缺口及破解路径研究

——基于湖北省咸宁市的实证研究

中国人民银行咸宁市中心支行课题组

一、引言

党的十八大报告明确指出，要深化科技体制改革，推动科技和经济紧密结合，加快建设国家创新体系。科技企业是创造、吸纳和转化科技成果的有效载体，是提高国家自主创新能力，推动经济发展方式转变和建设创新型国家的重要力量。但由于其市场、技术和风险方面的特点以及我国的金融制度安排与科技企业特点并不完全匹配，科技企业融资面临较为严峻的融资缺口。为缓解科技企业融资难困境，我国在发展科技型企业及金融支持方面出台了《国家中长期科学和技术发展规划纲要（2006—2020年）》《武汉城市圈科技金融改革创新专项方案》等一系列的配套政策，还于2009年开通创业板，并先后在北京、上海、苏州等16个城市开展科技金融试点工作，以探索金融支持科技企业的新路径，拓宽科技企业融资渠道，但银行仍然是科技企业最主要的融资渠道，而且科技企业在信贷市场上面临较为严峻的融资约束。因此，研究科技企业信贷融资缺口及其类型，对于破解科技企业融资难、融资贵的问题仍具有现实意义。

---

① 科技型企业是指以科技人员为主体，由科技人员领办和创办，主要从事高新技术产品的科学研究、研制、生产、销售，以科技成果商品化以及技术开发、技术服务、技术咨询和高新产品为主要内容，以市场为导向，实行"自筹资金、自愿组合、自主经营、自负盈亏、自我发展、自我约束"的知识密集型实体经济。2016年人民银行武汉分行和湖北省科技厅共同对全省科技企业的界定标准进行了细化，满足以下任何条件之一的，可以界定为科技型企业：1. 企业拥有专利权、著作权、集成电路布图设计权、植物新品种权等知识产权，或掌握专有技术；2. 企业主要从事技术开发、技术咨询转让、技术入股、技术服务、技术检测、技术培训、技术工程设计承包、技术出口、引进技术消化吸收及技术产品销售，或高新技术产品（服务）的研发、生产、经营等科技与创新活动；3. 企业直接从事研究开发的科技人员占职工总数的比例不低于5%或者企业年度研究开发费用占销售收入总额的比例不低于3%；4. 企业技术性收入和高新技术产品（服务）的销售收入之和占企业销售总收入的比例不低于20%；5. 企业属于国家重点支持的高新技术领域目录。

二、文献综述

人们把包括科技企业在内的中小企业面临的融资缺口称作"麦克米伦缺口"（Macmillan Gap），其成因最具代表性的解释是信息不对称理论。该理论认为由于信息不对称，信贷市场存在着逆向选择和道德风险，贷款人对利益与风险的均衡选择导致信贷配给偏差，只有借款者提供足够的抵押品，才能破解信息不对称问题。国内不少学者也认同中小企业"麦克米伦缺口"的实质是信息不对称导致的市场失灵。陈晓红和刘剑（2003）通过问卷调查的方式证明信息不对称是阻碍初创阶段中小企业获得融资的关键。李希义（2009）通过实地调查机械制造、软件和生物医药类企业，发现中小企业科技成果转化过程中贷款难的原因在于企业风险大、缺少固定资产等。还有部分学者对科技信贷的可行路径进行了探索。纪建悦、郅岳（2012）通过对美国硅谷银行和杭州银行科技支行模式进行对比，提出为科技型中小企业提供融资支持若干途径。韩刚（2012）以交通银行苏州科技支行为例，介绍了"政府＋银行＋担保＋保险＋创投"的业务发展模。从以上分析来看，现有文献对科技企业融资缺口类型尚未有进一步研究。

三、科技企业融资缺口

（一）科技企业信贷融资基本假设

假设某一科技创业企业有一项目投资计划，项目所需投入的资金额为 A，项目失败的风险概率为 q。假设投资结果只有"成功"与"失败"两种情况。当项目取得成功时能够获得的收益率为 R_s；当项目失败时，投入的资本金 A 全部损失，此时的收益率为 $-R_f = -100\%$。r 为贷款利率。其中，$R_s > 0$，$R_f > 0$，A > 0，$0 < q < 1$。项目投资的具体情况如表1所示。

表1　　　　　　　　科技企业项目投资收益和贷款偿还比例

	发生概率	企业投资收益	贷款偿还比例
失败	q	$-R_f$	0
成功	$1-q$	R_s	$1 + e^{rT}$

则，该银行评价的企业项目预期收益率为

$$R = (1-q)R_s - qR_f \tag{1}$$

假设当项目失败时，贷款本息将全部损失[①]，本息偿还的比例为0。当项

[①] 此处假设贷款本息归还的比例为0，如果贷款本息偿还比例为 $0 < a < 1$，将不影响分析结果。

目成功时，贷款本息能够全部归还①，本金偿还比例为 $1 + e^{rT}$。其中，T 为以年为单位的贷款期限，按连续复利计算。则银行的预期年化收益率可表示为

$$R_b = \frac{e^{rT}(1-q) - 1 \times q}{T} \qquad (2)$$

（二）科技企业传统信贷条件分析

根据科技创业企业的特点，这些企业往往缺乏投入的资本金。因此，假设前期投入所需的资金 A 须全部从银行借入。假设银行风险中性，即银行根据预期收益率决定是否放贷。假设银行经营的成本率为 c，则贷款发生的必要条件是银行收益 $R_b > c$，即

$$\frac{e^{rT} - 1 \times qT}{T} > c \rightarrow r > \frac{\ln \dfrac{cT + q}{1-q}}{T} = i \qquad (3)$$

此外，银行还要评估企业项目投资预期收益应能负担得起银行贷款利率，即 $r < R$，因此，银企双方达成贷款协议的必要条件是

$$i = \frac{\ln \dfrac{cT + q}{1-q}}{T} < r < R \qquad (4)$$

现实中，科技企业尤其是创业期的科技企业具有"轻资产""重创意"的资本结构，其项目所需投入的资金额 A 几乎全部从银行借入，在项目失败的情况下，损失率完全由银行承担，其提供贷款的条件式（3）将变为

$$r > \frac{\ln \dfrac{cT + q}{1-q}}{T} + qR_f = i_1 \qquad (5)$$

因此，银企双方达成贷款协议的必要条件式（4）将变为

$$i_1 = \frac{\ln \dfrac{cT + q}{1-q}}{T} + qR_f < r < R \qquad (6)$$

式（6）即为银企达成贷款协议的总条件，左端为银行条件，右端为企业条件。至于贷款利率 r 的值更趋近于左端还是更趋近于右端，则取决于银行业与企业间的竞争程度对比、贷款风险附加额的大小以及双方的谈判议价能力。

（三）科技企业仍存在融资缺口

现实中，由于科技信贷投资资金 A 全部由银行借入，在发生损失的情况下，企业将不能偿还银行贷款，损失将完全由银行承担，企业承担的损失将为 0。因此，在采用银行贷款的方式进行项目投资时，企业自我评价的项目预期收益率式（1）将变为

---

① 这种假设符合实际，如果不如此，科技企业将因为无利可图（无正的预期收益）而不进行该投资。

$$R_1 = (1 - q)R_s \tag{7}$$

此时，对于科技企业来说，贷款条件只要满足 $R_1 > r$ 时，即项目成功时的收益率大于银行贷款利率，企业就会寻求银行贷款。因此，当贷款利率 r 处于 $(0, i_1)$ 和 (R, R_1) 时，科技企业会寻求贷款，但银行不会提供贷款，从而形成科技企业融资缺口（见图1）。人民银行咸宁市中支对咸宁市 214 家[①]科技企业的问卷调查也显示，有 47 家科技企业未能获得银行授信，占比 22%；有 99 家企业认为依然存在融资困难，占比 46%；有 81 家企业认为当前资金紧张，占比 37.7%，咸宁市科技企业仍存在较大的融资缺口。

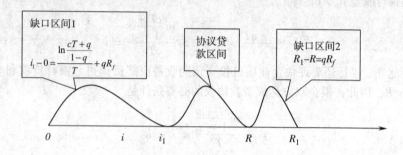

图1 科技企业融资缺口及银企协议贷款区间

同时，由图1可见，融资缺口区间长度均为项目投资失败概率 q 的增函数，风险越大，融资缺口越大。当科技企业进入成长期和成熟期以后，企业经营风险相对较低，因此，与成长期以前的科技企业和一般的非科技企业相比，成长期和成熟期科技企业融资缺口相对较小。调查的 214 家科技企业中，有 197 家科技企业处于成长期和成熟期，其中 153 家获得银行贷款，占比 77.7%；而 3 家初创期及以前的科技企业均未获得授信。

此外，成长期和成熟期科技企业产品的科技含量相对较高。加之，由于咸宁科技企业多从外地引进，在贷款时多能获得外地母公司的担保。因此，与一般的非科技企业相比，成长期和成熟期科技企业融资缺口也相对较小。在同时对 35 家[②]非科技企业的调查中，有 31 家企业处于成长期和成熟期，其中仅有

---

① 人民银行咸宁市中支按照人民银行武汉分行和湖北省科技厅共同制定的科技企业认定标准，建立了 214 家科技企业名录库。此次调查向 214 家科技企业发放调查问卷，实际收回问卷 214 份。从规模来看，大型企业 6 家，中型企业 57 家，小型企业 126 家，微型企业 25 家，中小科技企业合计占比 85.6%。从成长阶段来看，初创期及以前企业 3 家，成长期企业 102 家，成熟期企业 95 家，衰退期企业 14 家，成长期和成熟期企业合计占比 92.1%。

② 非科技企业是指未纳入咸宁市科技企业名录库的企业。此次调查向 40 家非科技企业发放调查问卷，实际收回问卷 35 份。调查的 35 家非科技企业，从企业规模来看，大型企业 1 家，中型企业 12 家，小型企业 20 家，微型企业 2 家；从成长阶段来看，初创期及以前企业 1 家，成长期企业 7 家，成熟期企业 24 家，衰退期企业 3 家，成长期和成熟期企业合计占比 88.6%。

15 家企业获得银行授信，占比 46.9%，低于成长期和成熟期科技企业获得授信比例（77.7%）30.8 个百分点。

（四）科技企业融资缺口类型（如表 1 所示）

（1）第一类融资缺口（结构型缺口），即（0，i_1）。这类融资缺口是从理论上看是由于银行贷款利率不能覆盖银行的营运成本和项目投资失败的损失率。但由图 1 可见，此类融资缺口区间的利率范围小于协议贷款区间利率，换言之，只能承受此区间利率的企业客户是银行的低收益客户，银行必然通过信贷产品对利率、期限、抵押物等方面的设置来过滤这部分劣质客户，银企供需不匹配导致此类融资缺口产生的实际原因，因此，此类缺口可以称为"结构性缺口"。从调查的情况来看，科技企业结构型缺口主要体现在科技信贷供需双方在抵质押物和期限两方面不匹配。一是科技企业现有抵押与银行的有效抵押不匹配。据统计，"十二五"以来咸宁市获得授权专利 3531 件，但从对科技企业调查来看，只有 1 家金融机构对 1 家企业试点开展了专利权质押贷款，大量的知识产权等动产难以被银行接受，科技企业因抵押不足而面临融资难。调查中 55.6% 的科技企业认为缺乏企业抵押物。二是科技信贷供给与科技企业信贷期限结构不匹配。咸宁有 49.1% 的科技企业处于成长期及其以前，规模扩张较为迅速，对 3—5 年期的固定资产贷款需求较为迫切。而金融机构只发放 1—2 年期的流动资金贷款。大量企业科技企业不得不以流动资金贷款循环使用来进行固定资产建设，进而需要不停地续贷周转以维持资金链。据调查，咸宁市 214 家科技企业中，有 71 家企业在最近 1 年内有过续贷周转，占比接近三分之一（如表 2 所示）。

表 2　　　　　　　　科技企业两类融资缺口表现形式

	科技企业需求	银行信贷供给	融资缺口类型
抵押	知识产权等动产较多	固定资产抵押或担保	第一类（结构型）
结构	3—5 年期固定资产投资贷款	1—2 年期流动资金贷款	第一类（结构型）
成本	资产净利率低于一年期贷款利率，贷款利率承受能力较低	近六成贷款基准利率上浮 50% 以上	第二类（价格型）
风险	风险较高	金融创新以强化风险控制为主	第二类（价格型）

（2）第二类融资缺口（价格型缺口），即（R，R_1）。当贷款利率在此区间时，融资供需双方可能存在的利率价格高于银行可以提供贷款的利率上限 R，是由价格因素所导致，可以称为"价格型缺口"。换言之，科技企业的高风险，导致均衡利率中包含的风险溢价过高，而金融机构只能获得位于（i_1，R）内的利息收益，过高的收益需要承担更高的风险（股权投资风险），而这面临

监管政策的障碍。科技企业价格型融资缺口主要有以下两种表现形式：一是融资成本承受能力较低与信贷成本较高不匹配。调查的科技企业共获得241笔贷款，贷款加权平均利率为7.34%，不仅高于被调查的非科技企业贷款的加权平均利率1.82个百分点，而且高于214家科技企业2016年末企业资产净利润率（2.95%）4.39个百分点。二是科技企业高风险与金融创新规避风险不匹配。科技型企业的高不确定性，导致科技企业贷款发生不良的可能性更高。调查中241笔、35.2亿元的科技企业贷款中已形成0.8亿元不良，不良贷款占比为2.27%，高于2016年咸宁全市不良贷款率0.39个百分点。虽然咸宁市引入了政银保集合贷、助保贷等创新信贷产品来支持科技企业发展，但从规避风险的角度进行的创新，对企业入围资格提出更高要求，部分科技企业无法达到银行的信贷门槛。调查中，3家初创型企业均未获得政银保、助保贷等创新信贷产品的授信。

四、科技企业融资缺口形成机理

（一）科技金融供给主体不足

咸宁市科技企业大多为中小企业，具有"小、散、专"的特点。大型商业银行受规模经济的影响，其营销渠道和信贷技术更倾向于向大型企业和以国有资本为主的基础设施建设等领域，对占比超过85%的中小科技企业缺乏支持动力，科技金融供给主体不足。大多数科技企业只能与农商行、股份制银行以及其他地方法人金融机构合作，且贷款利率相对较高。据对咸宁市214家科技企业调查，国有银行发放65笔，占比27%，综合平均利率为5.75%；而农商行、股份制银行等发放贷款176笔，占比73%，综合平均利率为7.85%，高出国有银行2.1个百分点。

（二）银行与科技企业对接不通畅

咸宁市暂时还没有建立专门的科技企业信息服务平台，科技企业研发、生产、经营等信息分散在科技、工商、海关、法院、质监和税务等部门，信息分散，科技企业生产经营、融资供需、政务服务、产品对接等信息分散且不透明。金融机构获取企业信息渠道不畅，信息搜索成本高。部分银行对科技局支持的企业信息（创新能力、科技成果）不了解，加之又缺乏相关行业的技术人才，不敢对一些具有市场前景的成长期企业发放贷款。

（三）科技金融风险分担机制不健全

科技企业有效抵押资产较少，商业银行倾向于向成长中后期和成熟期的科技企业发放贷款，对一些缺乏抵质押高科技企业则要求由担保公司担保。据调查，咸宁担保公司并未针对科技企业轻资产、多处于成长期的特点设计担保产品，而是要求科技企业提供反担保，也未将知识产权等科技要素纳入反担保范围，增信难度较高。同时，贷款担保费率在2%~3%，部分担保公司还需缴纳10%的保证金，增信的成本也较高。科技企业融资过度依赖担保增信，不仅提高贷款难度，而且增加了融资成本。此外，投贷联动机制尚不健全，传统信贷模式割裂了风险投资和银行科技信贷融资之间的内在联系，导致科技信贷市场供求双方风险和收益的不对称。

（四）科技金融服务体系不完善

科技金融服务市场上缺少应收账款、知识产权、非上市股权等无形资产登记、评估、交易、结算机构，知识产权、企业股权、环境类权益等科技企业要素的市场价值难以准确评估，金融机构、担保机构不能以其为基础创新产品，从而使科技企业无形资产难以盘活。部分已经试点的知识产权、应收账款、存货抵质押贷款也难以推广。如某企业以其价值9000万元的子公司股权向咸宁市金融机构申请股权质押贷款遭拒，不得不到武汉的金融机构进行股权质押融资。

（五）科技金融服务制度不合理

商业银行在对科技型小微型企业信用评估时，重点考察贷款企业的盈利能力、营运能力、偿债能力等。以各项硬性财务指标历史数据的定量分析为中心。但科技企业尤其是小微型科技企业的风险更多由管理团队素质、经营模式、发展前景等定性的软指标决定。过度依赖对财务指标历史数据的定量考察，高估了科技型小微型企业的风险，降低贷款成功率。此外，根据我国《商业银行资本充足率管理办法》的规定，科技企业相比传统企业贷款的风险权重更高。金融机构为在有关资本充足率的考核中达标，有时不得不压缩科技企业的信贷投放。此外，部分国有银行1000万元以上的企业贷款均要得到上级行批准，贷前审批时间过长，难以满足科技企业的短、频、快、急的临时资金需求。

五、政策建议

（一）创新科技企业金融服务模式

一是增加科技金融供给主体。大力发展中小金融机构和民营金融机构，引导和支持商业银行根据自身组织机构特点，在高新技术产业园等科技资源集聚区设立专门为科技型中小企业服务的专业团队或者设立科技支行。二是实行"捆绑"式融资服务。选择信用度高的科技型小微企业，组成信用联合体，向银行进行集群化融资，降低金融机构营销成本。还可以将科技园区内一批联系较为紧密的科技型企业捆绑，发行科技企业集合债券。三是拓宽科技企业融资渠道。推动科技企业规范财务信息，积极到武汉股权托管中心或其他新三板、四板市场挂牌融资。

（二）拓宽银企信息沟通渠道

一是要加强科技企业投融资平台建设。集合银行、担保、保险、风险投资、产权交易所等部门，建立重点科技企业、科技项目数据库，构建科技金融综合服务平台，定期发布信息，组织银企洽谈会等活动。二是加强科技企业信息推介。科技部门要充分利用信息技术，展示科技部门历年支持的科研项目以及承担企业的信息，并定期举办科技企业项目推介会。三是金融机构要主动引进科技金融领域的人才，深入高新科技园区，积极开展科技企业信贷营销。

（三）完善科技信贷风险分担机制

一是加快推动投贷联动的试点与推广。通过股权投资承担风险并获得相对应的高收益和科技信贷提供资金并获得无风险收益相结合的方式，实现科技信贷市场的均衡。二是出资设立科技企业发展基金，对放贷银行为科技中小企业贷款所产生的损失进行补偿，为科技型中小企业承担有限代偿责任。三是编制财政性担保公司注资预算，建立制度性的担保金补充机制，引导政府性担保公司针对科技企业的特点，设计科技企业担保产品。四是鼓励商业银行与政府部门、担保公司、信托公司、证券公司等联合开发信贷产品，建立多方共同参与的"利益共享、风险共担"多层次风险分散机制。

（四）完善科技金融交易体系

一方面建立非营利性的融资咨询服务中心，以培训、咨询等形式，聘请银行、评估机构、担保机构等各方面的专家对科技型中小企业在融资、财务管理、产权评估、法律法规等方面进行指导，推动知识产权交易所、碳排放交易所等科技要素市场机构做大做强。另一方面推动知识产权等无形资产质押融资。政府可与银行合作，推荐拥有驰名、著名商标和发明专利的企业开展知识产权等无形资产质押贷款的试点，积累经验，并及时推广。

（五）完善科技金融政策体系

一是对商业银行开展科技金融业务，在激励约束、贷款审批、不良贷款容忍度、拨备和核销等方面实行差别化监管。同时，建立健全科技企业融资统计制度，加强信贷统计监测与分析，将科技企业贷款纳入信贷政策导向效果评估工作。二是引导各商业银行将科技企业经营者的创业能力、经营能力、个人品质、经营团队的人员构成和素质、产品市场发展潜力等方面纳入审核，建立适合中小科技企业的信用评级机制、风险预警识别和风险控制体系。三是根据科技型企业信贷需求特征设定审批授信流程，合理减少不必要的环节，提高贷款发放效率。

参考文献

［1］陈晓红，刘剑．我国中小企业融资结构与融资方式演进研究［J］．中国软科学，2003（1）：61-67．

［2］韩刚．商业银行金融创新与科技型小微企业融资困境突破——以交通银行苏州科技支行为例［J］．金融理论与实践，2012（4）：20-23．

［3］纪建悦，郅岳. 我国商业银行对科技型中小企业融资支持的金融创新研究［J］. 农村金融研究，2012（3）：53－55.

［4］STIGLITA and WEISS. Credit Rationing in the Market with Imperfect Information［J］. American Economic Review，1981，73（3）：393－409.

课题组组长：朱　华

课题组成员：皇　震　胡拥军　刘　佳　韩玉国

执　笔　人：韩玉国

金融精准扶贫的路径选择

——以湖北省黄冈市为例

中国人民银行黄冈市中心支行课题组

一、金融精准扶贫的路径选择

（一）金融扶贫间接渠道比直接渠道减贫效果更好

金融扶贫可分为支持贫困人口的直接渠道和带动贫困人口的间接渠道。前者是向贫困地区或贫困人口直接提供金融服务，对农民的收入增长效应能够明显体现出来；后者是向一些企业或产业提供金融服务，通过经济增长，间接带动贫困地区和贫困人口脱贫，长期间接影响其收入。学术界的一些研究显示，间接渠道比直接渠道减贫效果更好。丁志国等（2011）的经验研究表明，在我国农村金融发展对减少农民贫困的作用中，间接效应的作用明显高于直接效应。

（二）金融精准扶贫需要优化金融扶贫资源配置

从经济学角度讲，只有优化配置金融扶贫的资源，才能更有效地体现金融扶贫的脱贫效应。提高金融资金优化配置，或者换一种角度说，尽量减少金融资金的"不精准"配置或称为"错配"。它有两种方式：一种是将金融资金向脱贫成效更好的领域、对象上倾斜，提高金融资金的边际脱贫成效；另一种是通过改善金融运作方式，整合金融扶贫资源，发挥规模效应，提高金融资金运作效率。也就是说金融扶贫具有选择的针对性。

（三）创新信用供给、重点支持产业扶贫是金融精准扶贫市场化可持续的路径选择

实现金融扶贫投入的可持续和市场化运作，根本出路在于创新金融扶贫投入的机制、模式、产品和服务，提高传统金融扶贫要素的效率、创造新的金融扶贫要素、形成新的金融扶贫要素组合，解决好贫困地区信用供给严重不足从而影响金融扶贫投入的问题。

要正确理解信息对称、信用增进与信贷投放间的关系，通过做好有利于信息对称与信用增进的相关工作，促进贫困地区信贷投放平稳较快增长。对于信息对称工作，重点是加强各类非金融信息的整合共享，实现被扶贫对象的信用

还原；对于信用增进工作，要发挥好政府信用补充作用，对贫困人群实施外部增信，撬动更多信贷资金流向贫困地区。同时，要体现"授之以渔"的扶贫观念，增强贫困地区的"造血"能力，把金融扶贫的重点放在产业扶贫上，主要是通过扶持产业特别是新型农业经营主体带动贫困户脱贫。这对金融机构来说，支持有实力的新型农业经营主体，再由其通过土地流转、吸纳就业、提供订单、资金入股等利益联结机制带动脱贫，既履行了社会责任，又兼顾了商业利益，效果好、成本低、风险小、积极性高、能持续。

二、黄冈市金融精准扶贫的运行机制与支持模式

目前，对金融扶贫大多称为"××模式"，其分类方式很多，有的以支持对象分类，有的以参与主体分类，有的以信用增进方式分类，有的采取上述几种标准进行混合式分类，但这些分类把机制与模式混为一谈，在外延上往往存在涵盖不充分或相互交叉的问题，容易引起分类逻辑上的混乱。

从概念上来说，运行机制与模式是不同的。运行机制是指在人类社会有规律的运动中，影响这种运动的各因素的结构、功能及其相互关系，以及这些因素产生影响、发挥功能的作用过程和作用原理及其运行方式。而模式是指事物的标准样式。

基于这样的定义，综合各地金融扶贫的实践，以黄冈市为例，我们可以把金融扶贫分类简化为两个方面，一个是运行机制，即"地方政府＋人民银行＋主办银行＋特色保险＋市场主体＋贫困农户"六位一体的金融精准扶贫运行机制；一个是支持模式，至少包括"金融＋"基础设施建设、扶贫搬迁、特色产业发展、贫困户创业和贫困家庭助学五大金融扶贫支持模式以及系列与之相适应的具体信贷产品和服务。

（一）黄冈市扶贫工作情况

湖北省黄冈市位于大别山腹地，其中红安、麻城、蕲春、罗田、英山为国家 2014 年公布的贫困县，现有贫困村 892 个，居全省第一，有 102.8 万名贫困人口，居全省第二，贫困发生率 17.7%，比全省平均水平高 3.5 个百分点，是全国集中连片扶贫攻坚主战场之一。

一是精选了一批市场主体。目前全市参与精准扶贫的市场主体共 4392 个，意向带动 130766 户、363867 名贫困人口增收脱贫。二是探索了一批扶贫路径。各县市区因地制宜、因业施策，抓好产业扶贫路径设计，每一个产业都有一套精准"施工方案"和"作战路线图"。三是投入了一批发展资金。2015 年全市共统筹财政资金 21 亿元用于精准扶贫，其中直接用于发展产业 7 亿元；2016 年，全市计划整合 62.85 亿元，已到位 35.4 亿元。四是促进了贫困户稳定脱贫。2016 年末，全市已有 618 个村出列、52.3 万人脱贫，892 个村、102.83 万人脱贫的任务已完成了一半。

（二）金融精准扶贫"六位一体"的运行机制

金融精准扶贫"六位一体"运行机制如表1所示。

表1 黄冈市金融精准扶贫"六位一体"运行机制

主体	角色	政策	资金	措施
地方政府	引导、组织、推动精准扶贫	财政贴息、风险补偿、奖励等激励政策	扶贫项目资金、扶贫贴息资金、扶贫互助资金、扶贫风险补偿资金、财政支农资金、扶贫奖励资金等	贷款贴息、风险补偿、扶贫奖励
人民银行	制定、协调、保障金融精准扶贫政策的落地生根	货币政策、信贷政策	扶贫再贷款、再贴息、常备借贷便利（SLF）	差别存款准备金率、差别存款准备金利率、效果评估等
主办银行	精准扶贫信贷产品投入	信贷政策、投入向贫困地区和人口倾斜	个人精准扶贫贷款、单位精准扶贫贷款	创新信贷产品和服务
特色保险	精准扶贫保险产品投入	保险政策、投入向贫困地区和人口倾斜	大病扶贫、农险扶贫、政策性保险	创新保险产品和服务
市场主体	帮扶带动贫困户增收	通过帮扶贫困，分析政策红利	自有资金	流转土地、提供订单、吸纳就业
贫困农户	守法诚信、合作共赢	通过参与脱贫分享政策红利	自有资金	自主创业、打工、入股置业

1. 地方政府全面引导

政府在推进"六个精准"夯实金融扶贫基础上，定期发布扶贫产业项目清单、市场主体名录、建档立卡贫困人口信息等引导金融精准对接的同时，先后出台《关于推进产业精准扶贫的实施意见》《关于金融支持产业精准扶贫的意见》等相关配套制度，按县域设立产业精准扶贫发展基金、扶贫贷款担保基金、扶贫小额信贷风险保障金、小微企业转贷基金、保证保险专项基金等精准扶贫基金，借助"集合贷""助保贷""扶贫贷"等信贷创新产品，引导金融主体、社会资金参与扶贫开发，达到整合财政资金撬动金融资源投入的目的。2016年，黄冈市、县两级政府共整合专项财政扶贫资金23亿元，定向用于担保增信、风险补偿、贷款贴息、保险补贴，落实扶贫贴息贷款风险补偿金和融资担保基金存放专户 49 个，为银行、保险跟进投入保驾护航，共撬动金融扶贫资金投入 126 亿元。

2. 人民银行全力推动

一是全面推进"一库一站"建设，推动金融精准扶贫数据库建库工作，实现辖区内贫困村的金融扶贫工作站建站全覆盖，扶贫金融服务的精准对接。二是大力实施"一个制度一个办法"，引导金融机构大力支持与建档立卡贫困户之间建立订单、就业、土地流转和资金入股"四个利益联结机制"的新型农业经营主体的融资需求，充分发挥新型农业经营主体对建档立卡贫困户脱贫致富的带动作用。三是打造农村金融服务全覆盖"升级版"，推动每村升级建设 1 个设施更加完善、功能更加全面的惠农金融服务站，为贫困县市提供及时、方便、高质量的金融服务，逐步实现金融供给的全覆盖和均等化。四是通过支农支小再贷款、扶贫再贷款等工具及差别存款准备金率政策，专项支持、引导贫困地区法人金融机构扩大涉农信贷投入。2015—2016 年，累计向金融机构发放支农再贷款 14.6 亿元、办理再贴现 12.7 亿元，落实定向降准、差别存款准备金率等释放金融机构可贷资金 45.3 亿元，增强金融扶贫资金实力，降低金融扶贫资金成本。

3. 主办银行精准对接

各主办银行瞄准脱贫攻坚的重点人群和重点任务，把产业扶贫、易地搬迁扶贫、就业助学扶贫作为金融扶贫重中之重，创新推出系列接地气、能复制、符合贫困地区特点的金融扶贫信贷产品和服务模式，形成"各县市有特色、各银行有重点、各产业有支持"的金融产业扶贫新格局。2015—2016 年，主办银行累计投入扶贫信贷资金 89.3 亿元，精准支持农业产业化龙头企业、农民专业合作社、家庭农场、专业大户等 3801 家市场主体，带动 15692 户贫困户增收脱贫；累计为 80758 户贫困户评级，提供授信 15.57 亿元，2016 年末，已发入到户贷款 7 亿元，助推近 3 万贫困人口彻底摆脱贫困状态。

4. 保险跟进分担风险

保险公司推广应用小额贷款保证保险，对银行按政、银、保合作协议发放的扶贫贷款，贷款损失由保险公司、银行、政府按贷款本金"六二二"比例承担风险责任。截至 2016 年末，扶贫小额信贷保险覆盖面已达 45%。同时，黄冈市共选取 5 家保险公司创新推广贫困户大病医疗补充保险、小额人身和农民工意外伤害保险、黑山羊精准扶贫保险等扶贫保险服务，保险产品和服务与奶牛、黄牛、黑山羊、水稻、森林防火、板栗、乡村旅游等产业扶贫的契合度不断提高。到 2016 年末，黄冈市扶贫保险收取保费近 2 千万元，支持覆盖扶贫贷款近 50 亿元。

5. 市场主体发力帮扶

如探索实施"新型农业经营主体 + 建档立卡贫困农户"扶贫小额信贷管

理办法，激励引导市场主体通过流转贫困户土地、吸纳贫困人口就业、向贫困家庭承包经营提供订单、对贫困劳动力开展定向培训等与贫困户建立帮扶脱贫机制，帮助贫困户增收脱贫。组织政府、银行、保险、市场主体、贫困户签订五方协议，落实涉农龙头企业、专业合作社、家庭农场、专业大户和农村电商平台等市场主体对相关贫困户增收脱贫的包保帮扶责任，主办银行负责按帮扶贫困户户数扩大对相关市场主体的综合授信，按帮扶效果加强扶贫贷款和扶贫小额信贷管理。2016 年末，共对全市 169 家涉农企业、637 个农民专业合作社、519 个家庭农场、2476 个专业大户等市场主体建立帮扶档案 4819 份，精准对接贫困农户近 3 万户。

6. 贫困农户持续受益

贫困农户通过诚信合作和勤奋劳动持续享受金融支持产业扶贫政策红利。辖区银行各项贷款增速连续多年在全省各市州中排名居前，2015 年以来按月同比增幅连续排在第一位。2016 年末，各项贷款余额比年初净增 170 亿元。"十二五"期间各项贷款年均增长 21.2%。其中，涉农贷款和小微企业贷款年均增长 23.2% 和 42.6%。农村地区普惠金融服务水平整体优化，基本实现了金融机构镇镇通、助农取款村村通、村组金融服务联系点全覆盖，信用乡（镇）、信用村占比 90% 以上。"十二五"期间贫困人口减少 40 万人，贫困发生率下降到 17.75%。

（三）金融精准扶贫的支持模式

金融精准扶贫的支持模式如表 2 所示。

表 2　　　　　　　　　　　　金融精准扶贫支持模式比较

金融扶贫支持模式	支持方向	增信方式	主要信贷产品	参与机构	承贷主体	脱贫方式
金融＋基础设施建设	基础设施、城镇化建设、棚户区改造	财政性资金存放银行	项目贷款	政策性银行、商业银行	建设项目主体	间接受益脱贫
金融＋易地扶贫搬迁	易地搬迁、农户建房	政府兜底购买	扶贫搬迁贷款	政策性银行	政府平台	直接受益脱贫
金融＋特色产业	四类新型农业经营主体	扶贫贷款贴息、财政性资金风险分担补偿	扶贫小额信贷	商业银行	新型农业经营主体	间接带动脱贫
金融＋贫困户创业	贫困户自主创业	扶贫贷款贴息	扶贫小额信贷	商业银行	贫困户	直接创业脱贫
金融＋贫困家庭助学	贫困家庭子女教育	助学贷款贴息	助学贷款	商业银行	贫困学生	代际脱贫

1. "金融＋基础设施建设"模式

加大对贫困地区城镇化建设，支持棚户区改造，改善了贫困地区水、电、路、通信等基础设施建设，破解农村发展"瓶颈"。2015—2016 年，黄冈市累计投入信贷资金 329.8 亿元，支持黄冈贫困地区交通、水利、电力、生态环境等基础设施以及文化、医疗、卫生等基本公共服务项目建设。

2. "金融＋易地扶贫搬迁"模式

扶贫搬迁通过对整村易地搬迁和农户建房的融资支持，彻底改善生态环境恶劣地区贫困农户的生产、生活条件。农发行黄冈分行实施金融支持易地扶贫搬迁项目，计划 3 年内易地扶贫搬迁项目贷款不低于 60 亿元，2016 年末，已发放易地扶贫搬迁项目贷款 8 亿元。

3. "金融＋特色产业"模式

大力推进新型农业经营主体主办行制度，灵活建立贫困户与产业龙头的利益联结机制，支持新型农业经营主体帮扶带动贫困户脱贫。如农行黄冈分行创新"羊羊得益"信贷产品对接黑山羊产业，启动金融精准扶贫"331 工程"：用 3 年时间，向贫困户提供 3 万元的贴息贷款，支持 1 万个贫困户发展黑山羊养殖。

4. "金融＋贫困户创业"模式

结合就业创业脱贫，开展扶贫小额信贷业务，为符合条件的建档立卡贫困户提供"10 万元以内、三年期限、无担保、免抵押、全贴息"贷款支持。向贫困农户直接提供生产性个人信用小额贷款方式成本高、风险大，是难点所在。

5. "金融＋贫困家庭助学"模式

结合"雨露计划""金惠工程"，积极发展商业性助学贷款和生源地助学贷款业务，为经济困难学生提供贷款支持，学成毕业后就业反哺家庭实现脱贫，有效阻断贫困的代际传递。

（四）金融扶贫取得的成效

1. 金融精准扶贫取得阶段性成果

市县两级政府构建融资担保增信和风险补偿基金 23 亿元，促成银行机构对区域扶贫年综合定向授信近 300 亿元，协调保险机构开发应用精准扶贫特色产品 21 个，支持扶贫攻坚重大项目和新型农业经营主体近 5000 个，精准对接茶叶生产、中药材种植、茶乡鸡养殖、乡村旅游、电子商务等产业扶贫工程，直接帮扶和有效带动贫困户增收脱贫。2015—2016 年，受惠金融精准助推产业扶贫的脱贫人口突破 15 万人，金融助推脱贫攻坚贡献率达到 53.5%。

2. 扶贫金融呈现持续快速稳健增长态势

2016 年末，黄冈市金融机构扶贫项目贴息贷款、扶贫小额信贷等精准扶贫贷款余额达到 94.9 亿元，占各项贷款余额的 8.3%，比年初增加 44.2 亿元，占各项贷款新增额的 29%。金融机构共对落实帮扶责任的市场主体投放贷款 37.2 亿元，同比增长 31.1%；对符合产业扶贫条件的贫困户发放扶贫小额信贷 6.94 亿元，是 2015 年同期的 1.79 倍。金融精准扶贫惠及贫困农户近 3 万户，约占"发展产业脱贫一批"目标农户总数的 60%。

三、金融精准扶贫面临的主要困难

实践证明，构建"六位一体"金融精准扶贫运行机制，创新可持续的金融扶贫支持模式，实现了金融扶贫政策、资金、措施三叠加，既履行了社会责任，又兼顾了商业可持续，行之有效。但在推进过程中，由于主观、客观等多种因素制约，也面临诸多问题，需要进一步改进和完善。

（一）金融扶贫的激励约束机制有待进一步完善

金融扶贫激励约束机制不健全主要表现为：一是缺少独立的运作机制，包括地方法人机构在内的绝大多数银行机构尚未单独设立扶贫金融部门和单列信贷资源；大多数机构没有立足扶贫地区实际开发契合度较高的信贷产品。二是缺乏针对性的激励约束。贫困县域信贷风险相对较高，金融机构不良贷款零容忍的制度及配套的处罚措施影响基层信贷投入的积极性。

（二）金融扶贫风险分担补偿机制有待进一步落地

贫困地区经济发展落后，财力单薄，无力为扶贫贷款提供更多的财力支持，导致一些贫困县市要么对金融扶贫风险分担补偿缺乏全面有效的政策设计和制度安排，要么扶贫资金有限增信措施（风险保障金）难以对银行、保险等金融机构跟进投入形成有效支撑。

（三）金融扶贫贷款的贴息方式有待进一步改进

扶贫小额信贷在政策设计上，只能对直接发放给贫困户的贷款才能享受贴息政策优惠。目前，扶贫小额信贷到户存在差异和矛盾。财政、扶贫部门强调扶贫小额信贷直接到户，不直接到户的不能享受贴息政策优惠。银行、保险倾向于以新型农业经营主体为载体和中介，通过帮扶实现扶贫资金间接到户，由于贴息政策的条件限制，这类贷款无法得到贴息优惠。另外，风险补偿金、贴息资金等具体操作，省里只有原则性规定，全面铺开后基层政府担心审计不合规，不知如何操作。

（四）金融扶贫政策配套支撑措施有待进一步明确

一段时期以来，各金融机构纷纷出台了一系列金融扶贫的大政方针，但由于在微观业务层面缺乏与之相配套的精准识别、精准授信、精准信贷等相关品种设计、流程管理和服务模式的有效支撑，导致这些政策在有些金融机构往往停留在文字上，基层落地难。突出表现在：信贷准入一视同仁、没有区别，门槛较高；信贷产品和服务简单化，契合精准扶贫的信贷产品仍较少；缺少有效担保物，信用贷款偏少，获得贷款较难。

（五）金融扶贫信息共享渠道有待进一步疏通

精准扶贫要体现目标精准，精准扶贫对象信息对银行来说至关重要。目前，大多数地区精准扶贫对象信息政银对接、共享不到位，扶贫办建档立卡贫困户系统及扶贫开发项目库系统与银行机构信息系统尚未实现数据共享，人工方式的信息双向传输、反馈存在缺漏和时滞，影响扶贫信贷的投入时效和精准性。

四、对策建议

（一）建立完善高效精准的金融扶贫资金投入机制

从两个方面着手：一是完善激励约束机制，发挥引导、示范和警示作用；二是明确金融扶贫政策配套支撑措施，这些措施要具有可操作性，基层能落地。具体来说，一是充分发挥央行政策资金的引导作用，增强贫困地区金融机构资金动员能力，降低社会融资成本。二是落实差异化监管政策，适当放松监管条件。三是推行和落实金融机构内部考核尽职免责制度。四是构建独特有效的信贷机制，施行银行机构金融扶贫"四单制度"：单列扶贫信贷资源、单设扶贫专门部门、单项考核扶贫业务、单独研发扶贫产品，从资源保障、组织架构、考核激励、产品创新四个方面确保扶贫金融服务需求得到充分满足。

（二）建立完善金融扶贫信贷风险分担补偿机制

金融扶贫信贷风险分担补偿机制的目的是要促进金融扶贫信贷的增长，其前提是必须实现借贷双方信息对称以及承贷主体的信用增进。对于信息对称，重点是要加强对各类非金融信息的整合共享，实现信用还原。对于信用增进工作，要发挥好政府信用补充作用，不断扩大扶贫信贷风险补偿基金规模，对贫困人群实施外部增信，撬动更多信贷资金流向贫困地区。

（三）改进完善小额扶贫贷款贴息方式

尽快研究出台利用扶贫小额信贷支持新型农业经营主体的政策措施，对通过土地流转、签订订单、吸纳就业等方式带动贫困户脱贫致富的新型农业经营主体，按其带动脱贫的建档立卡贫困户户数等因素，核定贷款额度并允许其享受相关贴息政策。

（四）创新发展金融精准扶贫产品和服务

产品是落实政策、瞄准服务对象的载体。一是积极探索开发适合贫困地区不同领域、不同主体、不同特点等贷款专项产品和服务模式。二是积极稳妥开展农村土地的承包经营权和农民住房财产权抵押贷款业务，有效盘活贫困地区农村存量资产。三是创新契合贫困地区金融服务需求的授信管理模式。

（五）瞄准金融基本服务普惠问题补短板

着力发展农村普惠金融体系，让贫困地区、贫困人口均等获得基本金融服务的机会。一是要继续深化农村支付服务环境建设，以科技驱动现代支付服务进村入户，不断扩大金融服务覆盖面和渗透率。二是加强农村信用体系建设，促进信用与信贷联动，提高农村地区信贷资源的可获得性。三是重视金融知识普及，保障贫困地区金融消费者合法权益。

（六）建立金融精准扶贫大数据平台

可考虑以人民银行为主，政府扶贫部门辅助，开发、建设金融精准扶贫大数据平台。通过平台，全国所有贫困县贫困户的贷款用途、金额、利率等都可以随时查询，对金融机构的扶贫专项数据进行监测，评估金融机构扶贫资金流向、使用效率和工作成效，确保扶贫政策落地见效。

参考文献

[1] 么晓颖，王剑. 金融精准扶贫：理论内涵、现实难点与有关建议 [J]. 农银学刊，2016（1）.

[2] 张莎. 贫困地区实现金融扶贫有效治理的路径探析 [J]. 理论观察，2016（2）.

[3] 丁志国，谭伶俐，赵晶. 农村金融对减少贫困的作用研究 [J]. 农业经济问题，2011（11）.

课题组组长：赵　涛

课题组成员：杨　钊　李立新　卢学军　李丽丽

执　笔　人：杨　钊　卢学军

中小城市房价波动下的金融风险问题研究

——以随州市为例

中国人民银行随州市中心支行课题组

一、引言

我国中小城市房地产业近十年来快速发展，但限于地域的局限性，中小城市的大部分房地产开发商实力一般。由于这些开发商的开发模式是基于较强的金融依赖性的，再加上普遍性的按揭购房，所以中小城市的金融业，特别是商业银行的信贷风险走势都与房地产行业的兴衰密切相关，一旦房价较大幅度下跌，房地产金融危机便近在咫尺。2015 年以来，受政府宏观调控和国内外经济形势变动的影响，我国中小城市房地产市场形势由快速增长逐渐降温，进入调整阶段。具体表现为商品房库存增加，买房需求者保持观望态度，商品房交易市场成交量持续下降，价格开始下跌。因此，开展针对区域房地产市场调整将对区域金融业产生风险问题的研究是十分必要的。本文以随州市房地产行业发展情况为基础，着重探讨中小城市房价波动下的金融风险问题。由于当前中小城市房地产融资主要由银行贷款组成，所以本文研究的中小城市房价波动下金融风险主要指银行房地产贷款所面临的风险。

二、文献综述

在房地产市场价格波动规律方面，Roy Wheaton 收集并分析了 1795—1973 年期间美国房地产市场的变化情况，得出美国房地产长期波动周期约为 18 年的结论。Stephen A. Pyhrr 等利用资金贴现模型分析主要经济变量对美国房地产价格变化的影响，认为美国房地产市场周期可以分为房地产实物市场周期、房地产投资周期和国际房地产周期。Kosuke Aoki 等在分析房屋价格、消费与金融政策关系的基础上，得到了一个关于房地产市场的信贷均衡模型，表明信贷市场结构性变化会使金融政策对房地产消费的影响变得更为显著。

近十年来，随着我国房地产市场的蓬勃发展，国内学者针对中国房地产业的发展特点，在房地产供求关系、市场周期波动、房价运行规律等方面做了大量有价值的研究。在供求关系研究方面，韩毅（1997）指出流量供给只能通过存量间接地对均衡价格的形成产生影响，现阶段房地产供给仍以存量的供给为主，房屋的均衡价格由需求和存量供给来决定。曹光辉（2002）分析发现，地区经济发展水平、城市常住人口数量、可支配收入的人均水平和当地政府住房政策是影响一个城市住宅需求的主要因素。在我国房地产价格快速上涨的过程中，关于房地产泡沫和房价波动对经济金融的影响引起了学者们的广泛关注。有观点认为我国房地产市场存在明显的区域性泡沫现象，主要集中在东部及部分省会等经济发达地区。汪丽娜（2009）等认为房地产市场风险会通过经济主体在房地产市场的各种经济行为传递至金融系统，因此一旦某一区域房地产价格波动达到一定程度，那么该区域的金融将面临较大压力。

三、当前中小城市房地产市场潜在金融风险

2016 年 10 月，随州市相关部门对全市商品房供应情况开展了专项调查。调查情况显示，截至 2016 年 10 月底，全市房地产待建项目 13 个，已办理建设用地规划许可但未批准开工的面积 98.31 万平方米；在建项目 27 个，已办理建设工程施工许可但未批准预售的面积 388.05 万平方米；在售项目 122 个，已办理商品房预售许可但尚未售出面积 323.02 万平方米，房地产销售面积达 120 万平方米，比 2015 年同期增长 53.85%。另外，第三季度随州市城区商品房预售共批准 14 个项目上市销售，新增可售商品房面积 20.73 万平方米，环比下降 65.26%；新增可售新建住宅 1841 套，环比下降 58.87%，新增供给大幅回落。以上数据显示，随州市住房销售大幅增长的同时新增供给也在大幅回落，较有利于房地产去库存化，但是房地产库存仍然较大，即便是采用滚动开发，也对随州市房地产开发企业的资金链是一个极大的考验，一旦房价向下波动幅度较大，房地产企业和商业银行都将面临风险。

如表 1 所示，2011—2015 年房地产开发贷款和按揭贷款余额均保持增长。在开发贷款方面，年均增速分别为 23.27%、2.75%、-8.19% 和 3.26%；在个人按揭贷款方面，年均增速分别为 20.72%、34.56%、27.66% 和 14.14%。2016 年上半年随州市房地产开发贷款余额为 27.40 亿元，同比增长 48.67%，个人按揭贷款余额为 80.38 亿元，同比增长 17.29%。相较而言，近几年随州市个人按揭贷款比企业房地产开发贷款增长更为迅速，但 2016 年 1 月至 6 月个人按揭贷款增速小于同期企业房地产开发贷款增速，这主要是由于房地产开发贷款基数较小所致，从绝对额看，2016 年上半年房地产开发贷款余额同比增加 8.97 亿元，而个人按揭贷款余额同比增加 11.85 亿元。

表 1 　　　　随州市 2011 年至 2015 年房地产业贷款时序表　　　单位：亿元

年份	房地产开发贷款余额	个人住房按揭贷款余额
2011	15.04	30.75
2012	18.54	37.12
2013	19.05	49.95
2014	17.49	63.77
2015	18.06	72.79

（一）房地产开发贷款风险情况

2015 年来中国三、四线城市房地产库存压力大，去化周期长，导致房地产企业资金回笼速度较慢，资金压力较大。以随州市为例，2015 年末全市在施工及完工商品房库存量近 700 万平方米，整个去库存周期需要 4—5 年。因此，一旦房地产市场出现周期性深度调整，部分房地产企业及关联行业很可能出现资金紧张的现象，甚至出现更为严重的资金链断裂现象，商业银行很容易受此影响出现不良贷款率剧增、流动性短缺严重等风险因素。据不完全统计，截至 2016 年 6 月底，已披露不良贷款情况的 29 家上市银行的不良贷款总额达 1.13 万亿元，较 2015 年末上升 10.06%。从统计数据来看，随州市房地产开发贷款不良率从 2011 年第一季度的 0.31% 上升至 2016 年第二季度的 4.74%，房地产开发贷款的不良率增速较快，潜在风险较大，需采取相应措施加快去库存化，及时化解金融风险。

（二）个人按揭贷款风险情况

2016 年 10 月，随州市共销售新建商品房 33.04 万平方米，同比增长 26.2%，其中销售新建商品住宅 29.79 万平方米，同比增长 18.9%；新建商品房销售额 13.36 亿元，同比增长 19.5%；中心城区新建及二手商品住房备案 3550 套，备案面积 43.26 万平方米，同比增长 31.7%，多项数据创下随州市近四年来楼市之最。但是，在当前经济下行压力依然较大且呈"L"形发展趋势的形势下，部分购房投机者也可能会因为自身财务紧张的原因而主动停止偿还贷款，出现违约现象。而个人按揭贷款占银行信贷总额比重相对较大，潜在违约风险较高。统计数据显示，2011—2016 年，随州市商业银行个人按揭不良贷款率呈明显上升趋势，从 2011 年的 0.1% 升至 2016 年的 0.31%（截至第二季度末数据），增幅超过 300%，高于全省平均水平。虽然个人按揭贷款不良率仍较低，但其绝对额呈波动式快速上升态势，2011—2015 年随州市商业银行个人按揭不良贷款额分别为 201.9 万元、821.97 万元、462.80 万元、480.88 万元、1218.33 万元，由于随州市辖内商业银行规模普遍较小，不良资产损失所导致的潜在风险更为严重。

四、中小城市房价波动与金融风险敏感性的量化分析

按照《新巴塞尔协议》的定义，违约概率（Probability of Default，PD）是影响房地产贷款信用风险的主要因素之一，它是指在一笔贷款发放前，银行对该笔贷款的借款人在一定时间内发生违约风险的预先评估值。本文主要以房地产开发商和购房者未来的违约概率为测算指标，分析在不同房价波动程度影响下商业银行房地产贷款所面临的信用风险。

（一）房地产市场价格波动与房地产开发商违约风险压力测试

如图1所示，由于随州市房地产开发贷款不良率波动性较大，数据平稳性不符合建模要求，故本文采用情景模拟的压力测试方法对房地产开发贷款违约的信用风险进行分析。以随州市某具有典型意义的房地产开发企业为案例，根据该企业财务运营状况，假设在商品房价格向下波动不同幅度的情景下，对该企业的现金流是否为负进行压力测试，并将此作为该企业是否存在违约可能的判定标准。现金流情景模拟压力测试所需的财务数据来自于该公司2015年度财务审计报告。文中采用的施压变量为商品房销售均价，将模拟情景分别设定为商品房均价下降4%、8%、12%、16%、20%和30%共6种情况，把中间变量设定为一个财务季度的财务费用和商品房售出面积，使用相关系数法来确定三者之间的变动关系。根据该企业现金流正负值的大小，结合对该企业是否违约设定的判别标准，可以判断该企业的房地产开发贷款是否会出现不良贷款，即违约情况。

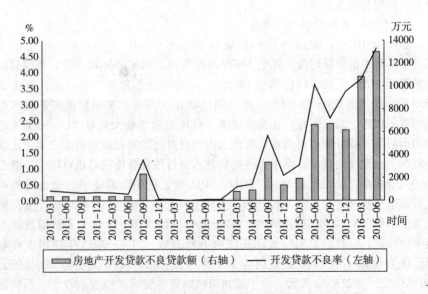

图1　随州市房地产开发贷款不良贷款额及不良率时序图

本文对案例中的房地产开发企业违约设定了两个触发条件，当企业财务状况达到或超过触发条件时就会出现违约情况。触发条件一：当"企业经营活动的现金流入 + 现金及现金等价物余额 + 投资现金流入 + 筹资现金流入 – 现金流出的差值小于零"时，认为企业的资金缺口过大，以至于不能通过融资和出售股权等其他方式缓解资金紧张，属于较为极端情况，因此这一触发条件下判断出的企业银行贷款违约率（PD_1）多数情况下要小于实际违约率。触发条件二：当"企业经营活动的现金流入 + 现金及现金等价物余额 – 现金流出的差值小于零"时，认为企业不能按期偿还商业银行发放的开发贷款，会在当期产生信贷违约，在这一触发条件下得到的贷款违约率（PD_2）要大于该企业实际违约率。结合两种触发条件来看，案例企业的实际贷款违约率有较大概率位于 PD_1 与 PD_2 之间，所以我们取 PD_1 和 PD_2 的算术平均数表示案例企业可能发生的实际贷款违约率 PD。

由利率、商品房均价和售出面积三个变量之间存在的相关关系和文中假设的六种房价波动冲击情景，根据设定的违约触发条件对案例企业的现金流进行情景模拟压力测试。分别由触发条件一和触发条件二判定企业是否会出现贷款违约，对在两个触发条件下得到的贷款违约率 PD_1 和 PD_2，取它们的平均值作为案例企业的实际可能贷款违约率。如表 2 所示，由上述的情景模拟过程得到案例企业开发贷款风险压力测试结果。测试发现，当商品房均价降幅达到 8% 时，案例企业的贷款违约率就较为明显，若商品房均价降幅超过 20% 时，则加速上升。当商品房均价降幅达到 30% 时，案例企业的贷款违约率可能会非常高，达到 46.77%。

表 2　　　　　　　　　房价波动下开发商的违约概率　　　　　　　单位：%

房价下降幅度	PD_1	PD_2	平均数
4	1.296	2.398	1.847
8	3.987	5.257	4.622
12	5.986	8.553	7.2695
16	8.025	10.632	9.3285
20	9.579	12.091	10.835
30	42.519	51.012	46.7655

（二）房地产市场价格波动下个人按揭贷款违约概率压力测试

1. 变量选取及数据处理

如图 2 所示，对个人购房的按揭贷款违约率压力测试，由于随州市个人购房按揭贷款不良率数据较平稳，所以我们采用计量模型，以蒙特卡洛法模拟房价及主要经济变量冲击下，随州市个人住房按揭贷款违约概率即可能的不良贷款率。选取随州市个人住房按揭贷款不良率（RNPL）作为因变量；自变量的选取参考国内外已有的压力测试相关研究，考虑到房价的波动一般都伴随着经济的波动，因此，结合随州市经济发展特征、数据统计和披露特点等因素，选择了随州市地区国内生产总值增长率（GDP）、随州市商品房屋销售平均价格（AP）、制造业采购经理人指数（PMI）和一年期贷款基准利率（DR）4 个经济变量作为解释变量。

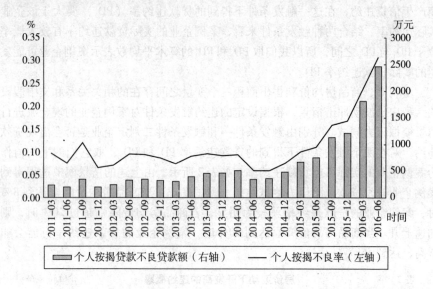

图 2　随州市个人住房按揭贷款不良贷款额及不良率时序图

数据区间为 2011 年第一季度至 2016 年第二季度，RNPL、DR 数据来自当地人民银行，GDP、AP 数据来自随州市统计局，PMI 数据取自国家统计局网站。由于 PMI 为月度数，所以我们取用 PMI 当季的月度平均数。对于贷款基准利率 DR，在某一季度中出现央行多次调整时，取这一季度各次利率的平均数为当季的一年期贷款基准利率，并对整理后的数据进行×12 季节调整（DR 数据不需调整）。通过灰色综合关联度计算得出：GDP、PMI、DR、AP 这四个经济指标与 RNPL 的关联度较高，其灰色关联度系数均大于 0.781，为了所要建立的数学模型更能反映房价波动下各经济变量与 RNPL 之间的关系，模型设立时我们将这四个经济变量均引入压力测试模型中。

2. 模型设立及估计

假设因变量 RNPL 为 y_t，并线性地依赖其滞后项和 GDP、PMI、DR、AP 这四个经济变量，则模型可写为

$$y_t = c + \alpha_1 GDP + \alpha_2 PMI + \alpha_3 DR + \alpha_4 AP$$
$$+ \beta_1 y_{t-1} + \cdots + \beta_k y_{t-k} + \nu_t$$
$$GDP = c_1 + \delta_1 GDP_{t-1} + \varepsilon_1$$
$$PMI = c_2 + \delta_2 PMI_{t-1} + \varepsilon_2$$
$$DR = c_3 + \delta_3 DR_{t-1} + \varepsilon_3$$
$$AP = c_4 + \delta_4 AP_{t-1} + \varepsilon_4$$

式中，ν_t 为误差项，ε_1、ε_2、ε_3、ε_4 为各经济变量的误差项。基于测算得到的变量间灰色关联度系数，模型假定个人按揭不良率与房价波动和经济状况明确相关，并考虑了各种冲击的持续影响。下面将在变量平稳性检验的基础上对以上模型进行估计。

如表3所示，本文采用单位根检验法检验各变量的平稳性。从表3中可以看出 RNPL 和季调后的四个经济变量序列都是 $I(0)$ 序列，因而可以在模型分析中使用季调后的变量序列。

表3　　　　　　　　　　　变量平稳性检验结果一览表

变量名	ADF 检验统计量	检验临界值	是否平稳
RNPL	-1.7456	-1.6085（10%）	是
GDP	-1.6197	-1.6085（10%）	是
PMI	-2.6546	-1.9564（5%）	是
DR	-3.3483	-3.0049（5%）	是
AP	-1.8537	-1.6085（10%）	是

如表4所示，利用 Eviews 软件计算得到模型参数的估计值，各变量参数正负号均如预期。模型估计结果显示 AP、GDP、PMI 和 DR 这四个变量是影响随州市个人购房按揭贷款不良率的显著因素。滞后不良率的系数是正数，因此存在正的贷款不良率的自相关值，这说明前期个人购房按揭贷款不良率对本期不良率有显著影响。

表4　　　　　　　　　　　模型估计结果

解释变量	被解释变量				
	RNPL	AP	DR	GDP	PMI
截距	0.0764	9.3653	1.2263	4.5637	2.8687
AP	-0.0337	—	—	—	—
AP（-1）	—	0.0821	—	—	—

解释变量	被解释变量				
	RNPL	AP	DR	GDP	PMI
DR	− 0.0325	—	—	—	—
DR（−1）	—	—	0.3213	—	—
GDP	0.1591	—	—	—	—
GDP（−1）	—	—	—	0.2657	—
PMI	− 0.0342	—	—	—	—
PMI（−1）	—	—	—	—	0.8142
RNPL（−2）	0.5318	—	—	—	—
经调整 R^2	0.7819	0.7699	0.7096	0.7041	0.7524
D. W. 值	2.0754	1.5235	1.4119	1.4979	1.5123

3. 基于蒙特卡洛模拟法的压力测试

对个人住房按揭贷款违约概率的模拟是以蒙特卡洛模拟法产生大量的随机数，代入压力测试模型中以求得不良贷款率的预测模拟值，然后用模拟出的数据，以百分位数计算压力测试下可能的个人购房按揭贷款不良率。根据估计得到的压力测试模型模拟未来违约率的路径，由于多数经济变量冲击持续期较长，所以我们以 2016 年第二季度随州市经济及房地产市场状况作为当前环境，模拟的未来路径涵盖 2016 年第三季度至 2017 年第二季度的四个季度时间点。

在探讨基准情况的个人购房按揭贷款不良率分布时，我们没有引入假设的不利冲击。就受压情况而言，由于中小城市房地产去库存压力较大，商品房销售平均价格盘旋式下滑，假设随州市商品房销售平均价格（AP）季度均值在 2016 年第四季度和 2017 年第二季度分别下滑 2.8% 和 4.8%；另外由于房价的波动一般伴随着经济发展情况的变化，所以我们假设 2017 年第一、第二季度，随州市 GDP 依次每季度减少 1.5 个和 1.8 个百分点；又由于制造业是随州市的主要支柱产业，所以假设 PMI 指数在 2017 年第一、第二季度分别下降 0.15 个和 0.3 个百分点；最后由于经济转型时期的"三去一降一补"仍在进行中，综合考虑汇率等因素后假设在未来一年里一年期贷款基准利率保持不变。我们就基准情况和在三个冲击变量压力下各自模拟 10000 个未来路径，并以 2017 年第二季度不良率的 10000 个模拟值来分析个人购房按揭贷款不良率的频率分布。

图 3 显示为 2017 年第二季度基准条件和各经济变量冲击下的贷款不良率的模拟频率分布。如图 3 所示，引入经济变量冲击后会令贷款不良率分布移向右边。与基准情况下的贷款不良率分布相比，房价下滑、经济增速放缓及制造业冲击都会使贷款不良率分布的均值和峰度同时向右移动。

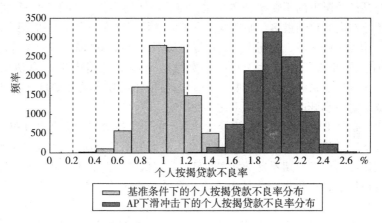

图 3a 2017 年第二季度基准和 AP 冲击下贷款不良率的模拟频率分布

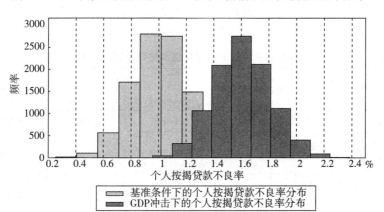

图 3b GDP 冲击下贷款不良率模拟分布

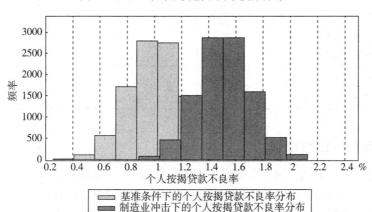

图 3c 制造业冲击下贷款不良率模拟分布

与基准情况下的不良率分布相比，商品房销售均价（AP）冲击下的贷款不良率分布向右移动最多，制造业冲击下的贷款不良率分布向右移动最少。说明在上述受压情况下，随州市个人按揭住房不良贷款率受随州市商品房销售均价（AP）的冲击影响最大，其后依次是随州市地区国内生产总值增长率（GDP）、制造业采购经理人指数（PMI），后期需要重点关注房价下跌和经济增速放缓对中小城市个人按揭不良率的影响。

表5是基准情况和三个经济变量冲击下的个人按揭贷款不良率分布。在基准情况下，随州市2017年第二季度的个人按揭的不良贷款率均值是1.0094%。引入假设冲击后，预期不良贷款率明显上升。例如，在前述商品房均价波动下滑压力模拟下，随州市个人按揭不良贷款率便会上升至1.9650%。另外，在假设的冲击下，随州市个人按揭不良率也有可能出现较为极端的情况，这样就需要关注不良率分布的尾端值，如表5所示，在较极端的95%置信水平下，随州市个人按揭贷款因不同经济变量冲击所致的不良贷款占比最高可达1.8431%至2.2924%。

表5　　　　　　　模拟信贷亏损分布平均值和估计亏损风险值　　　　单位：%

	基准情况不良率	受压情况下不良率		
		AP 冲击	GDP 冲击	PMI 冲击
均值	1.0094	1.9650	1.6098	1.5123
90%置信水平下不良率风险值	1.2666	2.2208	1.8786	1.7676
95%置信水平下不良率风险值	1.3412	2.2924	1.9615	1.8431
99%置信水平下不良率风险值	1.4631	2.4260	2.1035	1.9819
99.9%置信水平下不良率风险值	1.6249	2.5704	2.2474	2.0888
99.99%置信水平下不良率风险值	1.7795	2.7412	2.3422	2.2111

五、结论与建议

以上分析表明，随州市房价波动与金融风险存在显著的正相关性，金融系统的总体风险依然在可控的范围内，但后期仍需采取相应措施以防范由房地产风险而引发的系统性金融风险。

第一，多措并举，防范房地产信贷风险。一是加强监测，严密防范信贷风险。二是实施个人住房抵押贷款证券化，有效转接信贷风险。三是鼓励多元融资，有效分散信贷风险。鼓励房产企业通过上市、企业债券、非上市股权和房地产基金等方式适度融资，改变过度依赖银行的融资现状。

第二，稳定房价，采取多种措施保障住房供给，有效激发潜在住房需求。一是根据中小城市人口结构变化特征和居民收入结构科学规划不同档次住房供给比例，特别是加大保障性住房建设力度，增加住房供给，引导住房价格理性回落。二是完善住房建设市场化，拓宽住房建设渠道，在一定条件下允许单位和个人自建住房。三是支持改善型购房需求。居民家庭购买住房时，不再以家庭拥有的房屋数量来认定，只要还清住房贷款，再次贷款按照首套房认定。

第三，采取必要措施打击房地产投机行为。一是政府根据市场变化和居民实际承受能力，设立住房价格"指导价"范围，规范市场价格和稳定市场预期。二是对超出指导价范围的交易采取必要行政处罚和法律处罚。三是减少对住房交易和租房交易的税收比例。

参考文献

[1] 段忠东，曾令华，黄泽先. 房地产价格波动与银行信贷增长的实证研究 [J]. 金融论坛，2007 (2).

[2] 梁云芳，高铁梅. 中国房地产价格波动区域差异的实证分析 [J]. 经济研究，2007 (8).

[3] 林朴. 房地产价格波动对区域金融稳定的影响机制研究 [J]. 金融经济》，2007 (18).

[4] 施灿彬. 我国房地产价格波动行为分析及对策研究 [J]. 价格理论与实践，2004 (9).

[5] 孔行. 我国房地产价格形成机理与波动研究 [D]. 哈尔滨：哈尔滨工业大学博士学位论文，2010.

课题组组长：尹　峰
课题组成员：敖卫红　田　岭　陈　硕　聂　钊

关于三、四线城市商品房去库存金融支持研究

——以荆门市为例

中国人民银行荆门市中心支行课题组

一、引言

2016 年以来，我国房地产市场可谓是冰火两重天：一方面，国内一、二线楼市高烧不退，吸引大批民众哄抢房源，地方政府不得已相继出台限购措施，但仍无法从根本上抑制房价上涨；另一方面，三、四线城市住宅楼空置现象严重，商品房销售不畅，去库存周期长，房地产市场低迷，去库存任务十分繁重。荆门市作为典型的三、四线城市，近几年房地产市场库存也同样居高不下，难以消化。根据易居研究院发布的相关数据①，2015 年底荆门市商品房去库存化周期（19 个月）排在全国三、四线城市前列，房地产去库存压力较大，去库存任务十分繁重。

金融支持作为结构性供给侧改革中的有力措施，理应在楼市去库存中发挥重要作用。近几年来荆门市金融业发展迅速，2016 年上半年荆门市又出台了关于资本兴市的意见，在全市上下形成了浓厚的重视金融、发展金融的氛围。房地产去库存，始终离不开金融的支持，离不开金融调控的手段。本文从金融的视野，以三、四线城市荆门为样本，探讨运用金融工具支持房地产去库存路径。

二、荆门商品房市场库存及变化情况

荆门市作为湖北中部地区典型的三、四线城市，近几年多项经济指标在湖北省位居前列，经济发展态势良好。但荆门房地产由于近几年开发过快过猛，形成了较大库存，难以消化，房地产去库存形势较为严峻。

---

① 资料来源：易居研究院：《易居快报之住宅库存：2015—2016 年 35 个典型城市库存年报》。

（一）荆门市房地产库存情况

1. 商品房库存高位运行

截至 2016 年 9 月底，全市商品房库存面积 681.36 万平方米，同比减少 4.39%。其中中心城区商品房库存面积 316.62 万平方米，同比减少 0.83%，具体情况见图 1。

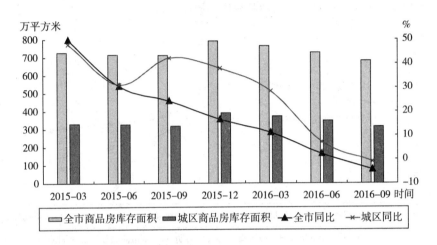

注：如无特别说明，相关房地产数据均来源于荆门市房产局以及作者计算。

图 1　荆门市及中心城区商品房库存面积及增长情况

从图 1 可以看出，荆门市及中心城区商品房库存在 2015 年底最高，分别达到了 791.32 万平方米和 389.63 万平方米，然后从 2016 年开始逐季下降，到 2016 年第三季度末，荆门市及中心城区商品房库存分别比 2015 年底减少了 110 万平方米和 73 万平方米，下降幅度分别为 13.90% 和 18.74%，这说明中心城区商品房去库存减少幅度稍微快于全市平均水平。

从同比增幅来看，全市及中心城区商品房库存仍处于高位运行。除了 2016 年第三季度，之前所有季度商品房库存同比增幅都为正，说明相比上年同期水平，商品房库存仍在增加。从增幅趋势来看，全市及中心城区商品房库存增幅自 2015 年以来基本呈下降态势，这说明虽然商品房库存在增加，但增加幅度变小。直到 2016 年第三季度末，全市及中心城区商品房库存同比增幅首次为负，分别下降 4.39% 和 0.83%，这说明房地产去库存取得了明显效果。这主要得益于 2016 年 4 月荆门市出台了多项房地产去库存意见和措施，刺激了购房需求从而减少了库存。总的来看，全市商品房库存仍处高位运行，去库存压力仍然较大。中心城区商品房库存同比增幅要高于全市平均水平，说明中心城区商品房库存增长较快，去库存任务更重。

2. 商品房去化周期逐季下降

一个地区或城市的房地产库存是否严重，一般用房地产去化周期来衡量。房地产去化周期是指商品房库存量与一定时期（通常指 1 个月）销售量的比值，用来反映房地产库存状况。一般来说，一个城市库存规模在 8 ~ 12 个月的去化周期属于正常水平①。本文用荆门市商品房月末库存量与过去 12 个月平均销售量的比值来衡量荆门市商品房库存周期，见图2。

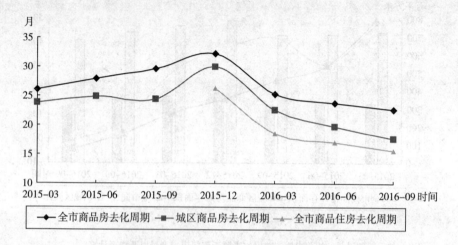

图 2　荆门市商品房去化周期变化情况

从商品房去化周期看，荆门市商品房去化周期在 2015 年底达到最大，其中全市商品房、城区商品房和全市商品住房去化周期分别为 32.2 个、30.0 个和 26.3 个月，远远高于 12 个月的正常去化周期。但自 2016 年去库存行动以来，荆门市商品房去化周期开始下降。到 2016 年 9 月底，全市商品房、城区商品房和全市商品住房去化周期分别为 22.7 个、17.7 个、15.6 个月，分别比 2015 年底减少了 9.5 个、12.3 个和 10.7 个月。

从分类看，荆门市商品住房去化周期较商品房去化周期短 7 个月左右，说明荆门市在推动商品住房去库存方面成效较为明显。据了解，2016 年以来荆门市先后出台了一系列规范性文件，从有效释放农业转移人口城镇购房需求、推进 "1 + 3" 购房补贴等多个方面支持商品住房去库存。但与全国其他三、四线城市，如茂名、宜昌、常德、景德镇以及九江②相比，荆门市商品房去化周期仍然较长，房地产去库存任务仍然较重。

---

① 资料来源：苏艳. 典型城市新建商品住宅存销比处在阶段性高位 [R]. 上海易居房地产研究院综合研究部专题报告，2011.

② 资料来源：上海易居房地产研究院：《70 城住宅库存报告》（2016 年上半年）。

（二）荆门市房地产库存量偏大原因

1. 土地供应量过大

2010 年以来，荆门市房地产市场火爆，同省内其他三、四线城市一样，荆门市也出现了土地供应节奏过快的局面。据统计，截至 2015 年底，仅市中心城区通过招拍挂方式出让但未动工的房地产开发用地超过 4000 亩，而平均每年市场需求不会超过 1000 亩。也就是说，现行已经出让的土地消化期将超过 4 年，房地产开发土地存量仍处于高位。

2. 市场需求相对不足

房产市场需求一般分为自住型需求、改善型需求、投资投机型需求和被动型需求。从自住型需求来看，虽然作为一个中型城市，但荆门由于建市历史短，城区人口较少，城市的辐射力相对不足，进城人口每年增幅不大，新增购房需求较低。从改善型需求来看，20 世纪 90 年代初期购买房改房的各级党政机关和企事业单位的干部职工成为市场主体，但由于近 3 年来开工建设了 3298 套、29.68 万平方米的企业职工集资建房和 2011 套、38.43 万平方米的天鹅小区团购房，分流了相当部分的有效需求，直接导致改善性需求不足。从投资投机需求来看，荆门作为三、四线小城市，相比武汉、宜昌和襄阳省内大城市，住房投资风险较大且不好出手，同时由于荆门市住房价格持续走低，再加上房产税、住房信息联网以及不动产统一登记等潜在因素影响，荆门市住房投资需求也可以说相当不足。从被动型需求来看，荆门市"三化"同步建设和棚户区改造步伐虽然加快，但被征收人基本选择原地产权调换，市场上主动购房的需求不足。

综上所述，荆门市房地产库存量偏大的主要原因是土地供应量过大和市场需求不足叠加影响所致。

三、荆门市房地产去库存中金融支持措施

为进一步落实中央去库存要求，荆门市先后出台了《关于进一步放宽住房公积金个人贷款和提取政策的通知》《市人民政府关于中心城区房地产去库存的意见》《荆门市房地产去库存行动计划（2016—2018）》等文件，综合运用公积金政策调整、财政补贴以及棚改货币化安置等措施支持房地产去库存。

（一）公积金新政"黄金十条"

2016 年荆门市公积金贷款占全部个人购房贷款的八成左右，可以说，公积金贷款政策调整对房地产整个市场影响很大。2015 年 5 月，荆门市住房公积金管理中心出台了相关意见，进一步放宽了住房公积金贷款条件、提取条件，出台了十条具体意见和措施，进一步扩大了全市住房公积金贷款规模。具体情况见表 1。

表1　　　　　　　2015 年荆门市公积金新政"黄金十条"及影响

措施	内容	影响
（一）恢复公积金装修贷款	1. 恢复公积金装修贷款，额度从 5 万元提高到 15 万元； 2. 申请贷款时，可同时申请追加装修贷款，购房总额继续执行最高 40 万元的限制，装修贷款额另计。	减轻购房者装修资金压力。
（二）放宽购建房使用公积金政策	3. 职工购买、建造、翻建自住住房，公积金提取和贷款业务时限由一年调整为两年； 4. 购房人最高提取额由账户的 50% 提高到 90%； 5. 购房使用存质押担保且担保足额的，贷款人可办理按年提取还贷手续。	缓解职工一次性付款、购房借款等资金压力，减轻购房者还贷压力。
（三）降低首付款比例，提高个人贷款住房抵押价值	6. 首套房首付比例降低至 20%，购房贷款最高申请额提高到 80%； 7. 申请住房抵押贷款时，住房价值抵押率从现行 60% 提高到 70%。	支持首套房等刚需住房需求，使不动房产变为流动资产，延伸公积金服务触角。
（四）放开公积金家庭代际使用政策	8. 购房人在全国范围内购房的，其父母和子女最高可提取公积金余额的 50%； 9. 贷款人可使用本人或家庭成员在本地现有的住房或门面房作为抵押担保物。	在全国范围内，畅通父母、子女使用公积金渠道，发挥公积金在家庭代际间的互助作用。
（五）放宽租房提取公积金条件	10. 正常缴存公积金满 3 个月以上的职工，每年可凭当地房产部门出具的无房证明提取一次住房公积金，用于补贴上年房租费。	减轻职工租房经济压力。

通过公积金"黄金十条"的刺激作用，荆门市公积金贷款迅速增长。2016 年上半年，发放公积金贷款 2 亿元，是 2015 年同期的 2 倍；公积金使用额达到 18 亿元，同比增长 136.8%，占当年归集额的 183.6%。

同时，荆门市从 2015 年 10 月起开始建立进城农民工和灵活就业人员自愿缴存住房公积金新机制。进城农民工和灵活就业人员连续缴存 6 个月公积金后，进城购买首套住房的，可以在收入认定、缴存时限、还款方式等方面享受更多优惠。2016 年上半年，全市有 2814 名进城农民工和灵活就业人员主动缴纳了住房公积房金，为其提供公积金贷款 2 亿元，共计消化房地产库存 6.8 万平方米。

（二）"1+3"补助模式

"1+3"补助模式是荆门市去库存意见中提出的具体财政补贴措施，它主要是指非中心城区户籍人口在中心城区购买首套新建商品房的，由财政部门按照建筑面积分时段递减给予补贴：从意见实行之日起 6 个月内，给予 200 元/

平方米补贴；7～9个月，给予150元/平方米补贴；10～12个月，给予100元/平方米补贴。这条措施主要目的是从促进农民工市民化入手，形成住房消费新的增长点。截至2016年9月底，提交购房补贴申请1569户，已发放补贴263户，补贴面积2.9万平方米，补贴金额580万元。

（三）货币化安置及"房票"制度

近年来，荆门市相关金融机构利用人民银行的抵押补充贷款（PSL），有力地支持了全市棚户区改造项目的顺利实施。截至2016年8月末，市农发行投放PSL项目6个，投放贷款9.93亿元，主要是棚户区改造项目。棚改后，安置对象主要实行货币化安置。荆门市出台的去库存意见中提出：凡因棚户区改造等公用利益需要，实行国有土地上房屋征收补偿，就地或就近无政府投资安置房的，征收人可实行产权调换政策，将应安置的房屋按照市场评估转化为货币，以"房票"形式出具给被征收人，由被征收人持票到安置房源库购买商品住房。这种棚改货币化安置以及"房票"制度，对于荆门市商品房供求严重失衡的城市来说，一个重要的作用就是消化了部分商品房库存。2016年1～9月，全市棚改货币化安置7175套，占目标任务的75.1%。

四、金融支持房地产去库存中存在的问题

（一）公积金新政挤压商业购房贷款

对于政府来说，通过调整公积金政策，刺激广大居民购买商品房，在去库存的大背景下无可厚非。但随之而来的问题就是：虽然公积金贷款增加了，但商业性购房贷款随之减少，特别是在政策发布后的一段时间内，严重挤压了正常的商业性购房贷款。2016年1～9月，荆门市新增购房贷款9.26亿元，同比减少4.79亿元。两者变化情况见图3。

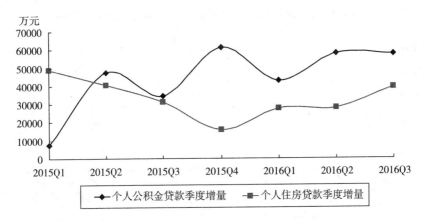

注：相关房地产贷款数据均来自人民银行荆门市中心支行以及作者计算。

图3 荆门市个人公积金贷款季度增量与个人住房贷款季度增量对比图

从图3来看，在2015年5月荆门市公积金政策调整之前，第一季度新增公积金贷款远低于正常住房贷款。政策调整之后，第二季度当季新增公积金贷款高于当季新增住房贷款6867万元，到第四季度两者差距达到了4.52亿元，为近两年最高，这也从侧面证明了公积金新政取得了良好效果，但也同时说明公积金贷款挤压了正常的商业住房贷款。2016年以来，住房贷款季度增量虽逐渐增加，但公积金贷款季度增量始终高于商业住房贷款季度增量，住房贷款规模受到抑制。从二者份额之比来看，2015年前三季度购房贷款总增量中，公积金与商业房贷份额之比为43:57；2016年前三季度，公积金与商业房贷份额之比为63:37。一年的时间内，商业贷款所占份额下降了20个百分点。

对于商业银行来说，个人住房贷款是其资产业务中收益较为稳定、风险较为可控的一项优质资产。但随着公积金贷款不断增加，商业房贷占比则逐渐缩小，两者呈现此消彼长关系。从长期来看，会影响金融机构商业性房贷投放的积极性。一旦公积金新政有所调整或取消，而到时商业性房贷也上不去，则会对整个金融支持房地产去库存造成不利影响。

（二）金融支持去库存独木难支

金融支持作为结构性供给侧改革的重要手段，理应在楼市去库存中发挥重要作用。但从图3与图1、图2对比来看，荆门市购房贷款走势与商品房库存变化是相反的：2015年12月，正是商品房库存量最大，去化周期最长的阶段，此时当月新增商业房贷量为全年最低。这说明在商品房库存量大的时期，商品房销售不畅，反映在商业房贷上就是投放量小；商品房去库存效果明显时，反映在商业房贷上就是投放较为积极，投放量增加。

为进一步验证商业房贷与库存量的关系，我们做了一个简单的格兰杰因果检验。我们选取了2015年以来月度商品库存面积数据（KC）和月度个人购房贷款余额数据（DK）进行格兰杰因果检验。二者变化情况见图4。

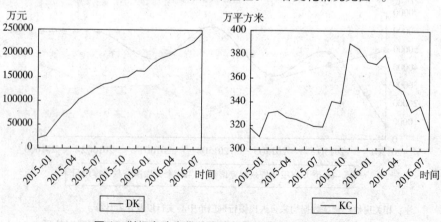

图4　荆门市购房贷款余额与商品房库存情况变化

从图 4 看，购房贷款余额与商品房库存余额均不是平稳序列，需进行差分处理。经过二阶差分处理后，二者变化情况见图 5。

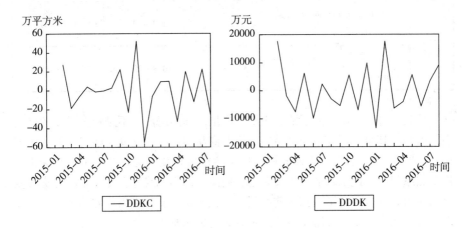

图 5　二阶差分后荆门市购房贷款余额与商品房库存情况变化

从图 5 看，二阶差分后，二者均围绕零值上下波动。同时发现二者序列 ADF 检验值在 1% 显著性水平下均是显著的，说明二阶差分后是二者序列是平稳的，可以做格兰杰因果检验。我们做了滞后 4 期的格兰杰因果检验，见表 2。

表 2　荆门市购房贷款余额与商品房库存余额格兰杰因果检验结果

	Null Hypothesis	Obs	F – Statistic	Probability
滞后 1 期	DDKC does not Granger Cause DDDK	18	3.93330	0.06596
	DDDK does not Granger Cause DDKC	—	0.10484	0.75057
滞后 2 期	DDKC does not Granger Cause DDDK	17	2.86223	0.09631
	DDDK does not Granger Cause DDKC	—	0.53061	0.60143
滞后 3 期	DDKC does not Granger Cause DDDK	16	2.51734	0.12391
	DDDK does not Granger Cause DDKC	—	0.94695	0.45801

续表

	Null Hypothesis	Obs	F – Statistic	Probability
滞后 4 期	DDKC does not Granger Cause DDDK	15	5.30469	0.03576
	DDDK does not Granger Cause DDKC	—	0.86370	0.53571

从表 2 可以看出，除了滞后 3 期不能拒绝商品房库存不是购房贷款的格兰杰原因外，其余滞后期数全部拒绝，说明商品房库存变化就是购房贷款变化的格兰杰原因。而滞后 1～4 期的检验均拒绝购房贷款变化是商品房库存变化的格兰杰原因。因此二者的因果关系是单向的，即商品房库存变化是购房贷款变化的原因。这也印证了我们之前的判断，说明金融支持必须依靠整体楼市去库存政策相配合，单一金融支持政策可以说是独木难支。

（三）金融机构房贷创新产品少，法人机构作用未充分发挥

从我们了解的情况来看，辖内金融机构个人住房按揭贷款产品大多相似或雷同，差异化较小，主要靠向房地产开发企业发放贷款，加强与房地产开发企业的合作来开展个人住房按揭贷款业务竞争。金融机构的房贷创新产品少，利率几乎无任何优惠，见表 3。

表 3　　荆门市五大国有商业银行住房按揭贷款政策及产品创新情况

	首付比例	贷款利率	产品创新
工行	首套房 30%	执行央行 基准利率	信用卡分期：对买房者可为其办理信用卡，提升信用卡额度最高至 20 万元，用于房屋装修等
农行	首套房 30%	执行央行 基准利率	农民安家贷：根据农民实际还款能力可执行 20% 按揭比例；房联贷：对已还款的房贷可再次贷款，最高不超过还款额的 70%
中行	首套房 30%	执行央行 基准利率	爱家分期：给予首付最高 50% 额度用于装修、购买大宗电器等
建行	首套房 20%，可根据贷款人实际还款能力适当下调	执行央行 基准利率	无
交行	首套房 30%	执行央行 基准利率	无

从五大行的情况来看，首付比例除建行为 20% 外，其余均为 30%；贷款利率均无优惠；产品创新虽有，但针对进城农民工以及其他外地人员来荆门买房的政策不多，且量不大。如农行的房联贷到 2016 年 9 月底仅发放了 1 笔，农民安家贷也仅仅发放了 3 笔。工行的信用卡分期更多属于搭售业务，与真正房贷创新产品来说还是有所区别。

从个人房贷所占比重来看，地方法人金融机构作用还需充分发挥。2015年底，荆门市地方法人金融机构贷款余额占全部贷款余额比重为 23%；但在个人住房按揭贷款中，五大行所占比重达到了 90%，地方法人金融机构所占比重仅为 10%，到 2016 年 9 月底仍是如此，这反映出荆门市地方法人金融机构的个人房贷业务开展力度较弱，与其贷款所占比重不匹配，对商品房去库存工作的金融支持作用未充分发挥。

五、相关建议

虽然荆门市商品房去库存工作取得了一定进展，但存量仍然很大，还需进一步加大工作力度化解库存。对于金融支持房地产去库存来说，还需从以下几个方面努力。

（一）采取激励措施，提升金融机构放贷积极性

在公积金新政的影响下，金融机构的个人住房按揭贷款的积极性受到打压，虽有营销，但力度仍有所欠缺。因此，要进一步必须采取有力措施，提高金融机构个人住房按揭贷款放贷积极性。一是对金融机构自身来说，要深化与优质大型房企的合作，加大对优质楼盘的个贷营销力度，全力拼抢实体经济运行良好、刚性需求旺盛、市场稳定区域内的住房项目，为个贷提供优质的房贷项目储备。同时可通过深化与优质房产中介的合作，深入挖掘储备二手房贷款客户资源，提高服务质量和效率，优化和简化个贷流程，吸引有贷款需求的本地居民以及外来人员选择住房商业贷款。二是对于地方政府来说，可将金融机构发放个人住房按揭贷款与支持地方经济发展挂钩，在财政性存款分配、相关税费减免以及金融奖励等方面对发放量大的金融机构进行倾斜，从而鼓励金融机构加大个贷营销力度。三是在农民工进城买房方面，可开展农房抵押贷款试点。2015 年以来，荆门市部分金融机构正开展农村"两权"抵押贷款试点，为农民生产经营解决了资金困难。因此对于农民进城买房来说，可参照有关规定，制定农民进城买房"两权"抵押办法，在产权明晰、风险可控的前提下，为农民办理商业房贷手续，从而消除金融机构农民无担保顾虑，提高金融机构放贷积极性。

（二）运用综合手段，加大商品房去库存工作力度

对于三、四线城市来说，金融支持房地产去库存可能只是锦上添花，还不能从根本上解决库存量过大问题。同时太过积极的金融政策或手段，则会导致

房地产债务转向居民部门，导致居民部门负债过重，杠杆率过高。因此要综合运用各种手段，配合金融支持手段，共同促进房地产市场去库存。一是要继续鼓励农民工和农民进城购房，继续扩大农民工和灵活就业人员自愿缴存公积金范围，进一步完善农民工进城购房相关社会保障、公共教育、医疗卫生等方面的配套措施。二是适当延长购房补贴时限，落实相关购房税收减免措施。荆门市购房补贴时限仅为一年，而库存量消化周期为两年，因此应适当延长购房补贴时限，至少应为两年。同时要切实落实住房交易税收优惠措施，强化契税、营业税等税收的减免，提高广大居民购房积极性。三是要创新住房保障方式，扩大货币化安置范围。对保障性安居工程资金，可购买部分存量商品房用于公租房配租，打通商品住房与棚改房、保障性住房的通道。对房屋安置对象，实行货币化安置，扩大安置房源库商品房种类，满足安置对象多样化住房需求。

（三）加强金融创新，提高金融服务质量和效率

对于金融机构本身来讲，扩大个人住房按揭贷款规模，既是做大自身资产业务的主观需要，也是房地产市场去库存的客观需要。因此，要进一步加强金融创新，提高金融服务质量和效率，为房地产去库存提供有力金融支撑。一是要积极向上争取政策，进一步扩大 PSL 总量，支持地市进行棚户区改造；降低首套房首付比例，对购买首套房的购房者给予一定的利率优惠，可实行九折甚至更低利率，地方法人金融机构可率先实施此优惠政策。同时可鼓励银行开办转按揭贷款业务，既为改善型购房者减轻利率负担，又能够消化一批商品房库存。二是要加强住房按揭金融创新，为购房者提供多样化的金融产品。要进一步宣传"农民安家贷"产品，做大总量，提高进城农民覆盖面。创新住房按揭贷款与消费类相结合的金融产品，支持购房者进行装修、购买大型家电等。三是可试水住房贷款资产证券化，把相关优质住房贷款向上级行推介，争取加入上级行住房贷款资产证券化包，从而进一步消化住房贷款存量，腾出规模，为住房按揭贷款提供充足的资金。四是在金融创新的同时要注意防范金融风险。虽然房贷违约率很低，但仍不可忽视，因此在加大创新、做大总量的同时，金融机构要审慎评估相关房贷产品风险，做好相关预案，做到未雨绸缪，防患于未然。

参考文献

[1] 韩国高. 房地产库存对我国房地产市场与经济增长的影响——基于 PVAR 模型的实证分析 [J]. 管理现代化, 2015 (1): 16 - 18.

[2] 李宇嘉. 三、四线城市楼市去库存的痛点和解决路径 [J]. 中国房地产, 2016 (7): 9 - 14.

[3] 刘岚, 谭敏, 刘文静. 财税金融政策视角下的房地产去库存——以牡丹江市为例 [J]. 黑龙江金融, 2016 (7): 42 - 44.

［4］申博. 去库存视角下房地产行业对区域金融稳定的影响——基于空间面板模型的实证研究［J］. 河北经贸大学学报，2016（3）：61-66.

［5］杨娥，李向. 鄂尔多斯金融助力房地产去库存调查［J］. 内蒙古金融研究，2016（6）：94-96.

［6］周飞虎，邵明艳，逢锦雪. 金融支持房地产去库存面临的制约因素——以吉林省为例［J］. 吉林金融研究，2016（1）：42-44.

课题组组长：李容成
课题组成员：邓成虎　胡修林
执　笔　人：胡修林

银行实务和央行
金融管理问题研究

新形势下人民银行分支行
纪检监察部门履行监督责任研究

中国人民银行武汉分行纪委课题组

党的十八届三中全会明确提出："落实党风廉政建设责任制，党委负主体责任，纪委负监督责任。"中共十八届六中全会通过的《党内监督条例》明确纪委是党内监督的专责部门。新形势下，人民银行分支行如何全面落实全面从严治党监督责任，结合基层行工作实际，探索纪检监察新思路、新方法，提升监督工作质效，是摆在各级行纪检监察部门面前新的重大课题。

一、形势与要求

（一）理论综述

1. 关于纪委监督责任内涵

习近平总书记在十八届中央纪委三次全会上，明确提出了纪委的监督责任是协助党委加强党风建设和组织协调反腐败工作，督促检查相关部门落实惩治和预防腐败工作任务，经常进行检查监督，严肃查处腐败问题。王岐山同志把纪委的监督责任概括为监督执纪问责。

2. 关于纪委监督内容

《党章》规定，纪委监督的主要内容可以概括为"三项任务"和"五项经常性工作"。新修订的《党内监督条例》按照《党章》和习近平总书记系列重要讲话的要求，规定纪委监督主要围绕严明党的纪律特别是政治纪律和政治规矩、严格执行干部选拔任用工作规定、推进党风廉政建设和反腐败工作、落实中央八项规定精神、加强作风建设等来开展。

3. 关于纪委监督难点

董亚明等（2014）将落实"监督责任"面临的问题归纳为不想监督、不能监督、不敢监督。柯瑞清（2015）认为，纪委履行监督责任的重点是落实好协调责任，难点是落实好查处责任，落脚点是落实好监管责任。蒋建湘、蒋清华（2016）认为，如果党委不解决预防问题，纪委的监督就会失去支持，监督职能就会落空。

4. 关于改进监督措施

金山（2014）认为加强纪委监督主要是要强化监督意识、突出监督重点、完善监督措施、理顺监督体制；王娟、田芳（2016）认为需从强化监督合力、健全制度机制、强化组织保障三个方面出台有效举措；任铁缨（2014）主张通过加强队伍建设、深化监督责任、落实责任追究制度、健全法制、完善纪检部门绩效考核体系等方式，提升纪检监察机关的权威性和独立性，保证监督责任得到贯彻落实。

（二）体制演进

第一阶段：属地派驻，大一统监督体制。1985年5月，中央纪委派驻金融系统纪检组正式组建并设在人民银行，统一负责金融系统党的纪律检查工作。人民银行分支机构由当地纪委派驻建立金融系统纪律检查组，按"块块"管理模式负责所在地金融系统党的纪律检查工作。

第二阶段：垂直派驻，大一统监督体制。1998年5月，新成立中央金融纪律检查工作委员会，接受中央纪委和中央金融工委的双重领导，实行垂直管理，按"条条"管理模式负责金融系统党的纪律检查工作。1998年10月，人民银行撤销省级分行，设立区域性分行，纪检监察工作实行垂直管理。

第三阶段：内设纪委，自我垂直监督体制。2003年3月，银监会分设，中央金融纪律检查工作委员会撤销。人民银行按机构层级设立纪委，实行垂直管理，专司人民银行系统党的纪律检查工作。近年来，为进一步优化监督体制，人民银行分行纪委逐步探索部分或全部授权省会中支履行纪委职责。

第四阶段：中央派驻，内部垂直监督体制。2015年12月，中央纪委驻人民银行纪检组正式成立。派驻纪检组由中央纪委直接管理，对中央纪委负责并请示报告工作，围绕监督执纪问责，履行党的纪律检查职能。分支行的监督体制保持不变。

（三）形势任务

1. 监督标准越来越高

党的十八大以来，中央采取一系列新的举措加大管党治党力度，层层落实全面从严治党主体责任和监督责任。《党内监督条例》明确了各级纪委是党内监督的专责部门。中央纪委要求纪检监察机关聚焦监督主业，突出监督主责，提高监督能力，把监督责任履行好。总行派驻纪检组要求人民银行各级纪委向中央纪委看齐。

2. 监督对象越来越广

总行派驻纪检组要求，分支行纪委（纪检组）监督不仅要"盯违法"，还要"盯违纪"；不仅要管住少数党员，还要管住大多数党员；不仅要监督党员的八小时以内，还要监督党员的八小时以外；不仅要覆盖在岗人员，还要覆盖离退休人员。

3. 监督方法越来越多

党的十八大以来，纪检工作更加强调在监督执纪问责时要把纪律和规矩挺在前面，坚持纪在法前；要求灵活实践"四种形态"，把"四种形态"运用情况作为检验工作的标准；创新谈话函询方式，切实履行"两个责任"；强化对基层行的监督，实行巡视全覆盖。

4. 监督要求越来越严

《党内问责条例》明确规定，对管党治党监督责任缺位、四风和腐败问题多发频发，巡视整改不落实的，都要严肃追究监督责任。周小川行长强调纪检监察对重大问题该发现没有发现就是失职，发现问题不报告、不处理是渎职，都要严肃问责。

针对新形势、新任务、新要求，本课题从监督环境、监督机制、监督方式、监督考评、监督力量五个维度，提出进一步落实人民银行分支行监督责任的对策建议，研究成果具有一定的前瞻性和指导性。

二、实践与成效——以武汉分行为例

课题组通过查阅资料、专题座谈、问卷调查、实地调研等形式，对武汉分行辖内部分单位落实从严治党监督责任情况进行了调研。调研显示，为了适应从严治党、从严治行的要求，辖内各级行结合实际探索了一些新方法、新方式，一整套完备的监督机制已经逐步建立起来。党内监督、行政监督、业务监督，基本实现了监督全覆盖，监督责任落实较好。

（一）分解责任，齐抓共管

武汉分行围绕"谁来抓""抓什么""怎样抓"等关键问题，推动全辖认真贯彻全面从严治党、全面从严治行要求，全面落实"两个责任"，不断巩固上下联动、齐抓共管的党风廉政建设工作局面。目前，辖内各单位先后出台了"两个责任"清单制度，并狠抓清单落实和问责，加大党纪政纪处分和诫勉谈话力度；积极推广县市支行纪检组长派驻制，2016 年底实现派驻"全覆盖"。调查显示，97.18% 的调查对象对责任分解情况等持肯定态度，认为从严治党监督责任落实"非常好"或"好"的占 83.57%。

（二）教育预防，彰显特色

以深入开展"一行一品"廉政教育活动为重点，连续 5 年组织开展"廉政清风伴我行"系列主题活动，打造反腐倡廉"教育链"，充分发挥文化引领作用。调查显示（见表 1），认为开展教育预防工作"很有必要"或"有必要"的占 97.35%；对本单位廉政教育工作的总体感觉"很满意"或"满意"的占 91.45%；84.57% 的调查对象认为本单位廉政文化建设成效"很好"或"好"。

表1   2015 年以来武汉分行开展廉政教育情况

序号	活动类别	举办场次	参加人数（次）
1	专题学习教育活动	231	23014
2	廉政文化建设	315	34644
3	警示教育活动	198	15452
4	廉政知识测试	123	9163
小计	—	867	82273

（三）监督检查，防案控险

据统计，2015 年以来，全辖共组织开展"四风"问题专项整治和整治情况"回头看"检查1102 次，做到了全覆盖、高频率。坚持问题导向，把制度要求融入各项工作之中，新建制度188 项，补充完善制度475 项。创新执法监察，围绕履职重点和风险重点，探索开展跨区域"交叉执法监察"。调查显示，86.58%的调查对象认为本单位现有的监督检查工作对促进监督责任落实"起很大作用"或"起一定作用"。69.9%的调查对象认为纪检监察机构在监督责任落实中作用"发挥明显"或"较明显"。

（四）专项巡视，挺纪在前

探索开展专项巡视，形成了一整套巡视工作办法、操作规程等基本制度。在巡视工作中，突出政治巡视，紧扣"六项纪律"，深化"四个着力"，着力发现存在的问题，充分发挥巡视震慑作用。每年组建 3 个巡视组，对市州中支党委开展专项巡视。采取"1 + 1"模式，在每个中支选择 1 个县级支行开展延伸巡视，拓宽了巡视的覆盖面（见表2）。

表2   2015 年以来武汉分行巡视情况表

项　　目	数量
巡视单位数量	30 家
巡视跟踪评估单位数量	24 家
共发现问题	260 个
向被巡视单位提出整改建议	192 条
向分行党委提出参考建议	14 条

（五）执纪问责，严字当头

加强纪律审查工作，研究制定"纪律审查工作规程"，从线索管理、线索处置、执纪问责等方面分类明确工作要求。把握运用好"四种形态"，力求早发现、早提醒、早处理，让"咬耳扯袖"和"红脸出汗"成为常态。加强信访工作，制定"纪检监察信访工作操作规程"，进一步推动信访工作规范化（见表3、表4）。

表3   2015 年以来武汉分行辖内案件情况表

项　目		数量
立案数量		12 件
其中：违反中央八项规定精神案件		7 件
处理情况	党政纪处分和组织处理	18 人次
	诫勉谈话	19 人次
责任追究情况	追究主体责任	12 人次
	追究监督责任	3 人次

表4   2015 年以来武汉分行辖内信访情况表

项　目		数量
受理信访举报		164 件次
其中：初步核实		70 件次
谈话函询		12 件次
核查中央巡视组移交信访件		23 件
处理情况	追究"两个责任"	3 家单位
	信访转立案	2 件
	给予党纪政纪处分	14 人
	进行组织处理或教育提醒	37 人

三、问题与原因

落实好分支行监督责任是落实全面从严治党、从面从严治行的客观需要，也是加强纪委自身建设转型的内在要求，为此必须精准梳理分支行监督工作面临的困难和问题，为更好地落实监督责任提供思路。

（一）从监督环境看，主观认识与客观条件形成双重掣肘

1. 内在理念存偏差，监督动力欠缺

党的十八大以来，全面从严治党、从严治行的措施越来越严，各个层面抓得也越来越紧，取得了越来越明显的效果，但仍然还存在一些对从严治党严肃性、从严治行现实性和"严字当先"必要性认识不够的现象。据对武汉分行辖内部分纪检监察人员的问卷调查，能准确把握理解"两个责任""四种形态""三转""两个为主"和"两个全覆盖"5 种新理念、新要求的占比较低，还存在模糊认识（见图 1）。25% 的被调查人员认为"三转"还不到位；16%的人员认为多年无案件，党风廉政建设责任和压力不大；22% 的人员认为"履职以外"的行为监测视同干涉个人隐私和自由，认为不该管、不能管；

17%的人员认为不能有效对同级党委（党组）进行监督，原因在于职称评定、职务晋升和评先评优都需要民主评议（推荐）环节，担心因监督而失去选票，不愿主动监督。

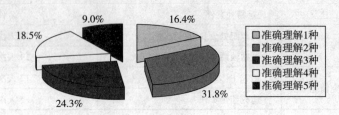

图1　监督理念认知情况统计

2. 外部环境存制约，监督底气不足

严肃监督执纪问责，需要良好的政治生态环境。调查显示，由于受客观环境制约，不同程度地存在不敢、不想和不能监督的情形，监督工作还存在不少薄弱环节，有78.15%的纪检干部认为"监督环境还有待进一步改善"；有92.12%的纪检干部认为"监督工作受到客观环境影响"。一方面，被监督者不同程度地存在对监督理解不够、重视不够、配合不够等问题，另一方面，监督者则存在较真不够、担当不够、合力不够等问题。

（二）从监督机制看，制度设计与现实操作未能有效匹配

1. 监督部门职能泛化，导致主业主责不突出

表现一：监督与被监督一体。调查显示，武汉分行辖内纪委书记（纪检组长）中，超过九成分管了其他业务工作，对监督执纪工作难以专注。表现二：主业与副业不分。纪检监察部门在日常监督工作中，习惯于对过程进行监督，没有突出纪检监察"再监督"的职能定位，调查显示，有45.87%的纪检干部认为在履职中存在"主业与副业难分清"的问题。表现三：分内与分外颠倒。调查显示，有64.32%的纪检干部认为"承担了部分不应承担的工作"，有23.2%的纪检干部认为"监督执纪存在错位与越位"。

2. 监督体制与业务体制脱节，导致"双头管理"

一是岗位风险与廉政风险"防治"分离。人民银行总行的《岗位（廉政）风险防控管理暂行办法》中将岗位风险和廉政风险分开管理，出现岗位重大风险事故或违法违纪案件，省会中支与分行共同协商责任追究。调查显示，有76.4%的人员认为"岗位风险防控存在管理体制障碍"。二是纪检监察业务部门授权形成"两套标准"。分行将部分纪检监察业务授权省会中支管理后，存在部分业务标准不一，考核重复和结果难统一的问题。调查显示，有43.42%的地市中支纪检干部认为"省会中支与分行存在重复考核"；有71.3%的人认为"部分授权不利于集中统一管理"。

（三）从监督方式看，形势复杂性与方法有效性难以统一

1. 实践"四种形态"缺乏明确标准

调查显示，各分支行在运用"四种形态"时缺乏明确的标准，特别是"第一种、第二种形态"自由裁量权过大和随意性问题同时存在。如何针对违规违纪的不同阶段准确运用"四种形态"存在应用上的盲点。有54.6%的人认为"需要明确具体的运用标准"，有76.8%的人认为"缺乏标准导致工作难细致"。标准缺乏，导致责任追究时存在"下移"的情况。有的只强调灵活，重点运用"第一种形态"，用"第一种形态"代替"第二、第三种形态"。调查显示，有37.3%的人认为"在运用'四种形态'中存在偏差"。

2. 八小时以外监督存盲区

一方面，分支行监督部门过多地依靠央行内部信息资源，往往通过签订责任书、查阅信用报告、思想教育、组织引导等传统监督方式实施行员八小时以外行为管理，视野和覆盖面受到明显制约；另一方面，与地方纪委、公、检、法、审计部门合作不够，社会监督、群众监督、舆论监督等外部监督作用未能充分发挥，外部信息反馈、沟通和联动工作不够顺畅，对"黄赌毒"、经济纠纷、金融资产、经商等八小时以外行为方面的信息线索收集不及时、不全面。

3. 支行派驻纪检组优势难发挥

实际工作中派驻纪检组履行了党组的责任主体职责，不同程度地扮演了主体责任的牵头者而不是监督和检查者的角色。据对30位支行派驻纪检组长的座谈，有28位认为"角色有一定的错位"。而且，派驻纪检组长缺乏应有的独立地位，不同程度地存在"虚监、漏监、弱监和难监"的问题。调查显示，有超过七成的支行派驻纪检组认为"监督重点难以把握"；有超过九成的认为"监督要求与监督实际存在冲突"。

（四）从监督考核看，评价标准与主责主业不对接

1. 监督考核的导向不科学

首先，监督执纪问责的考核导向不够突出，特别是"四种形态"的运用没有占到考核评价的主要分值。其次，业务部门发生案件也让纪检部门承担了责任，降低了纪检监察部门主动查办案件、及时曝光问题、实施责任追究的积极性和主动性。调查显示，有68.3%的人认为"应调整纪检监察业务考核导向"，62.5%的人认为"纪检监察业务考核应突出发现问题的数量和质量"。

2. 监督考核的方式不科学

一方面，"主体"与"监督"的关系未能厘清。一方面，一些领导干部认为落实党风廉政建设责任制就是纪委的事，未能切实承担主体责任；另一方面，考核没有突出基层行履职实际，一张考评表，往往各层级上下一般粗，监督雷同化。指标注重形式和程序的完整性，忽略了实际监督成效。调查显示，有85.6%的人认为"对县支行考核与对中支的考核基本相同"；有88.4%的人

认为"应根据实际制定考核评价标准"。

3. 监督考核的成果运用不科学

一是重同级评价轻上级考核。由于同级党委的考核评价直接决定着纪检部门及其干部在本单位的评先评优和发展空间。纪检部门必然更看重同级党委的考核评价意见。75.7%的人认为"上级纪委对下级纪委的考评结果作用有限"。二是将处理或处分看成监督工作的结束。对受处分人员，没有积极跟进思想政治工作，引导他们正确对待错误和处分，尽快放下思想包袱，轻装上阵。

（五）从监督力量看，现实所用与履职所需存在突出矛盾

1. 监督队伍进出渠道不畅

一方面，基层行在人力配置上往往更偏重业务部门，对纪检部门很难输送新生力量；另一方面，纪检干部"轮岗""晋升"渠道狭窄，对优秀人才难以产生吸引力。据对武汉分行辖内部分中支纪检监察人员的调查，认为纪检干部"轮岗""晋升"渠道"较好""一般"和"较差"的占比分别为6.7%、11.4%和81.9%。

2. 人才匮乏成为履职"瓶颈"

基层行纪检监察干部不仅"量"少，更遑论"质"，大部分地市中支纪委实际干事的只有1~2人，县支行基本上没有专职人员，难以满足日益繁重的监督执纪问责工作需要。以武汉分行为例，辖内纪检监察干部法律、党建、政治类专业人员较少，仅占总人数的7.4%，既具纪检监察专业知识又熟悉财务、审计、金融、法律、计算机等业务的复合型专业人才严重缺乏（见图2、图3）。

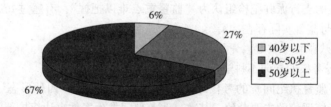

图2　武汉分行辖内纪检人员年龄结构

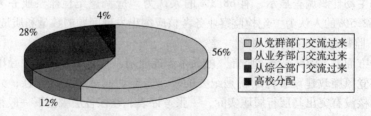

图3　武汉分行辖内纪检人员业务素质情况

3. 培训教育工作明显滞后

面对新形势和新任务，虽然各级行加大了监督执纪队伍的教育培训力度，但仍明显滞后于履职需要，在违纪行为呈现高智能化、高科技化、反调查能力不断增强的趋势下，这显然影响了监督执纪问责的效果。问卷调查显示，94%以上的纪检监察干部亟须培训。

四、对策与建议

当前，分支行各级纪检监察部门应坚持问题导向，创新监督问责方式方法，全面落实专责部门监督责任，坚定推进全面从严治党、从严治行，为全面高效履行分支行职责保驾护航。

（一）以明晰监督职责为目标，完善职能管理

1. 推动分行对省会中支职能完全授权

在总行"垂直领导、分级管理"的体制框架内，制定对省会中支纪委授权管理办法，推动分行对省会中支开展职能完全授权，其内容应包含：党风廉洁责任制落实情况的考核工作；党风廉政建设责任制追究工作；纠风和行风建设工作；领导干部廉洁自律、反腐倡廉宣传教育；信访举报监督和核查工作；辖内案件查处工作；执法监察工作；纪检监察业绩考核工作；辖内纪检监察相关制度制定。同时，进一步完善省会中支纪委"三定"方案，加强人、财、物方面的匹配度。

2. 充分发挥纪委委员的作用

按照工作岗位性质，纪委委员分为专职纪委委员和兼职纪委委员。纪委副书记（纪委监察室主任）为专职纪委委员，各分支行可视情况将部分部门主要负责人或下级行纪委书记（纪检组长）选举为纪委委员。纪委委员可按监督需要设置各司其职的政治纪律监督委员、组织纪律监督委员、廉洁纪律监督委员、群众纪律监督委员、工作纪律监督委员、生活监督纪律委员六个岗位。探索建立纪委委员述职报告和履职评价制度，所在纪委定期听取纪委委员履职情况并进行评议。

3. 加强派驻制建设

坚持"全面派驻、分级管理、加强力量、权责统一、积极推进"的原则，实现中支向支行派驻纪检组全覆盖。逐步将支行派驻纪检组长设为专职，保证纪检组长把主要精力放在监督执纪主业上。支行派驻纪检组长的管理与考核在参考驻在行意见的基础上，以中支纪委考核为主。建立以履行监督职责为重点的派驻纪检组长考核制度，考核结果与奖惩挂钩。

4. 加强机关纪委建设

制定机关纪委组织设置、职能分工的具体办法。省会中支、地市中支单独设立机关纪委，机关纪委书记由纪委、监察室副职兼任。理顺系统纪委与机关

纪委的关系，明确系统纪委主要负责系统内案件、信访查处、管理派驻机构等工作，集中人力物力加大监督执纪力度；机关纪委负责机关反腐倡廉教育、业务培训、风险监督管理系统运行、行政监察、党风廉政建设责任制落实情况的考核等工作。

（二）以提高监督效率为目标，优化监督机制

1. 强化责任落实机制

围绕监督执纪问责，制定出台《关于落实党风廉政建设责任制监督责任的实施办法》，把监督责任落到实处。制定和实施监督责任落实效果评估办法，形成科学的考核评价体系。建立落实监督责任清单并实施责任追究督查制度，明确责任追究的情形、主体和方式，准确区分个人责任与集体责任、直接责任与领导责任，建立完善责任追究典型问题通报制度。

2. 落实权力监督机制

加强对主要领导干部的监督，进一步明晰"一把手"和领导班子其他成员的工作权限，把权力科学分解，形成"副职分管、正职监管"的权力体系。建立完善领导干部特别是"一把手"向上级纪委述廉述责并接受评议质询制度。制定人民银行同级监督管理办法，推动同级纪检监察部门和纪委书记（纪检组长）履行好同级监督职责。制定出台人民银行"三重一大"事项决策管理办法，规范决策权力运行。以人民银行对外发布的行政权力清单为指引，强化对涉权部门、岗位、人员的监督。

3. 完善风险防范机制

一是建立健全岗位（廉政）风险防控机制。认真落实《中国人民银行岗位（廉政）风险防控管理暂行办法》，强化条线管理，压实业务对口管理部门的监督责任。二是建立健全案件防控机制。进一步建立健全谈话提醒、诫勉、函询、教育等制度，对反映党员干部的苗头性倾向性问题，坚持抓早抓小、防微杜渐。三是加强"履职外行为"干预。出台《工作人员八小时外行为监测干预管理办法》，重点抓好员工八小时以外情况的监测。

（三）以实现科学监督为目标，改进监督方式

1. 实践运用"四种形态"

一是建立整体联动的实践"四种形态"格局。制定分支行实践"四种形态"指导意见，明确相关标准，建立以各级党委（党组）、纪委（纪检组）和组织（人事）部门为责任主体的统一领导、分工协作的工作机制。二是建立内部监督信息定期交流机制。坚持以问题为导向，着重从群众信访举报、日常检查、专项检查、内部审计等工作中查找线索，发现问题，早教育、早处置。三是加强责任追究。对违规违纪案件，要一并追查当事人的违纪责任、党委（党组）的主体责任、纪委或纪检监察部门的监督责任，着力打造上下贯通、层层负责、失责必究、落实有效的完整责任链条。

2. 加强和改进巡视工作

建立分省的巡视工作机制，授权省会中支负责对辖内地市中支党委的巡视工作。探索开展省内交叉巡视的方式，实现对县市支行巡视工作的全覆盖。完善巡视成果运用机制，细化分类处置措施，对发现的问题督促整改。完善巡视报告、移交、反馈、整改情况公开等工作。研究制定巡视工作质效评价办法，开展巡视项目评比，提高巡视工作水平。

3. 健全信访举报核查制度

建立健全领导亲自阅信和接待来访制度，建立联席会议工作机制、信访问题排查调处机制等制度，加强协调配合，形成解决问题的整体合力。建立健全并严格执行信访举报工作责任制，把责任落实到单位，落实到个人。对移送的信访举报件要建立反馈制度，对交办、转办的重要举报件要建立档案并加强督办催办。强化内部管理和制约，努力推进信访工作机制的创新，不断完善科学规范的信访处理程序，提高解决问题的效率，使信访举报件的管理和处理更规范、更有效。

（四）以强化激励约束为目标，完善考核机制

1. 建立科学的考核导向

建立和完善以落实监督责任为主的业绩导向机制，激励充分履职。量化考核指标，根据纪检工作的任务项目，把考核内容和要素具体化。纪检工作考核和纪委书记（纪检组长）的个人考核以上级纪委为主；本级纪检监察部门负责人的考核以本级纪委书记（纪检组长）意见为主，并听取人事部门意见。

2. 突出监督工作的重点内容

突出对纪检监察部门监督、办案、协助党委履行主体责任三项职责履行情况的考核，把"四种形态"实践情况纳入检验评价工作的专项内容，尤其对"第一种形态"的运用情况进行统计和考核。创新基层纪检监察干部考核评价办法，建立业绩导向的考核机制，摒弃以往以民主测评票数为主的评价方式，变为根据纪检监察的工作实绩进行考核、排名。

3. 妥善运用考评结果

建立纪检考核专项奖励制度。从单位提取的奖励资金中切块建立专门用于表彰纪检工作的资金。纪检部门条线评选的荣誉称号，享受综合荣誉称号的优抚待遇。对履职监督、查办案件有突出贡献的纪检干部，应予以特殊奖励和优先使用。对发生问题没有发现，或没有及时如实报告的，要对纪检监察部门主要负责人和纪委书记（纪检组长）进行问责追究。

（五）以培养"铁军"精神为目标，加强队伍建设

1. 高标准配备纪检干部

加强纪委书记、副书记的配备管理，探索实行纪检监察干部配备以纪委书记（纪检组长）提名为主的用人机制。重视纪检监察干部的交流轮岗和提拔

使用，拓宽选人用人渠道，采用公开选拔、面向基层选调等多种方式，把能力强、潜力大和知识业务较全面的优秀年轻干部充实到纪检监察部门，增强纪检监察干部队伍的活力。建立并及时调整办案、执法监察人才库。

2. 多维度抓好教育培训

建立上级纪委负责人与下级纪委书记（纪检组长）任职谈话制度，加强对纪检监察机构"一把手"的监督。建立纪检监察人员应知应会题库，加强岗位知识学习。加强理想信念教育，促进纪检干部牢固树立忠诚于党、忠诚于纪检监察事业的政治信念，时刻不忘肩负的使命，卸下怕得罪人的思想包袱，敢于碰硬。

3. 严要求加强作风建设

研究制定人民银行系统纪检监察干部行为规范，着力培养铁的信念、铁的纪律、铁的意志、铁的作风、铁的团队的"铁军"精神，建设一支忠诚、干净、担当的纪检监察干部队伍。对遇事打"太极拳"、身患"软骨病"、形同"稻草人"的纪检监察干部，该调整的调整，该撤换的撤换；对责任缺位，不敢抓、不敢管、不敢监督，造成不良影响或发生严重问题的纪委书记和纪检监察干部，要坚决问责。

参考文献

［1］董亚明，安梅，段文东，杨思伦. 党风廉政建设中党委"主体责任"和纪检"监督责任"的落实［J］. 中共云南省委党校学报，2014（7）：51－55.

［2］柯瑞清. 高校纪委履行监督责任的若干思考［J］. 福建医科大学学报（社会科学版），2015（3）：1－4.

［3］蒋建湘，蒋清华. 党风廉政建设"两个责任"制度的法治解读与完善建议［J］. 中南大学学报（社会科学版），2016（8）：39－46.

［4］金山. 关于切实履行好监督责任的思考（EB/OL）［2014－07－17］. www. hbjwjc. gov. cn.

［5］王娟，田芳. 高校纪委履行监督责任存在的问题及对策研究［J］. 法制博览，2016（7）：308－309.

［6］任铁缨. 深入推进党的纪检体制改革［J］. 理论视野，2014（7）：1.

［7］张鉴君. 加强监督执纪问责，全面从严治党［N］. 金融时报，2016－12－19.

课题组组长：张鉴君

课题组成员：王道新　蒋　难　雷玉宁　向玉章

执　笔　人：向玉章

中央银行发行法定数字货币的问题研究

中国人民银行武汉分行办公室课题组

一、引言

货币数字化是货币发展的趋势，数字货币的出现被视为货币形态的又一次重大革命，有望成为新经济时代的主流通货和重要的金融基础设施。2016 年以来，部分国家中央银行依托互联网、区块链等核心技术，已经着手启动央行数字货币研究。如 2016 年 2 月，在巴巴多斯央行支持下，Bitt 公司发行了巴巴多斯元，成为全球第一个基于区块链技术的国家法定货币；2016 年 3 月，英格兰银行开发了中心化数字货币原型 RSCoin；2016 年 6 月，加拿大央行宣布开始开发基于区块链技术的数字化加币 CADCOIN。从我国情况来看，2016 年 1 月 20 日，中国人民银行召开数字货币研讨会提出进一步明确央行发行数字货币的战略目标，2 月 14 日，周小川行长在接受专访时提到了央行发行数字货币的若干原则等问题。由此，央行发行数字货币已逐渐提上议事日程。中国人民银行数字货币研究所筹备组表示，央行发行法定数字货币的原型方案已完成两轮修订，未来有望在票据市场等相对封闭的应用场景先行先试，而法定数字货币的原型模型正在研发中。

伴随着互联网技术的快速发展，建立在互联网和数字加密技术基础之上的数字货币已经具备技术基础，由中央银行推行发行和使用法定数字货币势在必行。然而，要真正发行央行数字货币，在调整相关法律关系、重构业务架构、研发关键技术及核心系统、评估对现有履职手段和路径的影响等方面，需要作出一系列的工作，这包括央行数字货币在法律体系上的调整配套，如何借助区块链技术服务于数字货币的交易记账等。对这些问题的研究或有关结论的明确，贯穿于数字货币的设计、发行、流通、管理等各个环节，只有早日在理论上予以明确，才能为央行早日推出适合我国的数字货币铺平道路。

现有文献对数字货币的研究遵循两种路径。第一种是不对发行主体作出区分，对所有数字货币（含虚拟货币、电子货币）进行研究，探讨数字货币的技术环境、合法性以及对货币发行和支付体系等的影响。另一种是专门就中央银行发行法定数字货币进行研究。针对中央银行发行数字货币问题，学者们分别从环境建设、可选技术、法律可行性等进行了探索，但受制于对数字货币认知理解的差异以及代表利益群体的不同，提出的观点缺乏客观性、整体性，没有从系统性角度全盘考虑有关问题。本文创新之处在于，在梳理已有研究成果的基础上，专门就中央银行发行数字货币问题进行探讨，在合法性、运行机制、技术手段及对现有履职手段的方面进行研究整理，提出我们的观点，以期形成更优的制度框架和最佳的发行技术，为中央银行发行数字货币提供参考。

二、中央银行数字货币的理论探讨

（一）数字货币概念

数字货币定义。世界上对数字货币并没有一个统一的定义。相对权威的观点是，数字货币是一种价值的数据表现形式，通过数据交易并发挥交易媒介、记账单位以及价值储存的功能，但它并不是天然是国家法定货币，没有中央政府为其提供担保。根据发行者的不同，数字货币分为电子货币和虚拟货币（见表1）。

表1 数字货币与电子货币、虚拟货币

分类	数字货币			
	电子货币		虚拟货币	
	货币电子化	电子化货币	闭环内	闭环外
流通体系	金融机构	非金融机构	特定虚拟环境	跨境流通
典型例子	网银，如工银零钱包	第三方支付，如支付宝	Q币、游戏币	比特币
与法定货币关系	法定货币电子化		非法定货币电子化	
优点	形式简单、便捷性、支付成本低		去中心化、交易公开、安全加密	
缺点	货币电子化不彻底、风险易集聚、缺乏身份识别、防篡改能力弱		缺乏法律认可和监管、技术安全问题、解决问题代价高	

（1）电子货币。电子货币是通过电子化方式支付的货币，没有物理形态，其产生是由于互联网及配套技术的发展。其主要形式包括各类储值卡、银行卡、预付卡、电子支票和各类电子钱包，如工银钱包、微信钱包及支付宝等。这些电子货币，其发行的价值基础都是中央银行发行的法定货币。

（2）虚拟货币。虚拟货币（Virtual Currencies）是一种价值的数据表现形式，能通过数据交易并发挥交易媒介、记账单位及价值储存的功能。在所有众多的虚拟货币当中，最引起各国央行关注的是比特币，其运用的分布式账本技术（区块链技术）为中央银行发行数字货币提供了技术基础。

（二）中央银行数字货币

1. 定义

中央银行数字货币（CBDC），是以国家信用为保证，由中央银行垄断发行和管理的，通过加密算法等技术手段生成的国家法定数字货币，可以最大范围地实现线上与线下同步应用、极大地提升交易便利性和安全性。中央银行数字货币可以体现或携带于数字钱包中，具体形态可以是一个来源于实体账户的数字，也可以是记于名下的一串由特定密码学和共识算法验证的数字。

2. 与虚拟货币及非法定数字货币的区别

中央银行数字货币本身是货币而非支付工具，具有主权货币属性，具有国家信用担保和法偿性（见表2）。我国基于电子账户实现的支付已经非常普遍，其本质还是现有法定货币的信息化过程，不能称为数字货币。而比特币等则是私人数字货币，不具有国家主权属性，Q币等网络虚拟货币也不能称为数字货币。

表2　　　　　　　央行法定数字货币与非法定数字货币的差别

	央行法定数字货币	非法定数字货币
发行依据	货币政策目标	电脑程序或人为确定
发行量	灵活	固定或有限
流通手段	所有公众	特定群体
担保	国家信用	无担保
交易媒介	是	小范围
价值尺度	是	否
储值手段	是，但有通胀风险	是，但有价格波动和信用风险

资料来源：根据文献整理。

3. 属性特征

中央银行数字货币具有法定货币的特性。类同于传统法定货币，其至少具备以下特征：一是可流通性；二是可存储性；三是可离线交易性；四是可控匿名性，除货币当局外，任何参与方都不知道拥有者或过往使用者的身份信息；五是不可伪造性；六是不可重复交易性，数字货币使用者不可能将数字货币先后或同时支付给一个以上的其他用户或商户；七是不可抵赖性。

4. 中央银行数字货币优势

一是降低发行成本。数字货币发行成本远低于纸币，而且数字货币不会损毁，没有销毁回收的需要。二是数字货币交易便捷程度的提高，能提高整个经济体系的流动性。三是提供国家信用保证。四是推广数字货币有助于实现任意时间、任意地点、使用任意设备进行交易的功能，支付更加安全便捷。五是有助于中央银行实现利率调控。发行数字货币可以通过在必要时期实施负利率，突破零利率下限。六是有效打击洗钱等违法犯罪行为。数字货币的可追踪性有助于监管当局在必要时监控数字货币流向打击犯罪行为。

三、中央银行发行数字货币的法律问题

（一）中央银行发行数字货币的合法性

一国要发行数字货币，首先需要在法律层面明确数字货币的法定货币地位，这需要立法机关制定或修改《中央银行法》及其配套的部门规章，为发行数字货币扫清法律障碍。如南美洲厄瓜多尔为推出其电子货币厄瓜多尔币，2014 年 6 月通过了关于建立新的国家电子货币准则以及关于修改国家现有货币和金融法律的相关法案，厄瓜多尔电子货币取得了与国家纸币、硬币相同的法律地位。从我国情况看，要发行法定数字货币，首先要面临数字货币是否具有法定货币地位的问题。

（二）中央银行数字货币流通合法性

中央银行数字货币进入流通环节，需要面临是否与传统货币一样具备法偿性，以及如何认定货币所有权转移的问题。

1. 货币法偿性

人民币的法偿性指法律明确规定，在我国境内的各种债务均以人民币进行支付，任何债权人在任何时候不得以任何理由拒绝接受以人民币偿付的债务。当前人民币并不包括数字货币，因此数字货币不适用于保障人民币法偿性的法律条款，数字货币的法偿性应当有立法或法律解释明确规定。

2. 货币所有权转移

较之传统的纸币、硬币，数字货币的无形性使得其所有权的转移较难认定，需要在立法上清晰规定。根据《物权法》相关规定，动产所有权设立和转让的公示方式是占有和交付，不动产所有权的设立和转让的公示方式是登记。解决数字货币的所有权转移问题，应当围绕公示方式展开。传统意义上，货币属于法律上的特殊动产，因此货币的公示方式为占有和转让。判定数字货币的所有权转移时，是以交付相关密钥给受让人开始确认，还是以转让人将转让指令发布给登记机构即为确认，需要在法律上重新明确。

3. 对相关履职法律法规依据的调整

中央银行发行数字货币后，在反洗钱、反假币和金融消费者个人信息保护等方面需要调整与之相配套的法律法规。

（1）反假币。现有基于物理方式鉴定鉴别的反假货币方式不适用于数字货币反假。数字货币环境下，需要重新界定假数字货币的表现形式，以及伪造、变造假数字货币的行为方式，明确写入相关反假币法律条款。

（2）反洗钱。数字货币具有匿名性和不受地域限制等特点，可能被用于恐怖融资和洗钱活动，中央银行发行数字货币后，需要重新定义和完善反洗钱的技术监管措施，对相关主体法律责任关系予以明确。

（三）有关结论

中央银行发行数字货币首先面临法律关系的调整问题。若实现数字货币与传统纸币、硬币等实物货币一样的法定地位，需要在货币法定形式、数字货币法偿性等方面作出调整安排，赋予数字货币与传统货币同样的法律地位，同时修订与反洗钱、反假币等履职配套相关法规规定，使之与数字货币的特殊属性相匹配。

四、中央银行数字货币的运行框架

中央银行数字货币的运行框架，包括选择何种模式发行，以及如何确定数字货币发行量等问题。

（一）发行模式选择

从现有研究成果及操作实践看，央行发行数字货币的操作框架有两种选择。

1. 中央银行直接发行的"一元模式"

该模式下，中央银行需要为每一位公民开立一个中央银行账户，提供分类代码、账号、支付卡以便公众使用数字货币进行支付，并对所有账户实施防欺诈和反洗钱监管。该模式最典型的代表就是厄瓜多尔央行，厄瓜多尔央行作为该国电子货币的唯一发行人，给所有公民提供电子货币账户，公众可以通过远程方式在央行开设一个电子银行账户。

2. "中央银行—商业银行"的"二元模式"

中央银行仍将发行和持有数字货币，但所有支付和客户服务则交由私营部门（商业银行等）提供或管理，私营部门为公众提供数字货币账户，并确保账户持有人能够通过传统支付网络进行支付。该模式下，中央银行先将发行的数字货币存储至央行发行库，根据电子传送指令将数字货币转移至银行或支付机构数字货币业务库，当社会公众需要提存数字货币时，可以借助专用柜台或自助终端等渠道增减账户余额。

3. 两种模式比较

中央银行直接发行模式，可提高对货币总量的控制，央行运用智能合约将收集到的实时市场数据通过计算机转化为行动方案，用于自动精确调整货币供应量，在防范欺诈、风险等方面存在一定的优势，但也存在一些缺点，如中央银行承担庞大的行政运作负担；直接提供支付服务，会与商业银行开展竞争，也会遏制商业机构的支付创新；央行没有商业动机来推动支付机制创新，支付服务范围狭窄。"中央银行—商业银行"二元模式存在一定优势，如减轻央行负担，更加体现市场化原则，银行会通过开展更多的创新来提高竞争力。

（二）管理机制选择

央行发行多少数字货币，可以根据社会需求进行被动响应，也可以根据货币政策调控等目的进行主动响应发行。

1. 被动响应模式

由于数字货币等价于物理现金以及中央银行储备，因此中央银行也能够按照需求导向来决定发行多少数量的数字现金。这种情况下，央行发行数字货币将完全是响应式的，决定数字现金发行数量的是公众，央行只是根据公众对数字现金的总需求响应发行数字现金。

2. 主动发行模式

该模式下，假定每一个公民在央行都开设数字货币账户，那么央行就能够很容易采用该方式发行数字货币，并将其作为一种货币政策工具来调控总需求，并且这种工具相比利率、量化宽松政策等工具而言更加精准和直接。同时，中央银行也可以通过"中央银行—商业银行"二元模式，通过数字货币账户向银行进行支付，银行再转账至公众账户，以此还可以鼓励更多的公众使用数字货币客户端账户等非现金支付工具。

3. 模式比较

主动发行方式存在两个缺点，一是需要确保每一个公民拥有数货币账户；二是央行需要花费大量资源建立技术基础设施。如果采用被动响应式发行模式，为了使数字货币账户能够覆盖全体公民，那么也需要花费一定时间，但是中央银行作为宏观货币政策的调控部门，就丧失了一定的调控手段。

（三）有关结论

本文认为，从中央银行数字货币发行模式来看，"中央银行—商业银行"二元模式更优。该模式下，一是更容易在现有货币框架下让法定数字货币逐步取代纸币；二是可以调动商业银行积极性，鼓励开展支付业务创新；三是央行直接发行模式产生的成本庞大。从发行管理模式来看，被动响应发行方式下，央行无法将其作为一种货币政策工具来影响总需求和管理通货膨胀。因此，主动发行模式更适合央行数字货币。根据以上设想，我们认为可采取以下方法，即央行根据数字货币发行总量统一生成数字货币，存放于央行发行库中；央行根据商业银行申请将数字货币发送到商业银行业务库；用户申请提取数字货币时，从银行业务库到流通环节并进入数字钱包，在流通环节完成在线和离线交易。

五、中央银行数字货币的技术环境

中央银行数字货币涉及诸多技术，最为核心的为安全技术、记账技术和终端支付技术，技术环境的选择及构建直接影响数字货币的框架。

（一）安全技术

安全性是中央银行数字货币体系的核心基础，包括3个层面，一是基础安全技术，包括数字货币生成等方面的加解密技术；二是数据安全技术，如安全传输技术；三是交易安全技术，包括匿名技术等。比较常用且典型的加密手段包括以下3个手段。

1. 数据存储和传输——AES加解密算法

高级加密标准（AES）属于对称加密（加密、解密、密钥一样）的一种区块加密标准，运算速度相对较快，包括电子密码本（ECB）、加密反馈（CFB）、计数（CTR）加密等模式。从实践来看，CTR模式被广泛运用于ATM网络（是一种基于异步传输模式的传输技术）安全中，用于加密传输。如2016年6月，Blockchain公司开发的基于区块链技术的全球第一个闪电网络（链外小额支付渠道）实施版本雷霆网络（Raiden），网络中所有节点和数字钱包之间的通信都使用AES—CTR模式加密，在完全验证过后才能通信。

2. 数字签名——哈希算法（Hash）加密技术

哈希算法是把任意长度的输入（预映射），通过散列算法变换成固定长度的输出。哈希算法只能加密，而不能反向解密。Hash算法在安全方面的应用主要有文件校验和数字签名，如MD5哈希算法的"数字指纹"特性，使它成为当前应用最广泛的一种文件完整性校验和总和校验码算法。如英国央行研发的RSCoin数字货币中，区块就使用Hash算法来作为数字签名的重要加密传输措施。

3. 匿名处理——盲签名技术

盲签名（Blind Signature）是一种数字签名的方式，在消息内容被签名之前，对于签名者来说消息内容是不可见的，即隐藏签署内容的交易。盲签名不仅保留了数字签名的各类特性，而且还拥有一些特殊性质，即盲性和不可追踪性，因此盲签名也成为加密数字货币领域的一种数字签名技术。如链下轻量级交易Bolt项目便使用了承诺（隐藏支付金额）和盲签（签署内容隐藏的交易）加密技术，实现私密、即时匿名交易。

（二）记账技术

数字货币是依托网络上运行，基于互联网上的记账方式有三种，即中心化、去中心化、半去中心化记账机制。

1. 中心化记账机制

中心化记账机制是以一个平台或机构为核心，客户利用该机构或平台提供的服务进行交易，该笔交易的记账则完全交由该机构或平台来进行，即存在一个"中心体"为交易双方的交易进行记账。当前，我国的银行、第三方支付等都是依托于中心化的记账方式。但是中心化记账方式存在一些缺点，如交易双方完全信任该机构或平台，会存在错账、数据被篡改等风险。

2. 去中心化记账机制

区块链也称为分布式账本技术，是一种新型去中心化协议系统，通过分布式结构的数据存储、传输和证明方法，集体维护一个可靠数据库的技术方案。然而，完全去中心化方式发行中央银行数字货币也存在一定问题。一方面，完全"去中心化"就没有法律实体，遇到法律问题如何追责，货币需要如何调控，谁来进行监管和调控等因素，在宏观层面将极大地挑战中央银行调控能力。另一方面，区块链技术在安全、运算问题方面有其特有的内在缺陷。

3. 半去中心化记账机制

"半去中心化"的记账机制，即各网络节点中依然采用区块链技术的去中心化记账方式，但同时赋予中央银行作为中心化机构，负责整个数字货币的发行、流通和管理。以英国央行的加密中心化数字货币 RSCoin 为例，RSCoin 最典型的特征就是中央银行作为中心化机构负责整个加密数字货币的发行和管理，而各网络节点又采用区块链技术，由商业银行等机构负责"矿工"的"挖矿"环节，对交易进行验证、确认。具体来看：一是 RSCoin 存在两个结构化实体，即央行和交易分类账的维护机构（mintettes，如商业银行）（见图1），央行是整个区块链和加密密钥的唯一管理员，保留特殊加密密钥控制货币供应总量，安全性得到较好保障。二是央行委托能够验证交易权限的 mintettes 机构在低级区块开启快速的检测机制，提高批量运算能力。三是每个 mintette 都以其特有的名义序列号记录相对完整的操作日志，便于对验证机构活动的审计。

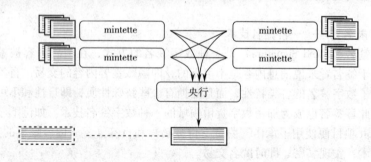

资格来源：*Centrally Banked Cryptocurrencies*。

图1　RSCoin 的主要结构

（三）终端支付技术

比较典型的终端支付技术主要有以下三种。

1. 远程支付技术

远程支付是利用移动终端通过移动通信网络接入移动支付后台系统，完成支付行为的支付方式，可分为远程转账（个人对个人）和远程在线支付（个人对企业）。其典型的支付流程是，用户通过移动终端在电子商务网站购买产品后，按照商家提供的付款界面，跳转至手机银行支付页面支付。

2. 标准近场支付

近场支付是消费者在购买商品或服务时，即时通过手机向商家进行支付，支付的处理在现场进行，使用手机射频（NFC）、红外、蓝牙等通道，实现与自动售货机以及 POS 机的本地通信。NFC 近距离无线通信是当前近场支付的主流技术，其主要特征有四个：支付标记化，避免卡号信息泄露；多因素身份认证；可信执行环境技术；基于纯软件本地安全存储技术，保障数据机密性。

3. 条码支付

条码支付业务是会员单位应用条码技术，向客户提供的、通过手机等移动终端实现收付款人之间货币资金转移的行为，条码支付业务包括付款扫码和收款扫码。目前，条码支付还存在较大的安全隐患，如身份认证多依赖于登录用户名和口令、交易介质可视化、存在伪造线下交易场景等问题。

（四）有关结论

区块链（分布式账本）技术作为一种优势突出的互联网账本记账方式，适宜开发中央银行的加密数字货币。本文认为，在开发中央银行数字货币中可以采用区块链技术，并采用半去中心化的记账机制，即央行作为中心化机构负责管理整个中央银行数字货币，银行、用户则采用去中心化操作方式执行相关转账操作。同时，通过采取哈希加密、计数器加密等各种加密手段做好中央银行加密数字货币的使用和流通。最后，通过完善远程支付、近场支付等终端支付手段，确保中央银行数字货币能够面向公众提供一种便捷式的支付方式，提高支付效率。

六、中央银行发行数字货币的影响

中央银行数字货币发行后，法定数字货币和现金在相当长的时间里都会是并行、逐步替代的关系，数字货币逐渐推出，会对中央银行业务带来一些影响。

（一）提高货币政策操作的准确性，但可能影响货币政策实施效果

法定数字货币的推出，使得对货币供应量及结构、流通速度等方面的观察测算更加准确，能有效提升货币政策操作准确性，但也可能会影响货币政策传导效果。如发行数字货币后，使存款向现金的转化变得十分便捷，在危机时期，多数储户可能选择将资金从银行存款账户存放至央行数字货币账户，此时央行可能失去调控中介目标。再者，数字货币应用场景的不断扩展，也会带来银行存款脱媒、金融资产转换加速等现象，需要实施修正管理机制，减少负面冲击。

（二）改变传统的货币发行机制，增加反假货币工作难度

数字货币体系下"货币产品"由物理形态扩展为信息数据形态，同时将衍生出卡基载体的选材、制作、封存等新的工艺流程。与传统的纸币和硬币反

假不同，数字货币的造假主要是黑客通过攻击数字货币认证登记系统，或破解数字货币算法和改变客户端操作界面等技术手段实现，如何适应新的假币创造形式，以及运用新的手段进行货币反假，这都带来反假货币难度的提升。

（三）可能影响支付体系安全稳定和兼容性

一是数字货币机制下，由于指令式发送具有不可撤销性和瞬时性，在数字货币发生欺诈、伪造、丢失或被盗的情况下，可能会因各方权责不明而带来支付欺诈等法律纠纷。二是可能会逐渐弱化央行作用。如银行或其他实体同意使用分布式总账技术且无需中央银行公布账户记录，结算可能不再需要中央银行账户。三是存在与其他数字货币和支付系统的兼容难题。在人民币逐步扩大国际使用的背景下，如果他国央行采取不同的数字货币技术，可能产生两国货币兑换的难题。

（四）存在泄露消费者隐私可能性

数字货币以纯数字化方式存储，以身份信息代码和私钥作为确定所有权归属的重要依据，使数字货币比传统货币面临更加严峻的个人信息保护问题。如电子认证中心保存的用户身份信息，及数字货币绑定的身份代码泄露、数字货币客户端中数量和面额信息被窃取，以及受理数字货币的商户非法窃取和泄露交易信息等，都可能导致数字货币使用者权益受到损害。如果用户信息安全性得不到保障，将严重打击公众对数字货币的信任，影响数字货币的使用和推广。

七、政策建议

（一）通过立法确立央行数字货币合法性和主权性

一是由全国人大出台修订《中国人民银行法》，或出台关于发行法定数字货币的特别决定，明确将中央银行数字货币作为我国法定货币，从国家层面明确其法偿性地位和国家主权属性。二是对《人民币管理条例》进行部分修订，对数字货币的发行权、法律地位、法偿性、个人信息保护等问题作出规定。三是出台数字货币系统运行管理办法和系统与终端技术规范，保障数字货币投产后平稳应用。

（二）遵循"二元体系"模式搭建我国数字货币框架

一是针对我国国情，考虑采取"中央银行—商业银行"的二元体系数字货币发行管理体系。二是采用分布式系统架构部署数字货币业务系统，结合云计算等技术手段为海量数字货币交易提供支撑，构建我国的中心化的加密数字货币体系。三是重点推动数字货币在互联网上的使用。重点推动法定数字货币在互联网上的应用，以线上支付为主，并支持小额线下交易，以满足各种支付交易场景的需要。

（三）调整数字货币环境下央行政策目标的实现路径

一是积极应对数字货币发行对货币政策实施传导的影响，防止数字货币与存款过度转换可能增加的金融市场波动风险。二是在法律中规定数字货币伪造的认定范畴，对制贩和使用假数字货币行为进行明确界定。三是更新完善反洗钱规则体系，探讨人民银行作为数字货币的发行方和密钥分发、交易认证主体，直接履行反洗钱职责的方法手段。四是加强数字货币使用者权益保护。明确电子认证中心的法律地位和信息保护责任，出台对信息的非法采集、获取等禁止性规定。

（四）营造良好的数字货币发行使用环境

一是建立制定数字货币发行的相关监测分析指标体系，如市场环境成熟度、金融基础设施便利性等大类指标，为数字货币发行创造良好环境。二是争取政府部门在税费收缴、政府采购等面向公众领域探索使用数字货币，形成示范带动效应。三是选择部分较为发达的省份或金融机构，在部分封闭的应用场景（如票据市场等）先行开展数字货币应用试点，建立数字货币试验示范区。

参考文献

［1］范一飞．中国法定数字货币的理论依据和架构选择［J］．中国金融，2016（17）．

［2］姚前．中国法定数字货币原型构想［J］．中国金融，2016（17）．

［3］王永红．数字货币技术实现框架［J］．中国金融，2016（17）．

［4］刘向民．央行发行数字货币的法律问题［J］．中国金融，2016（17）．

［5］谢众．央行数字货币使用环境建设［J］．中国金融，2016（17）．

［6］盛松成，蒋一乐．央行数字货币才是真正货币［J］．中国金融，2016（14）．

［7］王永利．央行数字货币的意义［J］．中国金融，2016（8）．

［8］温信祥，张蓓．数字货币对货币政策的影响［J］．中国金融，2016（17）．

［9］王菠，愚公，韩晓明．数字货币［M］．北京：中国商业出版社，2016.

［10］NAKAMOTO S. Bitcoin：A Peer－to－Peer Electronic Cash System ［J］. Consulted，2008.

［11］FATF. Guidance For A Risk－Based Approach Virtual Currencies ［R］. FATF Report，June（2015）.

［12］BEN DYSON，GRAHAM HODGSON. Digital Cash：Why Central Banks Should Start Issuing Electronic Money ［R］. Positive Money Report，2016.

［13］BIS. Digital Currencies ［R］. BIS Report，Nov. 2015.

［14］ European Central Bank. Virtual Currency Schemes—A Further Analysis. Feb. 2015, www. ecb. europa. eu/pub/pdf/other/virtualcurrencyschemesen. pdf.

［15］ HE DONG, HABERMEIER K F, LECKOW R B, et al. Virtual Currencies and Beyond: Initial Considerations ［R］. International Monetary Fund, 2016.

［16］ BEN BROADBENT. Central Banks and Digital Currencies ［EB/OL］. Mar. 2016, http://www. bankofengland. co. uk/publications/Pages/speeches/2016/ 886. aspx.

［17］ DANEZIS G, MEIKLEJOHN S. Centrally Banked Cryptocurrencies ［EB/ OL］. (2015 - 12 - 18). http://arxiv. org.

课题组组长：韩　飚
课题组成员：赵旭东　胡　德　樊怿霖　刘安雄
　　　　　　张　非　张　弦　袁　征
执　笔　人：樊怿霖　袁　征

会计师行业反洗钱监管对策研究

中国人民银行武汉分行反洗钱处课题组

一、引言

（一）研究背景

据反洗钱金融行动特别工作组（Financial Action Task Force，FATF）对洗钱类型的研究，会计师在洗钱犯罪活动中扮演着重要角色，较强的专业性增加了犯罪的隐蔽性：一是身份特殊，不易对之产生怀疑；二是熟悉金融法律及金融机构的运作规程，能够熟练地划转资金，掩去"赃钱"的非法性。2006 年 11 月，FATF 对我国反洗钱和反恐怖融资体制进行了现场评估。从评估结果看，我国在"40 + 9 项建议"中有一半实现了合规或大致合规。针对包括会计师行业在内的特定非金融行业反洗钱工作方面，会计师行业主管部门提供有助于会计师实施打击洗钱及恐怖融资措施方面是大致合规外，在具体对会计师行业实施反洗钱监管，要求会计师开展服务时（特别是金融服务）承担反洗钱义务方面，被评为不合规，并建议要加大对包括会计师行业在内的特定非金融行业的监管。

预计 2019 年，国际组织对我国开展第四轮评估，目标是更加关注应明确或强化的重点领域，重点关注会计师行业如何执行 FATF 标准，以及执行的有效性。如金融机构（和特定非金融行业和职业）满足 FATF 合规标准会涉及违背国内法律法规时的处理方式，国内法律阻止金融机构有效执行 FATF 标准（例如数据保护或金融保密规定）时的处理方式。风险为本的方法适用于特定非金融行业和职业，而且特定非金融行业和职业也要识别、评估并采取有效行动，减轻洗钱和恐怖融资风险。

（二）文献综述

FATF[①] 强烈鼓励各国将（可疑交易）报告要求扩展到包括审计在内的会

---

① 资料来源：http://www. fatf – gafi. org/，*FATF Recommendations*（adopted February 2012），建议 23 条。FATF 2003 年 6 月 20 日发布的 40 项建议的第 16 条指出，强烈建议将要求报告范围扩大至包括审计业务在内的会计师的其他业务中。至本文截稿为止，很多国家或地区未根据 FATF 2012 年发布的建议对审计业务的反洗钱义务作出补充或修订，故研究各国或地区的法规仍有意义。

计师①的其他专业活动，国际会计师联合会（International Federation of Account-
ants，IFAC）指出，财务报表审计不大可能监测到洗钱活动，两大国际组织提
出的管理思路背道而驰。国际审计准则指出，注册会计师要关注被审计单位遵
循法规的情形②，在某些司法管辖区，审计师可有明确责任报告当局某些他们
得悉交易的类型③。对银行财务报表审计时，可能会负有向权力部门报告引起
关注的某类可疑交易的义务，但非法定义务，如果发现了与法律法规不符合
的行为也需要考虑是否对财务报表产生影响，同时考虑审计意见如何表达④。
我国独立审计准则要求注册会计师审计中对于违反法律法规的行为应考虑对财
务报表的影响，考虑是否有义务向监管机构报告，可以看出，我国审计准则与
国际审计准则的规定基本类似，至于是否有可疑交易报告义务则取决于反洗钱
监管要求，而非审计准则的要求。

国内外对审计服务是否需要承担反洗钱义务作出研究。Alan S. Able 和
James S. Gerson（2001）认为独立审计师需要关注非法行为的可能性及特定信
息对财务报表的影响程度，对财务报表产生重大间接影响的违法行为（如公
司由于洗钱等违法违规行为产生的或有负债），审计师必须确定这种活动是否
已发生相应审计程序。一般而言，企业很有可能是洗钱通道，即使洗钱行为不
会侵占企业资产，很少与财务报表的数据相分离，审计师可以帮助监测和阻止
洗钱，但执行财务报表审计时很难在常规审计过程中发现企业非法活动。中国
注册会计师协会（2005）、童文俊（2009）认为注册会计师的审计对象是财务
报表，并非具体的交易事项，因而注册会计师在年度审计中不具备优势发现洗
钱行为，同时注册会计师存在保密要求，报告可疑交易存在法律风险。樊文艳
（2010）认为注册会计师在执行会计报表审计过程中应当保持应有的职业谨
慎，将重点放在资金流动信息的收集与分析上面，以求从中寻获洗钱犯罪线
索，孙婧雯（2012，2013）认为审计能充分利用注册会计师的专业优势，提高
社会的反洗钱质效。

（三）相关法规与要求

2010 年 11 月 1 日由财政部正式发布修订后的新审计准则，自 2012 年 1 月

---

① 在西方国家，注册会计师、注册审计师可以以个人或企业的形式执业，如美国《统一会
计师法案》2011 年 8 月指出，事务所可以以独资形式执业，注册会计师可以以个人或非事务所形
式执业，如审计师包括事务所从事的审计师，也包括个体执业者。根据 FATF 表述，会计师是指公
开职业的注册会计师，不包括非事务所雇佣的内部职业人和为政府机构服务的职业人。

② 资料来源：International Standard on Auditing（UK 和 ERELAND）250，Section A，Considera-
tion of Laws and Regulations in an Audit of Financial Statements（适用于 2010 年 12 月 15 日之后的财务
报表审计），A18 - 4。

③ 资料来源：International Auditing Practice Statement 1006（IFAC：New York，October 2001），
paragraphs 26 - 27. AUDITS OF THE FINANCIAL STATEMENTS OF BANKS.

④ 资料来源：国际审计准则第 250 号《财务报表审计中对法律法规的考虑》第 A19 条。

1 日起施行。修订后的新审计准则实现了与国际审计准则的持续全面趋同。2010 年 11 月 10 日，国际审计与鉴证准则理事会与中国审计准则委员会再次签署联合声明，宣布我国修订发布的新审计准则与明晰化后的国际审计准则实现实质性趋同。

我国注册会计师执业准则要求注册会计师关注洗钱及涉嫌违法违规的问题，至于是否应承担反洗钱义务，应参照有关法律法规的要求。一是《反洗钱法》要求包括会计师行业在内的特定非金融行业承担反洗钱义务，但仅仅作为兜底条款，并未对会计师如何履行反洗钱义务作出规定。二是会计师执业准则要求关注洗钱及涉嫌违法违规的问题，至于是否应承担反洗钱义务，应参照有关法律法规的要求。目前我国《证券法》《公司法》等法律法规未要求会计师对涉嫌违法违规行为进行报告。

会计师可以提供审计、税务鉴证、编制会计记录和财务报表、评估服务、税务服务、内部审计服务、信息技术系统服务、诉讼支持服务、法律服务、招聘服务、税务服务、金融服务等，按业务洗钱风险类型大致分成三类：审计鉴证、代理咨询、金融服务。本文依此展开研究。

二、审计鉴证类反洗钱监管

（一）国外有关审计业务的反洗钱监管现状

1. 美国

美国《银行保密法》（*Bank Secrecy Act*）规定，注册会计师在确认客户可能发生违法行为时，应当向客户相应的管理层报告，并确定客户将此报告报送证监会，如客户在一定的时限内没有将报告报送，则由注册会计师报送，这种法定义务不因与客户合同的变更而变更。

2. 英国

英国审计准则及法律法规要求审计师在知道、怀疑，或有合理理由知道、怀疑其他人参与洗钱的情形下，即使是对财务报表没有影响的洗钱行为也要向英国重大有组织犯罪署（SOCA）提交可疑交易报告，未能履行报告义务的主体将会面临罚金、判刑或者两者兼有的处罚，忽视性错误或失误可能构成犯罪。如果某人明知从事犯罪活动，但没有成功地从中获益，则犯其他犯罪如欺诈罪，如果犯罪行为未产生犯罪收益，也不能犯洗钱犯罪，因此没有义务提交洗钱报告，但应该报告警方[①]。洗钱犯罪的定义适用于所有的个人和企业，对于不受反洗钱法规管制的企业，并不需要执行反洗钱规则，但当企业涉嫌洗钱

---

① 资料来源：Technical Release Anti – Money Laundering Guidance For The Accountancy Sector（TECH 04/08）Consultative Committee of Accountancy Bodies in August 2008. 章节第 6. 16、6. 17、6. 20、7. 3。

时，审计师仍有报告义务①。任何人出于公众利益的考虑，提交洗钱可疑交易报告都受到信息披露保护并不受违反保密规定的指控②，非洗钱报告义务的机构或个人可以自愿报告给 SOCA③。信息披露时注意保密，不要让洗钱者怀疑被关注，但阻止客户参与洗钱而作出的提醒不属于泄密④。

3. 德国

德国《反洗钱法》⑤ 指出审计师、注册会计师及其他行业要遵守反洗钱反恐怖融资规定。《审计师职业法》⑥ 指出审计师应遵循反洗钱法规定的义务，只有不影响正当权益时，才可以提交报告。西班牙审计师财务报表审计中，对于可疑交易，应向金融情报机构报告，但不向第三方提供⑦。香港《有组织和严重罪行条例》明确将举报可疑交易和披露所知悉或怀疑的洗钱交易规定为法定责任。香港可疑交易报告的标注主要以主观判断为主，任何机构和个人如怀疑有清洗黑钱交易，即有责任报告。审计师应有客户身份识别义务，会计职业提供的服务对不法之徒/恐怖分子来说，相当具有吸引力⑧，提供的公众服务需要小心洗钱犯罪⑨，所以会计师应该披露审计客户或非审计客户的违法行为，并不受保密限制向有关权威部门报告。南非要求任何企业、个人都要向金融情报中心报告可疑交易，所有注册审计师都要遵守反洗钱规定⑩。

（二）依赖审计规则发现洗钱的可行性分析

1. 客户身份识别

客户身份识别分初次身份识别和持续身份识别（对应审计中的首次承接

---

① 资料来源：Auditing Practices Board, Money Laundering Legislation – Guidance For Auditors In The United Kingdom（2010 年 9 月），UK – http://www.frc.org.uk/apb，Practice Note 12（修正版），27。

② 资料来源：Technical Release Anti – Money Laundering Guidance For The Accountancy Sector（TECH 04/08）Consultative Committee of Accountancy Bodies in August 2008. 章节第 6.8、6.10。

③ 资料来源：Technical Release Anti – Money Laundering Guidance For The Accountancy Sector（TECH 04/08）Consultative Committee of Accountancy Bodies in August 2008. 章节第 2.8、2.15。

④ 资料来源：Technical Release Anti – Money Laundering Guidance For The Accountancy Sector（TECH 04/08）Consultative Committee of Accountancy Bodies in August 2008. 章节第 2.17。

⑤ 资料来源：*Money Laundering Act*，July 2013 Section 2，第 8 条。

⑥ 资料来源：Gesetz über eine Berufsordnung der Wirtschaftsprüfer（Wirtschaftsprüferordnung）36a。

⑦ 资料来源：西班牙"DETECCIÓN DE FRAUDE Y LAVADO DE DINERO"欺诈与洗钱行为检测，第 11、13、20 条。

⑧ 资料来源：《打击清洗黑钱及恐怖分子融资活动》，第 4.4 条。

⑨ 资料来源：《防止清洗黑钱活动指引》及《防止清洗黑钱活动指引补充文件》（修订），香港金融管理局 2010 年 11 月 1 日生效。

⑩ 资料来源：A Guide for Registered Auditors Combating Money Laundering and Financing of Terrorism Independent Regulatory Board for Auditors。

业务和连续审计业务）。审计准则规定，注册会计师首次承接业务时，应对被审计单位的股东情况，实际控股人有所了解，考虑客户的诚信，分析客户是否存在违法行为，包括涉嫌洗钱行为，必要时与前任会计师沟通了解情况，或者咨询有关专家；在连续审计时，关注客户实际控制人的变动，环境的变化，并分析对本期有关事项的影响。以企业客户为例，会计师比金融机构客户身份识别的范围更广，审计准则强调了解客户财务报表错报的可能性（需了解企业所处的宏观环境、行业环境和微观环境，分析企业高管的动机、机会及压力等因素），金融机构依赖的反洗钱规则强调资料的真实性（提供金融服务或开户服务时，须留存和核对"可证明该客户依法设立、经营的"客户身份信息，如经营范围、注册资金）。

2. 可疑交易分析识别

一是审计抽样。无论是随机抽样、计算机抽样均有程序规定，并留存于工作底稿。人工选取抽样时，以发票为例，先确定抽样规律，再按规律如每隔20 个号抽取选样；计算机选样时，计算机的编码程序作为工作底稿的一项依据。二是函证。函证内容包括交易余额和交易金额，函证对象包括银行机构、购货方、销售方等单位，函证方式包括在函证函中不列明具体金额，由函证对象列明交易性质及交易金额。注册会计师如果发现被审计单位向虚构客户发货交易，可以开展进一步独立调查。三是审计过程中，注册会计师要关注非经常性经济交易及其对年度财务状况、经营成果等方面的影响；若经济交易发生于关联方之间，或者以企业作出明显的让步为代价，则更应引起审计人员的注意；评价重大非常规交易的商业理由（或缺乏商业理由）是否表明被审计单位从事交易的目的是为了对财务信息作出虚假报告或掩盖侵占资产的情形，在一定程度上可推断贪污腐败、走私及涉税等方面的洗钱犯罪行为。

3. 可疑交易报告

审计准则要求，注册会计师在审计中发现的可疑情况和违法情况有以下措施。一是解除业务约定，考虑是否存在职业责任或法律责任，需要向审计业务委托人或监管机构报告解除业务约定的决定和理由。二是当不能解除业务约定时，根据适当情形应发表非无保留意见、否定意见或无法表示意见。如果识别出舞弊或怀疑存在舞弊，注册会计师应当确定是否有责任向被审计单位以外的机构（监管机构和执法机构）报告。尽管注册会计师对客户信息负有的保密义务可能妨碍这种报告，但如果法律法规要求履行报告责任，注册会计师应当遵守法律法规的规定。

（三）我国反洗钱监管路径选择

《注册会计师法》针对审计业务的执业规范及法律责任作出规定，在客户身份识别、资料保存、可疑分析方面，有关审计方面的准则已作出规定，但针对可疑分析报告方面，《证券法》《公司法》等有关法律法规并未作出具体要求，故审计服务应承担反洗钱义务，但不改变审计的性质和目标，不要求增加额外的审计程序。FATF 不期望会计师审查客户账簿中的每笔交易，但是会计师提供的许多专业服务将其置于一个相对有利的位置，可以通过与客户相关的业务，接触和识别可疑活动。可见，审计承担反洗钱义务并不要求增加额外的审计程序，没有改变独立审计的性质和目标，仍然是对客户的财务报告的公允性和真实性发表意见，没有义务针对洗钱行为展开专门的程序，不对舞弊是否已实际发生作出法律意义上的判定或者对客户是否存在洗钱行为进行鉴证。

三、金融服务监管对策分析

（一）国外要求会计师金融服务参照金融机构金融服务规则履行反洗钱义务

金融服务是指运用货币交易手段融通有价物品，向金融活动参与者和顾客提供的共同受益的活动，如企业理财等。2012 年 FATF 新 40 条建议第 22 条规定，会计师在为客户准备或实施与买卖不动产、管理客户资金、证券或其他财产、管理银行账户、储蓄或证券账户、为公司设立、运营或管理进行出资安排、法人或法律安排的设立、运营或管理以及经营性实体买卖等活动相关的交易时，应要求会计师履行反洗钱义务。美国的《私人证券法》《银行保密法》等规定，任何人和组织在任何交易中一次或多次收到超过 10000 美元的现金要向情报部门报告大额现金报告规定，此项规定包含了注册会计师。西班牙、德国、中国香港等国家和地区均要求会计师在开展金融服务时承担反洗钱义务。

（二）我国会计师金融服务监管现状

目前，我国尚无对注册会计师金融业务方面的管理制度，法律法规也未明文禁止该类业务。经对会计师事务所调研走访发现，在实务中，确实存在会计师代为管理资产、资金等业务。根据《中国注册会计师职业道德守则第 3 号——提供专业服务的具体要求（2010）》，注册会计师在不能降低至可接受水平时，不得承接业务。除非法律法规允许或要求，注册会计师不得提供保管客户资金或其他资产的服务，注册会计师保管客户资金或其他资产，应当履行相应的法定义务。

守则中提到，保管客户资金或其他资产可能对职业道德基本原则产生不利影响，尤其可能对客观和公正原则以及良好职业行为原则产生不利影响。注册会计师如果保管客户资金或其他资产，应当符合以下要求：将客户资金或其他资产与其个人或会计师事务所资产分开；仅按照预定用途使用客户资金或其他资产；随时准备向相关人员报告资产状况及产生的收入、红利或利得；遵守所有与保管资产和履行报告义务相关的法律法规。如果某项业务涉及保管客户资金或其他资产，注册会计师应对根据有关接受和保持客户关系和具体业务政策的要求，适当询问资产的来源，并考虑应当履行的法定义务。如果客户资金或其他资产来源于非法活动（如洗钱），注册会计师不得提供保管资产服务，并应当向法律顾问征询进一步的意见。

经实地调研和权威网站的搜索，我国目前尚未出现会计师因非法提供金融服务而追究刑事责任的案例。事务所或财务咨询公司主要是为客户提供融资方面的服务，当客户需要筹集资金时，会计师采取资金需求方与资金供给方对接的方式，但较少涉及资金或资产通过会计师转移。另外在客户的投资需求中，客户较少找会计师提供理财服务。

(三) 我国现有监管漏洞及风险点

根据反洗钱相关的法律法规，金融机构应核实了解客户身份，依据风险强错识别措施，审计业务的有关规则已作出要求。而非审计业务规则中，一是法律法规规定了审计业务所承担的法律责任，但未规定提供金融业务所承担的法律责任。二是仅规定要适当询问资产来源，考虑是否来源于非法活动，没有对高风险情形采取强化措施的规定。三是会计师应考虑客户的诚信，但是只限定于"没有信息表明客户缺乏诚信"，对于高风险客户，执业者没有动机采取强化身份识别措施去了解客户。根据职业道德规范和执业准则，会计师应获取必要信息明确责任，其目的是为了促进双方对业务的理解，减少开展业务的执业风险，降低工作成本，避免双方不必要的法律纠纷，而不是了解客户是否存在洗钱风险，那么会计师很可能不积极追求洗钱结果发生，也不积极阻止洗钱结果发生，而是采取一种支持或放任态度。

由此发现，监管规则存在漏洞。一是无交易保存的规定。执业准则提及"遵守所有与保管资产和履行报告义务相关的法律法规"，但其他法律法规存在监管空白。现有规则制度是针对会计档案资料作出规定，但执业者与客户之间发生的非佣金交易，或受客户委托管理资产，如以执业者名义帮助客户划转资金的资金流水不受以上限制，其主要原因在于执业者从事的金融业务未受执业准则监管，也未受金融机构管理制度办法的监管。二是大额交易报告监管存在真空。反洗钱规定金融机构履行大额交易报告制度，如美国要求任何 1 万美元的现金交易均提交报告，但目前会计师没有此方面的监管法律法规。三是可疑交易报告监管存在真空。美国、英国等要求注册会计师或其他机构对公司违反道德的事项进行报告。而目前执业准则及有关法律法规未做规定和要求，会计师出于绩效和收益的压力，以及自身风险防范，最多会终止业务，而不会报告涉嫌非法行为。四是可疑分析程序不明确。审计规则要求会计师对异常情形具有明确的审计程序规定，而非审计业务，特别是金融类业务，由于没有规章制度要求，会计师没有动机去分析可疑情形，或出于绩效和收益的压力，消极、放任客户的洗钱行为。

(四) 监管路径选择

目前，我国注册会计师行业非审计收入（包括咨询代理服务）占总收入的比重为30%，并呈逐步上升态势。法无禁止皆可行是目前会计师行业提供金融服务的现状，会计师在洗钱犯罪活动中扮演着重要角色，较强的专业性增加了犯罪的隐蔽性：一是身份特殊，不易对之产生怀疑；二是熟悉金融法律及金融机构的运作规程，能够熟练地划转资金，掩去"赃钱"的非法性。

现有的规则漏洞较大，洗钱风险高，主要体现在：法律法规规定了审计业务所承担的法律责任，但未规定提供金融业务所承担的法律责任；身份识别措施的主要目的是促进双方的理解，而非洗钱风险；未要求对高风险客户采取强化识别措施；无交易保存的规定；大额和可疑交易报告监管存在真空；可疑分析程序不明确。执业过程中，注册会计师极有可能利用专业知识协助洗钱，洗钱风险极高。故建议我国应针对会计师金融服务出台监管政策，弥补监管漏洞，防范借助会计师专业知识，利用会计师声誉，实施资金非法转移。

四、代理咨询业务洗钱风险及监管对策

（一）代理咨询服务的业务风险及相关法律责任

咨询代理业务按业务性质和洗钱风险高低，划分为代账服务和指导建议类服务。我国《刑法》已规定虚构交易等记账行为要承担法律责任，前者需要承担相应的法律责任，如会计核算的法律责任。业务模式是基于现有资料或普通劳务委托，代为办理的业务，被利用于洗钱的风险不高。但当执业者与客户合谋实施虚假行为时，则承担洗钱、会计核算、税务方面的法律责任。后者存在建议、指导等智力支持的行为，在实物中很难对犯罪主体进行认定，其理由在于建议指导等智力支持行为并非实际行为。

国外针对代理咨询服务从执业上进行规范，如果发现风险解除业务关系，可以不用报告可疑情形。如英国要求相关职业建议者（relevant professional adviser）（如在职业团体工作的会计师、审计师）在报告豁免特权（the privilege reporting exemption）（如解释或帮助遵守税收条款、帮助客户作证人陈述）的情形下，免除报告义务，因为他们并不知道客户进一步犯罪的目的，但犯罪或欺诈不属于特权报告豁免范畴，理由在于税务服务从表面上看是使偷税人的事项加以规范，但事实上是通过改进逃税者对相关事务的理解，帮助逃税者持续犯罪，如果解除客户关系，建议者不知道客户是否将进行更正，可以不用报告。诸如会计服务、日常账务处理、会计准备或税务合规性安排（book - keeping, accounts preparation or tax compliance assignments），仍然属于报告义务范畴，当不能确定是否存在报告义务时，应咨询有关专家①。

根据立法精神，反洗钱的任务就是凭借异常资金流动的线索去分析与寻找

---

① 资料来源：Technical Release Anti - Money Laundering Guidance For The Accountancy Sector（TECH 04/08）Consultative Committee of Accountancy Bodies in August 2008. 章节第7.38。

其中可能隐藏的流动着的非法资金。而此类业务注册会计师与客户之间属于咨询劳务关系，与客户财产、资金交易无关，会计师也参与实际行为中去，故无法履行可疑交易报告义务。从公开信息搜索结果看，国际上尚未出现会计师因"提供建议指导客户非法行为"而被判刑或问责的案例，也未出现向监管部门或执法机构报告的案例。

（二）我国代理记账业务规则已作出相关要求

此类业务参照《质量控制准则第 5101 号——会计师事务所对执行财务报表审计和审阅、其他鉴证和相关服务业务实施的质量控制》执行。

提供代理记账业务时应当了解客户业务交易的性质、会计记录的形式和财务信息的编制基础。注册会计师通常利用以前经验、查阅文件记录或询问客户的相关人员，获取对这些事项的了解。事务所应当制定有关客户关系和具体业务接受与保持的政策和程序，以合理保证只有在下列情况下，才能接受或保持客户关系和具体业务：能够胜任该项业务，并具有执行该项业务必要的素质、时间和资源；能够遵守相关职业道德要求。

如果在接受业务后获知某项信息，而该信息若在接受业务前获知，可能导致会计师事务所拒绝接受业务，会计师事务所应当针对这种情况制定保持具体业务和客户关系的政策和程序。这些政策和程序应当考虑下列方面：适用于这种情况的职业责任和法律责任，包括是否要求会计师事务所向委托人报告或在某些情况下向监管机构报告；解除业务约定或同时解除业务约定和客户关系的可能性。考虑客户是否诚信，以及客户是否涉足非法活动（如洗钱）或存在可疑的财务报告等。采取以下防范措施降低至可以接受的水平：了解客户的业务性质、经营的复杂程度以及所在行业的情况，遵守质量控制政策和程序，在不能降低至可接受水平时，不得承接业务。

（三）代理记账业务风险点及监管策略

首先，业务风险点是代理记账业务法规要求不明确。一是现有准则要求会计师遵守执业道德，而《注册会计师法》等相关法律法规对注册会计师的审计鉴证业务承担法律责任，但并未要求对非审计业务承担法律责任。二是执业守则仅要求注册会计师采取措施仍不能将风险降低至可接受水平时，不得提供业务，并考虑法律法规是否有要求提供可疑情形报告，但法律法规未作出规定。而注册会计师出于职业责任最多是终止业务，因未及时报告客户的涉嫌非法行为，故不能及时预防客户洗钱。三是注册会计师出于盈利目的，在开展正常业务时，逃避事务所监控，以私人名义为客户指导非法行为（注册会计师的收益在于：与客户建立更好的合作关系，或客户将好处费打到会计师其他的账户上）。

代理记账机构的主要风险点在于委托人提供虚假资料，或双方合谋提供虚假资料，并因此承担会计核算方面的法律责任，构成犯罪的追究刑事责任。个人执业者从事代理记账业务时，因存在压价行为，且水平参差不齐，导致代理记账业务会计核算风险较高，财政部门难以实施有效监管。

其次，针对代理记账业务的法律责任，主要是《会计法》和《刑法》中，隐匿或者故意销毁依法应当保存的会计凭证、会计账簿、财务会计报告，构成犯罪的，依法追究刑事责任。伪造、变造会计凭证、会计账簿，编制虚假财务会计报告，构成犯罪的，依法追究刑事责任。根据《税收征收管理法实施细则》，为纳税人、扣缴义务人非法提供银行账户、发票、证明或其他方便导致偷逃税款或骗取国家出口退税款的，除没收违法所得外，可以处未缴、少缴或骗取税款的 1 倍以下的罚款。

最后，2009 年 9 月 21 日，最高人民法院审判委员会第 1474 次会议通过的《最高人民法院关于审理洗钱等刑事案件具体应用法律若干问题的解释》中，"以其他方法掩饰、隐瞒犯罪所得及其收益的来源和性质"包括，通过虚构交易、虚设债权债务等方式，协助将犯罪所得及其收益转换为合法财物。"合法"成立的公司披露虚假报表的动机是为了股票上市或增发，隐瞒主要负责人和企业本身的违法行为（如贪污、收受回扣等），通过投资使资金合法化；或者操纵股票价格，蓄意提供利空的财务信息，使股价暂时下跌，有利于庄家廉价购入，取得更大的控制权或待价而沽；或者转移利润，减少纳税，造成了洗钱行为的发生。在代理记账业务中，与客户合谋在账务处理上虚设交易，虚报收入等构成了洗钱犯罪的要件。现有法律法规已明确代理记账业务的会计核算法律责任，会计师发现可疑，若终止业务，则无法认定客户是否继续实施洗钱行为，故按照现有法律法规明确责任即可。

五、对策与建议

借鉴国外经验，结合我国国情，应从以下三个方面制定注册会计师行业反洗钱监管策略。

（一）注册会计师的执业能力作为明知认定的基础

明知并不意味着确实知道，确定性认识和可能性认识均应纳入"明知"范畴。对行为人的"明知"与否进行认定时，应当结合行为人的认知能力、接触犯罪所得及收益的情况，犯罪所得及其收益的种类，犯罪所得数额及其收益的转换、转移方式以及行为人的供述等因素来进行综合认定。具体案件中，应当根据洗钱人的职业、知识水平、社会阅历，尤其是与上游犯罪人之间的关系、洗钱的具体过程等做全面的分析判断。在犯罪认定时，对普通公众按照正常人的理解认定，而注册会计师熟悉法律、金融、会计、外语、计算机等多种知识，按照其知识水平和技能认定。

（二）应确定专人负责向金融情报部门报告可疑交易

FATF 提到，行业自律组织由于其自身的专业特点能够发挥主要的作用，可以考虑由行业协会收集注册会计师行业反洗钱方面的报告，然后由行业协会统一向国家的反洗钱情报部门提交，这样更有利于对注册会计师的保护和行业组织发挥自律监管的作用。中注协认为，对于可疑交易报告，注册会计师可汇报给注协，而不是汇报给专门的反洗钱机构。其作用在于注协可以帮助注册会计师分析有关交易是否可疑，继而决定是否有必要汇报到国家的执法机构，可以缓和注册会计师与客户之间的关系，及减少注册会计师参与反洗钱的工作量。但注册会计师对获悉的可疑交易如果经过注协一道程序，容易导致泄密和耽误反洗钱工作的及时性。鉴于此，注协可以提供相关反洗钱工作指引，但注册会计师提供审计及咨询类服务中所获悉的信息，对于应移送的，应由注册会计师事务所人工分析后，直接报送至反洗钱行政主管部门。

（三）行业主管部门负责反洗钱监管

国外要求审计业务承担可疑交易分析和报告义务的国家，主要由行业主管部门负责监管。根据审计准则，注册会计师财务报表审计中需要运用会计、审计等专业知识，采取大量重新执行、穿行测试等审计程序，如函证、监盘等抽样审计方法，从企业账务处理中发现违法违规行为，行业主管部门具有完善的执业规范标准，对会计师是否出具恰当审计报告，履行恰当审计程序以及是否及时报告违法违规行为具有专业优势。据此行业主管部门制定本团体反洗钱指南，帮助会计职业界在反洗钱中充分发挥职业专长，同时也有利于合法权益的保护。

参考文献

［1］中国注协《反洗钱法》研究工作小组．注册会计师如何应对反洗钱［J］．中国注册会计师，2005（6）．

［2］童文俊．论注册会计师的反洗钱义务［J］．北京市经济管理干部学院学报，2009（6）．

［3］樊文艳．注册会计师在反洗钱中的角色定位及策略分析［J］．华中农业大学学报：社会科学版，2010（2）．

［4］孙婧雯．注册会计师反洗钱审计：现实需求与历史必然［J］．财会月刊，2012（11）．

［5］孙婧雯，张晓岚，张超．注册会计师反洗钱审计：国际动向与推进基础［J］．财经科学，2013（1）．

［6］赵永红，钱业弘．论洗钱罪的修改与适用［J］．中国检察官，2006（11）．

［7］International Federation of Accountants. Anti－Money Laundering［EB/OL］. http://www. ifac. org/publications－resources.

［8］ALAN S. ABLE, JAMES S. GERSON. The CPA's Role in Fighting Money

Laundering［J］. Journal of Accountancy，2001.

［9］IFAC. Responding to a Suspected Illegal Act［EB/OL］.（2012 – 08 – 22）. http：//www. ifac. org.

［10］IRBA. Reportable Irregularities：A Guide For Registered Audittors［EB/OL］.（2006 – 06 – 30）. http：//www. accounting education. com.

课题组组长：王晓平

课题组成员：韩冬芳　杨　亮

人民银行县市支行职能建设与资源配置研究

中国人民银行武汉分行人事处课题组

作为人民银行履职的"神经末梢"和"前沿阵地",一直以来,人民银行县市支行(以下简称县市支行)在上级行领导下,较好地履行了人民银行基层行的职责,在支持地方经济金融发展过程中发挥着不可替代的作用。近年来,随着我国经济金融改革日益深入和人民银行职能不断调整,县市支行的履职环境发生了深刻变化,新形势、新任务对县市支行履职提出了更高的要求。然而,由于受体制机制等诸多因素的影响,县市支行在履职过程中仍然存在一些困难和问题,影响和制约了其职能作用的发挥,进一步加强县市支行建设具有重要的现实意义。

一、县市支行职能建设与资源配置现状

近年来,在总行和上级行的重视和关心下,县市支行不断加强自身职能建设,优化资源配置,整体履职能力显著增强。但是,从县市支行履职实践看,职能建设与资源配置方面仍然不同程度地存在一些问题,主要表现为以下几方面。

(一)县市支行职能建设与履职需要不匹配

1. 职责界定不清晰

《中国人民银行法》赋予了人民银行执行货币政策、维护金融稳定和提供金融服务的三大职能。但是,过去很长一段时间,县市支行的地位和去向始终处于摇摆不定的状态,加之人民银行业务不断变化,部分业务授权赋责不清,这给县市支行履职带来了巨大困惑。部分县市支行对自身职责认识不清,错误地认为上级行有的职责,支行也要有。模糊笼统的职责界定和"大而全"的履职模式不仅造成履职思路混乱,而且往往导致县市支行"无力作为"和"无所作为",个别地方甚至还出现了县市支行逐步被边缘化的倾向。

2. 履职重点不突出

随着人民银行职能调整和信息化水平提高,县市支行职责也在相应调整和完善,部分传统业务如会计核算和事后监督等功能逐渐萎缩,取消或集中上收至上级行;同时,新增或强化了部分业务职能,如征信业务、反洗钱业务等,

县市支行在加强金融管理、维护金融稳定等方面的职责任务更加繁重。但是，由于法律和上级行对新增或强化的职能赋责授权不清，县市支行履职难以找到发挥职能作用的着力点，部分县市支行在履职过程中"眉毛胡子一把抓"，分散施力，从而导致履职重点不突出，履职影响力下降。

（二）资源配置与履职要求不适应

1. 履职手段不够制约了县市支行履职空间

《中国人民银行法》赋予了人民银行分支行执行货币政策、维护金融稳定、提供金融服务三大职能和九项检查职责，其中至少有六项县市支行可以承担。但是，由于授权赋责不清，县市支行能够运用的法律手段、经济手段和行政手段有限，履职过程中缺乏必要的检查权和处罚权，"窗口指导"作用无法落到实处，一定程度上影响了执行货币政策和维护金融稳定的效果。履职手段与职能配置不匹配，导致部分县市支行履职"无力作为""无所作为"。

2. 组织体系僵化制约了县市支行履职活力

县市支行内设机构设置应服务于其履职需要。根据总行2004年出台的"三定"意见，县市支行内设机构原则上控制在6个以内。许多县市支行基本按此原则设置，在数量上，无库行一般设"三股一室"、有库行一般设"四股一室"，机构名称与职责配置相对固定，这种设置在当时的职能定位和人员比较充裕的背景下有其合理性，保障了支行正常履职。但是，随着人民银行职能调整和支行人员逐渐减少，这种内设机构设置日益不适应支行履职需要，一方面机构设置过多，容易形成部门分割，导致人力资源配置分散，影响履职合力；另一方面机构设置过于僵化，权变性和灵活性不够，对履职环境的变化反应迟钝，不利于县市支行适应职能转变，适时调整履职重点。

3. 制度设计脱节制约了县市支行履职效率

人民银行各项业务制度设计将风险防控置于首要位置，部分业务制度过于刚性，客观上加剧了县市支行人、财、物等资源结构性紧张局面，制度设计与县市支行履职实际严重脱节。一方面，国库、会计和货币发行等基础业务基于风险防范等因素考虑，岗位划分过于细化、数量设置过多，业务流程繁杂，人员配置要求较高，占用了大量资源，形成事实上的浪费；另一方面，金融管理、征信管理和反洗钱等对外职能方面资源配置不充分，履职空间受到压缩。从履职实践看，上述制度设计导致部分县市支行存在着为防风险而牺牲效率、为保稳定而选择无为等现象。

4. 激励约束缺位制约了县市支行履职动力

一是工资收入分配机制不合理，员工收入水平主要取决于行政职务和专业技术职务，而与工作岗位、工作强度和工作业绩关联度不高。绩效与贡献无法通过收入差异得到充分体现，不仅无法有效调动员工积极性，反而可能导致员工作出逆向选择。二是行员考核机制不完善，负向激励手段欠缺，人员能进不能出、干部能上不能下，无法对员工形成有效约束，县市支行员工普遍缺乏工作危机感和职业风险意识，履职的内生动力不足。

5. 人力资源不优制约了县市支行履职能力

由于长期缺乏系统的人力资源规划，县市支行人员总量不足、结构不优、素质不高等问题比较突出，现有人力资源难以适应新形势下的履职要求。一方面，人员补充进度较慢，支行人手相对紧张，加之年龄结构老化，人才储备严重不足。经测算，按现行制度设计，在保证县市支行基本履职和自身正常运转前提下，无库行至少需 17 人、有库行至少需 25 人，但截至目前，武汉分行辖内仍有部分支行人数低于上述标准。另一方面，学历层次和文化素质普遍偏低，能力水平相对不足，胜任简单操作岗位的人员较多，具备一专多能的复合型人才紧缺，干部队伍整体素质难以适应职能转变要求，制约了支行履职和长远发展。

二、县市支行职能建设与资源配置的思路及实践

加强县市支行建设必须强化问题意识、坚持问题导向。针对当前县市支行存在的职能建设滞后、资源配置不合理等突出问题，要按照"定位清晰、职责明确、管理科学、运转顺畅"的总体要求，根据履职形势变化和业务发展需要，结合县市支行客观实际，分类施策，推动县市支行积极转变观念，进一步突出履职重点，强化对外履职；不断深化内部改革，以影响和制约县市支行履职的关键环节为突破口，创新管理模式，优化资源配置，切实提升县市支行履职能力，充分发挥县市支行的职能作用。

（一）县市支行建设的思路

1. 进一步厘清县市支行职责

加强县市支行职能建设必须以《中国人民银行法》为根本、以促进县域经济金融发展为需要、以支行现实能力为依托，将县市支行建设成为总行货币政策落地的"操盘手"、县域金融服务的"供给者"、县域金融管理的"主导者"和县域金融稳定的"监护人"；促进县市支行机制顺畅、运转高效、履职有力，实现在地方党政有地位、金融机构有权威，让上级行放心、社会公众满意的人民银行基层行。

近年来，县市支行因机构改革、人员调动和自然退出等因素减员严重，加之人员补充滞后，人才储备相对不足，绝大部分县市支行人员总量与素质结构难以适应全面履职的要求，这就决定了其职责配置绝不能上下一般粗，只能承担与自身能力相匹配的职责，有所为有所不为。现有条件下，实行差异化履职是强化县市支行职能建设的必然选择，县市支行应结合自身实际，突出一个或几个主攻方向，不贪大求全，找准与县域经济金融的结合点，形成重点突出、特色鲜明的职责定位和成效显著、小而有为的履职模式。需要强调的是，对县

市支行因实施差异化履职而导致部分应该履行的职责未能履行到位的，地市中支应主动延伸履职触角，按照整体一盘棋的要求切实做好补位工作。

2. 系统性优化资源配置

资源优化配置不仅涵盖传统意义上的人、财、物资源，也包括对职能配置、履职手段、机构岗位、流程系统等资源的优化。

（1）履职责权方面的优化整合。一方面，进一步优化县市支行业务布局，县市支行内部管理业务占用资源较多，一定程度上影响了对外履职，随着科技进步和交通状况持续改善，市州中支有条件、有能力统一履行辖区系统内部管理职能，将内审、人事管理、法律、科技、事后监督等业务集中上收，有利于将县市支行部分人员从内部管理事务中解脱出来，促进其集中资源对外履职；同时，将县市支行有能力且适合由其完成的部分业务拓展和延伸至支行，如金融管理、金融消费权益保护等职责。另一方面，根据县市支行履职需要，赋予县市支行在反洗钱检查、统计检查处罚、账户管理、外汇管理等方面一些必要的手段，保障县市支行更好地履行贯彻货币政策、维护金融稳定等职能。

（2）组织体系方面的优化整合。机构设置方面的资源优化整合。按照"管理科学、运转协调、精简高效"的机构设置总体要求，调整内设机构设置，推行集约化管理模式，实行大股室制，打破传统的条块分割，使有限资源得到充分利用，提高机构运行效率和履职效能。内设机构设置应着眼于促进有效履职，充分考虑人员现状及未来变化趋势，按照"综合设置、防范风险、精简效能"的原则，对职责相近、业务相融的机构进行整合。内设机构数量不宜过多，无库支行原则上按不超过 3 个设置，一般设"两股一室"：综合业务股、金融管理股、办公室；有库支行原则上按不超过 4 个设置，一般设"三股一室"，即在无库支行基础上增设保卫股。

业务流程方面的资源优化整合。推行扁平化管理，在严格风险防范的基础上，充分考虑各个业务处理环节的合理划分与设置。根据业务量与人员情况等因素，对现有业务流程进行梳理和整合，横向上对相近业务流程进行整合再造，纵向上精简信息传递节点和业务操作环节，做到方便业务处理、利于协调配合、促进效率提升。借鉴商业银行会计核算理念与模式，全面、客观地评估人民银行国库、发行、会计等各类核算业务的风险环节、风险类别、风险程度，推行业务操作前后台分离、授权制约明确、流程精简科学、监督及时有效、风险防范有力的具有人民银行特点的综合柜员制模式，优化整合国库、会计和发行等业务流程，减少中间环节，实现"一套流程办理、一站式服务"，提高工作效率。

岗位设置方面的资源优化整合。国库、会计和货币发行等业务制度基于防范风险考虑，岗位划分过于细化，人员配置要求较高，如国库业务要求 6 个岗位不能相互兼岗、至少需配备 6 人。但从实际情况看，县市支行不同程度地存在着不能完全落实制度要求或在部分业务岗位使用临时性用工等现象，既影响了制度的严肃性，又存在着一定的业务风险。县市支行岗位设置应按照"因事设岗、精简效能"原则和最低数量要求，综合设置岗位，要对现有岗位职责进行梳理，能整合的岗位尽量整合，能撤销的岗位坚决撤销，同时合理均衡岗位职责，避免忙闲不均，充分体现岗位设置的经济性、科学性、合理性，以更好地适应支行履职需要。同时，岗位设置应兼顾履职需要与风险防控要求，实现关键要害岗位之间相互制衡。

（3）人员配置方面的优化整合。要按照"扩大增量、盘活存量"的思路，进一步完善县市支行人力资源配置。一是要加快进人速度，尽管近年总行在行员、聘用制员工指标上给予了县市支行倾斜，但是，经测算，按照现有人员补充速度，县市支行人员供需矛盾仍将长期存在。要本着"立足当前、着眼长远"的原则，从加强干部队伍建设和促进有效履职角度考虑，加快速度为县市支行补充人员，优化人员结构，提升县市支行履职能力。二是要着力内部挖潜，盘活人员存量。通过深化支行内部人事制度改革，强化业绩考核、薪酬分配等要素的激励约束作用，激发干部职工的履职动力；加大员工培训力度，着力解决员工思想观念落后、知识结构陈旧等突出问题，增强员工履职适应力；增强县市支行与上级行人员配置的整体协同性，推动履职力量向支行下沉，上级行可以根据履职需要，统筹调配使用辖内人力资源，加大干部上下交流与横向交流力度，促进人员在一定范围内合理流动；对于辅助性、临时性、可替代性强的非业务岗位实行劳务派遣制或劳务外包。

（4）管理机制方面的优化整合。进一步改进完善业绩考核工作。要切实转变"管理即考核"等陈旧理念，改变"大而全"的传统考核方式，建立以对外履职为导向的程序简洁、内容清晰的县支行考核体系。推行综合考核管理，精简单项考核和分专业考核项目，杜绝多头考核、重复考核和繁琐考核，克服或防止考核过多过滥现象，切实减轻支行考核压力；实行差异化考核，针对不同支行履职特点，量身定做考核方案，不搞千篇一律，切实发挥好考核的正向激励作用。进一步规范检查评比工作，要对各类检查、评比和表彰项目进行彻底清理和规范，该合并的合并，该取消的取消，为县市支行集中精力履职创造条件，着力解决县市支行疲于应付、履职成效不明显等问题。

进一步完善收入分配机制。县市支行要充分发挥工资收入分配的激励杠杆作用，积极探索实践以岗位价值、业绩贡献为主要计酬要素的绩效工资制度改革，合理拉开工资收入差距，打破平均分配，实现工资能增能减，激发干部职工履职主动性和积极性。根据岗位职责、工作负荷和能力要求等因素，科学评价岗位相对价值；根据岗位目标和工作完成情况，严格考核兑现绩效工资。在分配要素上更加突出岗位和业绩因素，分配过程中更加体现效率和活力，分配结果上更加注重公平公正。

（5）外部资源方面的优化整合。县市支行作为国家金融宏观调控部门有机组成部分，应突出对外履职导向，强化金融管理职能，维护县域金融稳定。县市支行资源整合过程中，既要加强内部资源整合，又要充分利用外部资源，注重推进与地方政府相关职能部门及银监办等金融监管机构在金融管理事务等方面的资源整合，实现信息采集、调研分析、风险防范等方面的资源共享，构建以人民银行县市支行管理为主的县域金融管理新格局。

（二）县市支行建设的具体实践

近年来，武汉分行辖内县市支行按照上述思路，立足县域经济金融状况和自身实际，以改革创新思维开展了一系列富有成效的履职探索与实践，丰富和完善了县市支行履职模式，促进了县市支行履职能力稳步提升。

1. 推行差异化履职

根据组织行为学的有关理论，组织体系中，各层级的组织目标应紧紧围绕系统总体目标进行配置，并随形势变化逐步调整。县市支行职责应根据《中国人民银行法》的规定，遵循总行关于加强县市支行建设的指导意见，结合县域经济发展状况和人员结构、履职能力，做到职责配置与履职目标相适应，不搞"一刀切"。辖内人员充足、结构较优的支行积极主动地全面履职，上级行将其有能力且适合由其完成的业务如部分执法检查与处罚、再贷款以及乡镇国库审批等事宜，通过委托或授权方式交由县市支行履行，县市支行对外履职能力进一步强化，在贯彻执行货币政策、防范区域金融风险、维护地区金融稳定和支持县域经济金融发展等方面，充分发挥了人民银行基层行的职能作用。人员紧张、结构欠佳的支行，人事、内审、纪检、科技等部分内部管理工作和一些无力完成的业务集中或上收至上级行统一履行，支行则在完成基础性职责的同时有选择性地开展重点工作，或突出引导金融机构加大对"三农"的信贷支持力度；或突出改善农村金融服务环境，加强农村金融基础设施建设；或突出金融生态环境建设等。

差异化履职赋予了县市支行更多的自主空间，使县市支行履职更加符合客观实际。通过开展差异化履职，县市支行普遍找准了各自履职的着力点，初步探索出一县一特色、一行一品牌的履职思路，增强了存在感，使履职成效更加显著，地方政府更有地位、金融机构更有权威、社会公众更有形象，形成了支行与县域经济金融发展双赢的良好局面，实现了"小而有为"。

2. 开展县市支行综合改革

此前，县市支行开展了各类单项改革，但是，由于这种"头痛医头、脚痛医脚"的改革模式没有触及长期困扰县市支行履职的体制机制问题，成效不太显著。要从根本上解决县市支行履职困境，就必须从影响履职的关键、要害环节入手，系统性地开展改革创新。辖内县市支行按照"强化对外履职、优化资源配置、提升履职效能"的总体思路，积极转变履职理念，立足现有资源，着力内部挖潜，推进实施综合改革，在现有制度框架下，通过优化组织架构，突出履职重点；科学设置岗位，优化人力资源配置；改革收入分配制度，强化激励约束机制，系统性解决困扰支行建设与发展的问题和矛盾。

一是优化组织架构，精简、重组内设机构。改革前，支行部门设置普遍较多，有库支行一般设置"五股一室"、无库支行一般设置"四股一室"，人力资源配置分散，中层干部多，主要业务岗位人员不足，履职重点不突出。改革中，在系统梳理县市支行职能的基础上，按照"优化金融服务、强化金融管理、突出对外履职"的要求，将无库支行整合为"两股一室"，即办公室、金融管理股、金融服务股；有库支行整合为"三股一室"，即在无库支行的基础上，增设行政保卫股。中层干部按照平均每个股室一正两副实行总量控制。同时，进一步明确内设部门的主要职责，凸显县市支行职能转型与定位。

二是合理设置岗位。改革前，支行岗位总量偏多，结构不合理，内部管理岗位多，对外履职岗位少，岗位分工不合理，忙闲不均现象严重。改革中，本着"因事设岗、精简高效"的原则，在岗位设置时向业务一线倾斜，确保对外履职所需；向金融服务倾斜，确保基础会计核算业务所需；满足内控管理所需，守住风险防范底线。在保证各项职能、工作任务落实到人的前提下，对"职责相近、业务相融"的岗位进行归并整合，如金融服务股将会计、国库业务流程进行了整合，实现了单人集中操作国库、会计核算业务系统。同时，根据岗位职责大小、风险程度等因素，将全部岗位分为主岗和可兼任岗，鼓励有意愿、有能力的员工合规兼岗，实现人力资源配置的集约化与高效化。改革后，某支行岗位数量由原有的 58 个整合为 26 个，对外履职岗位增加，岗位职责更加明晰和均衡，违规兼岗、忙闲不均现象有效缓解。

三是深化人事制度改革，推行全员竞争上岗和双选双聘，建立充满生机活力的选人、用人机制。按照"竞争性选拔，择优聘用"的原则选聘中层干部，按照"自主竞争，双向选择"的原则聘用一般干部。支行原正、副股级干部职务一律解聘，新的股级干部全部通过竞聘产生，聘期为 3 年，任期内年度考核结果为不称职的，予以解聘；股室负责人可以在支行范围内选聘本部门工作人员，一般干部可以根据自己的特长和意愿自主选择工作部门，双方达成一致即可聘用。对落聘者实施待岗处理，待岗期最长不超过半年，培训考核合格后，通过"双向选择"重新上岗。改革从实际出发，对之前享受正、副股级待遇的干部，如不参加中层干部竞聘或落选但通过双向选择成功上岗的，原待遇保留三年；对个别有工作意愿和热情但身体不好或能力素质偏低的员工人性化地设置过渡性岗位，帮助其上岗工作。这样，一定程度上化解了改革阻力，在确保"事事有人干"的同时实现了"人人有事干"。

四是改革收入分配制度。制定《岗位绩效工资分配办法》，根据责权利相匹配的要求，确立了"以岗定薪、按劳取酬"的分配原则，实现了绩效工资分配由职务管理向岗位管理的转变。根据岗位职责、风险程度、难易程度、工作负荷等因素的差异大小，将岗位划分为A、B、C类，对三类岗位分别确定不同的绩效工资分配系数，使收入分配与岗位挂钩，体现岗位价值差异，适当拉开分配系数差距，每兼任1个A类岗位调增0.2个系数，每兼任1个B类岗位调增0.1个系数，每兼任1个C类岗位调增0.05个系数，充分体现按劳分配、多劳多得，打破员工收入平均分配的局面。

五是完善绩效考核机制。实行"分级授权管理"，支行行长与分管副行长、分管副行长与股长、股长与副股长和一般干部之间，通过层层签订"分级管理授权书"，明确每个岗位的权责范围，严格落实责任追究事项，从而对员工形成有力鞭策。按照"对谁负责、由谁考核"的原则，分管行长考核部门负责人，部门负责人考核部门副职、一般员工，切实增强考核工作的科学性、公平性；考核的内容主要包括员工完成工作的质与量、劳动纪律表现等方面；考核结果将作为员工任职和收入分配的重要依据。通过完善绩效考核工作，强化了对员工的激励约束，保障了各项改革举措真正落到实处，形成了县市支行建设的长效机制。

实践证明，综合改革提升了支行履职效能，理顺了内部管理机制，优化了人力资源配置，有效防范了风险，激发了干部队伍活力。

三、进一步加强县市支行建设的建议

（一）提升县市支行履职效能的关键在于破解体制机制问题

受职责定位、管理体制、组织架构、业务流程、制度设计等因素的制约和传统"小而全、大而全"思想的影响，县市支行履职重点不突出，资源配置错位与缺位并存，履职的内生动力不足，难以适应人民银行职能转变和县域经济金融发展的要求，制约了人民银行整体履职效能发挥和自身长远发展。加强县市支行建设必须强化问题意识，突出问题导向，增强针对性和有效性。积极深化改革，从影响和制约县市支行履职的关键环节动手，努力推动支行内部管理创新、资源优化配置，不断提高县市支行履职能力。

（二）完善县市支行职能建设要突出分类指导

加强县市支行职能建设要尊重客观实际，充分考虑业务发展实际和人力资源配置状况等因素，分类建立有差异的标准化职责清单，让县市支行明确哪些职责必须为、哪些职责应重点为、哪些职责可选择为；引导县市支行改变"小而全"的思维定式，根据县域经济金融发展需要，结合实际，找准自身定位，有重点、有针对性地开展工作，将应该履行的职责坚决履行到位，突出履职实效，实现"小而有为"。同时，对县市支行无力履行的职责，地市中支应主动延伸履职触角，切实做好职责补位。

（三）优化县市支行资源配置要突出统筹规划

优化县市支行资源配置，要按照"集约利用、构建合力、提升效能"的总体思路，横向上整合系统内外部资源，纵向上整合上下级行资源，重点对权责配置、机构岗位、业务流程、管理机制和人力资源等进行深度整合，激活和利用好各类存量资源。同时，健全和丰富县市支行履职手段；及时修订现行业务制度办法中不合理的规定，让制度设计更加接地气，管用、好用；切实解决人员总量不足、结构不优与履职需要之间的矛盾；加快推进业务系统的整合和综合开发，逐步建立统一的业务处理平台，为县市支行优化资源配置、提升履职效能提供技术支持。

（四）加强县市支行建设要注重构建合力

县市支行建设事关县市支行发展和稳定，也关系到人民银行整体履职效能发挥，仅仅依靠县市支行自身力量是远远不够的，需要从总行到支行的共同努力、形成合力。总行应统筹规划做好顶层设计，重点规划解决好县市支行履职的体制机制问题；分行、省会中支应加强组织协调，健全运行保障机制，研究解决县市支行履职中存在的具体问题；地市中支应切实发挥好第一责任人作用，强化组织推动、跟踪指导和督促落实工作；县市支行应充分发挥主观能动性，不折不扣执行到位，切实履行好各项职责。

参考文献

［1］赵建军．对人民银行县市支行职能转变的思考［J］．金融时报，2014－01－21．

［2］王琼，丁云骏，聂小平．中央银行县域机构职能定位与岗位设置新探［J］．金融与经济，2011（4）．

［3］张志峰，等．人民银行县支行履职能力建设思考［J］．中国金融，2010（1）．

［4］陈建华．立足服务县域经济加快推进人民银行县市支行职能建设［J］．西部金融，2009（12）．

［5］徐旭海．关于人民银行县市支行在发展县域经济中职能定位的思考［J］．浙江金融，2009（11）．

［6］陈隆．央行县支行深化职能建设改革的途径选择——以浙江实践为例［J］．浙江金融，2007（12）．

［7］李艳华，冯刚，李海东，刘亚峰．人民银行县市支行职能定位及作用发挥问题研究［J］．甘肃金融，2006（11）．

［8］周松柏，吴坚，周厉．新形势下人民银行县市支行职能定位分析［J］．上海金融，2005（3）．

［9］张扬. 县级支行如何改革［J］. 银行家，2004（11）.

［10］罗忠贵. 关于人民银行县支行职能定位的认识［J］. 海南金融，2004（5）.

课题组组长：江成会

课题组成员：占再清　王战江　陈能胜　鲍明星

　　　　　　龙江　何捷　赵珂

执　笔　人：龙江

提升消费者金融素养路径研究

中国人民银行武汉分行法律事务处课题组

一、引言

随着社会经济金融不断发展，新的、复杂的金融产品和金融服务（以下统称金融产品）不断涌现，这些金融产品为人们提供日益丰富的财富管理工具的同时，也对人们理解、识别、防控其中潜在的金融风险，作出正确金融决策的能力提出了更高的要求。正如前美联储主席伯南克所说，"最近的危机证实了金融素养和正确的金融决策是至关重要的，这种重要性不仅体现在家庭的经济福祉上，也体现在整体经济系统的健康稳定上"。2008年国际金融危机从一个侧面证明了消费者金融素养的欠缺、不明智的财务决策会让其本身和整个社会付出沉重代价。2014年8月中国人民银行发布的消费者金融素养调查报告显示，目前我国大部分省份的消费者金融素养水平偏低，与我国金融业的快速发展以及日益复杂的金融产品创新相比，消费者金融知识水平和金融技能亟待提高。可见，我们必须清醒地认识到提升消费者金融素养的重要意义，采取措施推动消费者金融素养水平的提高。

提升消费者金融素养意义深远。首先，提升消费者金融素养有利于提升消费者自我保护的能力。近年来，e租宝、财富基石、徐玉玉案等金融诈骗案件频发，给消费者造成了巨大的经济损失，同时也危及了社会和谐稳定。如果消费者能够理解相关金融产品隐含的风险，识别相关金融诈骗套路，消费者就可能避免财产的损失。其次，提升消费者金融素养有利于促进金融市场健康发展。消费者金融素养水平直接关乎其参与金融产品交易的意愿和能力。消费者金融素养越高，就越有能力参与较为复杂的金融产品交易，从而为金融产品创新提供更加适宜的土壤，进而为整个金融市场的发展带来勃勃生机。最后，提升消费者金融素养有利于金融领域供给侧结构性改革。金融领域供给侧结构性改革内容丰富，关键点是在适度扩大总需求的同时，着力提升整个金融业供给体系质量。一方面，提升消费者金融素养能够更高层次地激发其对金融产品的需求，从而刺激金融业的发展；另一方面，提升消费者金融素养，提高其识别、理解、规避金融风险的能力，能够倒逼金融机构更加审慎地推出金融产品，尽可能地降低金融产品的风险，促进金融机构稳健经营，最终提升整个金融业产品供给的质量。

二、金融素养概念分析

（一）金融素养观点述评

在国外学术研究中，金融素养（financial literacy）这个概念出现较晚。Galvet、Campbell 和 Sodini（2009）将金融素养定义为"避免作出错误金融决策的能力"。Abreu 和 Mendes（2010）认为，金融素养是获取信息、研究、管理和沟通个人金融状况的能力，且这一能力影响到个人物质福利和生活态度。美国国家教育研究基金会（2003）则将金融素养界定为"对如何使用和管理资金，人们能够作出灵活判断和有效决策的能力"。金融素养主席顾问委员会（PACFL，2008）于旨在"提高全体美国人金融素养"的会议中提出了一个"共识"定义：金融素养是使用知识和技能来有效管理金融资源从而实现一生财富保障的能力。2014 年经济合作与发展组织（OECD）首次发布了国际学生评估项目（PISA）金融素养测评国际报告，报告对金融素养也做了定义：对金融概念和风险的认知与理解力，以及将其运用在各种金融背景中作出决策，从而提高个人参与经济生活的技能、动力和信心。

国内关于金融素养的理论研究起步较晚，研究人员分别根据各自研究的不同侧重点，对金融素养提出了自己的定义。被学界较为认可的定义有"无论从字面理解还是从内涵思考，金融知识（financial knowledge）是最接近金融素养的概念"。[1]"金融素养应最终体现在金融知识的应用上，即人们在理解金融术语的同时，还能将金融知识用于指导自己的储蓄、投资、退休规划等金融决策"。[2]"金融素养是消费者所拥有的为其一生金融福祉而有效管理其金融资源的知识和能力"。[3]"金融素养是指人们对储蓄、利率、征信、证券、保险等金融知识的掌握程度以及处理投资理财、信用报告、税收筹划等金融事务的技能"。[4]

总的来看，对金融素养的界定主要分为两大阵营：一方是以外国学者为代表，将金融素养界定为一种"行为"，即理解金融产品的概念和风险，正确开展财务管理，进而作出正确的决策。另一方是以我国学者为代表，将金融素养

---

① 资料来源：朱涛. 金融素养与教育水平对家庭金融行为影响的实证研究 [J]. 金融纵横，2015 (5).

② 资料来源：高超. 北京居民金融素养与养老规划调研报告 [D]. 北京：首都经济贸易大学金融学院，2014.

③ 资料来源：王宇熹，杨少华. 金融素养理论研究新进展 [J]. 上海金融，2014 (3).

④ 资料来源：唐怡铮，陈杨旸. 青少年金融素养提升路径研究 [J]. 福建金融（增刊），2015 (2).

主要界定为一种"认知"，并在认知基础上开展金融活动。整体来看，理论界对金融素养的界定大致分成三个层面：金融素养在知识层面的界定、金融素养在应用层面的界定和金融素养在意识层面的界定。金融素养在知识层面的界定认为，一个具备金融素养的人必须熟悉基本的经济原理和有关经济的知识，也应该了解一些关键的经济术语。金融素养在应用层面的界定认为，具备金融素养的人要能够运用金融知识，在财务管理方面作出正确的决策。金融素养在意识层面的界定认为，具备金融素养的人能够主动获取并运用金融知识，对金融产品进行评估，主动规避金融交易潜在的风险。

笔者认为，无论是将金融素养界定为"行为"还是"认知"，都不能全面地反映出金融素养的根本。探究金融素养的本义应当追溯至其源起。消费者参与金融活动，其目的是满足自身的需要，这种需要可能涉及抵消通货膨胀、实现养老保障、促进财富增值等多个方面。消费者"自身需要"也就是参与金融活动所要达到的目的，即消费者的"预期"。相对于"预期"而言，消费者对金融产品的"认知"只是实现"预期"的基础；作出正确的"决策"只是实现"预期"的路径。那么，以"预期"为视角审视金融素养这个概念，不仅能够将前人对金融素养研究成果纳入其中，还能拓展金融素养概念的外延，通过研究预期的形成机理、作用条件、控制机理等方面，实现更精准地分析研究消费者应当提升哪些方面的金融素养、如何提升金融素养、提升金融素养到什么程度、金融素养如何最终转化为现实利益等根本性问题。

基于上述分析，本文认为金融素养是指，消费者形成正确金融行为预期，在预期指引下，获取金融知识、理解金融知识、运用金融知识，并作出正确的金融决策行为，最终实现预期的一种行为能力。

（二）金融素养概念解析

金融素养是以形成预期为起点，通过一系列活动，并实现预期为终点的行为能力。金融素养可以分解为三个方面：一是获取金融知识，形成预期。预期的形成必须有其相应的载体作为支撑。失去了载体的预期将沦为空想。例如在通过购买养老保险的方式来实现退休后经济水平不下降这个预期中，对"养老保险"相关知识的了解是"维持经济状况不因退休而下降"这个预期的保障。二是理解金融知识，完善预期。理解金融知识是指消费者更深入地了解金融产品的优劣、风险及相关权利义务等问题。理解金融知识是获取金融知识的延伸和深化，是对金融产品进行深层次的认识。如前例中的养老保险，消费者通过不断学习，理解到养老保险不是一夜暴富的工具、保险金不同缴费方式各有利弊、保险金可以用于信贷等深层次的知识，从而不断修正对养老保险作用、功能的预期，使得购买养老保险产品这一金融活动更具理性。三是运用金融知识，实现预期，是指消费者充分运用金融产品，实现最初开展金融活动所订立的目的。如退休后，要求保险公司兑付养老金，最终实现最初设定的"不降低个人经济水平"的目标。

三、我国提升消费者金融素养实践述评

（一）我国消费者金融素养情况综述——以湖北省为例

2016年8月，人民银行武汉分行对湖北省内消费者金融素养情况进行了调查。本次调查参考湖北省内各地经济金融发展水平，选取了武汉市及具有经济差异性的宜昌市、襄阳市、十堰市、孝感市4个地市作为调查地。采取分层抽样原则，选择上述5个中心城区及下辖的8个县发放调查问卷600份，从消费者态度、消费者行为、消费者金融知识水平及对金融知识的需求、消费者金融技能5个角度综合调查当前湖北省消费者的金融素养情况。

1. 消费者预期与对应金融产品结合不紧密

调查显示，只有部分消费者能够将未来情况的预期和对应的金融产品相联系，并依托相关金融产品实现预期。例如，当询问消费者预期如何保障其老年时的开支时，消费者选择最多的三项是"依靠自己的存款、资产或生意收入""依靠退休金""依靠养老保险"，占比分别为59.83%、51.17%和49.83%（见图1）。

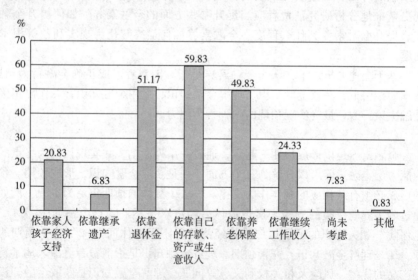

图1 消费者预期养老保障选择

2. 消费者金融知识有待丰富

尽管对消费者开展了持续性的金融知识宣传教育，但消费者金融知识水平总体还是偏低。如对"金融产品隐含风险的认知度"的调查显示，当询问消费者"如果您把钱存入了当地的一家小银行，而那家银行由于经营不善倒闭

了，您认为政府是否应该赔偿您的损失"时，有68.45%的消费者认为政府应当赔偿损失；当询问消费者"如果您投资股票或基金遭遇了亏损，您认为政府是否应该赔偿您的损失"和"如果您购买银行理财产品遭遇了亏损，您认为政府是否应该赔偿您的损失"时，分别有17.86%和29.72%的消费者认为政府应当赔偿损失；当询问消费者是否愿意承担金融投资可能产生的风险时，60%的消费者回答非常愿意、比较愿意或基本愿意（见图2）。

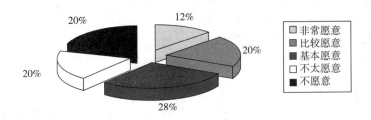

图2　消费者对金融投资风险与责任的态度

3. 消费者开展金融活动的技能有待提高

调查显示，消费者具备一定的选择金融产品或服务及识别假币的技能，但银行卡使用、金融产品利率的计算等技能亟待提升。如当询问消费者最经常使用的辨别2005年版100元纸币真伪的防伪特征是什么时，8.68%的消费者不知道如何使用防伪特征。分城乡看，城镇消费者和农村消费者不知道如何使用防伪特征的比例分别为6.31%和12.63%；分地域看，武汉市、地市中心城区及县域消费者不知道如何使用防伪特征的比例分别为6.72%、9.51%和9.94%（见表1）。

表1　消费者对2005年版100元纸币真伪防伪特征的使用情况　单位：%

分类 选项	整体	分城乡		分地域		
		城镇	农村	武汉市	地市 中心城区	县域
水印	32.38	38.22	22.51	27.42	40.55	29.21
光变油墨面额数字	15.86	15.61	16.22	23.61	12.00	12.01
安全线	13.86	12.42	16.71	17.31	10.01	14.02
凹印图文手感线	25.21	23.81	27.51	22.63	22.90	30.21
隐形面额数字	4.01	3.63	4.42	2.31	5.03	4.61
不知道	8.68	6.31	12.63	6.72	9.51	9.94

4. 消费者金融知识需求呈现差异化

结果显示，消费者随着年龄、受教育程度、职业及城乡地域的差别，对金融知识的需求呈现差异化的特征。以不同年龄消费者为例，随着消费者年龄的增长，消费者对银行自助终端设备的使用、退休金计划和金融纠纷解决等方面的知识需求逐步增加，对股票、基金、债权等投资类金融知识需求逐步减弱（见图3）。

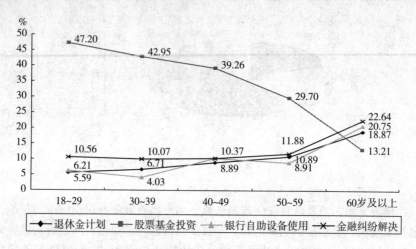

图3　不同年龄段消费者对金融知识需求的差异

（二）我国提升消费者金融素养工作综述

1. 设立了管理机构

"一行三会"分别成立了专门的消费者（或投资者）保护局，在其分支机构也设立了专门的消费者（或投资者）保护部门，并将提升消费者金融素养列为其重要职责。此外，在广东、上海等地相继成立了金融消费纠纷调解机构，也部分发挥着金融知识宣传教育的作用。

2. 制定了制度办法

2015年修订的《中华人民共和国消费者权益保护法》明确规定了消费者"接受教育的权利"。"一行三会"也相继出台金融消费知识宣传教育方面的制度办法。

3. 开展了宣传教育活动

一是通过金融消费权益保护服务热线开展宣传活动。2012年以来，"一行三会"相继开通了金融消费权益保护服务热线。二是搭建金融知识宣传平台。2007年以来，公众教育服务网、保险知识网络大讲堂、消费者教育官方微博等平台相继投入运营。三是开展各种宣传活动。目前每年常规开展的金融知识宣传活动有金融知识普及月、金融知识进万家等。

（三）提升消费者金融素养面临的困难和挑战

1. 力量较为分散

"一行三会"等部门开展消费者金融素养培育工作仍各自为政，缺乏沟通协调，难以实现共治、共享。

2. 缺乏整体规划

目前，在国家层面尚未制定出台提升消费者金融素养的整体规划。2015年国务院印发的《加强金融消费者权益保护工作指导意见》对于提升消费者金融素养工作提出了较为原则的要求，缺乏具体的落实措施和保障机制。

3. 重形式、轻结果

目前，金融知识宣传教育重形式、轻结果的问题比较突出。衡量金融知识宣传好坏的标准往往是宣传场面热不热闹、宣传资料发放多少、宣传讲座场次多少等，容易形成"轰轰烈烈走形式，热热闹闹走过场"的局面。

4. 宣传活动针对性不强

相关主体在开展金融知识宣传活动时，往往针对一般人群的需求和认知能力，很少针对特殊人群的特殊需求和认知能力来设计宣传的内容和形式。

四、提升消费者金融素养的国际经验述评

各国政府日益认识到提升本国国民金融素养的重要性，普遍意识到金融素养决定消费者个体的金融行为，而消费者个体的金融行为将最终影响金融体系的整体稳定和国家经济金融的有序发展。为此，各国政府采取各种措施提升国民金融素养。

（一）成立专门机构

在美国，金融危机之前，美联储内设社区事务计划部门负责居民金融素养提升工作。金融危机之后，美联储内部新设消费者金融保护局，下设金融知识办公室，专职负责提升公众金融素养的工作。2008年，又专门成立了总统金融知识咨询委员会，对名为"金融扫盲队"的志愿者组织提供支持，由这些志愿者向社会公众提供专业金融知识帮助，提升公众金融素养。在英国，由两类机构负责提升国民金融素养工作：一类是以英国金融管理局和英格兰银行等代表政府的机构，前者负责公众金融素养的提升工作，后者负责金融领域和相关部门从业人员金融素养的提升工作。另一类是教育科研机构，英国大、中、小学均十分重视对学生的金融教育，从学生入校开始便开展金融教育，提升其金融素养。英国金融管理局内设金融能力指导委员会，专门负责组织协调相关组织，共同推动居民金融素养提升工作。

（二）制定实施国家金融教育战略

美国国会于2003年通过了《金融素养与教育促进法》，并据此成立了由美联储、证券交易委员会等23个部门联合组成的金融素养与教育委员会，制

定了《金融教育国家战略》，明确提出全国性金融教育目标和任务，并定期对战略目标完成情况进行评估。英国政府于 2008 年将个人理财知识纳入了《国民教育教学大纲》，要求中、小学校必须传授基本的金融知识和理财技能，涵盖信用卡使用管理、税收、信贷、债务、金融风险、制定个人及家庭预算、简单的投资等诸多内容。俄罗斯在世界银行的帮助下，于 2011 年启动了国家金融教育与金融扫盲工程，并着力制定其金融教育国家战略。

（三）吸引相关机构参与提升金融素养行动

1. 允许民间机构参与国家金融教育战略的起草

巴西将国家金融教育战略的某些章节交由行业自律组织、非政府组织和非营利性组织等私有部门组织独立起草。捷克则将国家金融教育战略的某些章节交由政府部门及各利益相关机构共同起草。新西兰则在起草过程中充分发挥各利益相关机构的咨询顾问功能，尊重各利益相关机构提出的诉求和意见，以增强参与各方的主人翁意识，便于国家金融教育战略能更好地执行到位。

2. 邀请相关机构参与金融教育国家战略的实施

新西兰成立了由有利益相关机构代表和政府高级官员、中央银行代表共同组成的国家顾问委员会来监测和督促国家金融教育战略的执行。澳大利亚定期向政府金融素养委员会（Australian Government Financial Literacy Board）、全国学校金融素养咨询委员会（National Reference Group on Financial Literacy in Schools）等咨询顾问意见。西班牙政府邀请相关利益机构派出专家定期出席国家金融教育战略管理委员会会议，并提供专业意见和建议。

（四）针对特定对象或群体细化政策措施

从各国实践看，在提升国民整体金融素养时，无一例外对不同群体采取了不同的宣传方式。以不同年龄段的消费者为例，金融知识宣传的侧重点因年龄结构而异。

1. 针对青少年开展的金融知识教育

澳大利亚教育、就业、培训和青年事务委员会（Ministerial Council for Education, Employment, Training and Youth Affairs）于 2005 年制定了《澳大利亚国家消费者和金融素养纲要》（*Australian National Consumer and Financial Literacy Framework*）。该纲要涵盖从幼儿园至 10 岁的义务教育阶段，主要包括理解货币的性质、使用方法；掌握消费和金融知识、技能；培养作出消费和金融决策时的风险管理能力；以及对自身的消费和金融决策承担责任等内容。英国金融服务管理局（FSA）于 2008 年出台了金融素养规划，大力支持在学校开展个人金融教育。同年，英国儿童、学校和家庭部（Department for Children, Schools and Families）发布了《学校金融能力课程指导》（*Guidance on Financial Capability in the Curriculum*），成为英国金融教育的基本纲领性文件。

2. 针对中青年开展的金融知识教育

中青年是金融消费的主力军，提升中青年人群金融素养在各国金融消费权益保护工作中均占据重要地位。美国根据本土居民特点，在中青年居民中加大了信用卡知识宣传教育力度，并于2010年出台了《信用卡改革法案》，明确信用卡是金融教育的重点。英国成立了"成人金融扫盲咨询小组"等部门专司提升中青年金融素养任务。同时，配套制定了"成人金融能力计划"等规划，以其作为这些部门的行动纲领。除此之外，部分国家还针对中青年行为和心理特点有针对性地开设课程。例如，英格兰银行专门针对大学生制作了反映经济运行规律的电影，并邀请他们免费参观英格兰银行，参观内容包括英格兰银行历史和现代角色、货币的历史、黄金储备、银行每天运行情况等。

3. 针对老年人开展的金融知识教育

日本通过立法的方式明确了金融机构向老年人销售金融产品的特别程序，并对金融机构履行对老年消费者的金融知识教育义务提出了更高的要求，倒逼金融机构加强对老年人的金融知识教育。美国在消费者金融保护局（CFPB）内单设老年人办公室（the Office of Older Americans），致力于帮助62岁以上的美国人作出正确的金融决策。该办公室制定了《老年人聪明理财手册》，帮助老年人防范金融消费陷阱。开设老年人聪明理财课程，帮助老年人迅速、简单地掌握金融知识。针对老年人发布常见金融消费陷阱信息，引导老年人制订疾病灾害应对计划、发布老年人理财指引等。

（五）金融知识宣传教育方式灵活多样

英国政府在工作场所开展了"用好每一分钱"活动。该项活动旨在对雇员就地进行金融知识普及，由英国金融能力指导委员会选派专家亲临雇员工作场所，免费讲解金融知识，主要内容包括个人财务预算、负债管理、财务事务长远规划等，并当场答疑解惑。美国国会于2003年设立了mymoney.gov网站，该网站针对年轻人、父母、研究人员、退休人员、雇主、教师等特定群体进行信息收集分类，以更好地服务不同的群体。网站提供多种材料、工具以增进人们对金融知识的了解，并免费向公众提供各类课程、简讯、小册子等金融知识载体。

五、提升我国金融消费者金融素养的建议

提升消费者金融素养是一个复杂的、长期的过程，需要从顶层设计、管理体制、制度建设、具体措施等多方面作出周密的、整体性的安排。参考国外的经验做法，结合我国实际，提升消费者金融素养可以从以下几个方面进行破题。

（一）制定实施国民金融教育国家战略

加强顶层设计，将提升我国国民金融素养纳入国家总体战略，研究制定提

升消费者金融素养具体规划，明确提升消费者金融素养工作的指导思想和基本原则，明确近期和远期目标、任务和具体措施安排。明确金融教育管理体制和工作原则，同时赋予相关组织（学术机构、非政府组织等）金融教育参与权，整合各方资源，开展持续性、系统性的协作，实现互融互通，形成整体合力。

（二）明确金融素养教育主管机构

整合行政管理资源，确定提升金融消费者素养的主管工作机构，明确机构的具体工作职能，改变当前相关职能部门职责模糊交叉、各自为政的局面。同时，在主管机构下设立专门的顾问机构（如国家金融素养委员会），吸收有关政府机构、研究机构、金融机构、社会团体组织参与其中，积极鼓励相关各方建言献策，提供咨询、顾问服务意见和建议，为主管机构决策提供有价值的参考。

（三）全面推进金融素养教育纳入国民基础教育

将学校金融素养教育列为金融素养提升的基础工程，着手编写《国民金融素养教育大纲》和《国民金融知识读本》，大力培养金融师资力量，从幼儿园以及整个义务教育阶段全面开设基础金融教育课程，从小培养国民对储蓄、投资、纳税、收入、支出等金融知识的认知和金融意识。

（四）实施差异化金融素养教育

在普适性宣传教育之外，要根据少数民族、境外务工人员、低收入人群、农村居民、退休劳动者、中小微企业等不同群体和对象的特点和需求，编制金融宣教手册，开展差异化、有针对性的金融基础知识普及教育，不断创新宣传方式和手段。同时，结合精准扶贫、供给侧改革、大众创业万众创新等政策推进，因地制宜开展具体的金融素养提升项目，使消费者能够便利、快捷获取符合自身特点和需要的金融知识。

（五）加强金融素养调查、研究和评估

积极开展消费者金融预期、金融知识、金融意识、金融行为调查，针对不同社会群体拟定调查指标，设计调查问卷，综合运用统计分析方法，掌握一手调查统计资料和数据。深入研究消费者信心与金融知识之间，金融知识、金融意识与特定金融行为之间，金融素养与个体的年龄、性别、受教育程度等社会人口特性之间的联系等。定期评估金融素养提升措施的执行情况及执行效果，为完善政策提供数据、理论和实践支撑。

（六）整合社会资源推进金融素养教育

加强金融知识宣传人才队伍建设。充分发挥财经院校的专业性强、人数众多、分布面广的特点，实施以在校大学生为主体的金融素质教育志愿者工程。在国家层面设立由教育部和团中央发起，各类金融机构与企业支持配合，有关高校组织实施的大中专在校生金融知识宣传志愿者行动，引导和鼓励大学生利用假期深入城市社区、企业、农村和中小学开展形式多样的金融知识宣传活动。为国家培养一支可持续发展的金融知识宣传生力军的同时，造就出一支既懂专业又掌握国情、社情、民情的金融人才队伍。

充分发挥金融机构及新媒体在金融知识宣传教育工作中的作用。调查发现，不同类型的消费者都认为通过金融机构营业网点发放宣传资料是其获得金融知识的重要途径，且互联网、手机短信、微信等新媒体已成为与电视媒体相当的消费者获取金融知识渠道，尤其是城乡青年群体更愿意通过新媒体主动获取自身所需的金融知识。因此，要继续发挥金融机构营业网点贴近群众、机构众多的优势，采取政企合作、政府补贴、任务指派、督导检查等方式，提高其开展金融知识宣传教育工作的积极性和社会责任感。

（七）优化金融素养教育方式和渠道

在金融素质教育操作层面，要突出金融知识的易获得性和易理解性。相关部门要积极引导金融机构结合金融产品的潜在风险，制作案例分析和风险防范视频短片，在营业网点、官网以及微信公众号广泛传播。同时，政府部门要充分利用官方网站和微信公众号等媒体，解读政策信息，发布金融消费预警等，为消费者获取相关信息提供便捷的方式和渠道。此外，还要持续发挥互联网、手机短信、微信等新媒体传播速度快、影响范围广的优势，拓宽金融知识宣传渠道。

参考文献

［1］王宇熹，杨少华．金融素养理论研究新进展［J］．上海金融，2014（3）．

［2］王丹丹．北京居民金融素养与退休规划相关性研究［J］．时代金融，2014（23）．

［3］王宇熹，范洁．消费者金融素养影响因素研究——基于上海地区问卷调查数据的实证分析［J］．金融理论与实践，2015（3）．

［4］何颖．金融消费者权益保护制度论［M］．北京：北京大学出版社，2011．

［5］焦瑾璞．金融消费权益保护［M］．北京：中国金融出版社，2015．

［6］李国华．普惠金融的国际经验与中国实践［M］．北京：中国金融出版社，2014．

［7］中国人民银行金融消费权益保护局．金融消费者保护的良好经验［M］．北京：中国金融出版社，2013．

课题组组长：贺　敏
课题组成员：李翠娥　翟才毕　张　琨　郑光勇
　　　　　　肖慧敏　许宇珊　艾鸿凯　黄华平
执　笔　人：张　琨

互联网金融客户资金
第三方存管①问题分析研究

中国人民银行武汉分行支付结算处课题组

随着互联网金融的快速发展，如何在促进互联网金融创新的同时，防范相关业务风险成为亟待解决的问题。2015 年 7 月 18 日，人民银行总行等十部委联合印发《关于促进互联网金融健康发展的指导意见》明确指出要建立客户资金第三方存管制度。人民银行武汉分行通过对我国证券第三方存管制度及欧美等国家存管制度进行研究，分析我国互联网金融新业态存管的方式，并提出相关政策建议。

一、存管制度的历史沿革和发展

银行存管的概念最早诞生于证券行业。现代证券交易中，投资者并不自行保管自身的资金和证券，而由特定金融机构提供专门的保存和管理服务，这种投资者将资金交给特定机构保管并代为处理相关权益事务的服务称为存管。

（一）我国证券客户交易结算资金②存管的变化与发展

从我国证券市场建立初期，证券中介机构挪用客户资金是违规行为的法律界定就十分明确。1993 年颁布的《股票发行与交易管理暂行条例》第七十一条第六款，明确规定"挪用客户资金，可以处以警告、罚款或取消业务资格"。但证券市场发展初期，证券公司没有从制度和管理体系上将客户资金与自有资金严格分离，挪用客户资金情况呈蔓延之势③。为解决这一问题，证监

---

①　为和《关于促进互联网金融健康发展的指导意见》提出的客户资金第三方存管保持一致，本文不区分存管与托管概念，文中客户资金存管涵盖资金的保存和管理等概念。

②　客户交易结算资金也叫客户保证金，是指客户为进行证券买卖而事先存放于其资金账户中的资金，后文统用客户保证金。

③　许多券商因挪用行为形成大量不良债权而陷入绝境，截至 2006 年底，30 余家证券公司遭到处置，其中最典型的例子是南方证券公司，挪用客户交易结算资金个人部分超过 80 亿元，机构债务达 120 亿元。

会着手开始建立客户资金和自有资金分开存放的存管制度，先后探索了《客户交易结算资金管理办法》存管模式①、独立存管模式②、银证通存管模式等，最终在南方证券处置中尝试第三方存管制度，并作为证券市场一项基本制度一直延续下来。2007年8月底前，证券行业实现了客户保证金第三方存管③。第三方存管的突出特征可以概括为：多银行制、客户资金以客户名义单独存放、证券公司和银行分别保有客户资金明细账户、银行提供查询和负责总账和明细账核对、资金划转全封闭。

（二）其他存管制度及要求

对于支付机构客户备付金，监管部门同样提出了资金存管的要求。《支付机构客户备付金存管办法》规定了客户备付金的存放、归集、使用、划转等活动。其中，客户备付金应全额缴存备付金专用存款账户，备付金专用账户应和支付机构自有资金账户分户管理，不得办理现金支出。备付金银行按照备付金协议约定的支付指令办理资金划转，同时，应建立客户备付金信息核对机制，逐日核对客户备付金的存放、使用、划转等信息。

此外，中国银行业协会《商业银行客户资金托管业务指引》对银行托管业务作出规定，在对托管人职责中提及"为客户资金设置托管账户，确保客户资金和托管人自有资产严格分离，保证客户资金的完整和独立。……按照法律法规规定和合同约定，对客户资金使用情况进行监督和信息披露"。

从以上分析可以看出，就我国现行法律法规和实践来看，关于客户资金存管并无统一的要求和做法。无论是哪种存管模式，都是客户需求和市场效率驱动主导下制度不断演进的产物，是资金安全和市场效率平衡的结果。存管的目的都是保障客户资金安全，底线都是客户资金的独立管理。

二、国外互联网金融客户资金存管情况

（一）第三方支付资金存管

美国将从事第三方支付业务视为货币转移业务，本质上是传统货币服务的延伸。对客户资金监管，美国并未有统一要求，更强调第三方支付机构对于消费者资金安全为重心的监管。美国法律将第三方支付平台上滞留的资金视为负债，规定第三方支付平台滞留资金需要存放商业银行无息账户，美国联邦存款保险公司（FDIC）以提供存款延伸保险实现对滞留资金的监管，每个用户资

① 2001年5月16日，中国证监会颁布《客户交易结算资金管理办法》（3号令），这是我国首次将客户资金纳入证券市场法规体系，对客户资金实行全面制度化管理。
② 2004年10月，中国证监会发布《关于进一步加强证券中介机构客户资金监管的通知》，系统提出了客户资金独立存管的概念制度，并在证券中介机构中分类实施。
③ 证监会要求全行业必须在2007年8月底前实施第三方存管，并将其执行情况作为证券公司市场准入、风险评估和相应监管措施的重要监管指标。

金的保险上限为 10 万美元。在州监管层面，一般要求第三方支付机构不得擅自留存、使用客户交易资金，要求其保持交易资金的高度流动和安全。

与美国的监管方式不同，欧盟要求从事网络支付业务的机构必须取得电子货币经营牌照，并出台了许多专门性立法。对沉淀资金的监管，欧盟主要是按照《电子货币指引》规定通过风险准备金制度实现的。客户的资金流入到网络支付机构后，该机构必须在规定时间（5 日）内对该笔资金采取管理措施，一般是在欧盟中央银行开设专门的账户，并在该账户中存入足够的风险准备金。值得注意的是，欧盟的网络支付机构可以利用客户的沉淀资金进行投资，只不过投资的项目和规模受到严格限制。

（二）P2P 网贷平台资金存管

美国没有为 P2P 网贷行业创设新的监管规则，而是将其纳入既有的证券监管体系。Lending Club 与 Prosper 作为美国境内最主要的两家网贷平台[①]，在美国证券交易监督委员会（SEC）注册成为证券经纪商，并与其他证券公司一样遵守充分信息披露的原则，这也是美国网贷平台监管的核心手段。监管规则并未对客户资金管理作出明确要求，但网贷平台自行设计了独立的结清算制度来保障客户资金的安全。平台在由联邦存款保险公司（FDIC）承保的金融机构中为客户开立特别托管账户，这些账户都是客户的实名账户，受到 FDIC 保护并享有普通个人账户的法律权益。客户的资金往来都是通过特别托管账户进行的，客户资金在转账清算时也直接进入美国自动清算所，客户资金和网贷平台的自有资金被彻底分离。

与美国将 P2P 网贷纳入既有证券监管体系不同，英国为 P2P 网贷行业创立了新的监管规则。英国金融行为监管局发布《关于网络众筹和通过其他方式推介不易变现证券的监管规则》中对客户资金管理作出规定：一是平台必须将客户的资金存放于银行，以法定信托形式持有，银行不得将客户资金用于冲抵自身与网贷平台的债务；二是平台资金与客户资金隔离；三是平台必须提前安排市场退出制度。英国网贷平台也遵循了上述规定，如 Zopa[②]借款人、贷款人和平台的资金独立存放于苏格兰皇家银行，各账户之间是相互隔离。

（三）众筹平台的资金存管

2012 年出台的《创业企业融资促进法案》（以下简称《JOBS 法案》）是美国众筹行业监管的主要依据，根据《JOBS 法案》授权，SEC 在 2015 年颁布《众筹条例》，对法案部分条款进行细化。关于客户资金管理，《众筹条例》规

---

① 美国严格的监管机制导致 P2P 网贷行业的门槛甚高，形成了双寡头垄断的市场格局，在盈利性平台当中，Lending Club 与 Prosper 两家公司的交易额约占美国市场的 96%。

② Zopa 成立于 2005 年 3 月，是世界首家 P2P 网贷平台，目前交易额已超过 10 亿英镑。

定在项目融资期的资金管理和融资成功后的资金转账方面，经纪商应按照《1933 年证券法》的规定处理，集资门户要引入合格的第三方为权益人托管资金，并当集资门户发布指示时，直接将资金返还或转移给权益人或为投资者和发行人开设专门账户。这里合格的第三方主要包括经注册的经纪人、自营商，银行或信用合作社。

（四）相关启示

从上述分析可以看出，不同国家对互联网金融新业态及资金存管的监管要求并不相同，不同业务也有不同的监管标准，但至少有以下几点值得我们参考。

1. 成熟的监管体制应该建立在对本国的金融环境、对互联网新业态的发展现状充分了解的基础之上，并适时调整，多数情况下，欧美等国将互联网金融纳入现有监管框架。

2. 通过立法方式规范互联网金融新业态发展。无论是利用现有的法律还是制定新的法律，都要使得互联网金融新业态及其资金管理有法可依。美国针对众筹融资专门有《JOBS 法案》和众筹条例进行规制，英国针对第三方支付机构和 P2P 网贷平台制定了相应的法令及规则。

3. 注重对消费者的保护。欧美等国都有成熟的信息披露制度，保证投资者能获取足够的信息，作出合理的投资判断，这是消费者保护最重要的手段。此外，国外还通过对筹资及投资人资格审查、强制保险等方式保护消费者权益，客户资金保护也是消费者保护的重要内容。

4. 坚持客户资金和公司自有资金分离。不同国家、不同业务的客户资金存管没有统一标准，但无论是哪种互联网业态，监管部门都强调保证客户资金的独立性，要求客户资金在银行单独开立账户存放，这也是客户资金存管的最低要求。此外，信托、保险和银行承担履约责任等方式，为客户资金安全提供了更高保障。

三、我国互联网金融第三方存管的主要模式——以 P2P 网贷平台为例①

我国 P2P 网贷行业经历了从野蛮式生长到逐步规范的发展历程，资金存管方式共经历三种模式，包括第三方支付平台存管模式、银行直接存管模式以及第三方支付与银行联合存管模式。

（一）第三方支付机构存管模式

这种模式下，第三方支付机构扮演了"类银行"的角色，提供着支付和

---

① 从企业数量、资产规模等方面看，P2P 网贷平台在互联网金融行业具有重要地位。本文选取 P2P 网贷平台对客户资金存管方式进行介绍，具有一定的代表性。

结算的服务。按照支付机构承担的职能具体可分为两种方式。一是网关支付方式，如财付通等。这种方式下，投资者通过平台付款页面的支付机构快捷支付或网关跳转银行进行投资款项支付，资金被归集至平台在支付机构系统设置的商户号中，在项目资金筹集成功后，支付机构按照平台指令，通过代付支付服务将资金付至项目人账户。二是支付账户方式。投资者、借款人、平台同时在支付机构开立账户，并通过上述账户实现资金在投资者、平台和借款人之间的流转。

在指导意见出台前，大多数平台和支付机构采取上述两种方式合作，投资人资金能与平台自有资金分开管理，并以支付机构客户备付金的形式最终存放银行，支付机构对客户资金流转起到一定审核责任。上述模式的弊端在于，平台仅与支付机构签订存管协议，客户资金存放支付机构备付金账户，难以与支付机构自有资金清晰划分，银行难以进行有效监管。

（二）银行直接存管模式

1. "银行存管+报告"方式

此种方式下，平台与银行签订相应资金存管协议，开立专项资金存管账户用于项目资金归集，银行依据平台指令或是平台提交的固定周期资金流水进行资金划拨。以宜人贷与广发银行的合作为例，投资人资金被存放于宜人贷在广发银行的交易资金存管账户中，银行验证用户账户信息是否与银行实名账户一致、用户的交易与合同是否对应，根据合同信息开展资金划转，并定期出具资金托管报告。

2. 点对点支付方式

该方式下，在平台上实名注册的用户，会同步在银行设立的平台专用账户体系下建立与用户个人一一对应的电子账户，作为用户在平台上开展资金业务的存管账户。该账户通过身份证号、预留手机号等多要素方式激活后，可进行充值、投资、提现、划拨等交易、平台无法动用资金。开通方式根据不同银行存管系统不同，手续流程有所不同，具体见表1。

表1　　　　　　　　　　　点对点开通支付方式

存管银行	网贷平台	开通个人存管账户流程	充值、提现条件
民生银行	人人贷	用户在人人贷平台注册后，进入"我的账户"，平台引导用户开通民生银行资金存管账户。	民生银行存管系统充值支持13家银行，提现1—2个工作日到账。
徽商银行	好车贷	用户在好车贷平台注册后，用户同步开通徽商银行资金存管账户。	徽商银行存管系统支持17家银行卡绑定，个别银行暂不支持充值。提现预计2小时到账。

存管银行	网贷平台	开通个人存管账户流程	充值、提现条件
江西银行	银豆网	用户在银豆网平台注册后，进入"我的账户"，会有开通江西银行资金存管账户的提示。	江西银行存管系统支持支付宝转账和网银转账两种方式，支持17家银行借记卡充值。
江苏银行	开鑫贷	用户在开鑫贷平台注册后，进入"我的账户"—"绑定银行卡"，选择个人用户绑定银行卡。支持8家银行借记卡直接认证绑定，其他银行需要先注册江苏银行直销银行，才能绑定。	充值需要绑定银行卡或开通江苏银行直销银行，绑卡过程较长。能直接绑定的银行卡为中国银行、江苏银行、工商银行、建设银行、民生银行、兴业银行、广发银行、光大银行。

（三）"第三方支付机构＋银行"联合存管模式

目前，多数开展资金存管业务的支付机构正在谋求通过这种方式与平台和银行合作。以信而富、富友支付和建设银行的合作模式为例，信而富在建行开立交易资金专用账户，对专用账户内的交易资金进行存管，所有借贷资金直接在出借人与借款人的存管账户之间完成划转。信而富将平台项目信息、用户信息、交易信息及其他必要信息传递给建行，供建行进行信息记录及后续交易资金核验时使用。富友支付担任技术辅助方，提供支付结算、技术咨询、服务定制、运营维护以及对网贷平台的资质把关审核。

四、互联网金融第三方资金存管存在的问题

与互联网金融行业的蓬勃发展相对应，互联网金融行业风险事件频发，尤其是泛亚、e租宝等平台危机的相继爆发，更是影响到投资者对整个行业的投资信心。越来越多的互联网金融企业根据监管机关要求，开始寻求第三方对客户资金进行存管。但截至2016年6月底，仅100余家平台与相关银行签订资金存管协议，签约率不及正常运营平台的5％，而真正实现存管系统上线的平台仅54家①，更多平台自签订协议后并无实质性进展，资金存管合规化进程缓慢，究其原因，主要存在以下问题。

（一）从供给侧看，风险收益不对等，银行开展互联网金融第三方存管内生动力不足

截至2016年6月底，P2P网贷平台历史累计成交量2.2万亿元，其他互联

---

① 资料来源：融360网贷评级课题组发布的《2016年网贷评级报告（第二期）》。

网金融业态规模更小，而工商银行 2016 年上半年托管规模已达 13 亿元，互联网金融存管业务占银行托管规模比例较低。与可能获得收益相比，银行可能承担更大风险和付出更高成本。一是承担一定声誉风险。互联网金融行业进入门槛低、企业规模小等特点决定了多数企业抗风险能力较差，截至 2016 年 6 月底，国内问题平台数已达到 1778 家，占平台总数的 43%①。银行接受互联网金融企业资金存管，相当于为其隐性背书，一旦企业发生风险，客户很难区分银行与互联网金融企业的责任，对银行声誉将产生负面影响。二是系统开发改造成本高。互联网金融服务趋向长尾化，业务呈现散点网格状的多对多形式，具有额度小、分散、个性化的特点，银行现有的托管系统很难满足其资金管理要求，需要根据业务类型和资金特点进行个性化改造，耗费较高的系统建设改造成本。三是运营成本高。P2P、众筹等互联网金融投资涉及大量的非标资产，包括债权转让、应收账款资产证券化等不同类型交易品种，需要银行为不同非标资产投资设立相应的资金划拨审核与清算服务，运营成本相对较高。出于上述原因，大多数银行对互联网金融存管业务持观望态度。

（二）从需求侧看，存管门槛高，中小互联网金融企业客户资金存管难以规范

一是银行存管门槛高，中小企业难以达到相应标准。考虑风险因素，银行更倾向于规模化的平台，在存续期、注册资本、运营状况、坏账率等方面都提出较高要求，如要求平台注册资本和实缴资本达到 5000 万元甚至上亿元，有国资背景或者知名投资方背景等。与此对应的，大量中小平台规模小、资金沉淀能力差、盈利能力有限，很难满足银行资金存管标准。二是系统开发改造难度大，中小企业难以承受相应费用。要实现与银行系统对接，互联网金融企业需要对业务流程进行重新梳理，并结合资金存管方式变化对自身业务系统进行改造。三是银行存管收费较高，中小企业运营压力大。银行为互联网金融企业提供资金存管要一次性收取较大金额保证金，存管费用也略高于第三方支付机构收费，预计综合成本将提升 1% 左右，对于新成立的或规模较小的 P2P 平台，运营成本负担较重。

（三）从发展环境看，支持第三方存管业务发展的政策环境、信用环境等尚不成熟

1. 缺乏明确的存管制度、标准和要求，监管机制尚未有效建立

目前，《关于促进互联网金融健康发展的指导意见》等仅对银行进行客户资金存管作出原则要求，多数互联网金融业态客户资金存管制度仍是空白，客户资金存管的主体、参与方式、内容、责任划分、监管要求等均未明确规定，尤其是第三方支付机构能否参与资金存管业务、银行在资金存管中的责任认定

---

① 资料来源：网贷之家。

等核心问题悬而未决，直接影响了第三方资金存管业务的发展。相关制度的缺失也导致了监管机关的监管缺位。总体上看，多数互联网金融业态客户资金存管还处于无标准、无秩序、无监管的"三无"状态，客户资金风险控制基本依靠企业自发自愿。

2. 缺乏有效的信息获取渠道，项目资金流向银行难判定

传统的银行贷款业务中，银行通过审查借款人相关资料、偿债能力、信用情况、固定资产抵押来降低坏账风险，而在 P2P、众筹等互联网金融存管业务中，银行的审核工作主要在线上完成。受制于我国现行征信体系的不完善，银行很难获取足够、必要、完整的信用状况，缺乏有效的信息和手段来对此类业务进行审核监督，只能承担有限的监管责任。

3. 账户实名认证方式弱化，客户身份识别有待加强

互联网金融企业开展业务的基础是开立账户，各机构通过用户注册指南或服务协议对账户开立条件、交易规则、信息披露等作出规定，并与银行账户进行绑定，实现资金在不同参与主体之间的流转、记录，账户的实名认证多是通过手机认证、邮箱认证、身份证认证和同名银行卡认证的方式开展。由于上述认证方式都是远程、非接触式的，账户实名制、客户身份识别、交易风险控制等远不及银行结算账户监管要求，容易被犯罪分子所利用。

五、政策建议

（一）深入研究和推进互联网金融顶层设计，加强跨部门监管协作

加快制定互联网金融第三方存管相关制度办法，把握"保障客户资金安全，促进行业健康发展"的基本原则，着力解决存管银行的准入条件、参与各方的权利责任划分等核心问题。细化互联网金融第三方存管业务要求，规范第三方存管业务的适用范围、业务规则、业务流程和风险管理要求。加强"一行三会"等部门间监管合作，共同建立跨部门、跨业态监管联动机制，全盘考虑各种业态特点和资金运作模式对客户资金存管的要求，并依规进行监管。充分发挥互联网金融协会自律组织的作用，完善行业自律性管理约束机制，对损害公众利益、造成行业恶性竞争的市场主体进行行业惩罚，促进互联网金融业的可持续发展。

（二）坚持适度监管，允许多种具体存管方式并存

从互联网金融行业资金存管的现状来看，大量的机构处于无存管或支付机构存管的情况，简单的"一刀切"无益于互联网金融行业的健康稳定发展。因此，应该允许互联网金融企业在"保护客户资金安全"的监管底线下，遵循"资金由银行存管"的政策要求，灵活选择具体资金存管方式。从资金存管参与主体看，既可由银行单独开展，也可由银行提供资金管理，第三方支付机构承担技术支持、信息咨询、资金通道、客户识别等部分服务。从存管方式

看，客户资金存管可先专款专户专用，有条件的银行、企业可开发专门的资金存管系统，逐步实现资金存管账户的点对点监管。从资金存管实现时间来看，可设置一定时间过渡期，允许互联网金融企业在一年甚至更长时间内自查自纠，规范客户资金管理。

（三）加强消费者权益保护，确保客户资金安全

从国外监管经验来看，消费者权益保护是发达国家互联网金融领域的监管重点，也应该成为我国互联网金融行业监管的着力点。一是明确存管银行审查责任。在均衡资金安全与效率的基础上，明确银行对存管资金形式审查和有限实质审查职责。银行应通过可获取的信息在可能的范围内对项目进行审查，应对资金划转指令、合同及借款人的一致性进行审核，必要时可委托独立审计机构审计并向客户公开。但银行不应对项目真实性、盈利能力、互联网金融企业及筹资人偿付能力等承担责任。二是建立严格的信息披露制度。互联网金融企业应对经营管理情况、财务状况、资金存管、投资项目情况、项目变化情况等实行强制信息披露，保障投资者知情权和选择权。对于投资项目要逐笔披露，尤其应注意披露所有可能出现的风险。三是提供多种救济途径。可考虑建立互联网金融企业风险保证金约束机制，由企业按照业务规模等指标按比例提取风险保证金，风险保证金应单独开立账户存放并保证专款专用；可探索引入履约保证保险，由履约保证保险来对相关受害人进行赔付，确保客户资金的最终偿付。

（四）加强信息建设与共享，为互联网金融业务及资金管理提供基础信息

一是加大对已有信息的整合利用。整合现有的人民银行征信数据、税务数据、工商信息数据、司法数据等，构建互联网金融全量数据库，使用云计算等方法对大数据进行多维度分析。二是继续加快征信体系建设。将个人、家庭、机构的银行交易数据、互联网交易数据、财务数据和特征数据纳入征信管理体系，对三类主体进行信用评分，并建立信用违规黑名单及其共享机制。三是建立投资登记备案制度。建立全国统一的互联网金融项目登记平台，对互联网金融投资标的进行登记，登记其发起方、筹资方、收益率、筹资情况、兑付情况、历史信用情况等详细内容，支持投资人、存管银行等进行相关查询，为投资人和银行监督资金情况提供参考信息。

（五）切实落实账户实名制，防范洗钱等犯罪风险

账户实名制是互联网金融业务监管的基础。落实互联网金融账户实名制应从银行和互联网金融企业两个层面入手。银行应认真履行互联网金融企业、投资人和筹资人所开立银行结算账户实名审查责任，按照相关制度要求，审核账户开立相关资料。互联网金融企业应借鉴银行账户管理的相关要求，对投资人和筹资人在平台或网站开设的虚拟账户进行实名制审查。在客户注册阶段充分了解客户的身份资料、行业背景、风险级别；在身份验证和核实阶段，通过联

网核查身份信息系统、与银行账户绑定等方式验证身份信息，利用银行数据库、人口信息数据库等对身份信息进行佐证。

参考文献

［1］巴曙松，杨彪．第三方支付国际监管研究及借鉴［J］．财政研究，2012（4）．

［2］范敏．境外支付机构备付金监管经验及启示［J］．浙江金融，2015（11）．

［3］柴珂楠，蔡荣成．美国 P2P 网络借贷监管模式的发展状况及对中国的启示［J］．西南金融，2014（7）．

［4］梅臻．网贷平台客户资金银行存管模式解读［J］．大众理财顾问，2015（12）．

［5］张哲宇．野蛮式生长后 P2P 资金存管模式分析与监管展望［J］．新金融，2016（6）．

课题组组长：易寿生
课题组成员：王以成　于玲先　蒲慧慧

新常态下人民银行增值型内部审计模式研究

——基于价值链理论视角

中国人民银行武汉分行内审处课题组

一、引言

（一）研究背景

2014 年 5 月，习近平总书记在河南考察时首次提出我国经济发展进入新常态的科学论断。随后，总书记在亚太经合组织（APEC）工商领导人峰会和中央经济工作会议上，对经济发展新常态做了进一步阐释，对经济发展新常态的发展理念、趋势特征、增长动力、发展机制和增长结构等方面进行了明确界定，并正式提出我国已经进入经济新常态的发展阶段。在 2015 年 10 月召开的党的十八届五中全会上，总书记论述了经济发展新常态的科学内涵，提出了"创新、协调、绿色、开放、共享"五大发展新理念；在年底召开的中央经济工作会议上，又明确要加快供给侧结构性改革，落实"去产能、去库存、去杠杆、降成本、补短板"五大重点任务。从新常态的发展历程可以看出，新常态是一个紧密衔接、一脉相承的逻辑体系，是对我国当前所处历史方位的新认识，是对我国经济发展规律的新把握，是对我国经济发展路径的新探索。

新常态概念提出以后受到了各界人士的广泛关注，特别是党的十八大以来，经济建设、治国理政、党的建设等方面都呈现出新的特征，这一概念为社会经济各个领域界定角色关系、选择行为方式提供了认知理论的指导。人民银行作为我国的中央银行，履行着制定和执行货币政策、维护金融稳定、提供金融服务、加强金融管理等多方面的职责，不仅在应对经济发展新常态的挑战中占有重要地位，也是依法治国、从严治党新常态下的重要参与者，有效履行央行职责、规范行使行政权力、从严加强组织管理是新常态下人民银行工作的主体内容。人民银行内部审计作为组织内部的免疫系统，在新常态下承担了独特的支持和保障职能，需要更加充分地发挥监督和服务功能，促进人民银行有效履职、依法行政、从严治行，更好地适应新常态，应对新常态的挑战。

2011 年以来，人民银行全面推进内审工作转型，以"风险导向、控制驱动、关注绩效、增加价值、服务治理"为转型方向，推动内部审计在内部控制、风险防范、组织治理等方面发挥更大作用，并取得了一系列的成果，基本确立了以增值型内部审计作为转型发展方向。但从实践进展来看，转型成果整体上仍较为零散，对于内审工作组织运行的推动主要是作用在不同的局部领域上，相互之间的关联性、协同性体现不够明显，还没有形成导向明确、逻辑完整、能够有效适应新常态的新的内审工作模式。

（二）研究目的和研究思路

1. 研究目的

本课题的研究目的在于立足新常态和人民银行内审工作现状，梳理人民银行内审转型以来在增值型内部审计方面的主要成果，以价值链理论为基础，构建人民银行增值型内部审计模式的整体框架，并探讨其实现路径。

2. 研究思路

课题在对价值链经典理论进行回顾的基础上，突破以往研究将内部审计作为组织价值链组成部分的视角，创造性地将内部审计自身作为价值创造单位进行价值链分析，运用价值链理论对传统合规性审计模式的价值链进行解构和分析。在此基础上，结合新常态下的新要求和人民银行内审转型所取得的转型成果，以增值型内部审计为指引，将内部审计模式从基本活动和辅助活动两个层面分别进行流程再造，构建了增值型内部审计模式的理论框架。最后，从人民银行内审价值链关键活动出发，探讨了增值型内部审计模式的具体实现路径。

（三）理论基础

增值型内部审计的理念源于国际内部审计师协会（IIA）对于"增加组织价值"的目标界定，而价值增值的理念则源于企业管理中的价值链理论。波特（1985）在《竞争优势》一书中提出"价值链"理论，确立了价值增值路径式研究的新范式。它是基于价值观念的一种管理思想，认为企业的价值增值过程，按照经济和技术特点，可以分为既相互联系又相对独立的多个价值活动，从而形成一个独特的价值链。这些价值活动分为基本活动和辅助活动两个类型，基本活动直接创造价值并且将价值传递给客户，包括进货后勤、生产运营、发货后勤、运营销售、服务五个方面；辅助活动为基本活动提供条件并提高基本活动的绩效水平，主要包括采购、技术开发、人力资源管理和基础实施四个方面（见图1）。

波特认为，将企业价值管理过程分解为这些战略性相关的活动，纵向镶嵌在更为广阔的上下游价值系统之中，横向与其他竞争企业价值链比较，可以发现企业竞争优势的来源。波特还认为，各个价值链环节可以进行有效的再分解，根据价值链环节自身的价值创造特点进行更深入的价值链分析。价值链理论围绕价值创造这一核心观念，经过30余年的发展，在地理范围和维度层次等方面发生深刻变化（谭力文、马海燕，2008），已经超越了最初的单个企业

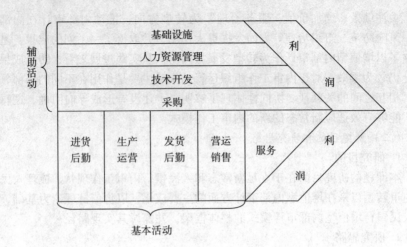

图1　波特价值链理论示意图

价值创造的范畴，上升为一种管理思想和方法体系，应用在不同地理范围、不同行业特征、不同价值层次的企业分析当中。

内部审计作为一种现代企业必不可少的管理工具，学者们广泛深入思考了其在价值链中的地位问题。赵娜（2010）认为企业内部审计既不属于能直接创造价值的基本活动，也不属于通过管理而提高绩效的辅助活动。李凤华（2007），万寿义、崔晓钟（2009），闫学文、刘澄（2013）等多位学者从不同角度论证内部审计应该属于企业价值链上的一项辅助活动，他们都认为内部审计通过组织的整个价值链而不是单个活动起辅助增值作用，与价值链中其他辅助活动有非常显著的差别。这些研究都着眼于内部审计在组织价值链中定位，对于确立增值型内部审计理念，分析内部审计增加组织价值的表现形式和实现途径具有积极意义，但是对于内部审计部门建立增值型内部审计模式、具体开展审计业务，还缺乏操作性和指导性。

新常态下，不论是从纵向价值链还是横向价值链的角度，都需要人民银行内部审计深入进行价值链分析，寻找并保持自身的竞争优势。"内部审计的价值"与其"为组织增加的价值"具有一体两面性。内部审计作为组织内部的一种智力性、服务性工作，服务于组织的内部控制、风险管理和组织治理，其工作成果最终都要通过组织这个主体来实现，其工作价值实际上体现在"为组织增加的价值"上，因此，在增值型内部审计的范畴里，这二者是同一目标在内部审计层面和组织层面两个维度的不同表现形式。因此，将内部审计作为价值创造单位并运用价值链理论进行分析，而不仅仅是将内部审计作为整体置于组织价值链中进行分析，可以较好地解决价值链理论指导构建增值型内部审计模式方面存在的不足。

二、基于价值链理论解构人民银行传统内部审计模式

价值链理论认为，每家企业都有自己独特的价值链。构建增值型内部审计模式，首先就是要把人民银行传统内部审计模式下的内部审计活动进行分解，通过分析单个活动本身及其相互之间的关系来评估价值链的效率。

（一）人民银行传统内部审计模式的基本活动

1. 进货后勤

内部审计投入的主要是内审人员的智力劳动，进货后勤主要表现为年度审计项目计划，反映了审计资源投放的审计领域。在传统内部审计模式下，项目计划主要依赖于主管或分管内审工作的行领导、内审项目负责人的经验判断，主要判断依据是固有审计领域的覆盖面以及历史审计频率，是一种主观的、定性的工作安排方式。

2. 生产运作

传统内部审计模式以"查错纠弊"为审计方法，通过检查被审计对象的行为是否符合有关权限、标准、流程来形成审计结论，不利于评价现有业务规则流程、体制机制的有效性，不利于对新兴的、制度尚不健全的业务开展审计，不利于揭示组织潜在的、未被现有制度所约束的运营风险，也不利于对组织运营的成本效益情况进行评价，在为组织创造价值的范畴方面存在较大局限。

3. 运出后勤

由于内部审计生产的是以审计报告为代表的智力型产品，不需要将审计产品进行实体存储和运输，因此并不存在制造型企业一般意义上的运出后勤活动。

4. 运营销售

传统内部审计模式下，内部审计产品是按照标准化的程序对组织的业务活动提供标准化的审查和评价，并出具标准化的结论。这种高度结构化的服务，审计范围和领域局限较大，历次审计项目发现的问题往往容易雷同，部分审计报告难以得到管理层的重视，也无法满足不同内部审计客户的需求。

5. 服务

传统内部审计模式下，内审思维停留在是否合规的监督意识层面，对于被审计单位的整改情况缺乏跟踪服务的意识和动力，加之合规性审计发现的违规问题相当一部分根源在于制度本身存在相互抵触、缺乏操作性、过度控制等不足，在合规性审计层面往往难以找到解决办法，容易出现"屡查屡犯""前查后犯"等问题，也导致以后续审计、咨询为主的内审服务力度不足。

（二）人民银行传统内部审计模式的辅助活动

1. 采购

人民银行内部审计活动不存在传统制造型企业的原材料采购活动，作为投

入的人力资源也主要是在组织自身内部进行调配，传统审计模式下一般也无必要从外界聘请采购专家。

2. 技术开发

传统审计模式下，基于合规性审计标准明确的特点，往往以手工翻阅凭证、发现抽样为主要审计方式，即只要发现若干违规实例即可确认存在违规问题，更多地依赖于审计人员的工作经验和敏感性，对于信息化审计工具的需求并不强烈，与人民银行各项业务全面电子化、信息化的现状存在差距。

3. 人力资源管理

人力资源是内部审计资源的主体，内部审计部门自身并不具备独立的人员招聘、考核权力，人民银行人力资源管理过程中也并不专门为内部审计部门设置特殊的招聘和考核制度，内部审计部门人力资源的管理主要体现在内审人员的配备和培训上。

4. 基础设施

人民银行内审部门的基础设施包括内审基本制度、专项审计制度及审计方案等类型，从整体来看，传统内部审计模式下的制度体系更多体现为对于内部审计活动权力的保障及其规范性的要求。

（三）人民银行传统内部审计模式的整体框架及其不足

合规性审计在内部审计出现之日起，就是内部审计最主要的工作理念和方法之一。在长期的审计实务中，人民银行形成了合规性审计为核心的传统的内部审计模式，与风险导向审计、绩效审计、增值型审计等理念不同，价值链的各个环节及其相互关系都体现出了合规的导向，价值链的核心环节在于简单易于操作的生产运作。其整体框架如图2所示。

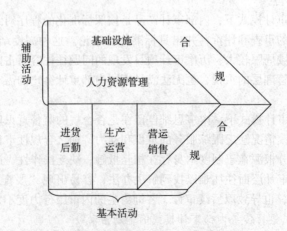

图2 人民银行传统内部审计模式价值链示意图

在新常态下，这种以生产价值链为核心的内部审计模式已经落伍。一是资源配置不能满足新常态下数量要求，新常态要求对重点审计领域实行审计全覆盖，审计范围大大扩展，审计任务数量也显著增加，合规性思维下配置的内部审计人员不论是年龄结构、知识结构还是技能结构都趋于老化，审计项目计划依赖于经验也容易导致资源浪费，更加剧了审计需求和审计供给之间的矛盾。二是审计质量难以满足新常态的管理需求，新常态下管理层对于内部审计工作的需求已经从单纯的"查错纠弊"扩展到组织治理、风险管理和业务发展等多个方面，仍然把审计内容局限在已有的制度框架之下，难以充分揭示体制机制存在的突出问题，难以预警防控新形势下人民银行面临的各种风险，也难以提出促进人民银行更好履职的增值型建议。三是审计效果难以适应新常态下的监督竞争，随着纪委监督、巡视下沉以及业务检查加强，业务合规性也成为这些监督方式的重要内容，在监督方式、范围和内容上与传统内部审计呈现出高度重合的特征，合规性审计思维将越来越难以发挥自身优势，会削弱内部审计作为独立部门存在对于组织的价值。

三、基于价值链理论构建人民银行增值型内部审计模式

构建人民银行增值型内部审计模式，需要在识别传统内部审计模式的基础上，重新设计人民银行内部审计的基本活动和辅助活动，使内部审计主要价值流程中促进价值增值的内容最大化，制约价值增值的内容最小化。

（一）人民银行内部审计基本活动的流程再造

1. 进货后勤

审计项目计划和审计人员安排，都需要逐步实现从主观的经验判断向客观的风险判断转变。新常态下，重点领域审计监督要实现全覆盖，审计资源与审计任务之间的矛盾更突出，要求我们在实践中更加突出风险导向的工作理念。在实践中，可以根据图3建立全覆盖的审计应对策略。

高固有风险 低控制有效性	高固有风险 高控制有效性
低固有风险 低控制有效性	低固有风险 高控制有效性

图3 "固有风险—控制有效性"矩阵图

"高固有风险、高控制有效性"往往是风险程度较高但变化不太剧烈、现有规章制度较为成熟的业务领域，可以有步骤地、在3—5年的周期内推进管辖范围的全覆盖；"高固有风险、低控制有效性"往往是风险程度高或者风险

状态变化距离，但内部控制建立不健全或应对不及时的领域，应该统一部署集中推进全覆盖；"低固有风险、低控制有效性"往往是由于对风险认识不到位，容易发生苗头性、倾向性问题的领域，应该根据掌握的情况适时安排审计调查、风险评估等占用审计资源较少、响应迅速的工作方式予以全覆盖或有重点地核查；"低固有风险、高控制有效性"往往是一些运转良好、规章制度执行有序的领域，可以降低审计频率，根据需要予以关注。

2. 生产运作

一线审计作业要逐步从合规性审计的固有思维模式解放出来，转变到价值导向上来，具体而言就是要确保审计结果体现问题导向、风险导向和绩效导向。问题导向是被问题推动或以问题为中心，把审计发现与增值型审计建议结合起来。风险导向重点在于充分考虑损害组织价值的可能性，强调审计过程要关注风险发生的可能性及其对组织造成的损害程度。绩效导向注重对组织的经济性、效率性、效果性的评价，更加突出"好不好，怎么样更好"的绩效导向。

3. 运营销售

实现产品价值向顾客价值的转变，关键在于提高产品质量和扩大产品种类，产品质量根源在于生产运作环节，运营销售环节的改进重点在于扩大产品种类以适应组织类更多顾客的需要。具体而言，可以从不同类型的客户的不同需求着手，提高不同的审计产品，满足多样化需求，具体如表1所示。

表1 内部审计的客户需求与审计产品

客户	客户需求	审计增值产品
派出行管理层	关注内部控制、风险管理、组织治理的可靠性，期望内审能对实现组织目标的方式提供建议	审计报告、审计发现问题情况综述
派出行业务部门	期望内审为相关信息的可靠性和安全性提供确认服务，帮助提高垂直管理水平	审计线索或信息移交、情况通报、交流磋商
被审计对象	期望内审客观公正地进行审计评价，并对如何整改审计发现问题提出建议	内审结论、整改通知
与被审计对象同类单位或部门	关注潜在风险和绩效改进，期望了解审计相关信息，以避免同类错误或借鉴好的做法	风险提示书、咨询服务
上级行内审部门	关注审计信息的全面性	审计报告、审计经验、案例分析
外部监督	视内部审计为内部控制的一部分，若其有效，将大大降低外部审计的工作量	审计报告

4. 服务

基于价值导向重构价值链，需要显化审计整改等服务环节，只有审计发现的问题真正得到整改落实，内部审计的价值才算真正发挥出来。具体而言，需要把审计视角从整改报告继续延伸，通过开展后续审计、突击检查等方式予以现场核实，并纳入其他日常审计予以关注，形成图4所示的闭环跟踪服务链。

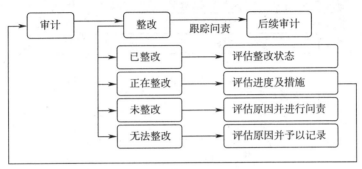

图4 审计整改闭环跟踪服务链示意图

（二）人民银行内部审计辅助活动的流程再造

1. 采购

增值型内部审计模式下，对于审计人员专业性的要求更高，人民银行内审部门可以在自主配置或培养相关专业人员以外，引进外聘审计专家、外包审计服务等形式的服务采购。

2. 技术开发

人民银行工作全面信息化的趋势越来越明显，内审部门也需要全面推动信息技术与审计工作的融合，推动内审业务流程管理的信息化，广泛运用计算机辅助审计手段，建立审计信息的大数据平台，提高审计工作效率。

3. 人力资源管理

要以增值型内部审计为中心建立人力资源管理体系，在人员配置上更具开放性，保持良好的年龄梯队结构；在人员培训上更具引导性，加强增值型审计理念的培训，通过思想观念的转变引导审计目标、技术方法、工具手段的转变。

4. 基础设施

增值型内部审计模型下，内部审计制度建设需要更加突出审计效率，在确保独立性和客观性的同时适当简化操作流程。针对经济责任审计、风险管理审计、内部控制审计、绩效审计、信息技术审计等新的审计类型的不同特点，分别出台更加具有针对性的指导意见，对于方案内审工作价值实现的程序性问题和沟通性问题从体制机制层面予以解决。

（三）人民银行增值型内部审计模式的整体框架

在增值导向下，人民银行内部审计基本活动和辅助活动等价值环节经过扩展和深化，构成了新的增值型内部审计模式。其整体框架示意图如图5所示。

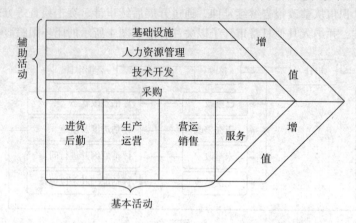

图5　人民银行增值型内部审计模式价值链示意图

人民银行增值型内部审计模式可以更好地适应新常态下内部审计的新要求。一是增值型内部审计模式以增值为导向，从整体上提高整个价值链的增值能力，既包括更好地发挥内部审计鉴证、监督等评价性作用和诊断、促进等建设性作用，又包括更好地提高审计效率以提高内审生产率、取消低价值审计服务以降低审计成本，从增加效益和降低成本两个方面实现增值作用。二是增值型内部审计模式拓展了价值链的结构，在基本活动中有效增加了服务环节，推进内审价值持续转化，在辅助活动中有效拓展采购、技术开发等支持环节，从整体上价值链增加价值的能力，从而增加了内部审计在组织治理体系中的竞争优势。三是增值型内部审计模式强化了价值链的效果，通过对传统内部审计模式既有价值环节的改造和深化，提高进货后勤环节的资源配置效率，优化生产运作环节的内审产品质量，扩大运营销售环节的内审产品覆盖面，加强人力资源管理和基础设施的针对性，从而在不同环节增加了内部审计价值创造活动的质量、效率和层次。

四、人民银行增值型内部审计模式的实现路径

综合价值链理论的特点和内审转型实践，落实人民银行增值型内部审计模式的具体路径主要由基本活动来决定，在推进人民银行增值型内部审计模式时应根据价值链的特点从不同环节入手选择实现路径。

（一）推进风险导向资源配置模式，科学安排审计项目

风险导向的审计资源配置模式是在进货后勤环节，以风险的识别和量化评

估为基础，通过剩余风险模式来确定审计资源配置的工作模式。实施步骤首先是建立风险图表，理清组织可能面临的主要风险类型和级次；其次是风险识别，将审计业务领域划分为不同的业务单元，确定其固有风险的类型大小；然后是风险评估，根据风险评估活动或审计检查情况评估组织内部控制的有效性，判断审计业务领域的剩余风险；最后是根据"固有风险—控制有效性—剩余风险"情况确定审计项目计划和审计重点。具体而言，可以将人民银行面临的风险按照来源划分为六大类：市场风险、信用风险、流动性风险、操作风险、法律风险和声誉风险，确定重大风险、严重风险、一般风险、轻微风险四个风险级别，并对央行业务根据业务性质合理区分业务大类，根据新常态下风险状况和控制有效性的变化情况确定合适的审计策略。

（二）满足多层次审计信息需求，提升审计产品质量

从产品形式上来看，内部审计提供智力性的信息产品，对于客户审计信息需求的满足程度决定了审计质量的高低，这取决于价值链的生产运作环节。具体地，体现业务管理、风险管理、组织治理三个层次的增值效果。与之对应，生产运作中包含问题导向、风险导向、绩效导向三种新的审计思维和理念。从实践来看，问题导向与中央关于新常态的工作要求一脉相承，与合规性审计理念较为接近，得到了较大程度的理解和接受；风险导向随着转型的深入，其效果日益彰显，接受程度也逐渐提高；绩效导向由于审计标准难以确定，内审人员和被审计对象接受起来都还存在一些困难。落实增值型内部审计，一方面要摒弃单纯的合规性思维，坚持价值增值理念，坚持问题导向、风险导向和绩效导向，实现审计主导思想的改进提升，促进人民银行内部审计向增值型的现代内部审计转型；另一方面要坚持立足实际，根据内部审计自身的发展水平，联系内部审计的服务范围，针对业务管理、风险管理和组织治理的不同层次来发掘审计信息，作出审计结论。

（三）提供不同维度的增值产品，综合运用审计成果

组织内部委托代理关系的多层次性，使不同层级、不同范畴的客户对于审计信息的需求种类有所不同，也使内部审计的服务范围得以扩展。人民银行增值型内部审计模式着眼于增值服务，提供的产品产品必须紧跟顾客需求，甚至要提供"客户定制"的专门化服务。特别是对位于服务环节的审计发现问题整改工作，要按照价值增值的原则，采取切实有效的措施提高整改率。在落实增值型内部审计模式过程中，应当按照价值链理论的范式，根据不同类型客户的个性化需求，制定不同的增值型产品要求，提供不同的增值型产品。具体而言，需要从组织治理的角度，建立将审计发现问题整改情况与业务管理、业绩考核、干部任免和廉政建设相挂钩的工作机制，提升对于审计发现问题整改的激励程度，推动审计劳动转化为组织价值。

（四）推进内部审计全面信息化，提高审计工作效能

信息技术的发展为内部审计带来了许多便利之处，突出体现在对于内部审计价值链辅助活动的帮助上。增值型内部审计模式下，不论是技术开发，还是人力资源管理，或者基础设施，都必须加强信息技术与内部审计的融合。技术手段方面，审计业务流程的信息化提高了审计主管监督审计工作开展的效率，计算机辅助审计工具的运用提高了审计提取信息、分析信息、作出结论的效率和可信度，审计发现问题通过系统的后续跟踪得到了监督与改善。人力资源管理层面，熟练掌握信息技术的内审人员，其可审计的范围和投入产出比显著提升，可以较大程度地改善审计资源不足与审计任务负担重的冲突。基础设施层面，内部审计需要建立自身开展信息技术审计、运用信息化工具开展审计的审计规范，促进审计技术的应用，提高其审计工作的质量。推进增值型内部审计模式，需要进一步强化信息系统的推广运用，加强内审人员信息技术审计能力的学习培训，逐步建立信息技术审计工作规范和运用计算机辅助审计的工作规则，形成全方位的内审信息化格局。

参考文献

［1］李凤华．内部管理审计增值功能探微——基于价值链理论视角［J］．审计与经济研究，2007（1）．

［2］谭力文，马海燕．竞争范畴的变迁与价值链理论的拓展［J］．社会科学辑刊，2008（4）．

［3］万寿义，崔晓钟．内部审计价值变迁的结果——风险导向内部审计［J］．财经问题研究，2009（11）．

［4］赵娜．基于功能拓展视角的内部审计增值路径探讨［J］．财会月刊，2010（6）．

［5］严晖．内部审计服务的变革——增值产品［J］．中国内部审计，2012（5）．

［6］闫学文，刘澄．基于价值导向的内部审计评价体系研究——理论、模型及应用［J］．审计研究，2013（1）．

［7］刘德运．内部审计帮助企业增加价值——一个框架［J］．审计研究，2014（5）．

［8］迈克尔·波特．竞争优势［M］．陈小悦，等，译．北京：华夏出版社，1997．

课题组组长：常　青

课题组成员：崔　健　余文宏

执　笔　人：余文宏

中央银行履行宏观审慎管理职能研究

中国人民银行武汉分行金融稳定处课题组

一、理论基础：宏观审慎管理概述

国际清算银行（BIS，2001）对宏观审慎管理定义是：宏观审慎管理是微观审慎监管方法的有益补充，其不仅考虑单个金融机构的风险敞口，更是从金融体系的系统性角度出发对金融体系进行风险监测，从而实现金融稳定。由此可见，相对于微观审慎监管而言，宏观审慎管理关注的重点是系统性金融风险，其目的是防范金融危机的发生，维护整个金融体系的稳定，从而保障宏观经济的稳定。

（一）宏观审慎管理概念的产生及发展

1. 宏观审慎管理的由来

国际清算银行（BIS）在 20 世纪 70 年代末正式提出宏观审慎的概念，指出"当微观经济问题开始形成宏观经济问题时，微观审慎性问题变成了所谓的宏观审慎性问题"。

1986 年，因为资本市场的金融创新，欧洲货币常务委员会在"国际银行业的创新活动"报告中提出了"宏观审慎政策"的概念，并将其界定为促进"广泛的金融体系和支付机制的安全和稳健"的一种政策。该报告重点从金融衍生产品和证券市场两个方面分析了金融创新如何提高了整个金融体系的风险，并表示出了对金融监管的担忧。

2. 宏观审慎管理的演变及发展

1997 年亚洲金融危机爆发后，对"宏观审慎"的研究开始逐步拓展运用到中央银行以外的领域。国际货币基金组织（IMF，1998）认为："必须对银行进行持续有效的监管，这主要通过微观审慎和宏观审慎的非现场监管来实现。……对银行的宏观审慎性分析要建立在市场信息和宏观数据的基础之上，同时还要关注重要的资产市场、其他金融中介机构、宏观经济发展趋势以及潜在的失衡问题。"

2010 年，中国人民银行行长周小川在《宏观审慎政策：亚洲视角高级研讨会》上指出，为避免歧义，宏观审慎政策可简单理解为：资本要求、资本缓冲、流动性、杠杆率等；同时他强调，从总体上看，宏观审慎政策首先是逆周期性政策；其次是应对羊群效应等市场失效现象，使整个金融市场更加稳健，使金融市场参与者更加谨慎；最后是需要制定和实施更加广泛的国际标准，以应对全球化下金融市场的迅速发展、金融产品和交易日益复杂的现状。

近年来的 G20 峰会不断丰富宏观审慎管理。2009 年 9 月，G20 峰会报告《强化合作监管，提高透明度》，对宏观审慎管理定位为"微观审慎和市场一体化监管的重要补充"，提出各国应该加强宏观审慎管理。2010 年 11 月 G20 首尔峰会进一步形成了宏观审慎管理的基础性框架，并提出了主要的宏观审慎管理政策。2016 年 9 月 G20 杭州峰会提出总结宏观审慎政策框架和工作的国际经验，帮助促进实施有效的宏观审慎政策。

（二）宏观审慎管理的两个维度

纵观宏观审慎管理概念的由来及发展历程，可以从两个维度对宏观审慎管理进行分析。这两个维度分别为：时间维度和跨行业维度。

1. 时间维度

宏观审慎管理时间维度主要关注的是风险的动态变化，主要考察的是随着时间的逐步推移风险在金融机构体系内外是如何变化的。时间维度主要说明的是逆周期调节金融体系问题。系统风险的时间维度与经济周期紧密相关，在时间维度中要重点考察的是风险是如何在金融体系内部发生及如何因金融体系和实体经济的相互作用而扩散放大的，这就是常说的金融体系的顺周期性问题。顺周期性是指实体经济与金融体系之间的正向反馈机制，这种相互依存的关系会通过金融加速器效应、财富效应等放大经济周期的波动程度，造成或加剧金融部门的不稳定性，从而引起金融体系的动荡。

2. 跨行业维度

宏观审慎管理跨行业维度也称横截面维度，是指在某一特定时点上，风险是如何在特定的金融体系中分布的，尤其是由于资产负债表的关联度所导致的共同风险暴露及相关风险暴露和相关行为反映。也就是说这些风险既可能是金融机构相关资产的直接风险暴露，也可能是金融机构相关业务交叉而导致的间接风险暴露。跨行业维度，主要是控制或降低某一时点上金融机构的关联性及共同风险敞口。在跨行业维度上有一个重要方面需要高度重视，这就是对系统重要性金融机构的管理。系统重要性金融机构通过融资渠道、资产负债渠道、资产价格渠道对金融体系发挥重要影响。因此，从跨行业维度而言，要对金融机构之间的投资组合和金融产品风险之间的关联性予以特别关注，这里的风险主要指的是系统性金融风险。

（三）宏观审慎管理和微观审慎监管的关系

宏观审慎管理始终是面向金融机构的微观活动，并源于这种微观活动集合效应而产生的系统性风险，是与微观审慎监管相辅相成的一个概念。两者相互依存，紧密联系，不能割裂，更不能对立，共同构成维护金融稳定的重要方式，离开任何一方都难以确保实现金融体系稳定。两者的关系，具体描述如下（见表1）。

表1 宏观审慎管理和微观审慎监管的比较

项目	宏观审慎管理	微观审慎监管
监管目标	避免系统性金融风险	单一金融机构的稳健经营
最终目标	维护金融稳定、避免实体经济下滑	保护投资者和金融消费者利益
关注对象	整个金融体系	单个金融机构
关注风险	系统性金融风险	单个金融机构风险
分析方法	宏观审慎分析	金融机构稳健性分析

1. 两者都以防范风险为基础目标，但各自关注重点不一样

宏观审慎管理的关注对象是整个金融体系，包括具有系统重要性的金融机构、金融市场和金融工具，不但要监控金融体系内部产生的金融风险，而且还要密切关注宏观经济等外部因素对金融体系的影响；强调通过研究金融体系与宏观经济的相互联系以及金融体系内部的相互关联性，对金融体系的脆弱性和稳定性进行监测和评估，防范金融体系的系统性风险，保证金融风险的控制和金融系统的稳定，同时兼顾收益目标以及其他社会目标，从而减少金融危机事件对宏观经济的影响，避免实体经济的下滑，并认为金融机构系统性风险是由金融机构的集体行为和风险叠加累积引起的。微观审慎监管关注的对象是单一金融机构，通过关注单个金融机构运行中的潜在风险，强调维护单一金融机构的稳健经营，包括资本充足率、流动性等一系列监管指标，从而保护金融消费者的利益；体现了金融稳定政策模式的传统理念，更关注的是金融机构个体风险的防控，目的是避免单一金融机构的危机。

2. 两者控制风险的手段与工具相互渗透，但有所区别

微观审慎监管强调资本金要求和会计准则的运用，通过金融机构交易层面和客户层面风险计量的实现和优化去完善风险管理，从而增强银行的安全性和稳定性，提高银行的风险防控能力。宏观审慎管理工具中包含一部分微观审慎监管工具，但宏观审慎管理政策工具和运行机制更加复杂，不仅包括宏观审慎管理工具，而且包括数据搜集、分析等宏观审慎监测，主要方法包括系统性风险监测评估、压力测试和早期预警等，主要工具包括协调议事的决策机构、信息的获取保障机制、抑制顺周期性的衡量指标体系等。宏观审慎管理手段是对微观审慎监管手段的涵盖和综合，更是升华和延伸。

3. 两者监管视野与对集中风险的态度不同

宏观审慎管理着眼于整个金融体系，强调自上而下的监管，这种自上而下

的监管，有利于减少系统性事件发生的可能性，从而有效地维护金融体系的稳定。微观审慎监管关注单个金融机构，注重自下而上的监管，这种自下而上的监管关注单个金融机构，有利于维持金融机构财务稳健性，从而有效地保护金融消费者和投资者的权益。宏观审慎管理认为源于市场个体的集中风险容易引发系统性风险，是属于内生风险，微观审慎监管认为集中风险与集体行为无关，是属于外生风险。① 这种对集中风险的不同态度，导致了两者在分析方法上的不一致，宏观审慎管理强调对整个金融体系的宏观审慎分析，微观审慎监管强调对单一金融机构稳健性分析。

由以上梳理及分析可见，微观审慎监管的主要任务是基于对单个金融机构经营是否稳健、合规及透明而言的，注重的是对金融消费者权益的保护，而宏观审慎管理是基于对系统性金融风险的防范，重点是在分析判断总体宏观经济形势的基础上进行逆周期调控，用于熨平金融机构的顺周期波动并防范总量风险，属于宏观经济及金融稳定的范畴。相对货币政策而言，宏观审慎管理通过金融体系发挥作用，在政策目标、政策工具及传递机制方面能够与之有效协调，这为中央银行开展宏观审慎管理提供了理论支撑。

二、实践经验：基于宏观审慎管理的欧美中央银行改革

（一）美国扩大美联储宏观审慎管理职能

1. 次贷危机后美国金融监管改革方案

美国政府着手对原有的金融监管体系进行彻底的改革，改革中通过强化美联储职能等一系列措施，建立起一套能够有效防范和化解系统性风险的宏观审慎监管体系。2009 年 6 月 17 日，奥巴马政府颁布了名为《金融监管改革——新基础：重建金融监管》的金融监管改革方案。该方案的最终版本《多德—弗兰克华尔街改革和消费者保护法案》于 2010 年 6 月 30 日和 7 月 15 日分别获得美国众参两院表决通过，并于 2010 年 7 月 21 日经美国总统奥巴马的签署，成为美国的金融监管改革法案。这是美国自 1929—1933 年"大萧条"以来最庞大的金融监管改革法案，同时也是最严厉的金融监管改革法案。

2. 美联储扩权

通过分析，《多德—弗兰克华尔街改革和消费者保护法案》一方面赋予了美联储"系统风险监管者"的职责，另一方面也给予了其维护金融稳定的权力。通过金融改革扩权，美联储将担负起全面负责系统性风险的监测与评估的职责，也就是对所有大型、业务交叉的系统重要性金融机构实施稳健监管，监管对象范围将由商业银行扩大到所有具有系统重要性的机构，包括保险公司、投资银行、对冲基金乃至金融控股公司等一切可能威胁到金融稳定的金融企

---

① 资料来源：赵光毅. 解析宏观审慎监管［J］. 金融博览，2011（3）.

业。美联储将根据业务规模、杠杆率和相互关联等情况，要求那些因破产或倒闭将会给金融体系带来严重威胁的系统重要性金融机构（无论其是否为存款保险机构）接受美联储严格、统一的稳健性监管，这些金融机构都将受到金融改革法案中对非金融活动的法律约束。通过此次金融改革，美联储将具备履行宏观审慎监管职能和微观审慎监管职能的权限，实现由中央银行到"超级金融监管者"的跨越，成为美国维护金融稳定的主要防线。

（二）英国全面加强英格兰银行宏观审慎管理职责

受次贷金融危机的影响，英国政府开始改革金融监管体系。2009 年 2 月，《2009 年银行法案》获得英国议会通过，该法案明确了英格兰银行在维护金融稳定中的法定职责和核心地位，进一步强化了英格兰银行相应的金融监管权限，赋予英格兰银行维护金融稳定新的政策工具，如授权英格兰银行监控整个支付系统，在紧急情况下对危机银行提供流动性支持等权力。该法案提出在英格兰银行下面成立新的金融稳定委员会（FSC），该机构与英格兰银行原有的货币政策委员会（MPC）处于同一等级，共同接受英格兰银行的领导。金融稳定委员会由英格兰银行行长、两位副行长和 4 位该银行的非执行理事组成，其中，由英格兰银行行长任主席。该机构的职责也主要是在收集各方信息的基础上对金融体系中可能出现的系统性风险进行监测和应对（见表2）。

表2　　　　　　　　美国和英国成立的宏观审慎管理机构

机构	金融稳定监督委员会（FSOC）	金融稳定委员会（FSC）
主席	美国财政部部长	英格兰银行行长
组成	由 15 名成员组成，主要成员是财政部部长、美联储主席、货币监理署署长、消费者金融保护局局长、证监会主席、联邦存款保险公司主席、商品与期货交易委员会主席、联邦住房金融署署长、信用社管理局局长等。	由英格兰银行行长、两位副行长和4位该银行的非执行理事组成。
职责	统一监管标准，监测跨部门的系统性风险，协调监管冲突，处理监管过程中出现的争端，向有关部门进行风险预警和提示等。	主要是在收集各方信息的基础上对金融体系中可能出现的系统性风险进行监测和应对，及时发出预警并提出政策建议。

2010 年 6 月，英国推出了金融监管改革新的方案。该方案对现有的"三足鼎立"的监管体系（金融服务管理局、财政部、英格兰银行）进行彻底改革，撤销金融服务局，强调对金融服务管理局的职能进行分解。新成立三个机

构，分别为金融政策委员会（FPC）、审慎监管局（PRA）和金融行为管理局（CFA）。新设的审慎监管局（PRA）定位为英格兰银行的独立附属机构，担负起改革前由金融服务管理局承担的微观审慎监管职责，推动被监管对象的安全与稳健经营。改革后的英格兰银行将同时具备货币政策、宏观审慎管理及微观审慎监管的职权，地位空前提高，职权史无前例地扩大。此次金融改革后，英格兰银行通过金融监管获得的信息有助于英格兰银行更好地行使包括货币政策和最后贷款人在内的其他中央银行职责，同时可以有效地提升金融监管效率，避免在金融危机爆发时因监管者职责不清和监管漏洞而导致金融危机蔓延的恶果再次出现。

由此可见，欧美在全面分析金融危机爆发原因的基础上，都对原有金融监管体系进行了改革与完善，其中重要的内容就是加强了中央银行在宏观审慎管理政策框架中的核心地位，注重中央银行对系统重要性金融机构及重要基础设施的监管，强化中央银行对金融业的综合统计及全面的信息收集，完善系统性金融风险监管处置机制，注重宏观审慎管理与微观审慎监管的协调与合作等。随着经济全球化的加快及我国金融业日新月异的发展，我国在宏观审慎管理方面进行了初步探索，比如通过推出社会融资规模，进而不断丰富完善 M_2 指标，通过差别化信贷政策及差别化存款准备金动态管理引导资金流向，开展金融体系系统性风险评估及压力测试，通过将合意贷款管理机制升级为"宏观审慎评估体系（MPA）"，加强对金融机构逆周期监管，推出存款保险制度及开展金融消费权益保护工作等。通过比较分析，我国在金融危机面前不可能独善其身，欧美各国的金融监管改革对我国有重要的借鉴意义，赋予我国中央银行履行宏观审慎管理职能并有效协调宏观审慎管理与微观审慎监管是顺应国际金融改革趋势和防患于未然的必然之举。

三、现状分析：我国现行金融管理体制的主要问题与不足

我国现行"一行三会"分业监管的金融管理体制是上一轮金融管理体制改革的产物。在分业监管的一段时期内，确实起到了促进相关金融行业发展、防范各自领域金融风险的作用。但是随着金融市场的不断发展，金融创新与综合经营的不断推进，实行分业监管的金融管理体制弊端不断显现。分析现有金融管理体制的缺陷与不足，对于构建我国宏观审慎管理体系具有重要意义。

（一）分业监管体制下，监管部门条块管理及风险监管目标与整个行业发展目标存在内生冲突，会产生危机救助道德风险

现行金融监管体制下，货币政策与审慎监管分离及金融稳定职责的条块分割，造成危机救助过程存在严重的道德风险。一方面，在实施救助过程中，央行一般履行最后贷款人职责，存在监管机构花别人的钱不心疼问题；另一方面，基于央行无限救助的预期，在一定程度上又会带来监管部门放宽监管标准

的问题，形成"严准入—松监管—无限救助"的恶性循环，使金融机构和市场进一步忽视风险管理。

（二）分业监管体制下，监管部门之间缺乏有效协调机制及信息共享平台

在分业监管体制下，各监管部门各自独立发展各个领域的金融市场基础设施，相互信息难以互通，不能基于统一、及时共享的金融基础设施与金融统计系统获得必要的金融数据，造成危机时监管协调反应迟钝，危机应对效率低下。监管机构之间缺乏有效的沟通协调及信息共享机制，难以对全面的金融信息进行收集与汇总，造成对跨行业交叉性金融工具的发展监测分析不足，由此带来诸如监管关系协调低效、信息收集与交换不便等问题。

（三）分业监管体制下，难以避免出现金融监管重叠与监管空白，进而增加监管成本，导致综合经营引发的系统性风险难以防范等问题

金融机构为应对竞争、增加流动性、规避风险不断进行业务创新与整合，同时借助现代信息技术手段，创造出复杂衍生金融工具进行跨界经营现象。无论是综合经营下的金融机构或金融产品，在现行分业监管模式下都会引发"由谁监管"的问题，比如银行机构代卖保险、部分券商代售保险时，因为涉及银行、证券、保险等多个金融领域，似乎监管机构都可以对其部分业务进行监管，但由此可能存在监管机构之间互相推诿，导致监管重叠与监管真空并存。分业监管体制下，基于监管者竞争的假设，容易导致监管信息碎片化，难以形成整体信息。

四、对策建议：完善我国宏观审慎管理的路径选择

梳理分析宏观审慎管理发展理论，借鉴金融危机后欧美国家及国际社会强化中央银行宏观审慎管理职能经验，依据习近平总书记对金融管理体制改革"三个统筹"的说明和"十三五"规划提出的"要加强统筹协调，改革并完善适应现代金融市场发展的金融监管框架"的要求，客观分析我国现行金融管理体制弊端，立足我国金融市场发展现状，我们认为：为防范系统性金融风险，必须确立我国宏观审慎管理体系改革理念，有效赋予中国人民银行宏观审慎管理职能，并协同发挥好微观审慎监管功能，合理统筹金融基础设施和金融统计体系，推动国际金融监管合作，构建起货币政策、宏观审慎管理和微观审慎监管"三位一体"的金融管理体制。

（一）明确中国人民银行宏观审慎管理职能，强化其逆周期政策调节与系统重要性金融机构监管的宏观审慎管理制度框架

应从法律及制度上明确中国人民银行在宏观审慎管理中的主体地位与具体职能，确立中国人民银行牵头研究制定我国的宏观审慎管理制度，研究开发审慎管理工具，建立金融体系稳健性分析监测和评估制度；强化宏观审慎分析，把握宏观经济走势及风险变化，建立金融系统稳健性监测评估指标体系，做好

系统重要性机构、产品和市场风险的监测与预警，推动系统性风险的防范与化解；建立逆周期的动态资本缓冲及前瞻性的动态拨备工具，完善对流动性及杠杆率的监管，疏通宏观货币调控传导渠道，提升金融支持经济增长的可持续性；赋予中国人民银行对系统重要性金融机构和金融控股公司的统一监管权，建立和完善对金融控股公司的监管规则与制度，加强对开展跨业投资的金融公司资本、关联交易、风险集中度和全面风险管理能力的监管，推动金融控股公司的法人治理与风险管理，填补现行金融监管的空白与不足。

（二）完善中国人民银行主导下的金融监管协调机制，构建金融宏观审慎管理和微观审慎监管信息共享机制

有效防范化解系统性金融风险，确保宏观审慎管理的顺利实施，应进一步从立法及制度上完善中国人民银行和其他金融监管机构的内部协调合作机制和信息共享机制，有效衔接金融宏观审慎管理和微观审慎监管。从防范系统性金融风险、维护金融稳定的整体考虑，宏观审慎管理应对微观审慎监管具有一定的约束及指导作用。根据宏观审慎管理的目标和要求，微观审慎管理机构应做好对中国人民银行宏观审慎管理的支持与配合，提供相应的微观审慎监管支撑。我国应该建立中国人民银行与银监会、证监会、保监会、财政部和发展改革委之间广泛的金融信息共享机制，强化对综合经营以及交叉性产品与业务的监管协作，做好货币政策、监管政策、财政政策及行业发展政策协调，使相互之间的配合更紧密。

（三）统筹金融基础设施和金融统计体系，促进中国人民银行对金融基础数据收集全覆盖与金融综合统计

中央银行作为支付手段和金融市场即时流动性的唯一提供者决定了其在系统性金融风险中应该发挥决定性作用，因此，在金融基础设施方面与金融统计体系方面，应该明确中国人民银行是金融基础设施公共服务的提供者、金融基础设施市场参与主体的监管者、金融基础设施运行规则的制定者，通过统筹金融基础设施建设进一步畅通货币政策传导机制、加速社会资金周转、优化社会资源配置；通过金融业全覆盖的数据收集，加强和改善金融宏观调控，维护金融稳定。

（四）防范跨境金融风险冲击，加强中国人民银行与国际金融机构组织的协调与合作

在当前的国际形势下，赋予中国人民银行履行宏观审慎管理职责，要高度重视与国际金融机构的合作，强化与国际金融机构的合作力度，加强与国际金融组织的信息沟通与交流。具体而言，要充分利用我国作为金融稳定理事会等国际金融组织成员国的地位，授权中国人民银行加强与国际金融机构的进一步合作，参与国际金融监管标准及准则的制定；完善金融机构跨境监管日常协作机制，共享跨国金融机构的风险传递信息，防止国际金融风险向我国蔓延，减

少金融风险造成对我国金融体系稳定的冲击；采取全面参与的策略，以合作的态度去学习和借鉴其他国家宏观审慎管理机构、国际金融组织的成功经验，进一步丰富和完善我国的宏观审慎管理体系，提升我国的宏观审慎管理水平。

参考文献

［1］李妍．宏观审慎监管与金融稳定［J］．金融研究，2009（8）.

［2］谢平，邹传伟．金融危机后有关金融监管改革的理论综述［J］．金融研究，2010（2）.

［3］周小川．金融政策对金融危机的响应——宏观审慎政策框架的形成背景、内在逻辑和主要内容［J］．金融研究，2011（1）.

［4］周小川．（专访周小川之四）探索宏观审慎政策框架［N/OL］．财新网，2016－02－13．http://economy. caixin. com.

［5］李东辉，罗猛．系统性风险及其监管：国际经验及启示［J］．中国金融，2009（24）.

［6］李文泓．银行业宏观审慎监管：思路与政策框架［J］．中国金融，2010（13）.

［7］汤柳，尹振涛．欧盟的金融监管改革［J］．中国金融，2009（17）.

［8］王素珍．宏观审慎：概念、国际实践和启示［J］．金融教育研究，2011（1）.

［9］吴晓灵．发挥中央银行在宏观审慎管理中的主导作用［J］．银行家，2011（6）.

［10］薛建波，刘兰设，刘长霞，李玉宏．宏观审慎监管：有效防范系统性风险的必由之路［J］．金融发展研究，2010（6）.

［11］中国人民银行金融稳定分析小组．中国金融稳定报告（2010）［M］．北京：中国金融出版社，2010.

课题组组长：谢崇礼

课题组成员：王邦武　方爱国　周永胜　王鹏程
　　　　　　　贺　杰　陈　阳　刘鸿伟

执　笔　人：陈　阳

基于风险导向的事中事后
外汇监管机制研究

中国人民银行武汉分行资本项目处课题组

一、引言

近年来，我国外汇管理改革力度较大。一方面，我国政府积极推进简政放权，全面减少行政审批事项，着力增强市场主体调配外汇资源的能力和提高外汇汇兑的便利程度；另一方面，在管理方式上全面转向以统计、监测、分析、核查为主要手段的事中事后监管，并提出了构建宏观审慎管理框架的总体目标。从近几年的实践来看，虽然在探索事中事后监管的内容、程序和标准方面颇有建树，但在确立监管目标、如何提高监管效能等方面还未形成完整的理念，尚不能称为成型的监管体系。尤其是微观事中事后监管与宏观审慎监管之间缺乏关联，出现脱节现象。笔者认为，以跨境收支风险作为事中事后监管的切入点构建风险导向型监管是完善与宏观审慎监管配套的事中事后监管的必由之路。在梳理国内外有关跨境收支风险研究成果的基础上，本文分析了我国外汇管理事中事后监管的现状及主要问题，提出构建风险导向型监管机制的基本设想，并研究了风险导向型事中事后监管机制的主要内涵和建设路径。

二、文献综述

（一）跨境收支风险

梳理国内外跨境收支风险相关研究成果发现，大多数研究着重于关注跨境收支风险的类别及政策建议、跨境人民币、传导机制、国际经验、预警机制等内容。

就跨境收支风险类别及政策建议而言，中国人民银行南京分行国际收支处课题组（2014）从宏观、中观、微观三个角度分析我国跨境资金流动的风险。钟震等（2015）在全面分析我国跨境资本流动新特点的基础上，阐述了我国跨境资本流动面临的输入性风险和内生性风险，认为我国亟须构建跨境资本流动宏观审慎管理框架。陈卫东、王有鑫（2016）建立了一个包括地下渠道在内的测算框架，研究我国跨境资本流动在规模、币种、动机、主体和结构等方面都出现的一些新变化，并认为我国应该进一步加强宏观审慎金融监管。

就跨境人民币收支风险而言，翁东玲（2013）指出，跨境人民币资本流动规模日益扩大，对我国经济金融的影响也日益凸显，其蕴含的风险也逐渐暴露。龚珈玉（2016）分析了我国人民币跨境流动现状，指出了人民币跨境流动的风险：人民币跨境贸易结算风险、人民币离岸在岸套利风险、宏观金融调控风险等。

就风险传导机制及国际经验而言，谢洪燕、罗宁（2011）概述近几年来跨境资本流动重要特征，解析后危机时代主导资本流向的核心要素，详细分析跨境资本流动影响的传导机制及引发的风险。也有学者从国际经验入手，如姚翔（2011）详细分析了美元、欧元（德国马克）、日元三种主要国际储备货币跨境流动的进程、流动风险以及对流动风险的管理经验。

跨境资金流动风险监测预警也是目前研究的一大热点，国际上较为流行的跨境资金流动风险研究主要借鉴了货币危机预警理论和模型。目前，我国对跨境资金流动风险监测预警体系的探索研究主要是由国家外汇管理局及其分支机构完成的。较为权威的研究成果是国家外汇管理局研究课题《金融脆弱性分析：我国跨境资本流动监测预警体系构建（2005）》，其对新兴市场经济体的跨境资本流动与金融体系脆弱性进行了阐述，对资本流动监测和预警系统的建立和发展进行了评析。

（二）跨境收支与货币错配

跨境资金流动具有可逆性，理论上其能够自动实现收支平衡；但是长期单一方向的跨境收支会产生风险。目前，我国资本项下跨境资金流动管理措施相对完善，但对存量资金管理并无明确的管理措施，由此出现了外债逾期不对外还本付息、股权转让不支付对价、留置利润长期积累等存量风险。即使这类资金在流入时不存在投机因素，但是长期产生的存量资金如果在较短时间内集中流出或流入，势必会产生短期流动性困难、期限错配和货币错配等。

对货币错配问题的研究始于 20 世纪 90 年代对东南亚货币危机的研究。Miskin（1996）认为在银行负债大部分是外国货币的情况下，如果出现本币贬值则可能致使银行体系的稳定性受到削弱，爆发危机。Eichengreen 等（1999，2003）提出了"原罪"概念，对发展中国家货币错配的成因进行了解释。此后，Calvo 和 Reinhart（2002）从汇率制度的角度提出了"害怕浮动"假说；Reinhart 等（2003）从发展中国家对外债的管理水平等角度提出了"债务不耐"假说；而 Goldstein 和 Turner（2004）则提出了"超越原罪"假说。

分析现有文献可知，有关跨境收支风险的研究多集中在风险类别及政策建议、传导机制、国际经验借鉴、人民币跨境收支风险等，而货币错配概念的提出，为研究发展中国家微观经济主体行为与宏观经济稳定之间的关系提供了一个新的视角。在探讨防范跨境收支风险时部分研究也涉及宏观审慎监管，但仅仅给出了相关政策建议，未做具体分析。跨境收支的主要管理部门如何识别和处置风险、事中事后日常监管如何与宏观审慎监管的角度进行对接等方面尚属于研究的空白地带。本文认为，应该将跨境收支风险作为微观事中事后监管与宏观审慎监管框架之间的关键衔接点，不仅将跨境收支风险的评判作为事中事后监管的出发点并贯穿监管的全过程，而且将事中事后监管的结果作为宏观审慎监管的决策基础和评估监管效果的数据支持，这样就能把事中事后监管纳入宏观审慎监管的整体框架，实现微观监管与宏观监管、局部监管与整体监管的统一。

三、外汇管理事中事后监管的现状及主要问题

（一）外汇管理事中事后监管的历史

1. 资本项目事中事后监管的三个阶段

（1）分支局自发探索阶段。2009年，外汇局提出了"由事前审批向事后监管转变"的理念，但尚未制定全国性的事中事后监管规定或指引，对事中事后监管的内容、程序等无统一要求。此期间分支局进行了自发性探索和实践，在内部机构调整、制度设计、流程再造和人员转型等方面都取得了显著突破。但由于缺乏顶层设计，在制度的全面性和流程的规范性方面存在不足，在系统技术支持和跨地区监管协作方面更是存在先天缺陷。

（2）总局整章建制阶段。2013年9月，总局发布了《资本项目事后监管工作机制（试行）》，确定了事中事后监管原则、工作职责、组织实施和报告方式，并对事中事后监管提出了若干程序性要求。据此，各分支局纷纷设置了专门的事中事后监管科或事中事后监管岗，全面推进数据质量控制、监测分析预警以及可疑线索核查处理等事中事后监管工作。2015年1月，总局发布了《资本项目事后监管操作指引（试行）》，规范了现场核查和非现场核查程序，明确监测统计分析、数据质量控制的具体要求，建立了异地业务协查机制，完善了资本项目动态分类管理措施。

（3）事中事后监管深入发展阶段。2015年以后，资本项目简政放权进一步加快，事中事后监管承接的工作内容随之迅速扩张，监管难度明显加大。为此，总局、分局不断加大技术研发力度，依托资本项目信息系统以及跨境资金流动监测与分析系统全力推动智能化监管和数字化监管，事中事后监管在广度上、深度上都呈现出动态化发展格局。

2. 经常项目事中事后监管工作的开展

2010年，总局从进口项下入手实施核销改革，取消进口项下付汇事前逐笔核销备案审核管理，取而代之以总量核查、非现场监测预警、现场核查和主

体分类管理等事中事后监管手段。2012 年，在进口核销改革和出口核销改革试点基础上，进出口核销管理改革制度推向全国，从政策法规、系统技术支持方面推出配套核销改革制度、细则和货物贸易监测系统，建立了事中事后监管常态化工作机制，提高了对货物贸易宏观形势的监测分析和风险管理力度。之后进一步升级了系统，完善了业务主体的外汇风险预警和风险提示等事后监管手段和措施。随后按照类似的模式推动了服务贸易改革和事中事后监管框架搭建。

（二）当前外汇管理事中事后监管存在的主要问题

1. 过于关注流程规范而忽视了核心监管理念的建设

为了突出依法行政的要求，发展时间不长的事中事后监管将管理重心放在了监管流程规范化方面。在从无到有构建整体监管框架的过程中，将监管流程的规范性摆在首要位置有利于从源头保证事中事后监管工作的公平性与正当性，为事中事后监管实现"高标准、稳起步"作出了重要贡献。但监管的功能、作用和目标等核心监管理念迄今仍未成型，这也导致了监管始终无法突破"规则为本"的局限。

2. 过于聚焦微观问题而忽视防范宏观风险

事中事后监管是一项常规性工作，大部分工作都需要与银行、企业等各类交易主体打交道，主要属于微观监管的范畴。部分基层监管干部的主要精力都放在核对数据申报是否正确、检查外汇业务是否真实合规上，而很少有人去思考外汇风险的萌芽、聚集和爆发的形成机理，相应的也就没有建立事前防范、事中应对和事后处置的一整套机制。更为重要的是不能从全局的角度审视问题，使事中事后监管很可能偏离重点且缺乏前瞻性，忽略了系统性、区域性风险。

3. 过于关注数据采集而忽视数据分析利用

为了保证"说得清"这个基础目标的实现，各级外汇局都投入了大量的人力物力去维护涉外收支数据采集的完整性与准确性，有力地保障了外汇管理简政放权的顺利推进。但是，花了大力气收集的海量数据，其应用渠道却相对单一，主要用于完成基本的外汇收支形势分析以及部分核查检查工作，数据价值未能得到深入挖掘。大数据监管理念尚未形成，还不能运用大数据技术改进外汇收支监测预测和风险预警以及提高科学决策和风险预判能力。

四、风险导向型事中事后监管的基本内涵分析

风险导向型事中事后监管是指在事中事后监管过程中始终以跨境收支风险的分析评估为导向，根据分析评估结果确定监管的重点与范围，采取针对性的监管方法，从而维护国际收支基本平衡和经济金融安全。下面从不同方面全方位分析风险导向型事中事后监管的内涵。

（一）发展风险导向型事中事后监管对完善外汇管理有重大的现实意义

1. 为实现监管目标提供有力保障

坚持风险导向的意义就在于能够及时发现和纠正具体的监管活动与监管目标之间的偏离度。风险导向型事中事后监管将跨境收支风险识别、分析和评价贯穿于监管的全过程，不仅使各业务条线紧密服从于和服务于同一个监管目标，而且以风险控制为核心要素能将分离的、割裂的各业务条线捏合成有机的整体。

2. 有效对接宏观审慎监管

宏观审慎监管以防范系统性金融危机为主要目的，关注金融系统风险的内生性特征，高度重视"在给定时点上风险跨机构之间的分布及整个系统中风险的跨时间分布"。而风险导向型事中事后监管将跨境收支风险的预防、识别、评价和应对等摆在首要位置，注重通过监管使跨境收支风险总体可控。可见，以跨境收支风险为"关键支点"，能够将以微观审慎监管为主的事中事后监管纳入到宏观审慎监管的整体框架内，通过事中事后监管贯彻落实宏观审慎监管政策，将事中事后监管的结果作为宏观审慎监管的决策基础和评估宏观审慎监管效果的数据支持，实现宏观与微观的和谐统一。

3. 全面促进监管效率提高

风险导向型监管以风险衡量为基础来决定监管的重点以及监管资源的分配：对高风险领域优先配置监管资源，对低风险领域则降低关注度。基于这种分配规则，风险导向型监管能够集中有限的监管资源去最大限度地实现监管目标，全面提高了监管的针对性和有效性，大大提升监管效率。

（二）风险导向型监管以系统论为主要指导思想

跨境收支作为涉外经济的货币表现，其风险状况不仅与内部结构相关，而且也与国内外经济金融的整体运行态势密切相关，既有内生性风险，也有外来性风险；在进入经济全球化时代与信息社会后，跨境收支的风险与宏观经济金融风险更加不可分割。在这样的情况下，监管者必须首先充分理解跨境收支所处的"系统"——国内外经济环境、基于这些环境而制定的财政货币政策以及所面对的风险，才能全面、准确地梳理和评估跨境收支风险。因此，从方法上讲，风险导向型监管要求监管者根据系统观对跨境收支风险进行全面分析、评价、判断，从跨境收支风险产生的源头——宏观经济金融情况着手分析，将跨境收支置于广泛的宏观经济体系中进行考察，从而确定恰当的监管范围、重点和程序，从整体上保障宏观审慎监管框架下事中事后监管的科学性和有效性。

（三）风险导向型监管是在现有事中事后监管工作内容基础上发展出的新型事中事后监管模式

风险导向型事中事后监管工作继承了现有事中事后监管确立的形势分析预

警、数据质量管理、外汇业务核查（或检查）这三大块监管框架，也保留了非现场监管与现场监管的基本方法和主要程序。它的主要创新之处有四点：一是以跨境收支风险的评估和处置为主线串联起上述三大块事中事后监管工作，在三块监管工作中建立起内在逻辑联系。二是在跨境收支风险与宏观经济金融风险之间建立起关联，从国内外经济环境入手，按照"国内外经济金融分析—跨境收支结构变化分析—跨境收支风险分析"的思路递进分析风险的成因及表现形式，进而确定监管思路，更好地从宏观上把握风险。三是在具体的监管程序和方法上广泛采用分析性程序，分析性工作贯穿监管的始终，既通过分析研判风险，又通过分析确定监管方式，分析对象已不再局限于跨境收支数据本身，而是扩大到了国内外经济金融运行情况及财政货币政策取向的范围。四是处置风险的管理手段更加丰富，不仅可以实行行政处罚等微观审慎监管措施处理个体风险，还可以实施宏观审慎监管措施处理全局性风险。

（四）风险导向型监管在流程设计上具备"点面结合""上下互动"的特征

风险导向型监管要求监管者运用"自上而下"与"自下而上"相结合的手段，对跨境收支风险作出合理的判断和恰当的处置（如图1所示）。首先运

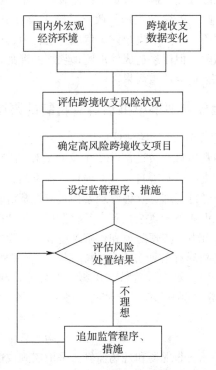

图1　风险导向型事中事后监管流程

用"自上而下"的思路，从国内外宏观经济运行状况和变化入手，分析对跨境收支可能造成的影响，结合实际跨境收支数据，确定需要重点关注的高风险跨境收支项目以及采取何种监管程序和措施。然后通过实施监管程序及统计监管结果，"自下而上"地归纳和判断整体跨境收支风险是否可控并确定是否需要改进监管措施、加大监管力度以进一步控制风险。

（五）对跨境收支风险的评估是风险导向型事中事后监管的核心环节

跨境收支风险的评估涉及两个维度：一是外部风险评估维度，即分析国际经济状况、国际资本流动、国内经济增长以及产业结构对我国跨境收支可能造成的影响。二是内部结构评估维度，即根据国际收支平衡表内部的结构性和趋势性变化，研判外部风险是否对跨境收支产生了实质性影响，分析这种影响是否可能造成区域性、系统性风险。跨境收支风险的评估还涉及两个层次：一是根据风险分析结果决定是否启用监管措施；二是在实施监管措施后评估监管措施的实际作用，判断风险状况是否得以改善，是否需要追加监管措施。

（六）对跨境收支风险的处置是风险导向型事中事后监管的落脚点

处置跨境收支风险有宏观和微观两种手段，宏观手段有征收托宾税、增加额外准备金、临时国际收支管制、宏观审慎监管政策系数调整等，主要用于应对全局性、系统性风险。处置微观跨境收支风险手段有现场检查、约见谈话、风险提示、行政处罚等，主要解决个体失信或违规行为，这些行为虽然不会造成全局性、系统性风险，但极易造成外汇管理秩序的混乱，具有较强的负外部效应，不及时处理也会造成严重后果。

五、构建风险导向型事中事后监管机制的路径选择

1. 按照风险管理环节进行组织架构调整

长期以来，在经常项目开放、部分资本项目管制的背景下，外汇局总局、分局都划分为国际收支、资本项目、经常项目、检查四大业务条线并对应设置相应的内部职能单位进行管理。这种管理架构具有权责清晰的优势，但随着资本项目的开放以及外汇业务的复杂化和交叉化发展，延续以往的组织架构设置反而不利于凝聚监管合力、实现防范和化解跨境收支风险的目标。根据风险导向监管的需要，应打破现有各业务条线的界限，在合并外汇行政审批职能之外，按照风险管理各环节对应设置数据申报、形势分析和风险处置部门（如图2所示）。其中，数据申报部门负责依托业务系统，全面采集外汇业务数据，确保数据的及时性和准确性；风险分析部门负责根据国内外宏观经济金融数据和外汇业务数据研判跨境收支风险状况，提出风险监管重点等方面的意见；风险处置部门根据意见开展非现场和现场监管，采取宏观或微观监管措施来防范和化解风险、纠正个体违规行为。

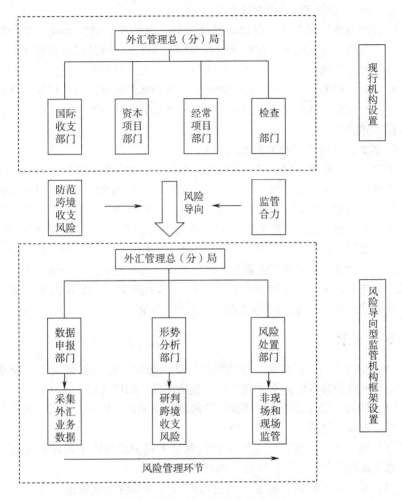

图2 风险导向型监管机构框架

2. 建立风险导向型事中事后监管制度框架

要符合"依法行政"的要求，就必须要建立一系列事中事后监管内部管理制度确保事中事后监管各项工作规范、有序运转。在这些制度中处于核心地位的是事中事后监管制度，它负责确定事中事后监管的目标、监管职责、监管原则、业务流程、信息报送和内部管理等开宗明义的内容，从总体上勾勒出事中事后监管的运行框架，将事中事后监管工作由无形的、软性工作转变为有形的、硬性工作，充分体现事中事后监管的专业性和严密性。此外，还要制定数据校验、风险分析、风险处置等各专项业务操作指引，从操作层面规范事中事后监管各个业务环节的监管程序及工作要求，为监管者的职业判断和监管行为提供依据。

3. 完善跨境收支风险分析体系

完善国内外经济金融宏观运行数据信息采集体系，建立宏观形势分析框架。根据国内外研究成果，建立分析并测度跨境收支风险的综合指标体系，包括综合指标和专项指标、核心指标和次级指标、先行指标和一致性指标等。根据历史数据合理地确定监测指标的阈值，提高指标的敏感性，做到既不虚报也不遗漏。监测指标体系建设保持开放性，根据监管实践的发展，不断检验、调整、充实和完善。

4. 加大监管队伍综合素质建设力度

不论是哪种监管方式，最终决定监管实际效果的仍然是监管者。风险导向型事中事后监管机制对监管者的综合素质提出了更高的要求——不仅要精通外汇业务和外汇管理政策，还要具备熟练的统计分析能力与软件使用技巧。构建风险导向型事中事后监管机制的落脚点还应当是培养监管队伍。应将更多的、综合能力更强的业务骨干调整到事中事后监管岗位，加大对事中事后监管人员培训的投入力度，拓宽其视野和知识面，注重培养他们分析、判断、预警和处置风险的技能，推动工作理念、知识结构、政策储备、工作方法等的更新升级，使监管队伍成为维护国际收支稳定的中坚力量。

参考文献

[1] 中国人民银行南京分行国际收支处课题组. 江苏省跨境资金流动分析框架及风险预警指标体系研究 [J]. 金融纵横，2014（1）.

[2] 钟震，郭立，姜瑞. 当前我国跨境资本流动：特点、成因、风险与对策 [J]. 宏观经济研究，2015（12）.

[3] 陈卫东，王有鑫. 人民币贬值背景下我国跨境资本流动：渠道、规模、趋势及风险防范 [J]. 国际金融研究，2016（4）.

[4] 王顺，梅国辉，赵勇. 人民币跨境流动风险及其防范对策 [J]. 中国金融，2011（5）.

[5] 翁东玲. 人民币资金跨境流动中的风险与防范 [J]. 福建论坛（人文社会科学版），2013（9）.

[6] 龚珈玉. 人民币跨境流动风险及管理 [J]. 吉林金融研究，2017（7）.

[7] 谢洪燕，罗宁. 跨境资本流动的最新风险与趋势解析及对我国的启示 [J]. 国际贸易问题，2011（1）.

[8] 姚翔. 国际储备货币跨境流动与风险管理的经验 [J]. 金融教学与研究，2011（4）.

[9] 宋国军. 我国跨境资金流出管理的实践与启示 [J]. 河北金融，2016（1）.

［10］李伟，乔兆颖，吴晓利．宏观审慎视角下短期跨境资本流动风险防范研究［J］．金融发展研究，2015（4）．

［11］张文娟．跨境资金流动监测预警体系探析［J］．青海金融，2012（8）．

［12］洪昊．国际收支风险监测预警研究综述及对我国的启示［J］．金融发展研究，2011（8）．

［13］刘扬．宏观审慎监管框架下中国金融监管的政策选择：基于巴塞尔协议Ⅲ的视角［J］．金融监管，2011（7）．

［14］朱小川．国际宏观审慎监管对我国的启示［R］．中欧陆家嘴国际金融研究院报告，2009．

［15］B EICHENGREEN，R HAUSMANN. Exchange rate and financial fragility［R］. NBER Working Paper，Cambridge，1999.

［16］B EICHENGREEN，R HAUSMANN，U PANIZZA. Currency Mismatches, Debt Intolerance and Original Sin：Why They are not the Same and Why it Matters［R］. NBER Working Paper，2003b.

［17］MP GOLDSTEIN，TURNER. Controlling Currency Mismatches in Emerging Economies［J］. Institute for International Economics，2004.

［18］R CARMEN，K ROGOFF，M SAVASTANO. Debt Intolerance［J］. Brookings Institution Landreau，2003（1）.

课题组组长：黄　灏
课题组成员：高继安　王　东　张梁彬
　　　　　　翟超颖　李新军
执　笔　人：张梁彬　翟超颖

我国央行内控机制建设研究

中国人民银行武汉分行内审处课题组

一、历史沿革：央行内控机制发展

1992 年，COSO① 发布《内部控制——整合框架》（Internal Control—Integrated Framework），成为内部控制发展史上的重要里程碑，并广泛应用于世界发达国家。为应对纷繁复杂的社会经济环境变化，更有效地发挥内部控制作用，COSO 委员会于 2013 年 5 月，发布更新了《内部控制——整合框架》。

2006 年，中国人民银行参考 COSO《内部控制——整合框架》，印发了《中国人民银行分支机构内部控制指引》（以下简称《指引》）。十年来，央行内控工作取得长足进展。但随着社会经济金融形势快速发展变化，央行作为一国金融核心，更面临内外部风险问题错综复杂、履职任务日益繁重、管理要求日趋严格等压力和挑战，组织治理、风险管理和内部控制水平要求更高、标准更严。笔者尝试在 COSO 新框架的理论指导下，探索构建、优化新形势下央行内部控制体系的有效途径。

二、现状分析：央行内控特点、不足及影响因素解析

（一）央行组织机构特点对内控机制建设的影响

内控机制建设是一项复杂的系统工程，组织机构的层级、目标、职能等特点，对内控建设成效发挥着决定性影响。具体到我国央行而言，组织机构特点（见图 1）对内控建设的影响主要体现在五个方面：一是组织目标具有多重性，需要构建行之有效的内控体系，确保目标有效实现。二是组织机构具有层级性和地域性特点，内控建设既要适应统一性要求，又要符合个性化实际，构建与自身职能、业务特点和内外部环境相适应的内控机制。三是组织职能具有特殊性、广泛性，给内控管理带来多元化要求。四是央行组织治理机制能否协调稳健运行，对社会经济金融发展与稳定具有牵一发而动全身的重大影响，也对央

---

① COSO 是美国反虚假财务报告委员会下属的发起人委员会（The Committee of Sponsoring Organizations of the Tread way Commission）的英文缩写。

行内控建设提出了更高标准和要求。五是组织机构的演变性，要求内控机制建设持续动态改进。

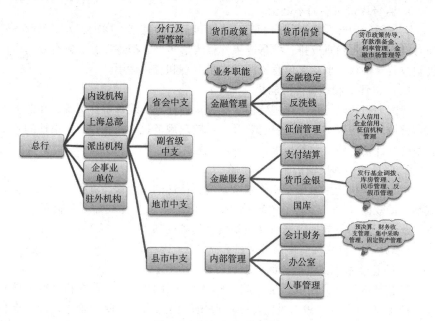

图1　央行组织机构示例

（二）央行现行内控体制的不足

尽管央行近年内控机制建设发展较快，但日趋复杂化、多元化的履职环境、管理领域和服务要求，也提高了央行内部控制和风险管理的难度，分支机构仍然存在一些风险案件和违规违纪问题，间接反映央行内控机制还有不足。

1. 内控分级管理机制不到位

一是在组织机构上，缺乏具有统筹协调、统管全局权限的内控风险管理部门，内控系统性、协调性、规范性有待加强。二是在层级管理上，央行组织机构具有层级多、地域广的特点，政策传导、信息沟通效果逐层递减，内控风险逐层递增，在资源配置、职能履行上，也存在一些倒挂或不匹配现象。三是在内控建设上，内控意识、管理和执行呈现逐级弱化趋势，基层行隐含一些可能被违规追责的问题风险。

2. 内控动态管理不到位

一是制度体系建设缺乏系统性，少数制度存在冲突，一些制度不接地气，在基层不具备可操作性，弱化了执行效力。二是制度建设跟进不及时。一些新业务推出或变革较快，但制度建设往往落后于业务变革和技术发展。三是在内控落实上，"重业务、轻内控；重创新、轻基础；重结果、轻过程；重便利性、轻安全性；重制度制定、轻制度执行"等"五重五轻"现象始终存在，削弱了内控有效性，增加了舞弊、差错和风险的可能性。

3. 监督评价机制尚不健全

央行履行内部监督职能的部门，主要包括纪检监察、内审、人事和业务管理对口部门，在检查安排、信息成果、整改落实上，都还没有形成有效的协同机制或共享平台，弱化了信息资源的成果共享和有效运用。

4. 风险评估和预警能力弱化

我国央行风险评估工作主要用于制订审计计划、统筹审计资源，在业务和管理领域的风险评估工作还没有普及，也缺乏规范化、强制性、约束性的要求和系统的评估方法、评价标准，不利于风险预警、排查和防控。

5. 信息沟通和反馈机制不够通畅

由于组织机构层级多、职能繁杂，信息传递的路径长、流程复杂，存在高成本、低效能现象，降低了传导效果，在信息获取上往往需要较高的协调成本。此外，从海量数据中选取高质量信息的难度加大。

（三）央行内控机制建设影响因素分析

1. 信息技术迅猛发展，深刻影响内控体系建设

信息技术的迅猛发展，也深刻影响内控机制的方法、手段和重点关注对象。截至 2016 年底，由人民银行推广使用的信息系统有四十余个，涉及支付结算、国库、会计财务等多个核心业务管理领域。受信息系统固有的设计缺陷、控制缺陷以及系统运行管理环境缺陷影响，信息系统广泛应用可能产生新的风险点。

2. 业务领域拓展及履职预期增加，进一步加大了央行风险压力

一是央行自身业务领域随经济金融发展而适时调整变化，一些新的业务领域、技术手段不断涌现（如存款保险、电子支付等），内控风险管理有待跟进；二是受经济全球化影响，央行重要金融管理领域备受关注，内外部风险敞口加大，对内控管理带来更大压力。一方面，汇率、利率、存款准备金率及公开市场操作对经济金融影响较大，在全球经济增势趋缓、公众对货币政策有效性期望高的情况下，管理操作难度、风险同步加大；另一方面，受宏观经济形势影响，社会公众对央行宏观金融管理工作普遍给予较高期望值，同时社会开放性、融合度加大，经济全球化、市场化发展，在给监管对象带来更多自由发展空间的同时，也使得金融管理工作面临更宽领域、更大难度，尤其需要行之有效的内控体系做保障。

3. 财务预算管理体制适逢转折期、适应期，内控管理亟待优化

2015 年底，央行财务预算管理体制出现历史性的转折，在解决历史难题的同时，也带来新的挑战。预算指标十年来首次配套到位，管理层和财务人员逐渐固化的思维方式、资金运用和账务处理模式需要及时跟进改变，避免在经

费开支范围、列支标准、使用渠道和程序等方面产生问题风险。同时，八项规定、财经纪律和内外部监督的约束性、强制性要求越来越高、越来越严，内控管理和风险防控工作仍需强化。

此外，内控体系建设往往受决策层、领导层管理意识、理念和自身行为影响，与组织文化、整体氛围、标准化内控和非正式规则等均有密不可分的关系。从现状来看，仍有一些分支机构受趋利性影响，在管理方式、内控成本和流程控制上盲目追求松、低、简，也导致内控要求在执行中变形走样，甚至沦为空谈。

三、理论借鉴：COSO 新框架带来的启示

2013 年 5 月 14 日，COSO 在历经三年多的评估、调查、修订工作后，正式发布了《内部控制——整合框架》和相关说明性文件（以下简称新框架）。新框架主要包括四部分内容：一是框架内容摘要（Executive Summary）；二是框架内容和附录（Framework and Appendices）；三是评估内部控制系统有效性的解释性工具（Illustrative Tools for Assessing Effectiveness of a System of Internal Control）；四是外部财务报告内部控制：方案和案例汇编（Internal Control over External Financial Reporting：A Compendium of Approaches and Examples of a System of Internal Control）。从新旧框架的比对来看，新框架在保留原框架核心要义的基础上，更新改进了原框架的一些指引和概念，提供了更为清晰的内控原则、重要关注点和控制措施，提高了新框架的稳定性、灵活性和易用性，使得新框架能够基本适用于所有的组织、部门和体系。分析、借鉴 COSO 新框架的理念、方法，对构建中央银行内部控制机制必然有所裨益。

（一）2013 版 COSO 新框架内容浅析

1. COSO 新框架保留的原框架核心要义及基本观点

一是内部控制的核心定义没有改变。新框架延续 1992 年版内部控制框架的一个定义、三大目标（运营、报告和合规）和五大要素（控制环境、风险评估、控制活动、信息与沟通、监控活动），将内部控制定义为：一个组织的董事会、管理层和其他员工共同作用的过程，旨在为实现组织运营、报告和合规等目标提供合理保证。

二是关于内部控制的核心观点没有改变。即内部控制是一个持续不断的过程；内部控制应与业务管理过程相结合；内部控制受人的影响，明确了管理层的内控责任；组织文化等"软控制"具有重要影响；内部控制提供合理保证而非绝对保证，等等。

三是用于评估内部控制系统有效性的准则基本不变。

2. COSO 新框架的主要变化及引领趋势

一是突出原则导向，体现普适性和易用性特点。新框架在原框架三大目标、五大要素的基础上，以延续、修改或新增的方式，明确列示了用于支持内

控五大要素的 17 项原则（见表 1），提供了与 17 项原则相关的 82 条对应关注点，力求适用于各类主体以及主体各层级、各领域和业务单元。

表 1　　　　　　　　　COSO 新框架的内控要素和基本原则

内控要素	基本原则	更新形式
控制环境	1. 组织对诚信和道德观作出承诺	延续
	2. 董事会独立于管理层，并对内部控制的推进与成效加以监督控制	修改
	3. 管理层围绕其目标，在治理层监督下，建立健全组织架构、报告流程、合理的授权与责任等机制	修改
	4. 组织对吸引、开发和保留与认同组织目标的人才作出承诺	修改
	5. 组织根据其目标，使员工各自担负起内部控制的相关责任	新增
风险评估	6. 组织充分清晰地具体设定目标，以便识别和评估与其目标相关的风险	修改
	7. 组织在全范围内识别影响其目标实现的风险，并进行分析，以此为基础来决定应如何进行风险管理	修改
	8. 组织在评估影响其目标实现的风险时，要考虑舞弊的可能性	修改
	9. 组织识别和评估对内部控制体系可能造成较大影响的改变	新增
控制活动	10. 组织选择并开展控制活动，将风险对其目标实现的影响降到可接受的水平	修改
	11. 组织选择并开展关于技术的一般控制活动，以支持其目标的实现	修改
	12. 组织通过期望的政策和保证这些政策执行的程序，来实施控制活动	修改
信息和沟通	13. 组织获取或生成、使用相关的和高质量的信息，来支持内部控制发挥作用	延续
	14. 组织在其内部沟通信息包括内部控制的目标和责任，以支持内部控制发挥作用	延续
	15. 组织与外部相关方就影响内部控制发挥作用的事宜进行沟通	延续
监控活动	16. 组织选择、开展并实施持续或独立的评估，以确认内部控制的要素是存在且正常运行的	修改
	17. 组织及时地评价内部控制的缺陷，并视情况与那些应采取正确行动的相关方（如：高级管理层、董事会）沟通	延续

　　资料来源：阚京华，周友梅. COSO 内部控制框架的变化解析与启示：从形式到内容［J］. 会计之友，2015（4）.

二是突出实质重于形式原则。新框架更加关注内控建设的实质性内容，强调董事会、管理层和内审人员对内控的实施、评估及认定拥有灵活自主的职业判断力，而不再如原框架一样，严格要求需要选择和运用的具体控制，凸显了原则导向的实用性和灵活性。

三是新框架结构有所调整，体现逻辑性和全面适用原则。新框架结构仍然沿用经典的 COSO 立方体形式，从要素维度、目标维度、组织维度三个层面，赋予读者直观的内控认知，即内部控制服务于组织运营、报告和合规三大目标，内控五要素贯穿并作用于组织所有的主体、分支机构、业务单元和职能。

从新旧框架对比图来看（见图 2），三大维度均做了相应调整。首先，在要素维度，调整了内控要素排列顺序，将控制环境要素排在了最顶层，其他顺次为风险评估、控制活动、信息和沟通、监控活动。这种顺序调整，更加体现了各要素之间的逻辑性和关联性，方便使用者理解应用。其次，在目标维度，将三大目标之一的财务报告改为报告，将报告目标延伸到了内外部非财务领域，弥补了原内控框架多重视财务信息而忽视其他信息的不足，扩大了内控报告的范围和应用面。最后，在组织维度，进一步细化了原框架的单位和业务活动，将涉及内控要素及组织目标的主体细分为主体层面、分支机构、业务单元、职能部门，凸显了 COSO 框架应用的广泛性、适用性和多元性。

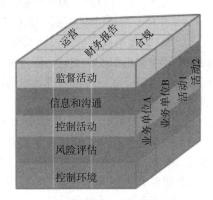

COSO模型（1992年版本）

资料来源：2013 年 COSO《内部控制——整合框架》第二章。

图 2　COSO 内部控制框架新旧模型对比图

四是新框架更好地阐释了动态发展的理念。首先，新框架更加深入地探讨了治理概念，体现决策层对有效内控的核心作用；其次，新框架反映了科技进步对内控管理的突出影响，将支持目标实现的技术选择及控制政策作为一项单独的控制活动原则，强调了与技术相关的内部控制；最后，在 17 项原则和 82

个关注点中，反映了环境变化对内部控制的影响，动态阐释了内部控制的应用背景。

五是进一步强化了对欺诈和舞弊的控制。新框架增加了反欺诈、腐败和内部舞弊的相关内容，并将管理层评估欺诈风险上升为 17 项内控原则之一，为组织强化欺诈舞弊控制，规避或降低风险提供了应对措施。

（二）COSO 框架的局限性

影响内控的因素众多，新框架同样存在难以规避的固有风险，使用者必须清醒认识内部控制的局限性和失效的可能性。从设计和执行两个层面来看：

设计层面的固有局限：一是控制效果受运行成本影响，需要管理层权衡实施控制的成本和收益，承担剩余风险。二是控制范围局限于常规业务，而非常规或未预期的特殊业务管理活动，可能超出现有控制范围。三是控制成效受短板影响，再严密的控制都可能存在漏洞和死角。

执行层面的局限性：一是内部控制可能因相关人员串通舞弊而失效。二是内部控制可能因越权而失效。三是内部控制执行效果往往受人员因素影响，如果人员素质不能满足内控基本要求，再完善的设计也可能失效。

（三）对央行内控机制建设的启示和影响

借鉴 COSO 新框架，有利于加强和改进央行内控机制建设，助力央行在复杂、多元社会经济金融环境下行稳致远。

1. 有利于构建适应复杂内外部环境的央行内控体系

COSO 新框架确立的内控体系建设框架及其原则、方法，能够较好地融合内外部环境和组织发展变化，促进央行动态调整、优化内部控制措施，建设适应央行履职需要和内外部管理要求的内控体系，应对日益多元化、复杂化的机遇、挑战和风险。

2. 有利于构建更加适应央行组织特色的内控体系

新框架能够应用于组织机构变革、业务创新和技术发展，有利于推动央行各层级根据自身定位和内外部环境，确立组织目标，构建内控体系，针对性定制内控措施，在创新、变革、发展中运用技术手段、明晰内控责任、优化组织治理和资源配置，缓释风险压力。

3. 有利于构建更加适应央行履职要求的内控体系

新框架将报告目标范围拓展到内外部财务报告、非财务报告领域，强调舞弊风险防控，更加符合依法治国、政务公开的政策导向，更加适应新形势下从紧、从严的财经纪律和预算管理模式，能够进一步增加履职透明度，减少职能便利性影响和人为操作空间。

4. 有利于构建更加适应信息技术发展趋势的内控体系

借鉴新框架信息技术发展变革讨论，对信息技术环境下内控风险的表现形式及其危害性进行更为深入的具体探索，能够促进信息技术和内控建设相融合，加强系统开发运行中的风险控制、监控和预警工作，更好地防范人为和非人为技术风险。

四、实现路径：借鉴 COSO 新框架强化央行内控机制建设的构想

（一）优化内部控制体系建设的思路

基于央行层级化组织机构和多元化履职要求的特点，借鉴新框架原则导向方法优化内控建设，有利于构建既符合央行总体目标，又适用于分支机构履职特色的内控体系。

1. 结合央行组织机构特色，优化内控体系建设顶层设计

坚持"统筹部署、分级控制"的总体思路，按照战略控制、管理控制、业务控制的类别，分层建立内部控制体系。其中，战略控制适用于总行、分行层面，用于确立组织战略目标；管理控制适用于所有层级，是各级行分解落实总行战略目标的要求、措施和程序；业务控制适用于所有层级，侧重于对具体业务、具体流程或具体任务的约束控制，体现内控与组织业务流程的有机融合。

2. 依托信息技术手段，提升内部控制质效

运用信息技术手段强化内部控制，有利于强化信息集成、传递、反馈及共享功能，提高内控效率。同时，促进内部控制与业务管理有机融合，将内部控制程序与措施嵌入、固化于信息系统，有利于逐步实现对业务事项的自动控制，减少或消除人为操纵因素，降低控制成本。

3. 约束性与自主性相结合，构建开放性自适应内控体系

在内控设计上，既要体现统一性、原则性约束，又要适应层级机构、不同业务领域之间的差异，可将内控制度分为三类予以设计：一是组织单位层面的制度，是适用于所有层级、所有机构、所有业务和所有人员的强制性、规范性制度。二是业务管理层面的制度，适应不同业务领域要求，在岗位制约、权限管理和具体操作上，提出原则性约束要求，留出一定的自主控制空间，由不同层级机构量体裁衣，自行取舍控制措施。三是业务单元层面的内控流程，用于明确业务环节和关键控制节点流程。

4. 显性和隐性内控协同作用，营造良好的内控氛围

既要坚持由法律法规及规章制度约束的"硬控制"，也要广泛宣传受组织愿景及核心价值观影响，以非正式制度形态存在的"软控制"，如组织文化、道德和价值观、学习胜任能力、行为规范等，通过二者的协同作用，保证管理和控制措施落实到位。

（二）应当遵循的内控建设原则

内部控制是一个动态整合、不断发展完善的过程。当组织决定构建或改进

内控机制时，应当遵循五大原则。一是全面性原则，即内部控制应当贯穿组织管理决策及业务运行全过程，实现全员、全过程、全方位控制。二是重要性原则，在兼顾全面的基础上，针对重要业务和管理事项，突出对高风险领域和重点关键环节的有效控制。三是制衡性原则，要在组织结构、职能安排、权责分配、岗位设置、业务流程等方面形成相互制约、相互监督的格局，确保没有凌驾于内控之上的特殊权力。四是适应性原则，内部控制要与组织结构、业务管理、资源状况和风险水平等相适应，并随内外环境的发展变化适时调整。五是成本效益原则，要综合考量内部控制成本和预期效益，衡量对组织效率的影响，确定控制措施，承担剩余风险。

（三）优化央行内控机制建设的路径选择

有效的内部控制机制，需要以涵盖内控五要素及对应原则的内控体系为支撑，形成内控设计、内控运行、内控检查评估与持续优化的自循环优化机制。

1. 紧扣组织目标，构建内控管理体制

在遵循央行总体目标的基础上，各分支机构要结合自身实际、内外部环境变化和履职要求，确立本行目标，在全行范围内形成统筹部署、分层落实的内控建设自优化循环机制（见图3）。

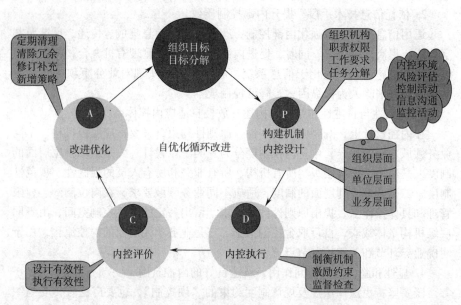

图3 央行内控机制建设自优化循环图

2. 围绕五大要素，强化内控体系建设

（1）控制环境。各级行管理层要确立诚信和道德价值观，明确本行组织机构、职责划分、权限管理、岗位设置、人员管理、资源配置、责任认定、激励和约束机制、应急管理、社会责任等相关理念、内容和流程，加强组织文化、学习能力、团队建设等软实力的建设，为强化内部控制、实现组织目标发挥引领、示范和奠基作用。

（2）风险评估。风险评估是一项动态改进、循环往复的工作。要确定风险识别的方法和标准，组织各单位、各部门识别可能影响本行目标实现的内外部潜在风险，定期或在组织结构、业务发展发生重大变化时，进行风险评估，综合考量风险容忍度和风险发生的可能性、影响后果，并采取相应的应对措施。

（3）控制活动。控制活动是以制度、流程和行为为依托，旨在保证组织目标实现的一系列制度、措施和行动。各级行应在各层级、各业务领域和各个业务环节、信息系统设计并实施控制活动，以不相容职责分离、权限管理、授权审批、复核、检查等制约措施为核心，涵盖手工控制和自动控制。

（4）信息与沟通。一是要明晰信息沟通的作用，如政令传导、资讯供给、部署、报告、总结和学习等；二是要把握信息的来源和质量；三是要畅通信息传导的渠道和方式，引导信息在各行内外部、上下级、横向和纵向之间及时有效传导。

（5）监督活动。一是要整合监督资源，避免重复监督、监督真空、口径不一致等现象；二是要保证监督的频率和覆盖面，业务部门自身监督活动应当按业务管理规定开展，监督部门开展的独立监督应当兼顾同级和下级，突出重要风险、重要业务和重大项目；三是要强化监督结果的沟通反馈和整改落实。

3. 落实内控责任，确保内控措施执行到位

各级行领导层要对内控的全面性、有效性负总责，对内控失效造成的重大损失承担管理责任；各职能部门负责人及相关人员对未执行内控制度、流程和有关规定，未适当履行监督检查和风险评估职责，未督促问题整改落实承担责任；内部监督管理部门对未适当履行监督检查和内控评价职责承担责任。

4. 加强评估监督，促进内控机制动态可持续发展

各级行应定期或不定期对内部控制状况进行评估和清理，一是分析各新兴业务领域风险的重要性和影响程度，判断内控的有效性及优化方向，及时调整内控策略和措施，提高抗压和应变能力；二是清除已经不适用，或新形势下在防控风险方面价值不大的无效、冗余和低效的控制；三是持续运用监督管理手段，对内控设计和执行情况查漏补缺，促进内部控制持续改进和不断优化。

参考文献

［1］罗伯特·R. 穆勒. 2013 版 COSO 内部控制实施指南［M］. 秦荣生，张庆龙，韩非，译. 北京：中国工信出版集团，2015.

［2］池国化，朱荣．内部控制与风险管理［M］．北京：中国人民大学出版社，2015．

［3］人民银行武汉分行课题组（张鉴君等）．关于央行组织治理中的文化引领问题［J］．转型之路，2015．

［4］阚京华，周友梅．COSO 内部控制框架的变化解析与启示：从形式到内容［J］．会计之友，2015（4）．

［5］郝振平．COSO 委员会新版《内部控制——整合框架》的主要内容和实施策略［J］．中国内部审计，2014（3）．

［6］张双才，朱辉．COSO 内部控制新框架对中国银行业的启示［J］．金融理论与实践，2013（3）．

［7］王美英，马东亮．COSO 2013 内部控制——整合框架内容、变化与启示［J］．内蒙古财经大学学报，2015，13（6）．

［8］胡晓明，谢亚惠：论企业内部控制的动态过程观［J］．财会学习，2013（5）．

［9］金虹．2013 版 COSO 内控框架的借鉴与启示［J］．商业会计，2014（15）．

课题组组长：常　青

课题组成员：汪世勇　宗　卉　付　萍

执　笔　人：宗　卉

互联网金融发展下的征信前沿问题研究综述

中国人民银行武汉分行征信管理处课题组

一、前言

近年来，在市场需求、信息技术和政府支持性政策等多重因素的驱动下，互联网金融在中国快速兴起，表现强劲，成为中国新常态经济下的亮点。而征信体系作为金融发展的基础性设施，对互联网金融的持续健康发展起着关键性作用。因此，本文从理论上对互联网金融与征信之间的关系、征信前沿问题进行研究，对此领域内国内研究成果进行系统地归纳、总结和提炼，并提出下一步研究方向和政策建议，具有十分重要的理论和现实意义。

二、互联网金融征信的概念与内涵

互联网金融是互联网与金融相结合的新兴领域，借助于大数据、云计算技术来开展支付和信息中介、资金融通等金融业务。从内容上看，互联网金融既包括传统金融机构基于互联网技术的业务升级，也包括互联网机构开展的P2P、众筹融资、网络贷等新型业务模式。目前我国互联网金融模式主要可分为五类：一是传统金融利用互联网技术实现的业务升级，如网上银行、手机银行等。二是基于第三方支付的金融产品结算和销售，如第三方支付结算牌照和余额宝等。三是基于交易信息开展的小微信用贷款，如阿里金融、苏宁金融等，此类模式主要依托互联网企业的支付核心优势积累交易数据和客户资源，并开展小微信用贷款等融资服务，是当前互联网金融发展最为典型的表现形式。四是基于互联网信息平台的融资服务，如人人贷等P2P网贷平台和众筹融资。五是互联网金融服务平台，如91金融超市、融资360等，主要提供金融产品搜索和数据处理等服务。

随着互联网金融的快速发展，尤其是大数据金融、P2P网贷和众筹等新型融资方式出现后，迫切需要对互联网参与主体进行信息挖掘、分析和共享。一方面，互联网金融的蓬勃发展催生了对企业和个人信用信息的强烈需求；另一方面，我国从国家政策层面提出了全面建设社会信用体系的规划，把信用放在了极其重要的位置。互联网金融模式下的征信需求也就应运而生。

根据《征信业管理条例》规定："征信业务是指对企业、事业单位等组织的信用信息和个人的信用信息进行采集、整理、保存、加工并向信息使用者提供的活动。"征信相关活动包括向征信机构提供信息的活动、使用征信机构所提供的信息的活动、信息主体维护自身权益以及征信业监督管理部门依法监督管理征信业的活动等。征信业务的内涵是市场经济条件下一种专业化的信用信息服务，对外提供信用报告、信用评估、信用信息咨询等服务，目的是帮助经济社会活动主体确认其交易对象的信用状况，为其判断风险提供帮助。

征信体系是互联网金融的基础设施和组成部分，而互联网金融又会促进征信体系的发展，为其带来新的数据源、新的服务理念及新技术，使其更好地服务于金融经济体系和社会公众。互联网金融征信在《征信业管理条例》的法律范畴基础上，不仅丰富了传统金融征信的内涵也丰富了传统金融征信的外延：一方面，增加了新的数据维度，扩大了数据源，优化了采集的方式，提升了获取、清洗和匹配数据的效率；另一方面，作为一种线上征信是对实体征信和线下征信的有益必要补充。

三、互联网金融发展下的我国征信发展现状

（一）互联网金融征信活动日益频繁

随着互联网金融业务规模的快速增长，互联网征信活动也日益频繁，主要体现在如下四个方面：一是以阿里巴巴为代表的电商平台对用户在网上交易的行为数据进行采集、整理、保存、加工，提供给阿里小额贷款或与其合作的商业银行，再经过深度挖掘和评估，形成了对客户的风险定价，并用于信贷审批决策。二是以陆金所、宜信为代表的较大型的P2P网贷平台自建客户信用系统，并用于自身平台撮合的投融资业务中。三是以网络金融信息共享系统（NFCS）、小额信贷行业信用信息共享服务平台（MSP）为代表的同业信息数据库通过采集P2P平台借贷两端客户的个人基本信息、贷款申请、贷款开立、贷款还款和特殊交易等信息，并向加入该数据库的P2P等机构提供查询服务。四是以北京国政通科技有限公司为代表的互联网大数据公司通过采集、整理、保存来源于第三方的互联网数据，运用分析模型和信用评分等技术，形成符合客户需要的征信报告、评级报告等产品，提供给第三方客户。

（二）互联网金融征信平台初具规模

当前，我国主要出现了三大互联网征信平台：一是中国人民银行征信中心控股的上海资信有限公司开发的网络金融征信系统（NFCS），NFCS的建设目标是实现网贷企业之间的信息共享，打通线上线下、新型金融与传统金融的信息壁垒，放大网贷失信者的违约成本。二是北京安融惠众征信有限公司创建的首个以会员制同业征信模式为基础的征信平台，即小额信贷行业信用信息共享平台（MSP）。该平台采用封闭式的会员制信息共享模式，主要为P2P公司、

小贷公司、担保公司等各类小额信贷机构提供信用信息共享服务，旨在防范借款人多重负债，降低贷款信用风险，建立行业失信惩戒机制。三是中关村互联网金融信用服务平台，该平台通过整合中关村数据资源和平台会员企业信用信息，以解决互联网金融下企业信用管理所面临的问题。

四、互联网金融发展下的我国征信研究存在的主要问题

（一）互联网金融背景下的新型征信机构发展路径

基于大数据应用的互联网金融对新型征信机构提供了多种发展路径：一是传统征信机构运用大数据技术，利用互联网信息补充信用信息数据库，或整合自身信用信息数据库；二是互联网企业运用云计算挖掘平台数据资源，采集用户信息，通过分析交易数据、客户偏好和信誉评价等，提供信用信息服务；三是金融机构利用自身综合牌照优势，组建新的互联网征信机构。目前，针对互联网金融的各类征信机构都已进行探索尝试，随着互联网金融的迅猛发展，未来互联网征信需求会更加丰富和多元化，多层次的征信机构将成为未来发展方向。

（二）互联网金融模式下的信用评分

信用评分是国际通用的信用风险管理工具，是信贷机构利用本机构客户信息，以客观、量化的方式计算出反映消费者信用风险高低的分数，分数区间一般为 0～1000 分，代表了消费者的信用风险在总体人群中的相对排序位置，可以直观简洁地判断风险高低。传统金融模式下，信贷机构仅能通过本机构的历史信贷信息判断授信对象的信用水平（中国人民银行征信系统可以利用消费者在全部信贷机构的所有信贷业务信息，形成"通用型"个人信用评分）。而在互联网金融模式下，信贷机构可广泛应用信用评分模型，通过电子交易平台信息、物流信息、资金流信息等大量互联网行为数据综合判断授信对象的信用状况，得出较为准确的信用评分，并根据信用评分进行风险定价。同时，以关联客户账号、降低客户评价等措施与信用评分捆绑，在督促客户还款方面比传统商业银行有了更多的手段。无论是互联网金融还是传统金融，都离不开风险控制和信用管理。随着数据的积累，互联网金融不仅可以事后管理风险，还可以事前预警，可以说互联网采集的大数据为从新的角度进行信用评分创造了条件。但是，目前我国互联网金融模式下的信用评分，只是依据客户的历史行为及交易记录来判断单个客户的信用风险，缺乏对客户大量线下信用交易信息的评估，在对客户未来的市场风险以及客户内部风险防控方面也是空白。而在传统金融模式下，商业银行对客户的评级既要考虑客户目前的信用风险特征，又要考虑经济衰退、行业发生不利变化时对客户还款能力和还款意愿的影响，并通过压力测试反映客户的风险敏感性。如果能将两种模式下的信用评级技术融合，相互补充，将完善和推进我国个人信用评级体系的建设，其间中国人民银

行征信系统的个人信用评分将占据有利的高地。

（三）互联网金融征信的立法滞后，信息主体权益保护缺乏法律保障

目前我国征信业主要的法规是《征信业管理条例》。对于互联网金融企业采集信用信息的方法、途径和范围，我国尚没有专门的法律法规。由于缺乏针对性的法规约束，互联网金融企业利用网络社交平台和电子商务平台，任意大量采集用户的各方面信息，这损害了信息主体的正当权益。而且，这些信息的存储、传输、处理和使用都是通过网络进行的，信息被截获篡改的风险较大，一旦因此出现纠纷，也没有相应的法律法规作为处置依据。

（四）互联网金融征信的标准不统一，信用信息更大范围内的共享难以实现

上海资信有限公司于 2013 年 6 月推出全国首个基于互联网的专业化信息系统，用于收集 P2P 网贷业务中产生的贷款和偿还等信用交易信息，并向 P2P 机构提供查询服务。除此之外，企业通过互联网金融平台进行的征信活动基本上是各自为政，没有统一的征信标准和技术标准。一方面，由于竞争关系，企业相互之间的信用信息并不通畅，只了解与之发生信用关系的部分信息，无法动态、及时地获取企业的整个信用表现。另一方面，企业与央行征信系统信息交换存在困难，部分企业合规报数能力和数据安全相关机制等难以达到当前征信系统的要求，直接接入征信系统也暂不成熟，无法实现线上线下信用信息的有机整合和数据共享，造成信用信息资源的浪费，征信系统不能发挥更大的作用。

（五）互联网金融征信行为的监管主体不明确，易出现监管空白

现有的征信监管主要针对的是传统的金融领域和征信机构。企业通过互联网金融平台进行信用信息征集、使用的行为，尚游离在监管之外。如果不尽快明确互联网金融征信的监管主体部门，确定何种企业可以通过互联网金融平台进行信用信息征集和使用，对互联网金融征信行为进行日常管理，处理互联网金融消费者作为信息主体提出的诉讼等，将不利于互联网金融征信市场的平稳有序发展。

五、完善互联网金融征信的政策建议

我国的传统征信业务已经有了较长时间的发展，但是其自身仍然存在着很多问题，比如覆盖人群有局限性、数据时效性弱且采集成本高、信息处理能力不强等。如今以大数据和云计算为主的互联网技术发展迅速，人们对各种信用信息的了解越来越深入。在这一背景下，互联网金融征信凭借自身的技术和服务优势，将彻底改变传统征信业的现有状态。

（一）健全法律法规体系

一是研究出台促进社会信用发展和信用信息保护等方面的法律法规，从国

家立法层面指导信用促进行为，规范信息收集使用，保护信息主体合法权益。二是围绕《征信业管理条例》，制定相关的配套规章制度，尽快出台个人和企业的征信业务管理办法，制定金融信用信息基础数据库管理制度，明确数据库的运作和维护机制，规范从事信贷业务的机构向金融信用信息数据库报送和查询信息行为，探索将互联网金融企业纳入报送和查询范围；研究征信业务投诉管理相关规定，明确信息主体投诉范围、投诉处理流程和处理时限等内容，如明确信息主体的知情权、异议权、纠错权等权利，同时明确界定互联网金融企业信息采集的范围和用途，包括何种信息可以征集，信息处理和传播的方式和范围以及时限等，并建立相应的惩罚机制，保护互联网金融消费者的合法权益。在健全法律法规体系中，要充分考虑互联网环境下征信活动特征，并将其完整纳入征信业管理范围。

（二）建立信用信息标准

一是从国家层面研究制定信用信息标准规范，由中国人民银行、国家发展改革委等相关部门牵头制定全国统一的信用信息采集和分类管理标准，支持相关部门和行业以国家标准为准则建立部门和行业标准，并积极推动相对成熟的征信业标准通过相关程序上升为国家标准，为依法实现跨部门、跨行业的信息交流与共享提供技术保障。二是由中国人民银行制定金融信用信息基础数据库的用户管理规范和征信业的信息安全规范标准，建立统一的信息主体标识规范、征信基本术语规范和接口标准。此外，要根据互联网征信的特点，对相关标准进行维护和扩展，提高标准的适用性、科学性和有效性。三是支持互联网金融龙头企业根据互联网征信的特征制定自身的信用信息标准，支持成熟的企业标准上升为行业标准，甚至国家标准。

（三）完善信息共享机制

一是探索将符合条件的互联网金融企业接入人民银行征信系统。宜采取"成熟一家，接入一家"的方式有步骤地接入人民银行征信系统。电商网络小贷可以参照线下小贷公司的经验进行处理。二是支持互联网金融征信平台建设。当前可借助上海资信有限公司开发的网络金融征信系统，建立与金融信用信息基础数据库存在映射关系的互联网金融征信系统，并作为人民银行征信系统的子系统。同时支持行业自律组织或第三方机构开发互联网金融征信平台。三是进一步整合和开发散落于政府各部门的信息数据，加快推进政府公共信用信息平台建设，推进金融信用信息数据库和政府公共信用信息的对接和共享，加强信用建设区域联动，促进跨区域信用信息资源的开发、利用和共享。

（四）加强信息主体权益保护

一是明确互联网金融征信的数据采集方式、范围和使用原则，建立互联网金融企业信息采集、使用授权和个人不良信息告知制度，避免信息过度采集、不当使用及未经授权提供给第三方。二是中国人民银行及分支机构应该加大征信市场监管力度，加强与相关部门的合作，严厉打击假借"征信"之名进行非法信息采集活动。三是加强信息安全监管，大力推进身份认证、网络认证、电子签名及数字证书等安全认证，落实信息安全等级保护制度；敦促互联网征信机构加快数据库系统建设，加强数据安全防范，同时完善内控制度，防止内外勾结，导致信息或数据泄露。四是加强信息主体权益的保护，强化部门间合作，建立多渠道的个人信息保障机制，受理并及时处理信息主体的投诉，完善异议处理和侵权责任追究制度。

参考文献

［1］袁新峰．关于当前互联网金融征信发展的思考［J］．征信，2014（1）．

［2］邓舒仁．关于互联网征信发展与监管的思考［J］．征信，2015（1）．

［3］王希军．互联网金融推动征信业发展［J］．中国金融，2013（24）．

［4］方增平，叶文辉．互联网金融背景下发展新型征信机构的思考［J］．征信，2015（5）．

［5］王伟．互联网金融使征信发展迎来新的挑战和机遇［J］．征信，2016（9）．

［6］刘颖，李强强．从蚂蚁金服看大数据背景下互联网金融征信的兴起［J］．河北金融，2016（2）．

［7］黄娜．浅谈我国互联网金融征信体系建设［J］．时代金融，2015（5）．

［8］王秋香．大数据征信的发展、创新及监管［J］．国际金融，2015（9）．

［9］李佳儒．互联网金融征信模式选择［J］．征信，2016（9）．

［10］刘新海．阿里巴巴集团的大数据战略与征信实践［J］．征信，2014（10）．

课题组组长：胡学林

课题组成员：胡学林　张华华　范先究　唐德鑫
　　　　　　彭　星　吴　杰　朱　珺

执　笔　人：彭　星　朱　珺

人民银行武汉分行
推动普惠金融的探索和实践

中国人民银行武汉分行法律事务处课题组

一、引言

2005 年，被联合国指定为"国际小额信贷年"，为实现"根除极度贫困和饥饿"这一目标，首次明确提出"普惠金融体系"（Inlusive Financial System）这一概念，并将其定义为一个能有效、全面地为社会所有阶层（特别是贫困的、低收入群体）提供服务的金融体系。

随着社会经济金融的不断发展，普惠金融已经成为一个全球性话题，并逐渐演变成国际社会和业界主流所认同的金融发展战略，世界银行也在敦促各国政策制定者推动普惠金融的建设并设立促进普惠金融发展的明确目标。本文基于我国央行的履职与实践，对如何构建湖北省普惠金融体系进行探索，为未来普惠金融的发展提供更具针对性的建议。

二、普惠金融的定义及国内发展

（一）普惠金融的定义

区别于传统的金融概念，普惠金融强调了包容的特点，"普"和"惠"二字高度概括其内涵。提供金融服务的最高层次应是任何经济主体（特别是贫困、弱势、低收入群体）都将纳入该金融体系，均等地获得所需的、合理的金融服务和支持，并以此实现财富保值增值、生活便利或脱贫致富的目标。2006 年，世界银行扶贫协商小组（CGAP）在《服务于所有的人——建设普惠性金融体系》中介绍了普惠金融体系的基本概念及框架，指出普惠金融体系是借助各种途径为全社会所有阶层提供金融服务的体系，强调了构建普惠金融体系应关注的四个层面，即客户层面（需求者）、微观层面（金融机构）、中观层面（金融基础设施、降低交易成本的金融中介机构和国际性组织）和宏观层面（政策环境）。

（二）人民银行助推普惠金融发展

在推进普惠金融体系建设方面，人民银行作为宏观层面的推动者和参与者，扮演着极其重要的角色。根据《中共中央　国务院关于打赢脱贫攻坚战的决定》（中发〔2015〕34号）、《推进普惠金融发展规划（2016—2020年）》（国发〔2015〕74号）等文件精神积极推进普惠金融各项工作。一是在全国部分省份、城市、县域开展普惠金融综合示范区的试点工作。2015年以来，先后批复了浙江省宁波市、福建省宁德市、青海省、陕西省宜君县及河南省兰考县等普惠金融综合示范区试点和全国普惠金融改革试验区。宁波市立足移动金融，探索数字普惠金融发展的有效路径；青海省立足农牧业，探索普惠金融与绿色金融、精准扶贫的有效结合；陕西省宜君县立足中西部欠发达地区的可持续发展，试点农村普惠金融综合示范区；河南省兰考县立足县域普惠金融体系的可持续发展，探索建立国家级普惠金融改革试验区。二是推动出台地方普惠金融发展规划或指导意见。人民银行各分支机构结合当地实际，积极探索，如江西省出台《关于推进江西省县域普惠金融发展的指导意见》，西藏自治区制定了《西藏自治区普惠金融发展规划（2016—2020）》等，探索地方普惠金融发展路径。三是在2016年G20会议上，人民银行承担了普惠金融全球合作伙伴（GPFI）的具体工作，牵头起草了《G20数字普惠金融高级原则》，更新了《G20普惠金融指标体系》，制定了《G20中小企业融资行动计划落实框架》。四是会同中国银监会起草了《推进普惠金融发展规划（2016—2020年）分工方案》。分工方案中涉及人民银行职责范围的工作涵盖货币信贷、金融市场、支付结算、征信、金融消费者保护和教育、对外交往等事项。五是开展中国普惠金融指标体系建设工作。以《G20普惠金融指标体系》为基础，出台了中国普惠金融指标体系以及相关统计制度，探索建立常态化的数据采集机制。中国普惠金融指标体系包含使用情况、可得性和质量3个维度，涵盖账户、金融服务点、金融知识等20类共51项指标。

三、人民银行武汉分行推动湖北省普惠金融发展的实践

人民银行武汉分行（以下简称人行武汉分行）一直认真贯彻落实总行决策部署，切实履行基层央行职责，按照全面推进、突出重点、分步开展、防范风险的工作思路，探索让所有对金融有需求的人都能享受到便利的可持续的金融服务，有序地推进湖北省普惠金融体系的构建并取得了较好的进展。

1. 完善顶层设计，推进普惠金融工作

（1）实施农村金融全覆盖规划，完成"十二五"工作目标。"十二五"期间，人行武汉分行组织牵头，湖北省政府金融办、银监局、证监局及保监局参与制定并向全省印发《湖北省农村金融服务"十二五"全覆盖规划纲要》（鄂政办发〔2011〕42号），明确在五年内初步建立全省农村普惠金融服务体系，降低金融服务门槛和金融服务成本，满足农民生活、农业生产和农村发展中对金融服务多样化、多层次的需求。通过近年来的努力，农村金融服务体系建设

不断完善，农村地区金融基础服务水平明显提高，基本实现了农民群众足不出村可以办理小额取款、转账、账户查询、水电通信缴费等基础金融服务。

（2）制定"十三五"规划，系统推进普惠金融。2016年，湖北省出台了《湖北省金融业发展"十三五"规划》（鄂政发〔2016〕33号），明确以普惠发展为原则，以建成与全面建成小康社会相适应的普惠金融服务和保障体系为发展目标，大力实施县域金融工程，发展普惠金融，做好金融扶贫，主动适应农村实际、农业特点、农民需求，不断深化农村金融改革创新，加大金融精准扶贫和支持县域、"三农"、小微企业的力度。

（3）突出实施重点，推进县域金融工程。实施县域金融工程一直以来都是普惠金融发展的重点工作。2015年至2016年，人行武汉分行通过有规划地实施县域金融工程，破解县域经济融资难、融资贵难题，达到金融资源的有效配置。2016年，人行武汉分行推动出台了《湖北省"十三五"深化农村金融服务全覆盖指导意见》，作为县域金融工程配套工程同步实施，确立了"到2020年，力争全省涉农信贷投放持续实现'两个不低于'（增量不低于上年、增速不低于各项贷款平均增速）目标；涉农企业在资本市场融资金额年均增长10%以上；扶贫小额信贷规模达到300亿元以上；建成农村普惠金融服务体系"的总体目标。

2. 改善金融基础设施，优化金融生态环境

（1）推进农村支付服务环境建设，拓展普惠金融服务广度和深度。一是加强资源整合，促进农村支付与电子商务融合发展。鼓励金融机构支持发展农村电商平台，推动建设扶贫网店与贫困户建立帮扶关系，促进贫困地区的产品通过农村电商商品交易和物流渠道打开市场。二是鼓励支付创新，建立适应农村产业结构发展的支付服务体系。提高手机支付、单位结算卡、电子商业汇票等非现金支付工具在新型农业经营主体和小微企业的覆盖率。

（2）完善农村信用体系建设，建立多层级的普惠金融信用信息体系。一是建立地方各级信用信息共享平台。搭建以"数据库＋网络"为核心的信用信息平台，健全信用信息采集、共享机制，完善守信激励和失信惩戒机制。截止到2016年9月末，已有17个县市区启动了平台建设，其中13个县市区完成了"数据库＋网络"为核心的农村经济主体信用信息平台搭建。二是开展新型农业经营主体和贫困户信用体系建设。针对信息不对称是导致"三农"融资难的症结问题，结合湖北实际，一方面，立足强化对现代农业发展的信用支撑，在较发达地区深入推进新型农业经营主体信用体系建设；另一方面，在全省4821个建档立卡贫困村全面实行"六看＋五老"① 信用评价模式，探索

---

① "六看"：一看房、二看粮、三看劳力强不强、四看有无读书郎、五看围绕什么产业忙、六看是否诚信和善良；"五老"代表：以村为单位选择的当地德高望重、具有话语权的五位代表（如老支书、老村主任、老党员、老模范、老妇联主任、老族人及老教师等）。

建档立卡贫困户信用评分新途径，解决对农户评级的简便、公信力问题和扶贫信贷投放中的信息不对称，夯实扶贫小额贷款发放的基础。三是加快建设多层级小微企业和农民信用档案平台。扩充金融信用信息基础数据库介入机构，构建多元化信用信息收集渠道，实现基础信用数据的多维度应用。截止到2016年9月末，已有45家小微机构接入了企业或个人征信系统，另有100家小微机构已获批复。

（3）加强金融消费权益保护工作，维护金融消费者合法权益。一是强化县域金融消保工作机制。人行武汉分行组织分支机构探索建设村级金融消费者权益保护服务站，推动基层央行金融消保机制从地市、县延伸到乡（镇）、村。二是深化金融知识普及教育。稳步推进农村金融教育试点工作，依托"3·15"金融消费者权益日和9月金融知识普及月等宣传时点，重点围绕小微企业、农民、城镇低收入人群、贫困人群、残疾人和老年人这六类特殊群体深入开展农村金融知识普及工作，重点宣传信贷政策、银行卡、征信、人民币反假、互联网金融及打击非法集资等金融知识。2014年，人行武汉分行组织汇编并印制8600套《湖北省县域金融产品和服务手册》，通过县域金融机构网点、村级金融消费者权益保护服务站发放给小微企业、涉农主体及农村居民，加强对农村金融产品和服务的信息披露和风险提示；2015年积极配合中国金融教育发展基金会组织，在原有"金惠工程"① 四个试点县的基础上，在湖北省武陵山片区贫困县新开辟了11个试点县，下发针对农村居民的金融知识普及教材，开办各类金融知识宣传活动近百次，提升农村居民金融风险防范意识。三是畅通金融消费者投诉渠道。人民银行武汉分行建立了"12363"金融消费者咨询投诉电话呼叫中心，受理全省消费者的咨询投诉，运行金融消费权益保护信息管理平台，并在全国人民银行系统内率先实现信息平台覆盖至县域一级，建立覆盖至农村地区的维权渠道，关注县域金融消费者维权诉求，畅通金融消费者投诉渠道。

3. 优化农村金融组织体系，提出"两站"建设② 工作思路

（1）农村金融组织体系不断优化。人民银行武汉分行通过扶持银行在农村地区设立分支机构，向乡镇和农村社区延伸服务网点。支持省邮储银行设立"三农金融事业部"，打造专业化支农服务体系。推动省农行提高"三农金融事业部"改革考核达标率，支持省农信社继续深化改革。推动涉农金融机构强化县以下网点功能建设，鼓励村镇银行向乡镇一级拓展机构网点。截止到

---

① "金融惠民工程"，简称"金惠工程"，旨在通过金融知识普及教育推动农村金融创新，改善农村信用和金融环境，提高金融服务在贫困地区的可获得性，从而助推扶贫开发事业的发展。

② 资料来源："两站"建设，原载于《湖北日报》2016年9月22日第4版《"两站"建设成亮点——省级村级金融服务的湖北模式》。

2016 年 9 月末，省邮储银行建成 7111 个助农取款点；省农行累计改造农村网点 462 个，布放 ATM 和 CRS 机具 3.4 万台，覆盖全省 2.4 万个行政村，覆盖率达 95%；省农信社实现营业网点 2128 个，其中乡镇网点 1231 个，在全省率先实现了营业网点的乡镇全覆盖。全省农村地区银行网点分布正从农商行为绝对主力的较为单一结构向多元化方向发展。

（2）"两站"建设快速发展。为全面打通湖北省农村金融服务"最后一公里"，有效提高金融服务覆盖率和可得性，按照精准扶贫的要求，人行武汉分行联合有关部门，大力开展"村级惠农金融服务站"和"金融精准扶贫工作站"建设（以下简称"两站"建设）。截至 2016 年 9 月末，全省已有 13 个市州、76 个县（市、区）建成 4014 个金融精准扶贫工作站，覆盖全省 83.26% 的建档立卡贫困村。孝感、荆州、潜江、仙桃 4 个市州（直管市）辖内已实现"一村一站"的目标。已建村级惠农金融服务联系点 4.78 万个，较 2015 年末增加近 1500 个，其中升级建成村级惠农金融服务站 89 个。

4. 对接金融精准扶贫，创新金融产品服务

（1）夯实金融精准扶贫基础工作。人行武汉分行将推进普惠金融发展与金融精准扶贫工作紧密结合，遵循"政策引导，制度先行，产品创新，精准对接"的工作思路，促进金融资源向普惠金融倾斜。人行武汉分行采取"村两委 + 驻村工作队 + 联系点 + 主办行"为工作方式，有机整合四类资源优势，即联系点的物理位置及机具优势、主办行的金融资源优势、贫困村村支两委的基层政权和管理优势，以及驻村工作队的扶贫资源优势，搭建贫困户与金融资源之间的精准对接平台，提升扶贫贷款发放的覆盖面及精准度。

（2）创新开发普惠金融产品和服务。一是引导金融机构立足贫困地区禀赋特点和产业特色，探索开发多种新型信贷产品，对接贫困户脱贫增收金融服务需求。如省农行创新面向建档立卡贫困户的"惠农贷"；省邮储银行利用"邮储精准扶贫贷"为贫困户发放贷款；还有各地金融机构推出的特色信贷产品，如黄石大冶的"甘霖贷"，将地方政府融资平台的短期闲置资金，以委托贷款方式由指定银行低息贷给地方小微企业，弥补其短期流动资金缺口；地方金融机构陆续推出的"羊羊得意扶贫贷""菇农贷""绿水青山兴游贷"等特色信贷产品，分别以支持贫困地区发展绿色生态种养、林下经济、乡村旅游等产业为主。二是实施"新型农业经营主体主办行制度"及"新型农业经营主体 + 建档立卡贫困户扶贫小额信贷管理办法"，引导金融机构把为产业注"活水"、推产业拔"穷根"作为扶贫工作重点，对接贫困地区产业发展金融服务需求。如民生银行武汉分行采取"村集体 + 贫困户"模式，支持华家村小龙虾养殖产业改造，吸纳贫困户以土地流转和资金入股方式参与产业发展。

5. 创新财税政策支持方式，建立配套保障机制

（1）采取差异化货币信贷政策激励机制。根据薄弱领域、特殊群体金融

服务需求变化趋势，实行差异化存款准备金、扶贫再贷款等政策，为各金融机构加大扶贫、支农力度提供资金支持，支持县域及涉农金融机构发展。在普遍下调存款准备率 0.5 个百分点的基础上，进一步落实"定向降准"政策，对涉农贷款投放考核达标的 13 家地市级农村商业银行，下调存款准备金率 1~1.5 个百分点。新增存款一定比例用于当地贷款的考核达标的 54 家县级农合机构、村镇银行下调存款准备率 1 个百分点。

（2）建立涉农风险补偿机制。人民银行武汉分行协调地方政府出资建立涉农风险补偿基金和风险缓释专项资金，为"三农"融资增信，以财政资金为杠杆撬动金融资源。截止到 2016 年 9 月末，全省各级财政出资约 17.97 亿元建立涉农金融风险补偿机制，有力地支持了"惠农贷""助农贷"等各项涉农信贷业务的发展。

（3）加快农村生产要素市场建设。人民银行武汉分行稳妥有序推进"两权"抵押贷款试点工作，建立健全"两权"基础制度，推动省内各地政府、相关部门搭建"两权"登记管理服务平台和流转交易平台，加快推进"两权"综合信息平台建设，构建"两权"抵押贷款风险缓释补偿机制。截至目前，湖北省 12 个试点县（市、区）已全部建立相关工作平台，农地经营权确权率达 100% 并完成农房所有权确权工作。

四、下一步工作思考

人民银行武汉分行一直努力推进构建湖北省普惠金融体系相关工作，取得了一定进展，但仍存在不少问题亟须解决。一是目前尚未形成完善的制度政策体系。虽然湖北各地普惠金融开展多年，但由于缺乏系统性的普惠金融法律框架，普惠金融服务供给、需求主体的权利义务尚不明确，难以通过政策有效规范和推动地方普惠金融的发展，容易导致各地在实际操作中步调不一、形成偏差。二是泛化普惠概念，务虚易务实难。由于普惠金融概念在我国出现的时间不长，不同的机构出于各种目的均称普惠，导致普惠金融、普惠信贷的概念被滥用，包括许多政府职能部门在内，对普惠金融的理解有歧义。在湖北各地推进普惠金融工作的过程中，开展普惠金融工作出现易务虚不易落地、政出多门、重复性建设等现象。

金融业应该为所有的经济实体服务，构建普惠金融体系的出发点应该是满足社会需求而非简单的商业盈利。要构建完善的多层次区域普惠金融体系，结合湖北省普惠金融工作的实践，本文从基层央行履职的角度提出下一步工作思路。

1. 完善地方工作机制，统筹推动普惠金融发展

一是成立湖北省推进普惠金融工作领导小组。全省各市、州、县均成立相应机构，落实责任，合力推进各地普惠金融工作。二是因地制宜，有侧重点地

推进地方普惠金融工作。与"十二五"相比,"十三五"时期给予了各地更为宽松的普惠金融发展空间,鼓励各地结合实际,合理规划发展路径,因地制宜制定实施细则与方案,扎实推进地方普惠金融发展。

2. 建立统计分析制度,完善区域普惠金融指标体系

一是建立常态化的区域普惠金融数据统计分析制度,有效采集、汇总数据并定期更新,建立标准化的普惠金融数据库,综合统计、分析和反映湖北地区(涵盖省级、地市及县级)普惠金融发展水平。二是探索建立区域跨部门普惠金融数据共享机制,协调湖北辖内各地银监局、证监局、保监局和金融办,全面掌握地方普惠金融基础数据和信息。三是建立区域普惠金融指标体系的动态评估机制。结合湖北省普惠金融发展情况,定期对指标体系进行动态追踪、优化完善、剔除效果不佳或估算不准确指标,增设湖北省特色指标,科学、全面地评价湖北省普惠金融发展状况。

3. 实行点面结合,力推专项工作和地区试点

一是平稳推进各专项工作,全面有序推进《推进普惠金融发展规划(2016—2020年)》落地实施。将被纳入农村金融服务试点项目的地区作为深入推进农村普惠金融工作的突破口,开展好"两权"抵押贷款、农村合作金融、农村信用体系建设等试点工作,充分发挥引领示范作用。二是提高金融服务覆盖率,推进村级金融服务平台建设。实现"金融精准扶贫工作站贫困村全覆盖"和"惠农金融服务站乡镇全覆盖"的"两个全覆盖"目标,实现融资、信用评级、保险等功能不打折,统筹规划各类村级金融服务平台的风险防控、监测评估等长效工作,增强可持续发展。三是协同推进金融精准扶贫工作。落实各部门职责分工,加强沟通协调,努力实现金融精准扶贫信息对接等各项工作按时完成,筑牢金融精准扶贫工作基础。

4. 鼓励金融创新,营造配套政策环境

一是继续探索普惠金融差异化监管政策。综合运用多种货币政策工具,在金融机构准入条件、存款准备金率、再贷款利率等方面加大差异化政策扶持,拓宽涉农信贷资金来源,鼓励有条件的地方安排一定的再贷款额度,引导各类金融机构主动创新普惠金融产品和服务。二是持续监测防范区域性金融风险。督促金融机构增强对关键性风险指标的监测及分析工作,积极反映并协调推动地方政府尽力帮助化解风险,防范区域性金融风险。三是深入推进全省各地信用体系建设。加强人民银行、金融办等单位的协调配合,推动县市(区)完成搭建以"数据库+网络"为核心的信用信息服务平台的目标;全面推广"六看+五老"贫困户信用评价模式,实现贫困户信用信息建档、信用评价全覆盖;持续开展信用农户、信用村、信用乡镇等农村信用工程创建。四是发挥地方政府配套政策对金融资源的杠杆作用。鼓励地方政府继续通过增加财政贴息资金、给予税收优惠、建立涉农风险补偿机制等方式加大地方政府政策的配

套力度，完善以财政、税收、监管和产业政策有机结合的长效化、制度化普惠金融政策扶持体系。

5. 发展数字普惠，打造高效普惠金融载体

一是鼓励金融新业态。推动区域多层次资本市场发展，打造具有区域特色的创业型企业股权投融资和交易平台。引导和鼓励规模各异的小微企业参与融资活动。二是完善数字金融支付服务体系建设。加快推进农村地区、贫困地区支付服务基础设施建设，扩展和延伸移动支付和助农取款终端等现代化支付系统在农村、贫困地区的覆盖面。发展网络支付、移动支付等数字支付方式，加强对农村电商示范县的支付服务指导，促进农村电商带动贫困户脱贫致富。三是重视数字普惠金融发展下金融消费权益保护和金融教育工作。根据数字金融服务和产品的特性、优势及风险，加强金融知识普及教育及消费者金融素养评估工作，提升消费者金融风险防范意识。进一步完善湖北省金融消费权益保护工作机制和金融消费纠纷多元化解决机制，畅通金融消费者维权渠道。

参考文献

［1］焦瑾璞，王爱俭. 普惠金融：基本原理与中国实践［M］. 北京：中国金融出版社，2015.

［2］孟飞. 金融排斥及其治理路径［J］. 上海经济研究，2011（6）.

［3］焦瑾璞. 构建普惠金融体系的重要性［J］. 中国金融，2010（10）.

［4］孙天琦，汪天都，蒋智渊. 国际普惠金融指标体系建设及中国相关指标表现［J］. 西部金融，2016（6）.

［5］何德旭，苗文龙. 金融排斥、金融包容与中国普惠金融制度的构建［J］. 财贸经济，2015（3）.

［6］杨立杰. 怎样提升金融扶贫精准度——以湖北为例［J］. 中国党政干部论坛，2016（11）.

［7］刘爱华，周远慧. "两站"建设成亮点——省级村级金融服务的湖北模式［N］. 湖北日报，2016－09－22.

［8］彭娟，陈斌斌. 因地制宜 积极推进——"两站"建设成效初显［N］. 湖北日报，2016－09－29.

［9］CGAP. Access for All—Building Inclusive Financial Systems. Brigit Helms［EB/OL］（2006－01－15）. http://www.cgap.org/publications/access－all－building－inclusive－financial－systems.

课题组组长：李翠娥

课题组成员：张 琨 肖慧敏 郑光勇 许宇珊

执 笔 人：许宇珊

央行特色文化品牌建设的探索与思考

中国人民银行武汉分行党委宣传部课题组

　　文化是一个国家和民族的灵魂，是推动社会前进、事业发展的精神动力和智力支撑。党的十八大对建设社会主义文化强国、提升国家软实力提出了新的要求。作为国家重要的宏观经济管理部门，中国人民银行如何发挥好央行文化的导向、约束、凝聚与激励作用，已成为新形势下提高央行管理水平、促进央行依法履职的迫切需要。而打造优秀的央行特色文化品牌，可以为央行文化建设提供有力的抓手和持久的生命力，是提升央行文化影响力的关键所在。

　　本文在深刻认识文化建设对促进央行履职发展重要作用的基础上，提出建设央行特色文化品牌的重要意义，通过分析近年来人民银行系统内特色文化品牌建设的现状，进一步探索符合央行实际的特色文化品牌建设路径。

一、央行特色文化品牌的概念及意义

（一）央行特色文化品牌的相关概念

　　随着人类社会的不断发展，文化逐步成为一个内涵丰富、外延宽广的多维概念。从广义来说，文化指人类社会在历史实践过程中所创造的物质财富和精神财富的总和；从狭义来说，文化指社会的意识形态，以及与之相适应的制度和组织机构。从文化的概念可以引申出央行文化。人民银行原副行长马德伦提出，"我们今天所倡导建设的央行文化是指央行干部职工在长期实践中逐渐形成的，以社会主义核心价值体系为基础，以金融文化为特色，以信用文化为灵魂，充分体现央行职能特征，符合中国特色社会主义市场经济要求的一种组织文化，其核心是央行精神和央行价值观"。在机关行政文化与金融企业文化的共同影响与作用下，央行逐渐形成了具有独特特征，区别于其他机构、组织、金融企业的特色文化，成为干部职工统一思想、凝聚力量、产生合力的一套价值体系和行为规范。

　　品牌是一种识别标志、一种精神象征、一种价值理念，是品质优异的核心体现。如今，以文化品牌建设带动文化发展已成为国内外的普遍规律。打造央行特色文化品牌，就是通过个性鲜明的品牌形象来凝练、展示央行特色文化特征，使文化精神或理念得到干部职工和全社会的高度认同，有效提升央行软实力，促进央行履职发展。

（二）央行特色文化品牌的内涵

央行特色文化品牌的内涵主要包括三个层面。一是精神文化层面，即央行特色文化品牌的价值体系。它是央行在履职过程中形成的一系列思想观念，包括央行价值观、央行精神、央行管理理念、道德观念等，是央行一切工作的思想基础，更是央行文化建设的灵魂。多年来，我国央行在弘扬中华民族优秀传统文化和人民银行优良传统的基础上，积极吸收借鉴各国中央银行文化的优秀成果，总结出了胸怀大局、开放开拓、务实创新、敬业奉献的央行价值观和央行精神，形成了勤政、务实、高效、规范的央行管理理念，成为央行价值体系的核心。

二是制度文化层面，即央行特色文化品牌的行为规范。它是央行在履职过程中长期形成的行业规范和行为准则的总和。包括以防范业务风险为主要目的的内部控制制度和业务规章制度；以建立和谐人际关系、塑造良好外部形象为主要目的的行为管理规范；以调动干部职工积极性和创造性，提高履职水平为主要目的的内部管理制度。例如央行在执行货币政策中的传导机制、在维护金融稳定中的制度安排，在提供金融服务中形成的规章办法等。

三是物质文化层面，即央行特色文化品牌的视觉形象。它是央行文化的外在表现，具体内容包括：（1）央行的形象包装，例如"人"字形的央行行徽、以古代货币"元宝"形状建造的总行办公大楼、"中国人民银行"在人民币上的特有隶书写法以及印有以上图案并对外公开发行的纪念币等特色化的标识；（2）央行的文化阵地，包括央行自办的刊物、网站、宣传栏、文化长廊和博物馆等；（3）央行的对外宣传活动，包括各类金融知识宣传、金融志愿服务等能彰显央行履职形象的载体。

（三）央行特色文化品牌建设的意义

建设央行特色文化品牌，可以为央行文化建设提供有效的平台，使央行文化建设有魂、有形，更好地融入干部职工的思想和行为中，为促进央行履职、提升央行软实力服务，具体表现为以下三个方面。

第一，央行特色文化品牌建设可以推进社会主义核心价值观的培育。培育无形的社会主义核心价值观需要有形的实践载体。打造央行特色文化品牌，就是通过文化建设寻求切入点，建立起能体现社会主义核心价值观要求的央行文化精神，将社会主义核心价值观落细落小落实到央行履职中，为践行社会主义核心价值观注入新鲜活力和持久动力。

第二，央行特色文化品牌建设可以为央行员工有效履职提供精神引领。央行特色文化品牌建设就是从依法高效履职的目标出发，把央行文化内涵导入治行理念，在潜移默化中统一干部职工思想，提升自豪感、责任感和使命感，从而激发干部职工的潜能和才智，有效地推动央行事业更好更快发展。

第三，央行特色文化品牌建设可以为完善央行内部管理提供有力保障。央行特色文化品牌建设可以将文化建设与制度建设相结合，将央行的管理理念转化为广大干部职工的行为自觉，渗透到管理过程的细节之中，从而有助于建立科学、规范的内部管理体系，引导和约束员工行为。

二、央行特色文化品牌建设的现状分析

（一）央行特色文化品牌建设取得的成果

随着央行事业的不断发展，央行文化建设已根植于各级行的班子队伍建设、内部管理制度、对外履职工作和各类文体活动中。依托个性鲜明的行业特征、科学高效的内部管理以及丰富多彩的文化活动，人民银行已打造出一些富有央行特色、被社会熟知并认可的文化品牌。

中国的钱币文化，历史悠久、底蕴深厚，除了以钱币的外形特征表现以外，还包含与钱币相关的历史文化、风俗文化、艺术文化，是社会意识形态的凝结。人民银行作为中国货币的发行单位，有着宝贵的金融历史资源，通过深入挖掘各地钱币文化、广泛开展红色金融历史展、钱币知识巡展、反假货币宣传等活动，使央行特色钱币文化被社会广泛熟知与认同。

在 20 世纪艰苦年代里塑造的"三铁"（"铁账本、铁算盘、铁规章"）精神，曾激励老一辈央行人为金融事业发展作出了重要贡献。在新的历史条件下，央行通过不断建立健全制度体系、积极加强作风建设、弘扬"严谨规范、文明高效、精益求精、开拓创新"的职业精神，赋予了"三铁"精神新的时代生命力，成为央行特色文化的重要价值理念。

信用是市场经济的灵魂，是金融发展的基础，人民银行作为中国金融体系的核心，在长期履职实践中始终秉承信用文化理念，推动国民经济健康发展。随着时代的发展，人民银行已成为推进社会信用体系建设的主力军，确立了"唯信、唯实、团结、创新"的信用文化价值观，形成了层次立体的信用法规和制度，建成了全国统一的企业和个人信用信息基础数据库系统，深刻影响着我国社会经济生活。同时，各级行通过持续开展信用宣传活动，形成了信用文化宣传教育的长效机制，打造了央行特色信用文化品牌。

（二）央行特色文化品牌建设的实践探索

各级行高度重视文化品牌对文化建设的引领作用，结合央行特色文化品牌的内涵，在精神文化、制度文化、物质文化层面均做了大量有益探索和实践，取得了一定成效。

在精神文化层面，各级行在央行精神和央行价值观的引领下，充分挖掘各自地域、历史、民族等文化优势，提炼出本单位的文化精神或理念，将央行文化具体化、形象化。如西安分行继承"延安精神"这一宝贵的文化遗

产，将"自力更生、艰苦奋斗、实事求是、理论联系实际"的延安精神融入治行理念，提炼出了"唯实创新、从严致和、依法履职、奉献西北"西安分行精神；南昌中支将辖内彪炳史册的"井冈山精神""苏区精神"融入文化建设，大力开展革命传统教育活动，创立了"赣水红廉"等特色文化品牌；兰州中支依托当地的航天事业发展，弘扬"严谨务实、团结协作、无私奉献、勇于攀登"的航天精神，凝练出"明德、笃学、创新、奉献"的兰州中支精神。

在制度文化层面，各级行从微观层面入手，把央行倡导的价值观转化为具有可操作性的管理制度。如济南分行积极研发发行库物流管理系统，推进发行库现代化建设，规范发行业务流程，使业务风险从源头上得到有效控制，践行了"勤政、务实、规范、高效"的货币发行文化；成都分行突出区域特色抓好涉恐资金监测，建立了禁毒反洗钱金融情报工程，不断完善反洗钱内控制度和风险管理机制，形成系统的洗钱预防体系，营造了良好的内控合规文化氛围；北京印钞有限公司以"精印国家名片，诚做厚德之人"为定位的"精诚"文化，创建并完善了具有印钞企业特色的"精准化"管理体系，优质安全地完成各项钞票印制任务，打造百年印制品牌。

在物质文化层面，各级行通过有形的物质载体，无形地传导文化认同感，增强央行的凝聚力和辐射力。武汉分行积极尝试运用新媒体，拍摄了党建工作宣传片，动态反映分行党建工作全貌，通过上传至互联网、转发至微信群，探索打造互联网时代下的党建宣传新阵地；广州分行深入推进廉政文化建设，在全辖举办了《央行廉政文化优秀作品》巡展以及宣誓签名活动，并将活动范围拓展至辖内金融机构和地方党政部门，向社会有效传递了"廉洁央行"的文化理念；石家庄中支经过20余年的不懈努力，将中国人民银行成立旧址收回、修复，建成中国人民银行成立旧址纪念馆暨河北钱币博物馆，成为宣传人民银行的重要窗口、传播钱币文化的重要平台；贵阳中支不断深化央行志愿服务活动，组建了"蒲公英"金融志愿服务队，形成了以"蒲公英"为统一品牌的金融知识小讲堂、金融夜校、流动广播站等系列产品，树立了央行志愿者专业、优质的服务形象，得到了社会公众的广泛好评。

（三）当前央行特色文化品牌建设存在的问题

尽管人民银行各级行都在文化品牌建设上做了很多努力，但目前仍有较多单位未形成被干部职工所熟知并自觉实践、被社会所了解并普遍认可的特色文化品牌。存在的问题主要有以下几点。

1. 文化品牌的特色不突出

（1）文化品牌缺少央行特色。目前，大多数单位建设的文化品牌所体现的精神或价值观基本属于社会上泛化的价值理念和标准，是放之四海而皆准的内容，如"敬业奉献""开拓进取""务实创新"等，体现不出央行的行业特征，使品牌缺乏个性和特色。

（2）文化品牌缺少创新精神。部分单位没有结合本单位的历史发展、区域文化、价值理念等履职实际，盲目地"搬""抄"其他单位的文化品牌，导致文化品牌建设存在方法和手段上的雷同，品牌内容缺乏辨识度，不能得到干部职工的广泛认可。

2. 对文化品牌建设的认识有待提高

（1）对文化品牌建设的内涵理解不清。目前，相当一部分单位对文化品牌建设缺乏系统的了解和学习，从而对文化品牌建设的认知存在偏差。有的单位将文化品牌建设等同于文体活动或宣传活动，有的单位将文化品牌建设等同于文明单位创建，导致在文化品牌建设中，容易出现活动"遍地开花"，但彼此缺乏关联，不能形成品牌效应的现象。

（2）对文化品牌建设的重要性认识不足。部分基层行没有真正认识到文化品牌建设是提高履职能力的重要手段，仍存在着"重业务、轻文化"的思想，文化建设与业务工作"两张皮"现象突出。一些干部职工认为文化品牌建设与自身业务工作无关，使文化品牌建设未能充分调动干部职工的积极性与主动性。

3. 文化品牌建设的力度不够

（1）缺乏统筹的工作机制。目前，央行特色文化品牌建设的配套制度仅停留在比较肤浅的层面上，缺乏统一的布局规划、有效的操作指南、科学的评估指标，相关制度大多散落于各个职能部门，没有一个完整系统的制度体系，从而使文化品牌建设随意性较大，往往流于形式，难以持续发展。

（2）缺乏有力的宣传手段。当前央行特色文化品牌的宣传手段较为单一，在宣传方式上没有实现上下联动、组合出拳，在宣传载体上没有充分运用创新的传播媒介，缺乏有效的宣传策划、统筹安排与持续推广，使央行特色文化品牌建设的创新动力不足，品牌影响力大打折扣。

（3）缺乏专业的人才配备。人民银行基层行的宣传思想干部队伍参差不齐，缺乏熟悉央行历史发展、深谙央行文化内涵的专业人才，与深入推进央行特色文化品牌建设的重任不相匹配，导致文化建设与业务工作难以均衡发展。

三、央行特色文化品牌建设的路径探索

在金融形势日益变革的今天，央行特色文化品牌建设也面临新的挑战。这就要求我们增强央行特色文化品牌建设的针对性、实效性，积极探索文化品牌建设与央行履职相结合的有效途径。

（一）央行特色文化品牌建设的顶层设计

央行特色文化品牌建设是一项长期的系统工程，不可能一蹴而就。因

此，需要把央行特色文化品牌建设纳入总体发展战略，从源头上理清、理顺工作思路，避免过去"遍地开花花不香""风过雨停各自忙"的文化建设乱象。

央行特色文化品牌建设的顶层设计，首先是要制定品牌建设的发展战略。一是要制定品牌建设的专项战略规划，明确每一阶段的建设目标、重点和措施，分阶段组织实施。二是要探索符合自身实际的品牌建设途径和方法，注重科学管理，制定出切实可行的实施方案。三是要统筹兼顾，把央行特色文化品牌建设与业务工作深度融合，与制度管理紧密结合，着力形成各部门同心协力，干部职工人人参与，上下联动、左右配合的良好格局。

其次是要完善品牌建设的工作机制，使品牌建设逐步走上制度化、规范化的轨道。例如，可建立央行特色文化品牌建设领导机制，成立专门的领导工作小组，确立"一把手"总负责、党群部门组织实施、业务部门协调推进的工作制度；可结合履职实际，建立分工负责、协调有序的文化品牌建设责任体系，制定科学合理和切实可行的操作指南，将品牌建设的要求具体化、责任化，真正落实到央行履职的全过程，覆盖到所有干部职工；可制定品牌建设评价指标体系，定期评估品牌建设的成效，及时发现问题、找准方向、持续改进，在激励约束中实现价值导向，引导和规范干部职工行为。

（二）央行特色文化品牌建设的理念定位

文化需要在传承与创新中才能保持旺盛的生命力、创造力和凝聚力。一方面要继承央行在长期履职实践中积累的宝贵文化财富，持续推进现有的央行特色文化品牌建设，发扬光大央行精神和央行价值观；另一方面要在传承的基础上加强创新，因地制宜，不断丰富央行文化内涵，定位出自己的文化理念体系，打造出品牌特色。

一是依托地域文化特色。中华文化源远流长、博大精深，在各地历史发展进程中，积累了各具特色的文化底蕴。各级行可吸收当地的人文养分，为央行文化注入新的内涵。例如，结合当地优秀的历史、民族、风俗等文化资源，提炼出具有央行特色的"廉政文化""家风行风""志愿者服务精神"等。在继承中华传统文化的基础上，推陈出新，在发展实践中进一步融合和完善，为基层央行科学发展提供不竭的精神动力。

二是针对央行职能特征。可结合自身履职实际，发挥工作优势，在央行的职能特征上寻找品牌定位。例如，深入挖掘当地钱币资源，建立钱币博物馆，向社会普及钱币知识，弘扬钱币文化；加强诚信宣传教育，推进信用体系和信用环境建设，使信用文化更好地融入社会日常生活；以银联卡、信用卡、网上银行等各类支付结算工具为载体，构筑央行支付文化品牌，有力地推动支付产业发展。

三是结合内部制度建设。制度建设是人民银行推进工作深入开展、提高执行力的有力保障。各级行可结合自身发展理念和管理方式，从制度建设入手，打造特色制度文化品牌。例如，针对国库、会计、反洗钱等业务操作部门，可制定具有专业特色的标准化操作程序，打造特色岗位文化品牌；针对干部队伍建设，可制订切实可行的人才培养计划，打造特色职业规划品牌；针对中心组学习、学习型党组织建设等制度，可通过创新学习方式方法，打造特色理论学习品牌。

品牌的文化理念确定后，还需要精心设计品牌形象，包括品牌的名称、标识、载体等。有特色的品牌形象可以在潜移默化中将品牌的内涵深入人心。在打造央行特色文化品牌时，应使品牌形象具有行业性、地域性、参与性，就地取材、因事说理，同时简洁易记，使干部职工乐于接受、易于吸收。

（三）央行特色文化品牌建设的维护管理

品牌建设是一个长期的、循序渐进的系统工程。要想打响央行特色文化品牌，使其持续发展与升华，必须从以下几个方面加强品牌建设的维护与管理。

1. 全员参与，浓郁央行特色文化品牌建设氛围

央行特色文化品牌的建设，不仅需要领导者的高度重视、亲力亲为，也需要广大干部职工共同参与、共同完善、不断深化。一方面，要充分利用职工代表大会、民主生活会、职工之家等有效载体，深入动员广大干部职工集思广益、群策群力、全员共建，形成上下同心、共谋发展的良好氛围，使品牌的定位、谋划及建设成为进一步统一思想、凝聚共识、开拓创新的过程。另一方面，要构建以人为本的文化环境，落实好"任人唯贤"的用人机制，为干部职工成长成才提供发展空间，激活干部职工内在动力；要建立良好的工作环境，为干部职工办实事、办好事，切实增强干部职工的凝聚力、向心力和归属感，使员工将央行精神从认知到认同，内化为价值理念，自觉落实到日常工作和行动中。

2. 加强宣传，提升央行特色文化品牌认知度

央行特色文化品牌的建设不仅需要央行干部职工的积极参与和支持，也需要社会公众的广泛了解和认可。打造央行特色文化品牌，必须强化品牌意识，做好宣传推广，以突出品牌形象，提升品牌效应。一方面，要充分利用现代化的传播手段进行宣传推介。例如，建立门户网站、数字杂志、公众号等，通过新闻、图片、视频等形式，向社会公众全面生动地展示央行特色文化风采；借助微信、微博、论坛等便捷的社交软件，打造特色文化交流平台，拓宽社会公众参与品牌建设的渠道，提高参与的积极性。另一方面，要创新开展各类文化品牌建设活动。将学习教育、文明创建、技能竞赛、文体活动等与央行特色文化品牌有机结合，依托文化活动载体，将央行特色文化品牌建设真正植入思想建设、业务建设、作风建设，融入干部职工的中心工作，使央行文化充满生机和活力，有助于增强社会公众对央行特色文化品牌的感知与认同。

3. 选树典型，强化央行特色文化品牌形象标识

央行的先进典型是在央行履职实践中涌现出的具有较高思想境界、较强业务能力和突出表现的模范，在央行文化建设中充分发挥着示范引领和教育导向的作用。同时，央行的先进典型是央行精神和价值观的具体体现，是央行文化的一张形象名片、一个特色标志。近年来，人民银行大力宣传大国工匠马荣、好人曲江等系统内的先进典型，向社会有效传递了央行精神，展现了央行特色文化。因此，各级行要善于发现、充分挖掘、着力培育能体现央行特色文化精神的先进典型，通过广泛宣传，塑造出全社会耳熟能详的典型人物和典型精神，从而打造出央行特色文化品牌的形象符号，提升品牌的标识度。

4. 与时俱进，推动央行特色文化品牌建设创新发展

创新是使央行特色文化品牌蓬勃发展的不竭动力。央行特色文化品牌的建设，要与央行改革创新的要求相适应，体现中国先进文化的前进方向；要坚持用发展的眼光分析新情况、研究新变化、探索新路径，推进央行特色文化品牌建设的理念创新、制度创新、手段创新，突出时代性；要立足国情和人民银行实际，学习借鉴国内外优秀的企业文化成果，不断丰富央行文化内涵，有针对性地创造出适合本单位履职特点的品牌建设新载体，增强央行特色文化品牌的吸引力和感召力。

参考文献

［1］程裕祯．中国文化要略［M］．北京：外语教学与研究出版社，2003．

［2］高秀存，陈廷凤．新时期基层央行文化建设的实践与启示［J］．河北金融，2011（7）．

［3］黄亚伟．立足县域实际，推进特色支行品牌化建设［N］．金融时报，2012－03－17．

［4］李明，陈跃，李景俊．开展央行文化建设，不断提高人民银行管理水平［J］．中国金融，2008（10）．

［5］刘贵生．央行文化建设的探索与实践［J］．中国金融，2009（12）．

［6］李力，张耀谋．积极探索有效途径推动基层央行文化建设［J］．经济研究导刊，2013（30）．

［7］马德伦．推进央行文化建设提升央行履职水平［N］．经济日报，2009－06－07．

［8］魏占辰．传承央行历史文化，打造钱币博物馆优秀品牌［J］．河北金融，2010（4）．

［9］王华庆．发挥文联纽带作用，促进央行文化建设［N］．金融时报，2013－07－12．

［10］萧鸣．关于央行文化建设的思考［J］．浙江金融，2014（8）．

［11］杨拴杏. 熔铸央行之"魂"，助推突破发展［J］. 西部金融，2009 (3).

课题组组长：张旅萍

课题组成员：罗　翔　李思敏　杨仲康

执　笔　人：罗　翔　李思敏

人民币冠字号码数据信息拓展应用研究

中国人民银行武汉分行货币金银处课题组

人民币冠字号码是印刷在人民币纸币上的、由字母和数字组成的一组符号。每一张纸币上的冠字号码都具有唯一性，换而言之，冠字号码就是每一张纸币的"身份代码或身份证"。冠字号码数据信息，是指点验钞机、自助柜员机、清分机等现金机具设备对人民币现钞进行处理时，利用现代图像技术采集纸币上的冠字号码而形成的数据信息。近年来，随着银行业金融机构大量配备能够识别和记录人民币冠字号码的机具设备，冠字号码数据信息应用领域不断拓展，其经济价值和社会意义日益凸显。

一、人民币冠字号码数据信息应用发展历史和现状

人民币冠字号码数据信息的采集和应用距今仅有 6 年的历史。为解决银行和客户之间的假币纠纷，2011 年起，全国部分地区的金融机构开始试点对人民币冠字号码数据信息进行记录、存储和查询。2013 年，中国人民银行印发《关于银行业金融机构对外误付假币专项治理工作的指导意见》，首次在全国范围内提出开展冠字号码查询工作并制定时间表，要求在 2015 年末，银行取款机、存取款一体机和柜台三类渠道均要实现对外支付人民币冠字号码可查询的目标。随后，人民银行又下发了一系列相关文件，对冠字号码数据格式等内容进行规范。自此，全国所有银行业金融机构逐步配备能够识别和记录冠字号码的现钞处理设备，并各自建立冠字号码查询系统，集中汇集营业网点设备的冠字号码数据信息以方便查询。至 2015 年末，全国冠字号码机具设备的配置工作已经完成阶段性目标，银行业金融机构的取款机、存取款一体机和柜台三类对外支付渠道基本实现了 100 元和 50 元面额人民币冠字号码可查询，大部分金融机构也已建成独立的冠字号码查询信息系统。

目前，冠字号码数据信息已经在假币纠纷解决领域得到了广泛的应用。为利用冠字号码技术解决涉假纠纷问题，中国人民银行制定了《银行业金融机构人民币冠字号码查询解决涉假纠纷工作指引》，并组织开展了冠字号码查询贴标工作，对具有冠字号码查询功能的现金处理设备或柜面窗口张贴"查询冠字号码 解决假币纠纷"的标志。全国所有地区已经基本实现银行业金融

机构付出人民币 100 元和 50 元券现钞冠字号码可查询，使屡屡困扰社会公众和银行的假币纠纷问题迎刃而解。利用冠字号码数据信息解决假币纠纷的模式为：如果客户投诉从银行取到假币，则调出取款的自助柜员机或柜台点验钞机该笔出钞的冠字号码记录，或者调取后台清分机清分配钞的冠字号码记录（在自助柜员机或点验钞机不能直接记录冠字号码的情况下），如果记录中存在和该假币相同的冠字号码数据，需进一步比对钞票冠字号码部分的图片信息是否相符，如果也相符，则可认定该假币从银行取出，银行将承担赔偿责任并接受人民银行的处罚。否则，该假币和银行无关。

冠字号码数据信息在假币纠纷解决领域的应用取得了明显的成效。此前，客户向银行投诉从柜台或自助柜员机中取到假币，银行常不予承认，但是不论银行还是客户均无确切证据证明银行是否付出了假币，因此经常容易引起纠纷。此类事件屡有发生，经由媒体和舆论大肆宣传，形成负面的社会影响，也使银行的信誉受到严重损害。而在应用冠字号码数据信息之后，银行是否付出假币能够得到充分举证并合理进行责任认定，客户和银行间的假币纠纷大幅减少。据统计，全国应用冠字号码数据信息解决的数千起假币投诉中，99.2% 经鉴定不属于银行责任，较好地稳定了社会舆论和银行信誉。

二、人民币冠字号码数据信息应用拓展方向

完整的人民币冠字号码数据信息包括钞票冠字号码、存取款客户名称、身份证号、机具编号、存取款网点名称、存取款时间等要素，信息含量丰富，价值意义重大。因此，冠字号码数据信息的应用不应仅局限于假币纠纷责任认定，还可向反宣币整治、案件侦查、现金管理、反洗钱和反腐败等重要领域拓展，变大投资小应用的现状为小投资大应用的格局，更好地服务于经济社会发展。目前，在反宣币整治、案件侦查和现金管理等领域已经开始进行冠字号码数据信息的尝试性应用，而在反洗钱、反腐败等领域尚无成熟的应用，仍有待进一步探索。未来冠字号码数据信息应用发展架构如图 1 所示。

（一）整治反宣币领域的应用

近年来，受境外"法轮功"邪教组织蛊惑和教唆，部分"法轮功"顽固分子在人民币上书写、打印或用模具盖印"法轮功"歪理邪说和反动口号，企图利用人民币的流通特性开展反动宣传，在群众中制造思想混乱，严重触犯了《刑法》《治安管理处罚法》《中国人民银行法》《人民币管理条例》等法律法规。为严厉打击此类违法犯罪行为，维护社会和谐稳定，2014 年起，公安部和中国人民银行携手开展"法轮功"反宣币专项整治工作，着力净化人民币流通环境。在反宣币整治工作中，如果应用冠字号码数据信息，就能为公安部门侦破反宣币案件提供有价值的线索，从而大大提高了公安机关的办案效率和成功率。例如，2014 年 6 月，人民银行武汉分行整理出相关区域商业银

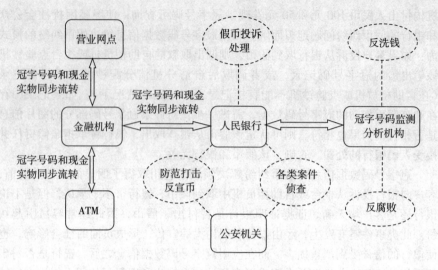

图1 冠字号码数据信息应用发展架构

行网点的人民币存取款冠字号码记录和可疑监控视频，提供给武汉市公安部门。公安机关通过人民银行提供的案件线索信息，相继破获数起反宣币案件，捣毁反宣币制作兑换窝点9个，抓获38名犯罪嫌疑人，缴获11万余元的小面额反宣币，使反宣币犯罪分子的嚣张气焰受到极大打击。

（二）案件侦查领域的应用

公安部门在案件侦查中应用冠字号码数据信息，可以迅速找到有价值的线索信息并锁定犯罪嫌疑人，从而提高破案成功率和办案效率。随着冠字号码应用技术的不断发展，公安部门日益重视利用冠字号码数据信息进行案件侦查。我们以发生在湖北省武汉市的一个典型案例说明冠字号码数据信息在案件侦查领域的应用方式。2015年12月，武汉市公安局接到报案，一女子谎称亲戚遇车祸急需用钱，骗走一位老人的2张银行卡，盗取、盗刷卡内7万余元。案件专班通过调查发现，该女子在某银行ATM上用骗取的银行卡取走2万元现金。由于该ATM有冠字号码查询功能，专班成功调取出这次取款的200张100元钞票的冠字号码，然后在人民银行武汉分行的配合下，对这200个冠字号码数据信息在湖北省范围内进行查询，发现其中100张钞票存入了武汉市硚口区某农业银行网点。通过调取该笔存款的监控录像和相貌比对，分析发现犯罪嫌疑人即为办理该笔存款手续的一名中年男子，其利用男扮女装进行作案。随后，公安部门立即将嫌疑人抓获，嫌疑人对犯罪事实供认不讳。上述案例表明：冠字号码数据信息的应用对案件侦破能够起到至关重要的作用，今后这项技术在案件侦查领域的应用将越来越广泛。

（三）现金管理领域的应用

将冠字号码数据信息应用于现金管理领域，建立冠字号码物流管理系统，可以大大提高银行业现金管理的质量和效率。冠字号码物流管理系统通过从清分机或 A 类点验钞机采集冠字号码，生成二维码捆封签和射频识别（RFID）装袋票信息，将每捆（1 千张）、每袋（2 万张）钞票与其冠字号码关联对应，使人民银行发行库和各金融机构之间现金实物的流转过程实现每张现金和相应冠字号码数据信息的同步流转，实现现金的一次清分、一次记录保存冠字号码，多次流转、查询和全程可追踪。传统现金管理流转模式和冠字号码物流管理流转模式的区别如图 2、图 3 所示。

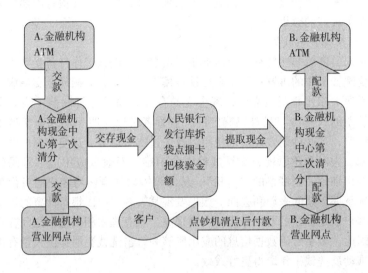

图 2 传统现金管理流转模式

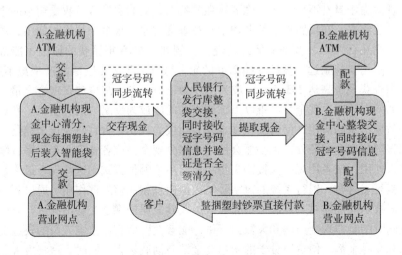

图 3 冠字号码物流管理流转模式

冠字号码数据信息应用于现金管理领域，将使现金管理工作从传统半机械半人工模式迈向金融物联网模式，并在以下几个方面发挥重要作用：一是能够有效地检验金融机构是否全额清分，促进了流通中人民币整洁度的提升；二是提高了回笼完整券的流转效率，使金融机构不再需要进行第二次重复清分和采集冠字号码；三是现金交接的准确性和效率大大提高，机器设备自动检验和整袋交接代替了人工拆袋和点捆卡把，将库房管理人员从繁重的体力劳动和工作压力中解放出来。2015 年人民银行武汉分行已在辖内鄂州市开展了这项应用的试点，开发了一套冠字号码物流管理系统，并应用于人民银行和部分金融机构，取得了较好的效果。

（四）反洗钱领域的应用

近年来，随着非法转移资金活动不断增多，反洗钱工作日益受到重视。在我国，反洗钱工作的难题在于现金交易规模十分庞大，大额现金交易成为洗钱的常用手段。相比非现金交易，现金交易存在致命的监管漏洞：因为交易工具——钞票的"身份"是难以确定的，监管者难以查明一笔现金交易中使用了哪些钞票，这些钞票曾经被谁使用以及去过哪些地方。这使掌握现金交易的资金来源、去向和还原现金交易过程十分困难。而通过应用冠字号码数据信息，能够识别每一张钞票的"身份"，从而将钞票的身份与客户的身份关联起来，准确掌握钞票的来源和去向。如果发现某一客户存入银行钞票的冠字号码与另一客户取走钞票的冠字号码相同率很高，就有理由相信他们之间存在资金关联。因此，冠字号码数据信息的应用能够为打击洗钱犯罪提供大量有价值的线索，推动反洗钱工作取得更好成效。

（五）反腐败领域的应用

现金由于具有不留踪迹、隐匿性强的特点，成为贪腐官员收受贿赂的重要工具。近年来，在反腐败案件办理中，被查贪官家中现金往往堆积如山，动辄查获少则几百万元、多则上亿元的现金。例如，2015 年抓获的原国家能源局煤炭司副司长魏鹏远，被控受贿 2.1 亿元，另有 1.3 亿元巨额财产来源不明，而家中查获现金高达 2.3 亿元，成为迄今为止被查贪官窝藏贪腐现金之最。因此，如何有效解决现金交易难以追踪调查的问题成为反腐败的突破口。而冠字号码数据信息的应用，使解决这项难题有望成为现实。贪官收受现金贿赂，除可能将部分现金储藏外，也必然会使用一部分现金：或者将现金存入银行账户待将来使用，或者用现金直接购买物品。而不论哪种方式，这些现金最终都将进入银行。这时，银行系统的冠字号码数据信息就能够发挥作用。通过利用冠字号码技术，能够对重点和可疑公职人员及其家属的现金交易情况进行有效监测，同时结合非现金监测和大数据分析，能够查明所有被监测人员的资金交易对象和交易金额，使贪腐分子的灰色资金链条彻底暴露。同时，这将极大震慑那些思想意志薄弱的官员，对预防腐败也将起到良好的警示效果。

三、人民币冠字号码数据信息拓展应用面临的问题

目前，冠字号码数据信息主要应用在假币纠纷解决领域并取得了阶段性成果。尽管冠字号码查询工作的最初目的是用于涉及假币纠纷的责任认定，但是冠字号码数据信息的价值和作用远远不止于此，冠字号码数据信息应用仍有待进一步发掘和拓展。如果要实现冠字号码数据信息的各项拓展应用并充分发挥其作用，那么仍然存在以下一些问题有待解决。

（一）银行现金收入端未实现冠字号码记录和查询

由于开展冠字号码查询工作的最初目的是为解决银行和客户之间的假币纠纷问题，因此人民银行 2013 年发文在全国推广冠字号码查询工作时，只规定了银行业金融机构对外付出现金的各类渠道应实现冠字号码可查询，而未要求金融机构在收入现金时也应记录冠字号码。目前多数自助存款机或存取款一体机在客户存款时并未记录其存入现金的冠字号码，部分金融机构在柜台收入现金时也未对冠字号码数据信息进行记录或存储，所以，银行现金收入端大量缺失冠字号码数据信息。

（二）小面额货币冠字号码数据信息未得到记录和存储

人民银行在《关于银行业金融机构对外误付假币专项治理工作的指导意见》文件中，规定冠字号码记录对象为第五套人民币 100 元券和 50 元券，不包含 50 元券以下的小面额人民币。因此绝大多数金融机构在冠字号码查询工作实施过程中，仅记录了 100 元、50 元两种券别的冠字号码，小面额人民币冠字号码数据信息缺失严重。

（三）冠字号码数据信息和客户全部一一对应仍未实现

由于部分老旧型号的自助柜员机和点验钞机难以通过升级具备冠字号码记录功能，因此针对这种情况，人民银行允许金融机构可以通过后台清分记录冠字号码的方式实现冠字号码可查询。这种方式虽然可以认定某张钞票是否从该银行中取出，并进而确认银行是否在假币纠纷中负有责任，但是不能将取出钞票的冠字号码与取款客户一一对应，不利于冠字号码数据信息的应用拓展。

（四）人民银行钞票处理中心尚未实现冠字号码数据信息的采集应用

目前冠字号码数据信息主要通过银行业金融机构前台（柜面和自动柜员机）和后台（现金中心清分设备）进行采集，人民银行钞票处理中心在清分钞票时并未记录和存储人民币冠字号码。这使得人民银行钞票处理形成的已清分完整券不能纳入冠字号码物流管理系统大循环，不利于现金管理工作质效的提升。

（五）冠字号码数据信息的全国联网仍未实现

目前，冠字号码数据信息存储较为分散，有的金融机构存储于各营业网点，有的金融机构存储于自己开发的冠字号码软件系统中。尽管人民银行对冠

字号码数据集中有相关要求，但是仍有部分金融机构未开发完成冠字号码软件系统并将数据集中至地市级或省级分行，人民银行也未配置冠字号码软件系统实现冠字号码联网查询。因此，冠字号码数据信息尚不能实现跨金融机构、跨省市的联网查询。

四、政策建议

针对人民币冠字号码数据信息应用存在的问题，结合未来冠字号码数据信息应用发展方向，提出如下建议。

（一）实现银行现金收、付端所有券别人民币冠字号码数据信息记录的完整齐全

目前银行业金融机构大多只对现金付出端的大面额券别（100 元和 50 元券别）进行了冠字号码记录，造成记录的冠字号码数据信息并不齐全。同时由于部分型号老旧的自助柜员机和点验钞机自身不具备冠字号码记录能力，只能借助后台清分机记录冠字号码，因此这部分冠字号码数据信息记录的要素也不完整，缺乏一一对应的取款客户信息。为此，建议进一步加大冠字号码查询工作力度，明确规定银行业金融机构应在现金收、付两端均记录钞票冠字号码，记录券别包括 1 元以上所有面额人民币（由于 1 元面额人民币的硬币化正在推进，可暂不包括 1 元面额钞票），并制定时间表，要求金融机构应在一定时间内更换所有自身不具备冠字号码记录能力的现钞处理设备，使人民币冠字号码数据信息记录进一步齐全和完整，为冠字号码各项应用的深入开展奠定良好基础。

（二）建立冠字号码集中管理系统，利用分布式数据库技术实现冠字号码数据信息的全国联网和集中管理

目前，冠字号码数据信息分散在各银行业金融机构省、市分支行相对独立的冠字号码信息系统中，难以进行跨金融机构、跨地域的联网查询，同时人民银行在钞票处理过程中并未对人民币冠字号码进行记录和存储，非常不利于冠字号码数据信息的深入应用。为此，建议加强冠字号码系统建设，由人民银行组织开发冠字号码集中管理系统，一方面管理和存储印钞厂印制以及人民银行钞票处理产生的冠字号码数据信息；另一方面集中管理各金融机构的冠字号码信息系统，将人民银行和金融机构之间的冠字号码数据信息通道彻底打通。针对冠字号码数据信息存储量大、集中存储难度高的问题，建议利用分布式数据库技术，将冠字号码数据信息分布式存储于各金融机构省、市级分行。人民银行可以通过冠字号码集中管理系统，采用多级索引模式进行联网查询和管理。这样将使全国冠字号码数据信息有效联通，形成以人民银行为中心枢纽、以人民银行分支机构为查询节点、以各地银行业金融机构为存储节点的全国冠字号码信息网络。

（三）建立专门的冠字号码数据信息监测分析机构，运用大数据和云计算开展监测分析工作

为加强冠字号码数据信息在反洗钱、反腐败等领域的应用，有必要建立专门的冠字号码数据信息监测分析机构。该机构可利用冠字号码管理信息系统平台，对全国的人民币冠字号码数据信息进行自动扫描监测，对重点人员和可疑人员的现金交易进行有针对性的重点监测，并结合中国反洗钱监测分析中心的大额和可疑非现金交易监测，运用大数据和云计算进行综合分析，将违法人员隐秘的资金链条充分暴露在阳光下，以有效打击洗钱、贪腐等各类违法犯罪活动。

目前，美国、俄罗斯等国中央银行对我国人民币冠字号码技术已经表示出浓厚的兴趣，冠字号码数据信息应用的良好前景得到越来越多专业人士的认可。我们有理由相信，随着人民币冠字号码数据信息应用的逐步推进和不断拓展，冠字号码数据信息将对未来社会发展发挥更大的作用。

参考文献

［1］左秀辉．用好人民币冠字号码［J］．中国金融，2013（23）．

［2］李文．冠字号码技术应用有利于人民币流通管理［J］．金融博览，2012（12）．

［3］卫宏泽．钞票冠字号码管理在加强银行现金交易管理中的应用［J］．北京金融评论，2015（1）．

［4］胡菊英．银行业金融机构冠字号码管理工作存在的问题及建议［J］．经济金融，2016（16）．

课题组组长：刘绍新
课题组成员：田　耕　宛建伟　郭贤成　廖昊萌
执　笔　人：廖昊萌

实施效应与政策建议：关于投贷联动融资方式的实践与思考

中国人民银行荆州市中心支行课题组

一、引言

2016 年是供给侧结构性改革的攻坚发力年，全国上下以转方式调结构为问题导向，引领经济发展新常态。探索债权与股权相结合的融资方式，发展投贷联动业务，支持科技创新，是贯彻创新驱动发展战略、更好地完成供给侧改革任务的重要保障。2016 年政府工作报告明确提出要深化国有商业银行和开发性、政策性金融机构改革，发展民营银行，启动投贷联动试点；2016 年人民银行工作会议提出"要引导各金融机构大力发展'投贷联动'等创新型融资方式，提高金融服务实体经济效率"；湖北省政府出台《关于加快发展新经济的若干意见》也提出"稳步扩大投贷联动试点，完善投贷联动管理办法，支持建立投贷联动风险补偿机制"。

作为金融核心力量的银行业金融机构遵循持续深化的供给侧改革方向，秉承"创新、协调、绿色、开放、共享"的发展理念，破解企业不断升级的融资需求与金融供给之间的矛盾，主动顺应社会融资股权化的新趋势，围绕资本市场升级传统业务，创新兼具传统信贷与股权投资属性的投贷联动业务模式，为企业投融资活动提供新思路与新空间，更好地解决企业特别是轻资产的高科技企业融资难问题，提高金融服务实体经济的效率。

二、文献综述

20 世纪 90 年代，随着资本市场的进一步完善与活跃，学术界开始对商业银行参与创业投资的理论与实践进行了研究。

（一）国内外相关理论与实践的研究

Fiet（1994）从理论上提出了商业银行进入创业投资领域存在潜在的收益和风险。CM Mason（1996）提出当中小企业出现融资难或者不愿接受创业投资支持的情况下，商业银行是非正式创业投资的重要参与者。英国建立了以银行为主要投资者的新型私募股权基金——中小企业成长基金（BCF），投资极具发展潜力和国际化前景的中小企业。政府综合运用财政杠杆、金融杠杆支持科技创新、信贷融资、风险投资和创业基金，也使德国中小企业的创新动力十足。

借鉴国外理研究和实践发展的成果，国内对于投贷联动的应用研究正处在一个上升阶段。王婵（2013）提出在遵循安全性原则的前提下商业银行可介入创业投资领域。郑超（2016）认为为了推动投贷联动业务的发展，国内商业银行可采用与第三方投资机构紧密合作和通过子公司进行投资两种运作模式，优化业务联动机制整合业务流程。孔庆龙（2016）提出将明股实债等融资品种以"真股权"的形式回归投资本质，推进杠杆率的阳光化，有利于促进企业风控有效性的提升和国家实行统一监管，促进经济平稳有序发展。廖岷（2015）从监管的角度提出以投贷联动机制支持债权与股权相结合增加企业的融资，要把握五个核心原则"银行主贷，创投主投；补偿风险，收息为本；小众市场，专业经营；早期投入，全程联动；隔离风险，控制投机"，并结合合法性、风险性、能动性开展机制创新。

（二）本文研究内容与方法

投贷联动业务的发展有助于优化金融资源配置、维护金融市场稳定、增进社会效益，是银行业金融机构适应经济新常态、保持持续健康发展的重要保障。本文以荆州地区投贷联动业务的发展情况为切入点，运用层次分析法（AHP）的思想，重点对投贷联动业务的模式和特点进行研究，针对业务发展的疑点与难点，分析投贷联动当前发展存在的主要问题，按照供给侧结构性改革的整体思路，为完善投贷联动业务流程和制度体系提供相关政策建议。

三、荆州市投贷联动业务基本情况

业务实践中，股权和债权的结合方式分两种：一种是银行与创投机构合作，采取跟贷的方式提供融资服务。具体是在风险投资机构系统评估、开展股权投资的基础上，银行以债权形式为企业提供融资支持或在授信额度内发放委托贷款。另一种是银行同时向企业提供股权投资和贷款间接融资服务。国内银行机构除了国家开发银行具备股权直投业务，多家银行均是通过获得非法人私募投资基金管理人资格，从而变相具备非直接股权投资资格。

（一）荆州市投贷联动业务发展现状

通过对荆州市14家银行机构、政府相关部门和多家样本企业的调研反映，荆州市投贷联动业务处于起步阶段，参与的银行数量及业务规模偏小。一方面，国有商业银行基本还未涉及，主要是股份制和地方性商业银行探索此类业务，多采取与证券、信托、基金等创投机构合作的模式。另一方面，当前政策和市场环境下，银行开展投贷联动业务的积极性不高。

荆州市银行机构在实际探索中，根据各自的经营机制和特点，具体又分为以下三种模式。

1. 明股实债模式

该模式是指信托计划入股企业或项目，并约定在一定期限后由企业溢价回购，以股权投资为表象，通过回购安排实现融资功能。该业务具有如下四个优势：一是不消耗或部分消耗银行资本金，明股实债业务借用同业的资金和信用，满足银行客户融资需求；二是资金进入客户股本或权益，可降低客户的资产负债率，提高客户后期融资能力；三是资金使用灵活，融资资金可用于归还股东借款、补充流动性等；四是担保方式灵活，通常采取信用增信方式。以某行荆州分行为例，该行客户湖北省华中农业高新投资有限公司（农高投），是湖北省联合发展投资集团有限公司（联发投）的控股子公司。该分行上报的 1 亿元城市更新改造贷款的授信未能获批，同时，联发投在该行的授信敞口总额为 14.99 亿元，达到集团客户集中度上限，在传统业务上，该行已无法再为农高投提供融资服务。经详细了解农高投情况，该行针对客户成立时间不长、无抵押物、经营性现金流较少、资金需求大的情况为客户设计了明股实债融资方案：通过与信托公司合作，由信托公司募集资金 3.5 亿元以股权形式对农高投进行增资，到期后由联发投集团全额回购。项目融资成本第一年 10.5%、第二年 8.5%，期限两年，如客户后期需要再融资可续做一期，其中资金方总成本 10%。该行可获得 0.5%/年的中间业务收入，并且作为资金托管行，获得较好的存款收益，同时该行后续跟进信贷融资来支持企业发展。该业务交易结构如图 1 所示。

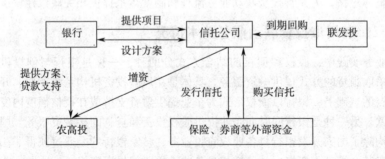

图 1　明股实债业务结构

2. 代理债权投资模式

银行接受委托，将银行理财计划资金或代销代理合作机构产品募集的资金以委托贷款和股权形式投资于融资人，用于其项目建设、生产经营周转、并购重组及其他合法途径，融资人以其项目运营、综合经营、收益权等产生的合法收入偿付投资本金和收益。以某行荆州分行为例，其客户某房地产开发公司开发市区商业地产项目，该行架构起地产公司与资产管理公司合作的桥梁，通过代理资产管理公司新设基金方式募集项目所需资金，再借助委托贷款和股权投资的形式，对该项目开展投贷联动的融资支持。基金规模为4500万元，投入的4500万元基金由该行进行监管，每半年付息一次。同时，该笔业务有着严格的风控措施，包括四个方面：一是土地及资产抵押，以项目部分土地使用权、在建工程以及地产公司实际控制人及亲属名下的物业向资产管理公司作抵押；二是控制股权及管理权监控，地产公司股东将其持有公司100%股权质押给拟新建的基金；三是资金支付监控，地产公司与该行、资产管理公司签订资金管理协议，确保全部资金支出按照事先确认的用款计划支付，避免资金挪用；四是销售回款监控，将全部销售款归入地产公司在该行开立的账户中，资产管理公司有权监控地产公司全部账户。该业务交易结构如图2所示。

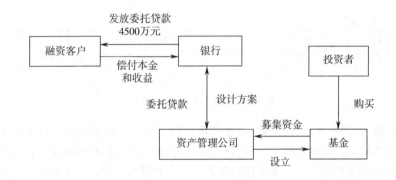

图2 代理债权投资业务结构

3. 专项支持基金模式

主要投向政府基础设施建设项目，由银行机构总行专项支持基金进行股权投资，银行分支机构发放贷款形成联动，当前采用该模式的主要为农业发展银行。农发重点建设基金实行"独立核算、分账管理、专款专用、封闭运行、保本经营"。基金日常运行和投资管理等以合同形式委托农发行管理。农发行相关部门和机构根据有关制度规定履行管理职责"明股实债"，农发行按照类信贷业务方式实施管理。基金投资项目的运作方式主要为项目资本金投入（股权投资）、股东借款方式、参与地方政府投融资公司基金方式。项目资本金投入首先由农发行发放投资资金并取得股权给项目法人，其次由项目法人支付投资收益给农发行，再次回购主体向农发行支付回购资金，最后农发行向回购主体转让股权。农发重点建设基金具有利率低（1.2%）、投资期限长（10年以上）、投向广等优势。自2015年农发重点建设基金设立以来，农发行及其分支机构在基金投资和银行贷款项目中，积极加强投贷结合，取得了积极成效。2015 年农发重点建设基金在荆州市实现 17 个投贷联动项目，金额 8.05 亿元；2016 年以来荆州市再获批农发重点建设基金项目 9 个，金额 9.42 亿元，投资方式均为项目资本金投资。农发行荆州市分行配套一定贷款额度，并于2016 年 9 月末已全部投放到位。

（二）投贷联动模式实施效果的影响因素

通过对投贷联动业务参与方银行、风投机构和企业对投贷联动实施效果影响的分析，运用层次分析法（AHP）的思想，构造投贷联动层次递阶模型如图 3 所示。

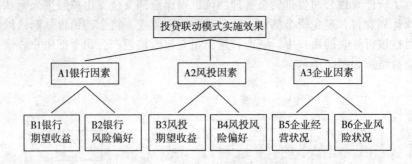

图 3　投贷联动层次递阶模型

对荆州市 14 家银行机构、部分投资机构、政府各经济部门和样本企业的问卷调查显示，对投贷联动业务实施效果影响最大的是银行风险偏好，风投期望收益也对该业务的实施效果影响明显，而企业经营状况、企业风险状况和风投风险偏好的影响则稍小，其中风投风险偏好影响最弱，这也与风投机构自身的经营投资特点一致。六类因素对投贷联动业务实施效果的影响排序如下：B2 > B3 > B1 > B6 > B5 > B4，其中，B1：银行期望收益；B2：银行风险偏好；B3：风投期望收益；B4：风投风险偏好；B5：企业经营状况；B6：企业风险状况。

银行作为风险稳健型金融机构，在参与投贷联动业务时，为了保证自身流动性和风险可控，通常会提前锁定投资期限和退出机制，这与中小企业早期发展的不稳定性和资金需求的长期性相矛盾。因此，在投资期限有限的情况下，银行通常会提前退出业务，虽然可以降低银行风险，但必然会降低收益，从而影响了银行对投贷联动模式的发展。不同于银行，风投机构作为风险偏好型金融机构，对投资的期望收益是数倍甚至更高，同时其专业的投资团队，对中小企业的经营状况和风险状况也更加了解，更愿意承担高风险。因而银行风险偏好对投贷联动模式实施效果的影响最大，风投风险偏好对其影响最小。

（三）投贷联动业务的特点

1. 资金来源方面，理财资金占比较大

本次调查的荆州市 14 家银行中，有多家银行投贷联动业务的资金来源为理财资金，占比达 51.15％，股权投资本质上仍为"明股实债"。虽然部分股权加债权融资方式增加了投资机构资金，但出资占比较小，银行理财池资金仍为主要资金来源。而理财资金的"刚性兑付"在很大程度上决定了"股权＋债权"投资只能是"明股实债"的本质，同时也给银行带来了一定的信誉风险隐患。而理财资金的收益、投资机构的手续费和银行的手续费三者之和，使得部分投贷联动业务的实际融资利率相较于普通贷款的利率优势不太明显，降低企业融资成本的空间有待进一步提高。

2. 业务增长方面，受实体经济融资需求不足和理财新规影响明显

实体经济经营景气度持续下滑和《商业银行理财业务监督管理办法（征求意见稿）》的下发，影响了银行业投贷联动业务的增长。一方面，从 2016 年 1 月至 9 月，荆州市企业短期贷款减少、活期存款的大幅度增加，说明在经济增长放缓下，企业投资意愿不强，不敢盲目投资，多数企业拿钱观望，导致有效信贷需求不足。14 家样本企业调查反映，仅 4 家企业有投资意愿。本次调研的多家银行也普遍反映有效贷款项目不足，贷款规模较为充裕，表内贷款完全可以满足企业融资需求，投贷联动业务由于合作方多、资金链条长、资金用途相对隐蔽等特点，开展的积极性不高。另一方面，同年 7 月，银监会下发了《商业银行理财业务监督管理办法（征求意见稿）》，对基础类理财产品的投资范围、杠杆比例等都进行了严格的限制，并要求计提风险准备金，规范了银行理财业务，但也会直接降低银行理财产品的投资收益，导致理财产品规模收缩，从而影响投贷联动业务的增长。

3. 融资决策方面，投贷联动业务表现出较强的银行主导性

投贷联动业务表现出较强的银行主导性，投贷决策权集中于银行，业务模式接近于银行"自投自贷"。国有银行和大型股份制银行等多元化集团机构，其集团内均拥有证券公司、信托公司、基金公司等投资机构，因此这一类银行在集团内部即可完成投贷联动等创新型融资业务，更加接近于"自投自贷"模式。虽然受商业银行股权投资资格限制的影响，部分银行采取了银投合作的模式，但投资机构的参与更多是对银行机构投资基金管理人资格空缺的补充，这方面与传统的"风险投资＋银行授信"方式有所不同。今后银行投贷联动业务的发展趋势是更好地实现投、贷隔离，而银行通过子公司进行股权投资、银行跟进授信的模式值得尝试。

4. 风险管理方面，投贷联动业务严于一般信贷业务

由于经济下行压力，当前各银行审慎经营理念进一步加强，对于风险的防范更加严格，而投贷联动业务存在参与机构多、融资链条长、资金用途隐蔽等

特点，且投资对象差异大、风险高，因此各银行普遍加强尽职调查、贷后管理等风控环节，银行跟进授信方面趋于谨慎。在贷款方式方面，仍以抵质押或保证金优先，并对利率进行上浮10%～30%，并多采取根据项目进展程度逐步放款、逐年回收的方式开展，加强信贷风险控制。多家银行反映，在对投贷联动业务的客户配套授信时优先考虑抵质押方式，对于轻抵押物的企业或项目则会增加企业实际控制人名下房产等抵押物进行补充。

5. 业务效益方面，可实现银行与企业的双赢

和传统信贷业务不同，银行在与风险投资机构合作进行投贷联动业务时，有利于扩大中间业务，提高非利息收入的比重，向轻资本转型。同时金融混业经营是行业的趋势，投贷联动模式正符合这一要求。对于企业而言，从纵向看，中小企业在不同发展阶段需要不同类型的融资支持；从横向看，企业在一个时点上的融资需求往往也是多元的。初创期的企业经营不确定性较大，从风险特征的角度，VC/PE等股权融资更加匹配，但从降低融资成本、维持控制权等角度考虑，企业对债权融资的需求同样迫切。投贷联动为拓展企业融资方式，满足企业"股债结合"的融资需求提供了新的解决方案。

四、投贷联动业务存在的问题

（一）相较于传统信贷业务，银行投资风险偏大

投贷联动业务的项目选择、项目运作和投资收回是一个长期且复杂的过程，不易简单把握。从业务模式看，银行在资金来源和运用决策方面都占有主导优势。一方面，在银行与信托、证券、基金等机构合作的模式下，对于同一企业或项目两者承担相似的坏账风险，但风投机构对投资的预期回报是数倍甚至更高，而银行贷款的风险补偿只是贷款利率，通常是基准利率上浮20%～30%。另一方面，信贷业务风险往往当期就会显现，银行可以及时发现风险并采取贷款展期、重组、追偿担保人、处置抵押物等方式化解不良，而股权投资的增值收益需延期才能获得，往往会使得银行错过最佳的化解不良时机。在贷款不良容忍度并未单列的监管环境下，银行当期需要承担隐性信贷风险压力。

（二）运作机制效率偏低

授权机制不能满足投贷联动业务快速发展的要求。一直以来，银行秉承低风险容忍度、低收益的稳健经营文化，企业和项目估值往往参考历史盈利情况，同时要求客户提供足值的担保措施，介入的企业往往已经进入行业成熟期。在这种传统经营文化的影响下，银行的决策流程往往偏于谨慎和滞后。同时当前各家银行分支机构数量庞大、层级复杂，基于把控信贷风险，大部分银行均不同程度地上收信贷业务的授信审批权限，在总行或一级分行进行集中审批，一般业务部门和分支行对于信贷业务特别是新型业务基本不具备审批权

限。授权不足将会导致审批层级较高、上报审批时间较长等问题，而随着决策链条增长，银行对形式合规的追寻甚至超过了实质性风险判断，既浪费了审批资源，又影响了投贷联动业务的发展。

（三）部分业务模式存在政策法律风险

《商业银行法》规定："商业银行不得向非自用不动产投资或者向非银行金融机构和企业投资。"因此国内商业银行不能直接持有企业股权或认证股权，在"股权＋债权"的投贷联动融资模式下，商业银行需要借道创投机构或绕道表外业务开展股权投资，很大程度上制约了投贷联动业务的发展空间。另外，在明股实债运作中，投资方的资金是以投资入股方式进入目标企业的，这类资金在法律上被认定为购股资金；同时，在工商注册、目标企业的资产负债表及其他相关文件中这类资金都被界定为股东权益范畴，当目标企业难以实现协议商定的预期目标时，这类资金从股本性资金转为债权性资金将存在着法律风险。

五、相关政策建议

（一）银行层面

银行业金融机构要强化公司治理，发挥程序性机制的功能。要避免因信息不对称、道德风险和逆向选择等导致的投资运作风险、贷款运作风险。要发挥银行和投资工具管理人各自公司治理的独立性，既包括项目选择、尽职调查、财务安排、信息分析等方面的独立性，也包括投资决策（或贷款决策）、项目跟踪、运作评价和风险防范等方面的独立性。同时应该在组织架构、管理模式、金融产品等方面加强创新，以专业化的团队建设，支持投贷联动业务发展。在现有的法律框架和政策体系下，银行可通过设立独立性较强的全资理财子公司、资产管理子公司等法人机构的形式，将股权投资业务与传统信贷业务进行有效分割，拓展股权投资业务的广度和深度，在客户、信息资源共享基础上实现风险的有效隔离，同时避免在审批机制、考核激励等关键问题上与传统信贷业务出现矛盾。在投、贷主体分离和风险隔离的情况下开展投贷联动业务，即可有效防止因股权投资企业或项目经营不善将风险扩散到银行层面，还可提升银行创新金融服务的能力。

（二）市场层面

投贷联动业务的发展离不开市场的培育和外部环境的支持。当前供给侧结构性改革激励了金融资本市场优化资源配置，为战略性新兴产业、高新技术行业、棚户区改造、新型城镇化建设等提供多样化融资方式。在企业选择上，应在具体分析持续盈利能力和良好成长性的基础上，通过组建银团、共保体等多种形式发挥集合优势，加强金融工具组合的灵活性，主动对接满足融资需求的企业和项目，有针对性地选择"股权＋债权"解决方案。同时，需完善财税、保险、担保、信用体系等配套政策，发挥政府引导基金、信用保证基金、政策性融资担保体系的作用，健全风险分担和补偿机制，加大对银行投贷联动融资方式的引导和支持力度。进一步加强资本市场建设，培育发展多层次资本市场体系，特别是创业板、新三板、四板等市场的发展程度，加大企业培育和辅导力度，鼓励企业通过资本市场直接融资，完善二级市场股份交易转让机制，丰富股权投资退出渠道，为投贷联动业务的发展创造良好的市场环境。

（三）监管层面

坚持创新驱动发展战略，充分发挥政府和监管部门对金融创新的指引作用。一方面为企业成长发展提供政策支持与融资支持的配套政策体系，切实减免相关税费和行政费用，开放企业工商、税务、海关、水电等基本信息，纳入大数据信息平台，降低银企不对称风险；指导战略性新兴产业、高新技术产业等符合产业政策的企业成长发展，并推动优质投资项目落地。另一方面完善针对银行投贷联动业务的法律法规体系，全面构建符合当前和未来金融创新发展需要的新政策法规，指导规范操作，创造良好政策环境。加强对银行股权投资及关联贷款的监管，可以采取比例控制等原则，对银行投资总规模中股权投资及关联贷款比例进行相关限制，或按实际投资额提取一定比例的拨备，从而加强风险的防范与管控。鼓励银行选取专业能力突出、内部管理良好、风险管控有效的创业投资平台机构和孵化器，给予信贷方面的支持，即通过创投平台筛选优质企业和项目，也在一定程度上分散和规避投资风险。

参考文献

［1］楚今鸣．英国"中小企业成长基金"经验漫谈［J］．中国银行业，2015（7）：31-35.

［2］罗伯特·D. 希斯瑞克等．创业投资：德国和美国的比较研究［J］．吉林大学社会科学学报，2005（4）：115-121.

［3］王婵．投贷联动：中小企业融资模式创新与启示［J］．上海农村金融，2013（4）：17-20.

［4］郑超．我国商业银行投贷联动的运作模式及发展策略［J］．南方金融，2016（6）：20-25.

［5］孔庆龙．商业银行开展投贷联动的挑战与路径［J］．清华金融评论，2016（5）：72-75.

［6］廖岷．商业银行投贷联动机制的创新与监管［J］．金融实务，2015（6）：125-135.

［7］FIET. J. O, FRASER D. R. Bank Entry into Venture Capital Idustry［J］. Managerial Finance, 1994（1）：31-42.

［8］CM MASON，RT HARRISON. The UK Clearing Banks and the Informal Venture Capital Market ［J］. International Journal of Bank Marketing，1996（1）：51－14.

课题组组长：石明悦

课题组成员：张　辉　胡学平　郑家庆

　　　　　　郭德焐　严俊沣

执　笔　人：严俊沣